Le droit minier
et le droit au développement
des communautés autochtones

Collection « Études africaines »

dirigée par Denis Pryen et son équipe

Forte de plus de mille titres publiés à ce jour, la collection « Études africaines » fait peau neuve. Elle présentera toujours les essais généraux qui ont fait son succès, mais se déclinera désormais également par séries thématiques : droit, économie, politique, sociologie, etc.

Dernières parutions

Yves-Junior Manzanza Lumingu, Bill Augustin Mikambu Lutondo et Placide Ponzo B. Kabamba (dir.), *Intellectuels et responsabilité sociale, Mélanges en l'honneur du Professeur Ignace Matensi Takikangu*, 2022

Jacques EVOUNA et Tony Onguene Mete, *L'état verbal. De la grammaire du verbe à la conjugaison en contexte camerounais plurilingue*, 2022.

Ngoy-Ndouba KAMATANDA, Kayamba TSHITSHI NDOUBA, *Constitutions et transition démocratique en R.D. Congo (1990-2006)*, 2022.

Albert MBAN, *Manuel de gestion des documents administratifs et des archives*, 2022.

Arthur et Marius VIDO, *Regards des Européens sur les Africains entre les XVIIe et XXe siècles. 360 citations pour une contribution à l'étude de l'histoire du Sud-Bénin,* 2022.

François Xavier Noah EDZIMBI, *La Russie face aux Occidentaux en Afrique centrale*, 2022.

Federica BURINI, *Cartographie participative et aménagement du territoire en Afrique subsaharienne*, 2022.

Abbé Nestor SALUMU NDALIBANDU, *La philosophie au service de la société en Afrique, Le cas de la RDC*, 2022.

Abbé Nestor SALUMU NDALIBANDU, *La responsabilité sociale du philosophe face à la guerre en Afrique, Enjeux et perspectives*, 2022.

Gilbert GERMAIN, *Non à un plan Marshall pour l'Afrique subsaharienne*, 2022.

Azza BCHIR, *La tragédie de la performativité*, 2022.

Laurent TAGNE, *Les TIC dans le système éducatif camerounais. Cas de l'enseignement secondaire,* 2022.

Guila THIAM, *Les médias africains à l'heure de la rupture. Vers un grand rétablissement*, 2022.

André NIKWIGIZE, *Ethnisme et tragédies au Burundi, De l'identité nationale à l'identité ethnique*, 2022.

Léandre Serge MOYEN, *L'impossible État fédéral africain. Les droits fondamentaux à l'épreuve des identités culturelles nationales*, 2022.

Fatoumata Kaba

Le droit minier et le droit au développement des communautés autochtones

L'exemple de la Guinée

Préface de Geneviève Motard

L'Harmattan

5-7, rue de l'Ecole-Polytechnique, 75005 Paris

http://www.editions-harmattan.fr

ISBN : 978-2-14-026922-6
EAN : 9782140269226

PRÉFACE

L'autrice et docteure en droit, Fatoumata Kaba, apporte avec cet ouvrage une contribution importante à la discipline juridique. Le droit au développement des peuples autochtones a encore été trop peu réfléchi par la doctrine et demeure à ce jour un droit méconnu de la jurisprudence, tant nationale qu'internationale. Tantôt décrit comme un droit trop vague ou trop englobant pour être réellement mis en œuvre, tantôt comme une des facettes, voire un miroir, du droit à l'autodétermination, le droit au développement a, malgré ces critiques, été reconnu comme un des piliers de la « *Déclaration des Nations Unies sur les droits des peuples autochtones* », adoptée en 2007 par l'Assemblée générale des États membres des Nations Unies, laquelle prévoit que : « *Les peuples autochtones ont le droit à l'autodétermination. En vertu de ce droit, ils déterminent librement leur statut politique et assurent librement leur développement économique, social et culturel* ». Norme émergente ou simple reformulation d'un droit déjà reconnu par les systèmes internationaux, il reste que sa réactualisation et son ancrage dans le document phare de protection des droits des peuples autochtones à l'échelle internationale requièrent aujourd'hui d'en comprendre la signification pour les peuples concernés et pour les États.

Quels sont la source, l'origine et l'historique de ce droit ? Quels sont les champs potentiels d'application et la portée de ce droit ? Quelles critiques peut-on lui reprocher ? Quelles en sont les conditions d'exercice ? Comment assurer le respect, la protection et la mise en œuvre de ce droit ? Voici quelques-unes des questions auxquelles tente de répondre Dr Kaba dans cet ouvrage d'une forte actualité. Pour ce faire, l'autrice mobilise une grande diversité de sources du droit, contraignant et non contraignant, allant des régimes internationaux de protection des droits fondamentaux, de la culture et de l'environnement, aux régimes régionaux de protection des droits des peuples autochtones et aux systèmes du droit économique. Le tout lui permet de proposer une analyse des composantes culturelles, sociales et économiques du droit au développement des peuples autochtones et de dégager les droits et les obligations des différents acteurs : États, peuples et communautés autochtones et entreprises. Il s'agit, à ma connaissance, de la première étude d'envergure en langue française qui examine de manière aussi approfondie le droit au développement.

Enfin, et peut-être surtout, il faut souligner que ce qui intéresse ici l'autrice est la capacité d'opérationnaliser le droit au développement des peuples autochtones, particulièrement dans le contexte minier qui prévaut en Afrique de l'Ouest et en Guinée. Dans un effort remarquable de synthèse et de clarté, l'autrice nous permet de mieux comprendre les enjeux juridiques singuliers et bien réels des peuples autochtones de l'Afrique dans une économie des mines largement fondée sur le principe du volontariat et du laisser-faire.

Geneviève Motard,
LL.B, LL.M., LL.D.
Professeure titulaire
Faculté de droit, Université Laval
Directrice du Centre interuniversitaire d'études et de recherches autochtones (CIÉRA)
Membre du Groupe de recherche sur les sociétés plurinationales (GRSP)

RÉSUMÉ

La multiplication des projets miniers dans les territoires autochtones à travers le monde a généralement un fort impact sur l'environnement, la sécurité alimentaire, l'économie de subsistance traditionnelle, l'utilisation des terres, des ressources et le mode de vie socioculturelle des peuples autochtones. Sous le couvert du développement, des États soutiennent ces projets sans tenir compte des préoccupations pour leurs milieux de vie. Ils ne profitent pas souvent des grosses retombées financières issues de l'exploitation minière sur leur sol. Le cas de la Guinée est un exemple édifiant. L'extraction galopante des ressources minières de ce pays empiète considérablement le mode de vie des communautés autochtones. Un tel constat nous a amenés à nous interroger sur le droit au développement des peuples autochtones et à son application dans le contexte minier.

Il convient de rappeler que la notion de développement est elle-même d'abord largement controversée. Plusieurs approches proposent des conceptions toutes distinctes de la notion de développement. Parmi ces théories, celle de l'industrialisation reflète sans doute le mieux la conception du développement qui s'en dégage en Afrique. Dans cet ouvrage, nous cherchons à élaborer un cadre d'analyse du droit au développement des peuples autochtones qui repose sur les normes internationales et régionales. Après une étude des concepts de développement, de développement durable, de droit au développement, des critères de la normativité et de la justiciabilité en droit international, cette étude présente d'abord les principales composantes du droit au développement des peuples autochtones. Ensuite, nous allons nous servir des éléments constitutifs du droit au développement pour identifier les obligations des États et des entreprises minières dans sa mise en œuvre. Enfin, cette recherche vise à évaluer le respect par le droit guinéen des conditions d'application du droit au développement. L'examen critique nous amène à conclure que le régime juridique de l'exploitation minière en Guinée comporte des mesures lacunaires en ce qui concerne la protection de la vie politique, économique et socioculturelle des peuples autochtones. Nous avons constaté qu'à certaines conditions, les ententes sur les répercussions et les avantages signées entre les entreprises minières et les peuples autochtones au Canada et en Australie, peut aider le droit guinéen à atteindre les objectifs du droit au développement des peuples autochtones.

L'analyse documentaire fondée sur une approche critique du droit positif portant sur la doctrine, la législation et la jurisprudence ont été utilisées comme méthode principale pour mener cette étude. À part le droit positif, nous admettons le pluralisme juridique qui justifie l'idée que les ordres juridiques autochtones coexistent avec le droit étatique. Le cadre analytique du droit au développement des peuples autochtones élaboré dans ce projet pourrait être utilisé afin d'analyser dans une perspective critique, les régimes miniers dans d'autres pays.

ABSTRACT

The proliferation of mining projects in indigenous territories around the world generally has a strong impact on the environment, food security, traditional subsistence economy, land use, resources and socio-cultural way of life of indigenous peoples. Under the guise of development, states support these projects without regard to concerns for their livelihoods. They often do not benefit from the large financial spin-offs from mining on their soil. The case of Guinea is an edifying example. The rampant extraction of mineral resources in this country is considerably encroaching on the way of life of indigenous communities. This observation led us to question the right to development of indigenous peoples and its application in the mining context.

It should be recalled that the notion of development is itself at first widely controversial. Several approaches propose distinct conceptions of the notion of development. Among these theories, the industrialization theory probably best reflects the conception of development that emerges in Africa. In this book, we seek to develop a framework for analyzing indigenous peoples' right to development based on international and regional norms. Following a study of the concepts of development, sustainable development, the right to development, and the criteria of normativity and justiciability in international law, this study first presents the main components of indigenous peoples' right to development. Next, we will use the components of the right to development to identify the obligations of States and mining companies in its implementation. Finally, this research aims to evaluate the compliance of Guinean law with the conditions of application of the right to development. The critical review leads us to conclude that the legal regime for mining in Guinea is deficient in protecting the political, economic and socio-cultural life of indigenous peoples. We found that, under certain conditions, the impact and benefit agreements signed between mining companies and indigenous peoples in Canada and Australia can help Guinean law achieve the objectives of indigenous people's right to development.

The literature review based on a critical approach to positive law, including doctrine, legislation and jurisprudence, was used as the main method for conducting this study. Apart from the positive law, we admit the legal pluralism that justifies the idea that indigenous legal orders coexist with the State law. The analytical framework of indigenous people's right to development developed in this work could be used to critically analyze mining regimes in other countries.

LISTE DES ABRÉVIATIONS

CADHP : « Charte africaine des droits de l'homme et des peuples », juin 1981 (entrée en vigueur le 21 octobre 1986), Organisation de l'Unité africaine.

Convention 107 de l'OIT : « Convention relative aux populations aborigènes et tribales » (Convention no 107), 26 juin 1957, 328 R.T.N.U. 247.

Convention 169 de l'OIT : « Convention relative aux peuples indigènes et tribaux », 1989 (convention no 169)), 27 juin 1989, Bulletin officiel, Bureau international du Travail, Vol. LXXII (1989), Série A, n°2, p 63-74.

DESC : Droits économiques, sociaux et culturels.

DNUDPA : « Déclaration des Nations Unies sur les droits des peuples autochtones », A/RES/61/295, annexes de la résolution adoptée par l'Assemblée générale, 13 septembre 2007.

EIES : Études d'impacts environnementaux et sociaux.

ERA : Ententes sur les répercussions et les avantages.

PIDCP : « Pacte international relatif aux droits civils et politiques », 16 décembre 1966, 999, R.T.N.U. 171.

PIDESC : « Pacte international relatif aux droits économiques, sociaux et culturels, 16 décembre » 1966, 999 R.T.N.U.

RSE : Responsabilité sociale des entreprises.

DÉDICACE ET REMERCIEMENTS

Je dédie tout d'abord ce livre à mon époux Adou en qui j'ai trouvé un véritable partenaire généreux, un mari et un père exemplaire pour notre adorable fille Sarah. Je tiens à le remercier pour son soutien moral, matériel et financier constant. Sa patience, sa compréhension, son ouverture d'esprit, sa rigueur, sa perspicacité, son dévouement à mes côtés et ses encouragements sont fort appréciés.

Ensuite, je dédie l'ouvrage à mon père Aboubacar Sidiki dont le courage, l'honnêteté, la persévérance et la fierté m'ont toujours inspirée dans la vie. Il s'est investi de bonne heure pour nous donner une éducation de qualité. Qu'il veuille donc recevoir ici toute ma gratitude. Je ne saurai oublier ma brave maman Kadiatou Diané, qui est une gardienne avérée de la savante et merveilleuse tradition mandingue dont je suis issue. J'apprécie vivement sa tolérance et sa lutte pour la préservation des valeurs culturelles africaines.

Personnellement, je dédie ce livre à mes frères, sœurs, belles-sœurs, beaux-frères, cousins, cousines, oncles et tantes pour leur soutien quotidien et l'affection qu'ils témoignent à mon égard.

Je remercie toutes les personnes qui m'ont aidée, soutenue et encouragée tout au long de ce processus. Il s'agit de mes encadreurs et professeurs (e)s depuis le Lycée Wossou jusqu'à l'Université Laval et l'Université de Moncton en passant par celle de Conakry. Ils ont su m'assurer une éducation de qualité, partager leur expérience profonde avec moi en m'accompagnant efficacement tout au long de mes études. Il s'agit de Mr Kodjo, Alya Diaby, Bérété Mohamed, Jacques Vander Linden, Serge Rousselle, Geneviève Motard, Denis Le May, Bjarne Melkevik, Paule Halley et tout le corps professoral de l'école Yacine Diallo de Labé.

Je remercie également la Faculté de droit de l'Université Laval et son syndicat des chargés de cours pour leur contribution à la publication de cet ouvrage.

Un merci particulier à mes amis et amies Chadi, Chantal, Mahamadou, Yannaty, Pierrette, Justin, Alain, Louise, Real, Diane, Rahim, Anicette et Mireille qui m'ont assistée à différents niveaux.

Enfin, je remercie la maison d'édition L'Harmattan pour avoir accepté de publier ce présent ouvrage qui, à l'origine, est une thèse de doctorat en droit soutenue à l'Université Laval.

À la mémoire de ma chère marraine Andrée Buist.

INTRODUCTION

Boké, une région côtière en République de Guinée a été pendant très longtemps un lieu de villégiature autrefois prisé pour la beauté de son paysage, l'hospitalité de sa population, la splendeur de ses habitats traditionnels, l'abondance du gibier et des poissons, est devenu aujourd'hui une localité quasi méconnaissable à cause de l'exploitation minière abusive.

L'exploitation minière a changé le visage des communautés locales autochtones en Guinée, au cours des dernières années. Entre la délocalisation et l'expropriation de leurs terres ancestrales, la destruction de leurs économies de subsistance traditionnelles et la perturbation de leur vie sociale, les problèmes que la mine apporte dans les collectivités autochtones sont nombreux. De plus, les projets d'exploitation ont de forts impacts sur l'environnement, le milieu de vie des peuples autochtones, la sécurité alimentaire et la protection de leur patrimoine culturel. L'exemple de Zogota, situé dans la région forestière de Guinée, illustre bien cette situation. Le Conseil des sages du peuple *Guerzé* de cette région a rendu public un mémorandum pour dénoncer la destruction de leur lieu de culte, la pollution des cours d'eau et la non-assistance des populations locales dans leur développement socio-économique, à la suite de l'exploitation minière de leurs territoires par la Société minière Valé[1]. Il en est de même dans la zone minière de Boké et ailleurs en Guinée, où les communautés autochtones ont le sentiment d'être exclues de la richesse créée par les mines par manque d'emplois, d'électricité, d'eau, etc. Comme le témoigne Yousouf Boundou Sylla, « *la frustration chez les autochtones [...] est liée à l'extrême pauvreté*

[1] Amara Moro Camara, « Mémorandum des sages de la Guinée forestière sur les tueries de Zogota », Guineenews (14 août 2012), en ligne : www.Guineenews.Org. Voir aussi Aly Badara Camara, « Avis de tempête sur les miniers de Boffa: les jeunes désœuvrés battent le pavé pour réclamer plus d'emplois », Guineenews (25 juin 2018), en ligne : https://www.guineenews.org/avis-de-tempete-sur-les-miniers-de-boffa-les-jeunes désœuvrés battent le pavé pour réclamer plus d'emplois.

dans laquelle ils vivent eu égard aux gigantesques ressources minières (bauxite) qui existent dans la région. Mais celles-ci sont exploitées avec une faible implication des populations locales[2] *».*

Il importe de souligner ici que la Guinée a de fortes potentialités minières et énergétiques dont l'exploitation ne profite généralement pas aux populations autochtones[3]. Elles ne bénéficient d'aucune retombée de la manne financière qui découle de cette exploitation. Les statistiques et données socio-économiques démontrent d'ailleurs que ces populations vivent dans un état de pauvreté et de précarité insoutenable eu égard aux conditions posées par les normes internationales. Cette précarité, qui résulte largement de la destruction de leur milieu de vie, est d'ailleurs omniprésente et endémique dans les collectivités minières autochtones. Ces constats, largement documentés dans la doctrine en sciences sociales et humaines, mais aussi dans les rapports produits par les organisations non gouvernementales et les grands organismes internationaux, nous ont amenés à nous intéresser au respect du droit au développement des peuples autochtones par l'État guinéen et les entreprises dans le contexte de l'extraction des ressources minières.

---

[2] Youssouf Boundou Sylla, « Émeutes de Boké Guinée : Radioscopie d'une politique minière empreinte de corruption » (9 mai 2017), en ligne : « KebouGuinée » http://kebouguinee.com/dossier-emeutes-de-boke-guinee-radioscopie-dune-politique-miniere-empreinte-de-corruption. Voir aussi du même auteur, l'exclusion, la cause réelle de la révolte des autochtones dans les zones minières : un grand défi pour le gouvernement » (10 août 2012), en ligne : Boubah www.boubah.com/common/forms/frmImprimer.asp?artNum=201281052133& artType=1.

[3] La République de Guinée représente un scandale géologique et elle est considérée comme le château d'eau de l'Afrique de l'Ouest, en ce sens que le pays regorge de nombreux cours d'eau capables d'alimenter toute la sous-région ouest-africaine. Par ailleurs, elle renferme de nombreuses ressources minières. La première est la bauxite : la Guinée, deuxième exportateur à l'échelle internationale, représente les 2/3 des réserves mondiales. Ensuite, l'or dont « le potentiel estimé varie entre 300 et 500 tonnes », le diamant et le fer constituent les principales ressources minières de cet État. À cela, s'ajoutent les ressources minérales, dont le nickel, le calcaire, l'uranium, le cuivre, le plomb ou encore le zinc et le cobalt. Le plateau continental regorgerait également d'hydrocarbures bien que les études n'arrivent pas à le confirmer encore, sans oublier les matériaux de construction, les minéraux de sables noirs et les pierres de couleurs semi-précieuses. Face à l'abondance de cette richesse, il existe de nombreux projets d'exploration et d'exploitation, notamment des matières comme la bauxite, le fer et l'or. Voir à propos Société guinéenne de gestion du patrimoine minier (SOGUIPAMI), en ligne : https://soguipami-gn.com/#1504633691064-6c110f50-c50d.
Cette société présente une carte minéralogique de la Guinée, voir aussi Fréderic Thomas, « Investir, Guinée 2019 : Un potentiel (enfin) exploité, les enjeux miniers en Guinée », Jeune Afrique Media Group, 21 janvier 2018. Voir également Mahamdou Chérif Diallo, Ahmédou Tall et Lanceï Traoré, « Les enjeux de la gouvernance minière en Guinée », Conakry, Coopération Guinée-Allemagne, 2011 à la p. 7. Muriel Devey Malu Malu, « La Guinée », Paris, Karthala, 2009 aux pp. 7-10.

Force est de convenir que la notion de développement est elle-même d'abord largement controversée. Le développement est une notion polysémique et ambivalente qui se retrouve essentiellement en sciences économiques et en sociologie[4]. Plusieurs tentatives de définitions découlent en effet des sciences économiques[5]. L'une des définitions les plus citées du développement est sans doute celle de l'économiste français François Perroux pour qui « *le développement est la combinaison des changements mentaux et sociaux d'une population qui la rendent apte à faire croître, cumulativement et durablement, son produit réel global*[6] ». Cette définition est intéressante, car elle rend compte des différents aspects économiques, sociaux et écologiques du développement. Mais encore nos lectures nous amènent à conclure que le développement devrait être perçu comme une amélioration du bien-être social, économique, culturel et politique d'un peuple selon ses propres visions, ses propres priorités et son mode de vie.

Dans un tel contexte, plusieurs approches ou théories, dont celle de l'industrialisation, de la modernisation, du structuralisme, du néolibéralisme ou du développement durable, proposent des conceptions toutes distinctes de la notion de développement. Au départ, la première conception du développement associe celui-ci à *« un droit à l'épanouissement humain »*. Cette vision moderne est associée au concept ancien de bonheur qui a toujours été au cœur des

---

[4] Keba Mbaye, « Le droit au développement est-il un droit de l'homme ? » dans Centre des droits de l'homme, *Droits de l'homme et droit au développement*, Louvain, Bruxelles-Bruylant, 1989, 31 aux pp. 37-8 [Mbaye, « Droit au développement »].

[5] D'abord, selon le *Dictionnaire de l'économie* de Pierre Bezbakh et Sophie Gherardi (Pierre Bezbakh et Sophie Gherardi, « *Dictionnaire de l'économie* », Paris, Larousse, 2008, *sub verbo* « développement ». Le développement est la transformation d'une société dans le sens d'un progrès global. Le développement a des aspects économiques (croissance, industrialisation, salarisation, hausse du niveau de vie), sociodémographiques (urbanisation, réduction de la fécondité, hausse du niveau d'éducation, politiques de santé), politiques et culturels (en matière de langue, de communication, etc.). Même si le mot est parfois utilisé dans un autre contexte (développement local, recherche et développement d'un produit), il s'applique principalement à des pays « en voie de développement ». Ensuite, « le développement [...] peut être défini comme un processus endogène et cumulatif de long terme de progrès de la productivité et de réduction des inégalités, permettant à un nombre croissant de passer d'une situation de précarité, de vulnérabilité et d'insécurité à une situation de plus grande maîtrise de l'incertitude, des instabilités et de satisfaction des besoins fondamentaux grâce à l'acquisition de droit, à la mise en œuvre d'organisations et d'institutions et de modes de régulation permettant de piloter des systèmes complexes. Gilbert Abraham-Frois et al., *Dictionnaire d'économie : Analyses, Auteurs, Institutions, Politiques économiques*, 2e éd, Paris, Sirey, 2002, *sub vergo* « développement ».

[6] François Perroux, « *L'économie du XXème siècle* », Paris, PUF, 1960 à la p. 190. [Perroux]

préoccupations des sociétés modernes[7]. Sur le plan historique, les terminologies du développement ont vu le jour peu après la Seconde Guerre mondiale[8]. Le terme, basé sur l'idée de croissance, est alors utilisé pour la première fois par le Président Harry Truman. En constatant l'extrême pauvreté dans les pays sous-développés, il propose le modèle industriel et de progrès scientifique des États-Unis comme moyen de développement[9]. Dès lors, les critères pour évaluer le sous-développement sont, entre autres, « le déficit alimentaire, la prolifération des maladies, la persistance d'une économie primitive et la pauvreté »[10]. Ces éléments de définition ont amené les auteurs[11] à élaborer les différentes théories du développement, mais en font une classification différente[12]. Nous reprenons ici Pierre Beaudet[13] qui a résumé les différentes théories du développement comme suit.

Au départ, le développement est assimilé à la croissance économique[14], laquelle est le fruit de l'accroissement de la productivité dans le domaine de l'agriculture, de l'extraction des matières premières ou de l'industrie. Partant, le modèle d'industrialisation des pays occidentaux devient la référence en matière de développement[15]. Par la suite, l'aspect humain du développement est reconnu pour prendre en considération l'aspect multidimensionnel du développement[16]. De même, la question de

[7] Claude-Albert Colliard, « L'adoption par l'assemblée générale de la Déclaration sur le droit au développement » (4 décembre 1986) », (1987) 33 AFDI 614 à la p. 624.

[8] Perroux, « *supra* » note 6 à la p. 190.

[9] Yves Berthelot, « Développement », (2010) 3 316 « Revue Projet » 4 à la p. 5.

[10] Pierre Beaudet, Jessica Schafer et Paul Haslam, « Introduction au développement international, approches et enjeux », Ottawa, Les presses de l'Université d'Ottawa, 2008.

[11] Elsa Assidon, « Les théories économiques du développement », Paris, Éditions La Découverte, 2002. Gilbert Rist, « Le développement : histoire d'une croyance occidentale », Paris, Presses de la Fondation nationale des sciences politiques, 2007. Gisèle Belem, « Quelle gouvernance pour la mise en œuvre du développement durable ? » « L'expérience de l'industrie minière du Mali », thèse de doctorat en sciences de l'environnement, Université du Québec à Montréal, 2009 [non publié].

[12] Assidon, *supra* note 11 aux pp. 37-110. Elsa Assidon, par exemple, parle entre autres de croissance volontaire et stratégies d'industrialisation, de l'ajustement structurel qui comprend l'approche du FMI, les politiques de libéralisation, les conceptions et les politiques hétérodoxes, en troisième position le « miracle asiatique », les structures de marché, la pauvreté, la mondialisation ainsi que la modernisation et la croissance durable. Belem, *supra* note 11 aux pp. 17-40. Gisèle Belem a préféré faire la classification qui met en évidence la structure suivante : l'approche orthodoxe (croissance et développement), les approches hétérodoxes du développement (l'école structuraliste et l'école de la dépendance), la nouvelle hétérodoxie : les besoins essentiels ; l'ajustement structurel et la résurgence.

[13] Beaudet, *supra* note 10.

[14] Il s'agit de la croissance du PIB per capita ou le revenu moyen.

[15] Beaudet, *supra* note 10 aux pp. 8-9.

[16] Beaudet, *supra* note 10 à la p. 13.

l'amélioration ou du changement des structures sociales et des institutions de gouvernance des pays en développement, caractérisées par une économie agraire dominée par la paysannerie, a conduit à l'émergence de la théorie de la modernisation et du structuralisme après 1960. Pour la modernisation économique, les pays sous-développés doivent suivre les idéologies capitalistes modernes qui accordent plus de valeur au marché et à l'investissement, tandis que la modernisation politique considère ainsi la démocratie libérale comme clé du développement[17]. L'approche structuraliste, elle, révèle les limites de ce capitalisme moderne et soutient l'intervention de l'État dans l'économie. Dans le débat contemporain sur les théories du développement économique, on parle aussi de néolibéralisme pour faire référence à l'intégration des pays sous-développés au marché mondial (la mondialisation ou globalisation de l'économie mondiale). Dans le contexte de cette économie mondialisée[18], le développement qui prend en considération le progrès économique autant que les enjeux sociaux et la protection de l'environnement sont les pierres d'assise du développement durable[19].

Ainsi, au départ, le développement est une notion que l'on associe à l'économique. Il y a ensuite un élargissement aux structures de gouvernance et aux politiques. Parallèlement, la conscience environnementale fait naître le concept de développement durable qui rejette la conception purement économique du développement.

Il importe de rendre compte que parmi ces théories, celle de l'industrialisation reflète sans doute le mieux la conception du développement qui s'en dégage en Afrique. Le développement est en Afrique d'abord synonyme d'industrialisation, s'inspirant ainsi de la vision occidentale de ce terme[20]. En ces circonstances, le développement est perçu comme l'accumulation du capital qui conduit à l'industrialisation. Dans cet ordre d'idées, la possibilité d'accumuler les richesses grâce *« aux systèmes de subsistance autochtones »*[21] est

---

[17] Laurent Gaba, « L'état de droit, la démocratie et le développement économique en Afrique subsaharienne », Paris, L'Harmattan, 2000 à la p. 287.

[18] Bezbakh, « *supra* » note 5 à la p. 237.

[19] « Déclaration de Johannesburg sur le développement durable » (2002), en ligne (PDF) : http://bd.stp.gov.ml/padelia/pdf/johannesburg.pdf [Déclaration de Johannesburg].

[20] Groupe international de Travail pour les Peuples Autochtones (GITPA), « *Peuples autochtones d'Afrique et Objectifs du millénaire pour le développement* », Paris, L'Harmattan, 2007 à la p. 14 [GIPTA, *Peuples autochtones d'Afrique et OMD*].

[21] Union Africaine, « Rapport du groupe de travail de la commission africaine sur les populations/communautés autochtones, Visite de recherche et d'information au Kenya », 1-19 mars 2010, Union africaine à la p. 49. Voir aussi Sambou Ndiaye et Louis Favreau, « Le

marginalisée. C'est pourquoi certains États africains, au nom du développement, soutiennent des projets pour l'exploitation minière et forestière sans tenir compte des préoccupations des peuples autochtones pour leurs milieux de vie. Ce n'est donc pas sans raison que l'on peut, à bon droit, parler d'une remise en cause de l'idéologie du développement à partir des années 80. En effet, derrière le concept de développement, se trouve la théorie de l'évolution des années 1800 qui consiste à amener les peuples à la « civilisation ». Dans cette perspective, le modèle économique des sociétés dites primitives doit évoluer vers celui des sociétés dites civilisées. Les premières doivent adopter le modèle de développement occidental pour aboutir à cette « civilisation ». Dans ce contexte, les pays occidentaux sont vus comme des modèles d'évolution que les autres pays doivent suivre[22]. C'est dans cet ordre d'idées, que plusieurs critiques sur le développement utilisent entre autres les notions de « civilisation », d'« occidentalisation », de « modernisation », d'« acculturation », de « sociétés inférieures ou supérieures » pour remettre en question le concept de développement qui n'est qu'une invention ou une idéologie de l'Occident. Par exemple, Serge Latouche[23] utilise le concept d'occidentalisation et d'acculturation. Estimant que l'origine historique du mot développement le rapproche de la notion de civilisation, il croit que le développement est un autre « visage de l'occidentalisation du monde ». Selon lui, le développement n'est que la continuation de la colonisation, mais sous une autre forme[24].

---

combat écologique et social des communautés en Afrique de l'Ouest » (2006), en ligne : « Chaire de recherche en développement des collectivités » http://jupiter.uqo.ca/ries2001/carnet/spip.php?article116.

[22] Françoise Dufour, *De « l'idéologie coloniale à celle du développement* », Paris, L'Harmattan, 2010 aux pp. 230-247. Voir aussi Gilbert Rist, « *Le développement : histoire d'une croyance occidentale* », 4e éd, Paris, Presses de la Fondation nationale des sciences politiques, 2013 aux pp. 95-149.

[23] Serge Latouche, « En finir, une fois pour toutes, avec le développement », « Le Monde diplomatique », 2001 aux pp. 6-7. Serge Latouche, « Contribution à l'histoire du concept de développement » dans Catherine Coquery-Vidrovitch, Daniel Hemery et Jean Piel, dir., pour une histoire du développement, États, sociétés, développement, Paris, L'Harmattan, 2007. Serge Latouche, « Faut-il refuser le développement ? Essai sur l'antiéconomique du tiers-monde », Paris, PUF, 1986. Voir aussi Alain François, « Le concept de développement : la fin d'un mythe » 2003 66 « L'Information géographique » 323. Il utilise aussi le concept d'occidentalisation. (Aussi disponible en ligne (PDF) : http://harribey.u-bordeaux4.fr/colloques/francois.pdf.

[24] D'autres auteurs comme Anne-Marie Chartier, « *Essai critique sur le concept de développement* », Grenoble, Presses universitaires de Grenoble, 1996 et Gilbert Rist, « *Le développement : histoire d'une croyance occidentale* », 3e éd, Paris, Presses de la Fondation nationale des sciences politiques, 2007 font aussi la critique de la notion de développement. Pour d'autres critiques sur les notions de développement et de droit au développement, voir:

En ce qui a trait au droit au développement, il est né dans le contexte des mouvements de décolonisation des années 60. Ce droit a été revendiqué par les États africains « soucieux de parachever leur émancipation politique par [leur] libération économique »[25]. C'est donc au départ, un droit de l'État et du peuple. Par la suite, il est analysé ou consacré par les textes juridiques (exemple : *la Déclaration sur le droit au développement*) comme un droit inaliénable de la personne[26]. Le droit au développement des peuples autochtones est consacré en partie dans certaines dispositions spécifiques de la *Déclaration de Rio*[27] ainsi que la *Convention sur les peuples indigènes et tribaux*[28] [ci après la convention 169 de l'OIT] qui sont « sans

---

Arturo Escobar, "*Encountering Development, The Making and Unmaking of the Third World*", Princeton (NJ), Princeton University Press, 1995; Balakrishna Rajagopal, *International Law From Below : "Development, Social Movements and Third World Resistance*", Cambridge (R-U), Cambridge University Press, *2003.* Voir aussi Mark Toufayan, Emmanuelle Tourme-Jouannet et Hélène Ruiz Fabri, dir., « *Droit international et nouvelles approches sur le tiers-monde: entre répétition et renouveau [International Law and New Approaches to the Third World: Between Repetition and Renewal »],* Paris, Société de législation comparée, 2013.

[25] Mohamed Bedjaoui, « *Le droit au développement* » dans Mohamed Bedjaoui, dir., « *Droit international, Bilan et perspectives* », t. 2, Paris, Éditions A. Pedone, 1991, à la p. 1247. Il a été revendiqué pour la première fois par l'Algérie.

[26] *Déclaration sur le droit au développement,* adoptée par l'Assemblée générale dans sa résolution 41/128 (4 décembre 1986) art. 1, en ligne : « *Haut-Commissariat des Nations Unies aux droits de l'homme* » http://www2.ohchr.org/french/law/developpement.htm. Voir aussi *Déclaration et Programme D'action de Vienne*, adopté par la conférence mondiale sur les droits de l'homme (25 juin 1993) principalement aux articles 14, 25, 30 et 31, en ligne (PDF) : *Haut-Commissariat des Nations Unies aux droits de l'homme* https://www.ohchr.org/Documents/Events/OHCHR20/VDPA_booklet_fr.pdf. Voir également la *Déclaration de Rome sur la sécurité alimentaire mondiale* (13 et 17 novembre 1996), en ligne : *Sommet mondial de l'alimentation* http://www.fao.org/docrep/003/w3613f/w3613f00.htm. Voir aussi *Déclaration du millénaire de l'Organisation des Nations Unies,* Doc NU A/55/L.2 (2000), en ligne : *Nations Unies* http://www.un.org/french/millenaire/ares552f.htm. Voir également Organisation des Nations Unies, « *Déclaration de Copenhague pour le développement social* et *Programme d'action du sommet mondial pour le développement social de 1995* », Sommet mondial pour le développement social, Copenhague (6-12 mars 1995), (A/CONF.166/9). Voir enfin Rapport du Groupe de travail sur le droit au développement sur les travaux de sa dix-huitième session, Genève (3-7 avril 2017), A/HRC/36/35, en ligne (PDF) : *Nations Unies* https://documents-ddsny.un.org/doc/UNDOC/GEN/G17/147/90/PDF/G1714790.pdf ?OpenElement.

[27] *« Déclaration de Rio sur l'environnement et le développement, principes de gestion des forêts »,* Sommet planète terre conférence des Nations Unies sur l'environnement et le développement, Rio de Janeiro, Brésil (3-14 juin 1992) principe 22, en ligne : *Nations Unies* http://www.un.org/french/events/rio92/rio-fp.htm [Déclaration de Rio sur l'environnement]. Voir aussi Rapport du Sommet mondial pour développement durable le Johannesburg (Afrique du Sud) (26 août 4 septembre 2002) points 25, 26, en ligne (PDF) : « *Organisation internationale de la francophonie* » http://www.francophonie.org/IMG/pdf/Johannesburg.pdf.

[28] « *Convention relative aux peuples indigènes et tribaux* », 1989 (Convention no 169), 27 juin 1989, Bulletin officiel, Bureau international du Travail, vol. LXXII (1989), sér A, n°2

aucun doute le traité international le plus complet et le mieux adapté à la problématique autochtone. »[29] Le droit au développement des peuples autochtones est aussi consacré par la *Déclaration des Nations Unies sur les peuples autochtones*[30]. En plus de ces instruments, c'est de la jurisprudence, notamment celle de la « *Commission africaine des droits de l'homme et des peuples* », que vient l'effort de définition et de précision du droit au développement des peuples autochtones. En effet, après avoir reconnu au préalable que le terme « peuples » consacré dans la *Charte africaine des droits de l'homme*[31] *et des peuples* s'applique aux peuples autochtones[32], la Commission africaine a rendu plusieurs décisions en faveur des peuples autochtones[33]. De façon spécifique, dans la décision *Endorois*[34], elle a reconnu l'existence d'un droit au développement des peuples

---

aux pp. 63 à 74 (entrée en vigueur : 5 septembre 1991), articles 6, 7 et 15 [*Convention 169 OIT*].

[29] Ghislain Otis et Bjarne Melkevik, Peuples autochtones et normes internationales : Analyse et textes relatifs au régime de protection identitaire des peuples autochtones, Cowansville (Québec), Yvon Blais, 1996 à la p. 8.

[30] Déclaration des Nations Unies sur les droits des peuples autochtones, 13 septembre 2007, A/RES/61/295, annexe de la résolution adoptée par l'Assemblée générale, art. 3, 18, 20, 21, 32 [Déclaration des Nations Unies].

[31] Charte africaine des droits de l'homme et des peuples, juin 1981 (entrée en vigueur le 21 octobre 1986), Organisation de l'Unité africaine, art. 19-24, en ligne : Commission africaine des droits de l'homme et des peuples http://www.achpr.org/fr/instruments/achpr/ [Charte africaine].

[32] Union Africaine, Rapport du groupe de travail et d'experts de la commission africaine des droits de l'homme et des peuples sur les populations/communautés autochtones, présenté en vertu de la « Résolution sur les droits des populations/communautés autochtones en Afrique » adoptée par la Commission Africaine des Droits de l'Homme et des Peuples lors de sa 28ème session ordinaire, IWGIA, 2005 à la p. 85. [Union africaine, Rapport sur les populations/communautés autochtones.

[33] Ce sont les décisions suivantes : social and Economic Rights Action Center, Center for Economic and Social Rights c. Nigeria, Commission Africaine des Droits de l'Homme et des Peuples, Communication 155/96, 30e session ordinaire, Banjul, Gambie, 13 octobre 2001 [Ogoni]. Dans cette communication, le peuple Ogoni reproche à l'État du Nigeria de procéder à la destruction de l'environnement nécessaire à leur survie et de porter directement atteinte à leur vie à travers des actions armées. Ce peuple autochtone reproche également à l'État de faillir à son obligation de protéger en laissant des multinationales pétrolières polluer leurs terres. Voir aussi collectif des Veuves et Ayants Droit, Association Mauritanienne des Droits de l'homme c. Mauritanie, discutée dans le Treizième Rapport annuel d'activités de la Commission africaine, 1999-2000, ACHPR/RTP/13ème, annexe V au para 137.

[34] Communication 276/2003 Centre de Développement des droits des minorités agissant au nom de la Communauté Endorois c. l'État du Kenya, 27e rapport d'activité, couvrant les activités de juin à novembre 2009 aux pp. 108 et s. [Endorois]. La Cour africaine a aussi confirmé le droit au développement des peuples autochtones dans la décision African Commission on Human and People's Rights v Republic of Kenya : Application no. 006/2012, Judgment, 26 May 2017 [Ogiek].

autochtones[35]. Ce droit, selon la Commission, se manifeste par la protection du mode de vie culturel et des sites religieux des peuples autochtones, la protection de l'accès au territoire ancestral des peuples autochtones en vue de l'exercice de leurs droits culturels incluant les droits religieux. Ensuite, le droit au développement des peuples autochtones comprend le droit de propriété collective sur la terre, l'indemnisation en cas d'expropriation, la consultation des populations autochtones dans le cadre des projets susceptibles de les affecter, la reconnaissance de l'économie de subsistance des peuples autochtones ; le partage des bénéfices issus de l'exploitation des ressources naturelles.

Sur ce dernier point, il faut noter que malgré la reconnaissance du droit au développement des peuples autochtones par certains instruments internationaux et par une certaine jurisprudence, plusieurs incertitudes caractérisent sa nature, sa portée et son effectivité. Un des problèmes est que l'article 3 de la « *Déclaration des Nations Unies sur les peuples autochtones*[36] » en fait un droit extrêmement large, au

---

[35] Il est important de savoir les titulaires du droit au développement des peuples autochtones, car la question de l'autochtonie en Afrique présente une particularité. La commission africaine a tranché de la sorte en énonçant des critères de l'autochtonie qui s'appliquent à la situation particulière de l'Afrique. Elle affirme que : « Les caractéristiques globales des groupes s'identifiant comme peuples autochtones sont que leurs cultures et leurs modes de vie diffèrent considérablement de ceux de la société dominante et que leurs cultures sont menacées, au point de l'extinction dans certains cas. Une caractéristique clé pour la plupart d'entre eux est que la survie de leurs modes de vie particuliers dépend de la reconnaissance de leurs droits et de l'accès à leurs terres et à leurs ressources naturelles traditionnelles. Ils souffrent de la discrimination dans la mesure où ils sont considérés comme étant moins développés et moins avancés que les autres groupes plus dominants de la société. Ils vivent souvent dans des zones inaccessibles, souvent géographiquement isolées et ils souffrent de diverses formes de marginalisation tant politique que sociale. Ils font souvent l'objet de domination et d'exploitation à l'intérieur des structures politiques et économiques qui sont communément conçues pour refléter les intérêts et les activités de la majorité nationale (*Rapport du groupe de travail d'experts de la Commission africaine des droits de l'homme et des peuples sur les populations/communautés autochtones*, 2005 IWGIA, aux pp. 99-100). La commission ajoute le critère de l'auto-identification et de la reconnaissance par l'État ou d'autres groupes ethniques : « Le principe d'auto-identification est un critère clé de la définition des peuples autochtones et « self-identification as well as recognition by other groups or by State authorities that they are a distinct collectivity ». (Union africaine, Commission africaine des Droits de l'Homme et des Peuples, *Peuples autochtones d'Afrique: peuples oubliés,* IWGIA, 2006 à la p. 33. Voir aussi Felix Ndahinda, « Historical development of indigenous identification and rights in Africa » dans Ridwan Laher, Korir Sing'Oei, dir., *Indigenous Peoples in Africa: Contestations, Empowerment and Groups Rights*, Braamfontein, Africa Institute of South Africa, 2017, 24 aux pp. 33-6). *African Commission on Human and People's Rights* v *Republic of Kenya: Application n°.006/2012, Judgment, 26 May 2017,* au para 107. Pour plus de détails, voir à propos la partie 3 de l'ouvrage.

[36] *DNUDPA, supra* note 30, art. 3. Cet article se lit comme suit: « Les peuples autochtones ont le droit à l'autodétermination. En vertu de ce droit, ils déterminent librement leur statut politique et assurent librement leur développement économique, social et culturel. »

contenu imprécis. Un autre problème est que le droit au développement est difficilement distinguable du droit à l'autodétermination et serait donc de même nature. Or, il existe des interrogations sur la nature juridique du droit à l'autodétermination et, par la même occasion, du droit au développement[37]. Dès lors se pose la question suivante : le droit à l'autodétermination est-il un droit ou un principe politique ? Et par corollaire, le droit au développement est-il imprégné des mêmes caractéristiques ? Les défenseurs de la théorie du principe politique affirment que le droit au développement trouve son fondement dans la politique, la solidarité ou la justice sociale[38]. Il ne serait qu'une simple exigence morale[39]. D'autres, par contre, pensent que c'est un droit de troisième génération qui a une valeur juridique contraignante[40]. À cela s'ajoutent les incertitudes quant à la portée et le contenu du droit au développement. À titre d'exemple, l'on dénote une confusion entre le champ d'application du droit à l'autodétermination et celui du droit au développement puisque les deux recoupent les mêmes composantes et présentent les mêmes forces et faiblesses, comme l'écrit Xanthaki, « [...] *the right to developement has very similar weaknesses to the right to self-determination*[41] ». En outre, tant le droit à l'autodétermination que le

---

[37] Voir à ce sujet, Patrick Thorberry, « Self-determination and Indigenous Peoples: Objections and Responses » dans Pekka Aikio, Martin Scheinin, dir., *Operationalizing the Right of Indigenous Peoples to Self-Determination,* Institute for Human Rights, Abo Akademi University, 2000, 39 aux pp. 49-50. Voir aussi Love Saint-Fleur, *l'exercice du droit des peuples à disposer d'eux-mêmes par les peuples autochtones : les principaux instruments juridiques internationaux et l'examen de la pratique canadienne*, mémoire de maîtrise en droit, Université du Québec à Montréal, 2006 aux pp. 27-3 [non publiée]. Daniel Turp, *Le droit de choisir : Essais sur le droit du Québec à disposer de lui-même*, Montréal, Thémis, 2001.

[38] Zalmaï Haquani, « Le droit au développement : fondements et sources » dans René-Jean Dupy, dir., *le droit au développement au plan international*, Colloque, La Haye, 16-18 octobre 1979, La Haye, Sijthoff & Noordhoff, 1980, 22 à la p. 23. Voir aussi Keba Mbaye, « Le droit au développement est-il un droit de l'homme? » dans Silvio Marcus Helmons, dir., *Droits de l'homme et droit au développement*, actes du colloque du 15 octobre 1985, Université Catholique de Louvain, Academia, 1989, 31 aux pp. 45-6 [Mbaye, « Droit au développement », actes du colloque du 15 octobre 1985]. Voir également Melik Ozden, *le droit au développement : États des débats tenus à l'ONU sur la « mise en œuvre » de la Déclaration historique adoptée à ce propos par l'Assemblée générale des Nations Unies, le 4 décembre 1986,* Centre Europe-Tiers Monde (CETIM), Genève, 2007 aux pp. 8-10.

[39] H. Sanson, « Du droit des peuples sous-développés au développement au droit des hommes et des communautés à être soi, non seulement par soi, mais aussi par les autres » dans René-Jean Dupy, dir., « *Le droit au développement au plan international* », Colloque, La Haye, 16-18 octobre 1979, La Haye, Sijthoff & Noordhoff, 1980, 192 à la p. 223.

[40] Mbaye, « Droit au développement », actes du colloque du 15 octobre 1985, *supra* note 38 aux pp. 31-71.

[41] Alexandra Xanthaki, Indigenous rights and United Nations Standards, Self-determination, Culture and Land, Cambridge, Cambridge University Press, 2007 à la p. 242.

droit au développement comportent des composantes économiques, culturelles et sociales. La confusion autour du champ d'application du droit à l'autodétermination et du droit au développement est telle que les peuples autochtones utilisent l'un ou l'autre pour appuyer leurs revendications territoriales[42]. On peut alors se demander ce qui les distingue et en quoi ils se complètent.

Dans ce même ordre d'idées, les incertitudes quant à la portée du droit au développement a des répercussions sur son effectivité aussi. En fait, la DNUDPA est imprécise quant au contenu du droit au développement des peuples autochtones : elle n'en a énoncé ni l'étendue, ni les modalités d'exercice, ni les obligations des États quant à sa mise en œuvre. Ces lacunes constituent des limites à l'exercice d'un tel droit. Cet enjeu est décrit par Xanthaki qui affirme que : « *[The right to development] present important weaknesses and therefore cannot be used as fruitful bases for claims. [Its] meaning is still contested, [its] beneficiaries are vague; and so are [its] duty bearers*[43] ». On pourrait toutefois considérer que les autres articles de la DNUDPA viennent préciser son étendue et ses modalités d'exercice.

Dans un tel contexte, il n'est pas surprenant que les incertitudes ci-dessus mentionnées entourant la nature, la portée et l'effectivité du droit au développement des peuples autochtones soulèvent la question de sa justiciabilité.

En ce sens, la question de la justiciabilité du droit au développement des peuples autochtones est importante dans la mesure où elle permet d'évaluer s'il s'agit uniquement d'un droit objectif ou d'un droit de nature contraignante. C'est pourquoi nous analysons le droit au développement des peuples autochtones à la lumière des critères de la justiciabilité en droit international.

À ce propos, si la nature juridique du droit au développement des peuples autochtones soulève quelques interrogations en raison de ses similitudes avec le droit à l'autodétermination ainsi que son fondement qui permet de le comparer à un principe politique, il n'existe pas de doute quant à sa qualité de droit de la personne. Selon l'article premier de la Déclaration sur le droit au développement :

> « Le droit au développement est un droit inaliénable de l'homme en vertu duquel toute personne humaine et tous les peuples ont le droit de participer et de contribuer à un développement économique, social, culturel et politique dans

[42] *Ibid* à la p. 242.
[43] *Ibid*, aux pp. 240-42.

lequel tous les droits de l'homme et toutes les libertés fondamentales puissent être pleinement réalisés, et de bénéficier de ce développement. »

D'emblée, le droit au développement appartient à la catégorie des droits économiques, sociaux et culturels [ci-après DESC][44].

L'enjeu des DESC réside dans la définition d'obligations positives immédiatement applicables afin d'éviter que les États ne s'abritent derrière le caractère programmatique des droits sociaux ou leur insuffisance de moyens disponibles [...] ensuite vient une obligation positive de protéger les bénéficiaires de ces droits contre toute violation perpétrée par des tiers, notamment grâce à l'édiction d'une législation protectrice et l'instauration de recours juridictionnels adéquats[45].

Dans cet esprit, l'étude du régime juridique de ces droits renvoie à l'examen des moyens juridiques permettant de les faire respecter et d'assurer leur effectivité[46]. En de telles circonstances, on parle

---

[44] Certains auteurs voient le droit au développement comme un droit de deuxième génération, à savoir un droit social, économique et culturel. L'une de ses composantes principales étant le droit à la satisfaction des besoins essentiels et un niveau de vie suffisant reconnu par le Pacte sur les droits économiques, sociaux et culturels dans son article 11. Voir à ce sujet Lucie Lamarche, « *Perspectives occidentales du droit international des droits économiques de la personne* », Bruxelles, Bruylant, 1995 aux pp. 155-56 et Karel Vasak, « *Les dimensions internationales des droits de l'homme, Manuel destiné à l'enseignement des droits de l'homme dans les universités* », UNESCO, Paris, 1978 à la p. 136. Voir aussi Robert Pelloux, « Vrais ou faux droits de l'homme : problèmes de définition et de classification », (1981) 1 *Revue de droit public et de la science politique en France et à l'étranger* 1-1981, Librairie générale de droit et de jurisprudence à la p. 61. Pour Haquani, *supra* note 38 à la p. 23 : Certaines dispositions du Pacte se rapportent au droit au développement car « [...] le droit au développement peut être envisagé comme un ensemble de principes et règles sur la base desquels [les peuples autochtones], en tant [...] membre du corps social [peuvent] obtenir, dans la mesure du possible, la satisfaction des besoins économiques, sociaux et culturels. » En plus de ces conceptions, le droit au développement est analysé comme un droit de troisième génération, à savoir un droit de solidarité où il est d'ailleurs considéré comme étant le plus important. Tenant compte de cette dichotomie dans la classification du droit au développement, certains auteurs le qualifient tout simplement de droite synthèse. Voir à ce sujet Pelloux, *supra* note 44 à la p. 61. Voir également Mbaye, « Droit au développement », actes du colloque du 15 octobre 1985 aux pp. 31-71. À notre avis, c'est l'aspect social du droit au développement qui semble prépondérant. D'ailleurs, les droits sociaux-économiques et culturels sont aussi fondés sur l'idée de solidarité et se rapprochent considérablement des droits de solidarité. De ce fait, le droit au développement est perçu comme une « interprétation des aspects nouveaux de l'ordre social », selon Diego Uribe Vargas, « *La troisième génération des droits de l'homme* » 1984359 Recueil des cours à la p. 361. Voir aussi Karel Vasak, « Les problèmes spécifiques de la mise en œuvre internationale des droits économiques et sociaux de l'homme » dans Karel Vasak, dir., *vers une protection efficace des droits économiques et sociaux ?*, Bruxelles, Bruylant, 1973. Voir également, Colliard, *supra* note 7 aux pp. 622-24.

[45] Diane Roman, « La justiciabilité des droits sociaux ou les enjeux de l'édification d'un État de droit social » (2012) 1 *Revue des droits de l'homme* à la p. 17.

[46] *Ibid* à la p. 4.

concrètement de justiciabilité des droits sociaux, économiques et culturels. Il s'agit de la capacité d'un droit à être examiné par un juge. On entend par normativité et justiciabilité, « *l'accès, pour un individu, à un recours judiciaire ou quasi judiciaire en cas d'atteinte à ses DESC et la possibilité pour un tribunal de statuer sur la base des DESC* »[47].

Devant pareil énoncé, il faut à tout le moins préciser que les DESC soulèvent le débat en droit étatique et en droit international quant à leur justiciabilité[48]. Les obligations qui incombent aux États et autres acteurs en vertu des droits comportant un aspect social, dont le droit au développement des peuples autochtones, soulèvent des doutes sur sa justiciabilité. Cela tient, d'une part, de l'imprécision quant à leur contenu et, d'autre part, à l'absence de sanction.

À ce sujet, il convient de noter qu'il n'y a pas de théorie de la justiciabilité qui fasse l'unanimité à l'échelle internationale[49]. David Robitaille, à titre d'exemple, propose une théorie de la justiciabilité fondée sur la « sanctionnabilité » d'une norme[50]. Nous étudions cette

---

[47] Christine Vézina, *Les pratiques communautaires de lutte au VIH et le droit à la santé : une exploration de l'effectivité internormative du droit*, thèse de doctorat en droit, Université de Montréal, 2013 [non publiée] à la p. 69. Voir aussi Dominic Roux, *Le principe du droit au travail : juridicité, signification et normativité*, Montréal, Wilson & Lafleur, 2005 aux pp. 64, 131. Le professeur Roux utilise l'expression de juridicité. Selon lui, « la juridicité d'une norme est une qualité ; elle traduit son appartenance au droit et sa prédisposition à signifier quelque chose au plan juridique : énoncé des droits et obligations, créer des recours et instituer des organismes gouvernementaux ou des tribunaux administratifs pour assurer leur mise en œuvre, définir les concepts, indiquer les conditions relatives à son application, habiliter, prescrire des actions, orienter des comportements ou fixer les objectifs de la politique économique ou sociale. ». Il ajoute que « pour ce qui est de la normativité, ce terme désigne la mise en œuvre de ces droits dans le système juridique, notamment au plan législatif, jurisprudentiel ou conventionnel. »

[48] Voir par exemple Martin Scheinin, « Justiciability and the Indivisibility of Human Rights » dans John Squires, Malcolm Langford et Bret Thiele, dir., *The Road to a Remedy: Current Issues in the Litigation of Economic, Social and Cultural Rights*, Sydney, Australia UNSW Press, 2005, 17 à la p. 17. Voir aussi Malcolm Langford et Bret Thiele, « Introduction : The Road to a Remedy » dans John Squires, Malcolm Langford et Bret Thiele, dir., "*The Road to A Remedy*" : "*Current Issues in the Litigation of Economic, Social and Cultural Rights*", Sydney, Australia UNSW Press, 2005, 1 aux pp. 1-2. Voir aussi Michael Dennis et David Stewart, « *Justiciability of Economic, Social and Cultural Rights : Should There bean International Complaints Mechanism to Adjudicate the Rights to Food, Water, Housing, and Health ?* » (2004) 98 AJIL 462 à la p. 515. Voir aussi Martin Scheinin, « Economic and Social Rights as Legal Rights », dans A. Eide, C. Krause et A. Rosas, dir., *Economic, Social and Cultural Rights : A textbook*, 2e éd, Dordrecht/Boston, M. Nijhoff Publishers, 2001, 29 aux pp. 29-54.

[49] Il faut noter que Vézina adhère à cette théorie de même que Diane Roman. Vézina ajoute le critère de socialisation. Vézina, *supra* note 47. Roman, *supra* note 45.

[50] David Robitaille, Normativité, interprétation et justification des droits économiques et sociaux : les cas québécois et sud-africain, Bruxelles, Bruylant, 2011 [Robitaille, Normativité des droits économiques]. Dans le contexte de la Charte québécoise, Robitaille parle de

approche que nous reprenons ici, car elle part à notre avis d'une revue de certaines doctrines essentielles de la justiciabilité pour élaborer une théorie commune. À cette approche, nous ajouterons celle du contenu minimal élaboré par le Comité des droits sociaux, économiques et culturels qui a permis de dégager le contenu d'autres DESC, ce qui nous semble intéressant pour comprendre la portée des DESC.

En fait, selon l'analyse doctrinale du professeur Robitaille, la sanction est la caractéristique fondamentale d'une norme juridique, ce qui détermine sa justiciabilité. Car, en plus de la possibilité de revendiquer un droit, son opposabilité, c'est-à-dire « la virtualité d'une sanction organisée par les textes positifs pour assurer l'effectivité du droit reconnu[51] », serait la condition de son invocabilité devant une autorité judiciaire ou une instance juridictionnelle en cas de violation. Dans cet esprit, la sanction serait la composante qui caractérise fondamentalement la norme juridique. Car, « en droit international [...] la "sanctionnabilité" est un élément fondamental permettant à un intérêt individuel d'être considéré comme un véritable droit. En d'autres termes, la possibilité de s'adresser à une autorité compétente, qu'elle soit judiciaire ou autre, afin d'obtenir un redressement ou un dédommagement en cas de non-respect, serait inhérente à tout droit [...] »[52].

Ceci étant, il faut admettre qu'une norme n'est justiciable s'il n'existe aucune instance juridictionnelle compétente pour se prononcer à son sujet[53]. Pour ce faire, il faut un mécanisme contraignant qui aménage cette possibilité. Ainsi, la contrainte tiendrait surtout à la nature juridique des instruments qui consacrent un droit et qui prévoient des mécanismes de surveillance. Il s'agit en d'autres termes de l'existence d'un texte conventionnel (traité) qui

---

« justiciabilité substantielle et processuelle ». David Robitaille, « Pour une théorie de la justiciabilité substantielle et processuelle des droits économiques et sociaux » dans Pierre Bosset et Lucie Lamarche, dir., Droit de cité pour les droits économiques, sociaux et culturels : La Charte québécoise en chantier, Cowansville (Qc), Yvon Blais, 49 aux pp. 49-92.

[51] Jean Rivero, « Vers de nouveaux droits de l'homme », Paris, Revue des sciences morales et politiques, 1982 à la p. 676. Voir aussi « Questions de fond au regard de la mise en œuvre du pacte international relatif aux droits économiques, sociaux et culturels », Doc off CES, 1998, Doc NU E/C.12 (1998) 24 à la p. 4. Le comité précise à ce sujet que : « le droit à un recours effectif ne doit pas être systématiquement interprété comme un droit à un recours judiciaire. Les recours administratifs sont, dans bien des cas, suffisants, et les personnes qui relèvent de la juridiction d'un État parti s'attendent légitimement à ce que toutes les autorités administratives tiennent compte des dispositions du Pacte dans leurs décisions, conformément au principe de bonne foi. »

[52] Robitaille, « Normativité des droits économiques », *supra* note 50 à la p. 30.

[53] Florence Benoît-Rohmer et Constance Grewe, « *Les droits sociaux ou la démolition de quelques poncifs* », Strasbourg, Presses universitaires de Strasbourg, 2003 à la p. 32.

consacre le droit et met en place des mécanismes de surveillance pour l'appliquer et sanctionner la non-application du droit consacré. On remarque cependant que le droit au développement des peuples autochtones est en général contenu dans des Déclarations qui semblent dépourvues de toute valeur juridique contraignante[54]. Toutefois, il faut relativiser l'effet juridique non obligatoire de ces Déclarations. De l'avis de certains observateurs, les déclarations ont l'appui de la communauté internationale et peuvent servir à fonder d'autres normes. S'exprimant d'ailleurs sur la valeur juridique de ces déclarations, Paul Orianne affirme que : « La particularité de ces "normes programmes" est de puiser davantage leur autorité dans les circonstances de leur adoption, les finalités sociales qu'elles expriment ou l'utilité manifeste qu'elles présentent que dans les moyens de contrainte qui s'y attachent[55] ».

De plus, quant à la portée de la DNUDPA[56], le Rapporteur spécial James Anaya affirme :

> « [...] quelle que soit sa signification juridique, la Déclaration a un poids normatif important qu'elle tient de la très forte légitimité dont elle bénéficie. [...] En outre, même si la Déclaration elle-même n'est pas un instrument juridiquement contraignant au même titre qu'un traité, la Déclaration reflète des engagements au titre des instruments internationaux et au droit international coutumier. La Déclaration s'appuie sur les obligations générales des États en matière de droits de l'homme en vertu de la Charte et repose sur les principes fondamentaux des droits de l'homme, comme la non-discrimination, l'autodétermination et l'intégrité culturelle figurant dans les traités relatifs aux droits de l'homme qui ont été ratifiés par un grand nombre d'États, comme l'illustrent les travaux des organes conventionnels. De plus, les principes fondamentaux de la Déclaration peuvent être considérés comme étant généralement acceptés dans la pratique internationale et nationale[57]. »

---

[54] On parle ici de la « Déclaration sur le droit au développement », *supra* note 26 ; la « Déclaration des Nations Unies sur les droits des peuples autochtones », *supra* note 30 ; « la Déclaration de Rio sur l'environnement et le développement durable », *supra* note 27.

[55] Paul Orianne, « De la juridicité des droits économiques et sociaux reconnus dans Les Déclarations internationales » (1974) 1 2 *Annales de droit* à la p. 163.

[56] Déclaration des Nations Unies, *supra* note 30.

[57] James Anaya, « *Situation des droits de l'homme et des libertés fondamentales des peuples autochtones* », Rapport provisoire du Rapporteur spécial sur la situation des droits de l'homme et des libertés fondamentales des peuples autochtones, New York, NU, 2010 à la p. 19. Voir aussi Claire Charters, « La légitimité de la Déclaration sur les droits des peuples autochtones » dans Claire Charters et Rodolfo Stavenhagen, dir., « *La déclaration des droits des peuples autochtones : Genèse, enjeux et perspectives de mise en œuvre* », Groupe international de travail sur les peuples autochtones, Paris, 2009 aux pp. 283-306. Voir également Karen Knop, « Here and There: International Law in Domestic Courts » (2000) 32: 2 NYUJ Intl L & Pol 501; Stephen J Toope « Inside and Out: The Stories of International Law and Domestic Law » (2001) 50 RD UN-B 11. Voir également Mattias Åhrén, « The

À part ces considérations liées au fort soutien à la DNUDPA, *la Convention n 169 sur les peuples indigènes et tribaux*[58] ainsi que « *le Pacte international relatif aux droits économiques, sociaux et culturels* » [PIDESC], sont des instruments juridiques obligatoires qui consacrent le droit au développement des peuples autochtones. Le PIDESC[59] ratifié par la Guinée semble avoir organisé un début de sanction à travers, notamment les mécanismes qui sont prévus dont le Comité des droits économiques, sociaux et culturels[60]. Dans cette perspective, les peuples autochtones peuvent utiliser cette institution pour revendiquer leur droit au développement[61]. La Guinée étant un pays moniste, les dispositions du Pacte et même de la Déclaration ont une application directe en droit interne. La Guinée est aussi liée par ces instruments conventionnels en raison de leur ratification[62].

Provision on Lands, Territories and Natural Resources in the UN Declaration on the Rights of Indigenous Peoples: An Introduction » dans Claire Charters et Rodolfo Stavenhagen, dir., *Making the Declaration Work: The United Nations Declaration on the Rights of Indigenous Peoples*, Copenhague, IWGIA, 2009 à la p. 212. Voir également, Luis Rodriguez-Piñero Royo, « Where Appropriate : Monitoring/Implementing of Indigenous People's Rights under the Declaration » dans Charters et Stavenhagen, dir., "*Making the Declaration Work : The United Nations Declaration on the Rights of Indigenous People*", Copenhague, IWGIA, 2009, 314 aux pp. 314-18. Plusieurs normes contenues dans la Déclaration des Nations Unies sur les droits des peuples autochtones se réfèrent à des traités existants en matière des droits humains ou sont des normes coutumières tels que le Pacte international relatif aux droits civils et politiques (*Pacte international relatif aux droits civils et politiques*, 16 décembre 1966, 999 RTNU 171 [entrée en vigueur : 4 janvier 1969] [*Pacte des droits civils*]) ; le Pacte international relatif aux droits sociaux économiques et culturels (*Pacte international relatif aux droits économiques, sociaux et culturels*, 16 décembre 1966, 999 RTNU 3 [entrée en vigueur : 23 mars 1976] [*Pacte des droits économiques*]) ou encore la Convention internationale sur l'élimination de toutes les formes de discrimination raciale (*Convention pour l'élimination de la discrimination raciale,* 21 décembre 1965, 660 RTNU 195 [entrée en vigueur : 4 janvier 1969]).

[58] Convention 169 OIT, *supra* note 28.

[59] *Pacte des droits économiques, supra* note 57. La Guinée a ratifié le PIDSEC et le PIDCP à la même date, soit le 24 janvier 1978 (*Pacte des droits civils, supra* note 57). Voir à ce propos : Nations Unies, « Collection des traités », en ligne : *Nations Unies* https://treaties.un.org/Pages/Treaties.aspx?id=4&subid=A&lang=fr.

[60] NU, Review of the composition, organization and administrative arrangements of the Sessional Working Group of Governmental Experts on the Implementation of the International Covenant on Economic, Social and Cultural Rights, Rés CES 1985/17, Doc off CES NU, 22e sess., Doc NU E/1985/85 (1985). Voir aussi Matthew RC Craven pour les modes de fonctionnement du Comité, Matthew RC Craven, The ICESCR : A Perspective on its Development, aux pp. 42-105.

[61] Voir *Sandra Lovelace* c. *Canada,* Communication No. 24/1977 : Canada 30/07/81, UN Doc. CCPR/C/13/D/24/1977. Affaire n 197/195, *Kitok* c *la Suède*, adoptée le 27 juillet 1998, CCPR/33/D/197/1985. *Mahuika et consorts c. Nouvelle-Zélande*, constatation adoptée le 27 octobre 2000, 70e session.

[62] Nous pensons que même les instruments que la Guinée n'a pas ratifiés lui sont applicables indépendamment de sa volonté de les accepter, selon le droit international. Le droit international perçoit le droit au développement comme étant un droit obligatoire, un droit

D'ailleurs, le comité des droits économiques, sociaux et culturels, aménagé par le PIDESC, a rendu certaines décisions importantes. À titre d'exemple, le comité a précisé que l'État a l'obligation de prévoir un moyen de recours pour protéger les DESC. Pour le droit au logement, le CDESC a reconnu l'obligation de l'État « d'assurer

---

nécessaire à la dignité humaine. La théorie objectiviste reconnait « la réalité d'une sorte de droit objectif antérieur à la volonté collective des États » et à ce titre considère que « le droit international [repose] sur un ensemble de principes absolus, universels et immuables, qui découlent de la nature des hommes et des choses et qui s'imposent à tous les États » (Jean Maurice Arbour et Geneviève Parent, *Droit international public*, 6e édition, Cowansville [Qc], Yvon Blais, 2012 à la p. 47). Le premier courant de l'objectivisme constitue les théories sociologiques développées par Léon Duguit. Pour ce dernier, le droit existe en dehors de la volonté des États et il est le résultat de la vie communautaire. (Olivier de Frouville, « Une conception démocratique du droit international » [2001] XXXIX-120 « *Revue européenne des sciences sociales* » 101 à la p. 11.) Cette conception sera complétée par Georges Scelle qui en considérant lui aussi que le droit tire son origine du fait social, définit un droit international public qui « se rapproche de la doctrine du droit naturel » et « qui soit supérieur au droit positif et à l'aune duquel on peut le juger ». (Olivier De Frouville, « Une conception démocratique du droit international » [2001] XXXIX-120 *Revue européenne des sciences sociales* à la p. 119.) La deuxième théorie est normativiste. En effet, dans son entreprise d'édification d'une conception « pure » du droit, Hans Kelsen estime que la science du droit a pour rôle de décrire le droit en vigueur sans faire appel à aucun élément et à aucune science extérieure. (Hans Kelsen, *Théorie pure du droit*, traduit par Charles Eisenmann, Bruylant, LGDJ, 1999). Kelsen remet en question la souveraineté des États et affirme que le droit ne peut pas dépendre de la volonté de celui-ci. Il conclut que la « norme fondamentale supposée du droit international est une norme qui fait de la coutume fondée par la conduite mutuelle des États un mode de création de droit ». (Jean Maurice Arbour, Geneviève Parent, *Droit international public*, 6 e édition, Cowansville, Yvon Blais, 2012 à la p. 49).
Cela dit, les théories objectivistes admettent l'existence d'un droit supérieur à la volonté des États, un droit objectif qui peut exister en dehors de tout droit positif et sans égard à l'acceptation des instruments juridiques par l'État. En effet, tenant compte du caractère objectif des droits de l'homme (qui découle du caractère objectif même du droit international public selon la doctrine de droit naturel qui est une doctrine de l'objectivisme), on peut les considérer comme étant des droits fondamentaux de la personne, parce qu'ils sont liés à « la nature fondamentale de l'homme » et sont des « droits naturels et inaliénables [...] qui existaient avant l'État ». Or, « les droits fondamentaux [...] sont des droits dont la validité ne dépend pas de leur acceptation par les sujets de droit, mais qui forment la base de la communauté internationale telle qu'elle était alors constituée ». (Karel Vasak, *les dimensions internationales des droits de l'homme* », UNESCO, 1978 aux pp. 15, 17, 46). Dès lors, « ce caractère objectif et [...] fondamental, explique que la jouissance de ces droits par les individus est en principe indifférent à l'attitude des États à l'égard des instruments juridiques qui les énoncent ». (Pierre-Marie Dupuy et Yann Kerbrat, « *Droit international public* », Paris, Dalloz, 2010 à la p. 234. De façon générale, voir à propos « *Réciprocité et universalité : sources et régimes du droit international et des droits de l'homme : mélanges en l'honneur du Professeur Emmanuel Decaux* », Paris, Pedone, 2017). Étant donné que les normes contenues dans les instruments conventionnels tels que le droit au développement sont qualifiées de droits fondamentaux de la personne, elles s'appliquent sans égard à la ratification des instruments par l'État guinéen.

l'accès aux recours juridiques aux personnes[63] » afin de jouir de leur droit au logement, car « l'absence d'accès effectif aux tribunaux en vue de protéger le droit au logement suffisant[64] » constitue une violation de ce droit. L'adoption récente du Protocole facultatif vient renforcer le contrôle juridictionnel ou le recours judiciaire des droits consacrés dans le PIDSEC. Pour la professeure Vézina :

> « Le Protocole facultatif se rapportant au PIDESC, [...] visant à mettre sur pied une procédure de communications individuelles en cas de violations des DESC [dont le mécanisme s'apparente à un processus quasi judiciaire, tout comme il en est le cas en vertu du système de protection des droits de la personne africaine] constitue sans aucun doute la consécration, à l'échelle internationale, de cette justiciabilité des DESC[65]. »

À l'instar du système lié au PIDESC, le régime africain de protection des droits de la personne consacre la justiciabilité des DESC. D'abord, la *Charte africaine des droits de l'homme et des peuples* est un texte juridique contraignant qui a été ratifié par la Guinée[66]. Cet instrument aménage un mécanisme quasi judiciaire et judiciaire pour l'application des droits contenus dans la charte à travers l'institutionnalisation de la Commission africaine des droits de l'homme et des peuples et de la Cour africaine des droits de l'homme

---

[63] Comité des droits sociaux économiques et culturels, Communication no 2/2014, Constatations adoptées par le Comité à sa cinquième session (1er au 9 juin 1995), E/C.12/55/D/2/ 2014, aux paras 11.3.

[64] Comité des économiques, sociaux et culturels, Communication no 2/2014, Constatations adoptées par le Comité à sa cinquième session (1er-9 juin 1995), E/C.12/55/D/2/ 2014, à l'objet de la communication. Pour les communications sur d'autres catégories de DESC. Voir CDESC, *Observation générale no 19 : le droit à la sécurité sociale (art. 9 du Pacte),* Doc off CES NU, 39e sess., Doc NU E/C.12/GC/19 (2008) à l'art. 59 ; CDESC, *Observation générale no 17 (2005) : Le droit de chacun de bénéficier de la protection des intérêts moraux et matériels découlant de toute production scientifique, littéraire ou artistique dont il est l'auteur (par. 1 c) de l'article 15 du Pacte)*, Doc off CES NU, 35e sess., Doc NU E/C.12/GC/17 (2006) à l'art. 39 ; CDESC, *Observation générale no 15 (2002) : Le droit à l'eau (art. 11 et 12 du Pacte international relatif aux droits économiques, sociaux et culturels)*, Doc off CES NU, 29e sess, Doc NU E/C.12/2002/11 (2003) à l'art. 37 ; CDESC, *Observation générale no 14 : Le droit au meilleur état de santé susceptible d'être atteint (art. 12 du Pacte international relatif aux droits économiques, sociaux et culturels)*, Doc off CES NU, 22e sess., Doc NU E/C.12/2000/4 (2000) aux art. 43-44 [*Observation générale no 14*], art. 43 et 44 ; CDESC, *Observation générale no 12 : Le droit à une nourriture suffisante (art.11)*, Doc off CES NU, 20e sess, Doc NU E/C.12/1999/5 (1999) à l'art. 17 ; CDESC, *Observation générale no 3* : *La nature des obligations des États partis*, Doc off CES NU, 5e sess., Doc NU E/1991/23 (1990) à l'art. 10.

[65] Vézina, *supra* note 47 à la p. 71.

[66] La Guinée a ratifié la *Charte africaine des droits de l'homme et des peuples* le 16 février 1982 et déposé l'instrument de ratification le 15 mai 1982 (*Charte africaine*, *supra* note 31). Voir à propos, Commission Africaine des Droits de l'Homme et des Peuples, « Tableau de ratification », en ligne : *Commission africaine des droits de l'homme et des peuples* http://www.achpr.org/fr/instruments/achpr/ratification/.

et des peuples. Cette vision s'inscrit dans la ligne de pensée de la Commission africaine des droits de l'homme et des peuples qui a rappelé et démontré la justiciabilité des droits sociaux, économiques et culturels contenus dans la CADHP[67]. Dans son rôle d'interprétation de la Charte africaine, elle a adopté en 2004 le « *Pretoria Statement of Economic Social and Cultural Rights* » pour préciser la portée des droits sociaux, économiques et culturels[68]. En fait :

> « The Pretoria Statement is the most comprehensive statement so far adopted by the Commission in respect of ESC rights and represents a commendable attempt towards rejuvenating its mandate to promote ESC rights under the African human rights system (...) By adopting the Pretoria Statement, the Commission has now set an important parameter for the future assessment of how well it has fulfilled its mandate of promoting ESC rights under the Charter.[69] »

Dans la perspective d'un pareil développement, la Commission africaine a eu à se prononcer, entre autres, sur la justiciabilité du droit au logement, du droit à l'alimentation et à la santé dans l'arrêt Ogoni[70]. Pour le droit à l'alimentation, la Commission a précisé que ce droit est intimement lié au droit à la santé et requiert tant une action positive qu'une abstention de l'État pour sa mise en œuvre. Ainsi, l'État doit intervenir pour soutenir la production alimentaire et garantir l'accès à la source alimentaire afin de garantir le droit à l'alimentation. L'État a donc violé le droit à l'alimentation du peuple Ogoni en autorisant « de détruire ou de contaminer les sources alimentaires et d'entraver les efforts déployés par les populations pour s'alimenter. »[71] Dans cette décision, la commission africaine a levé tout doute sur la justiciabilité des droits sociaux, économiques et culturels. Elle précise que :

---

[67] Charte africaine, *supra* note 31.

[68] Union africaine, Commission africaine des Droits de l'Homme et des Peuples, 36e sess., « *Résolution sur les Droits Économiques, Sociaux et Culturels en Afrique* », ACHPR/res 73 (XXXVI) 04 (2004).

[69] Centre for Human Rights, "*Pretoria Statement on the Strengthening and Reform of the UN Human Rights Treaty Body System*", Pretoria, University of Pretoria, au para 11. Même si certains droits sont volontairement omis, le para 10 du *Pretoria Statement* mentionne que l'interprétation combinée de certaines dispositions de la Charte dont le droit à la vie et à la dignité humaine permet la protection d'autres catégories de droits sociaux, économiques et culturels dont le droit à l'alimentation, au logement ou à la sécurité sociale. Ces droits ont d'ailleurs été reconnus un an après la Déclaration de Pretoria dans la décision *Ogoni, supra* note 33. Voir aussi Cheik A Odinkalu, « Analysis of Paralysis or Paralysis by Analysis ? Implementing Economic, Social and Cultural Rights Under the African Charter on Human and People's Rights » (2001) 23 Hum Rts Q 327 à la p. 341.

[70] Ogoni, *supra* note 33.

[71] *Ibid* aux paras 65, 66.

> « Le caractère unique de la situation africaine et les qualités spéciales de la Charte africaine imposent une importante tâche à la Commission africaine. Le droit international et les droits de l'homme doivent répondre aux circonstances africaines. En clair, les droits collectifs, environnementaux, économiques et sociaux sont des éléments essentiels des droits de l'homme en Afrique. La Commission africaine appliquera n'importe lequel des droits contenus dans la Charte Africaine. La Commission saisit cette occasion pour clarifier qu'il n'y a pas de droit dans la Charte Africaine que l'on ne puisse mettre en œuvre. »[72]

Si l'existence de la Commission africaine des droits de l'homme et des peuples est un mécanisme quasi judiciaire, par l'institution récente d'une Cour africaine des droits de l'homme et des peuples, la sanction institutionnelle et la justiciabilité semblent être atteintes dans le contexte du système africain de protection des droits humains. La Cour africaine des droits de l'homme et des peuples devient ainsi la manifestation « de l'organisation de recours juridictionnels et même supranationaux contre les violations de certains droits »[73], dont celui du droit au développement reconnu formellement. La Cour africaine a d'ailleurs rendu deux décisions où elle a ordonné des mesures provisoires contre l'expulsion forcée des Ogiek qu'elle considérait comme une violation de leur droit au développement économique, social et culturel avant de se prononcer sur le fond de l'affaire[74].

En définitive, nous retenons que le droit au développement des peuples autochtones est reconnu par des sources contraignantes et non contraignantes. Devant pareil constat, il faudrait donc distinguer le droit de ses sources et connaître les instruments juridiques qui le soutiennent. De plus, on ne peut pas conclure qu'il s'agit d'un droit non obligatoire bien qu'il soit difficile de le mettre en œuvre. Nous pensons donc que le droit au développement est justiciable.

À l'opposé d'une approche de la justiciabilité fondée sur la sanction, s'ajoute celle fondée sur le caractère minimal. Elle est mise notamment de l'avant par le professeur David Robitaille[75]. Elle

---

[72] *Ibid*, para 68. Voir aussi Mashood A. Baderin, « The African Commission on Human and People's Rights and the Implementation of Economic, Social and Cultural Rights in Africa » dans Mashood Baderin and Mc Corquodale, dir., Economic, Social and Cultural Rights in Action, New York, Oxford University Press, 2007, 139 à la p. 165.

[73] Raymond Vander Elst, « La laïcisation, les trois générations et les trois niveaux de protection internationale des droits de l'homme » (1991) 9 131 à la p. 132.

[74] Union Africaine, Affaire Commission africaine des droits de l'homme et des peuples c. République du Kenya, Requête n 006/2012, Ordonnance portant mesures provisoires et Cour africaine des droits de l'homme et des peuples, African Commission on Human and People's Rights v Republic of Kenya : Application no. 006/2012, Judgment, 26 May 2017 [Ogiek, mesures provisoires].

[75] David Robitaille, Charte québécoise en chantier, *supra* note 50 à la p. 70. Voir aussi David Bilchitz, « Towards a Reasonable Approach to the Minimum Core: Laying the Foundations

consiste à « maintenir l'exigence d'une définition du noyau minimal des DESC »[76] et permet une protection effective de ces droits. C'est là une approche élaborée par le Comité des droits sociaux, économiques et culturels. Elle oblige les États à respecter et à protéger contre les atteintes, à mettre en œuvre, en toutes circonstances, le minimum essentiel des droits contenus dans le Pacte[77]. C'est-à-dire que chaque État a « une obligation fondamentale minimale » d'appliquer les droits prévus dans le PIDSEC et de les respecter. Il s'agit alors de définir le contenu normatif des DESC et « préciser les obligations imparties aux États »[78]. Cette activité normative a permis de préciser la portée de nombreux DESC par le CDSEC. À l'échelle nationale, les juridictions doivent garantir le contenu minimal « qui devrait correspondre aux caractéristiques générales essentielles afin d'assurer la sécurité de leurs titulaires et ne pas être illusoires. »[79]

Dans cet esprit, la justiciabilité de nombreux DESC a été reconnue par les organes des droits humains des Nations Unies qui précisent leur contenu et énumèrent les obligations des États dans leur mise en œuvre. Ainsi, le CDESC ou d'autres instances spécialisées des Nations Unies « au plan normatif se trouvent à préciser de manière concrète le contenu de certains DESC.[80] » Cela contribue à renforcer leur autonomie et à préciser les obligations étatiques. Dans le cadre du droit à la santé, par exemple, des normes précises ont été édictées pour assurer son opérationnalisation. Il s'agit, en d'autres termes, de

for the Future Socio-Economic Rights Jurisprudence » (2003) 19 SAJHR 1 11 13 aux pp. 15-16. Voir aussi Laurence Gay, les « droites créances » constitutionnelles, Bruxelles, Bruylant, 2007 aux pp. 691-701, 706-07.

[76] Vézina, *supra* note 47 à la p. 78. Voir aussi David Robitaille, Charte québécoise en chantier, *supra* note 50 aux pp. 70-3.

[77] Comité des droits économiques, sociaux et culturels, Questions de fond au regard de la mise en œuvre du pacte international relatif aux droits économiques, sociaux et culturels, E/C.12/1998/24 ; 28 décembre 1998 à la p. 5. Selon le CDESC « D'une manière générale, les normes internationales contraignantes relatives aux droits de l'homme devraient s'appliquer directement et immédiatement dans le cadre du système juridique interne de chaque État parti et permettre ainsi aux personnes de demander aux tribunaux nationaux d'assurer le respect de leurs droits. » Voir aussi Kitty Arambulo, Strenghtening the Supervision of the International Covenant on Economic, Social and Cultural Rights : Theoritical and Procedural Aspects, Antwerpen, Intersentia, 1999 aux pp. 130-131, 135-136,143-144. Voir également Katherine Young, « The minimum core of economic and social rights : a concept in search of content » [2008] Yale J Intl L 113 aux pp. 113-175. Voir aussi David Bilchitz, « Towards a Reasonable Approach to the Minimum Core : Laying the Foundations for future Socio-Economic Jurisprudence » (2003) 1 19 SAJHR.

[78] David Robitaille, *Charte québécoise en chantier, supra* note 50 à la p. 71.

[79] *Ibid* a le p. 62.

[80] Vézina, *supra* note 47 à la p. 51.

déterminer des conditions relatives à l'application du droit à la santé. Le CDESC définit ainsi le droit à la santé :

> « Comme un droit global, dans le champ duquel entre non seulement la prestation de soins de santé appropriés en temps opportun, mais aussi les facteurs fondamentaux déterminants de la santé tels que l'accès à l'eau salubre et potable et à des moyens adéquats d'assainissement, l'accès à une quantité suffisante d'aliments sains, la nutrition et le logement, l'hygiène du travail et du milieu et l'accès à l'éducation et à l'information relatives à la santé, notamment la santé sexuelle et génésique. Un autre aspect important est la participation de la population à la prise de toutes les décisions en matière de santé aux niveaux communautaire, national et international.[81] ».

Le droit à la santé comporte les composantes essentielles et interdépendantes que sont la disponibilité, l'accessibilité des soins de santé, des infrastructures sanitaires, des équipements, des biens et services de bonne qualité, abordables, et adaptés culturellement pour tous et sans discrimination. À cela s'ajoutent l'existence « des programmes fonctionnels en matière de santé publique et de soins de santé »[82] et l'adoption d'une politique nationale de santé publique. Dans son application aux peuples autochtones, le droit à la santé comprend la mise en place des mesures spécifiques pour faciliter l'accès aux services et aux soins de santé. Les services doivent être adaptés à la culture autochtone et intégrer la médecine traditionnelle autochtone. À ce titre, le soutien financier de l'État pour permettre le contrôle par les peuples autochtones de ces services, la protection du milieu naturel, de la terre et les sources alimentaires, des plantes, des minéraux, sont essentiels à la santé des peuples autochtones. La dimension collective du droit à la santé doit également être respectée et mise en avant. Pour le droit à la sécurité alimentaire durable des peuples autochtones, la construction historique de la notion par le CDESC, le PIDESC, la DUND, la FAO ainsi que la commission des droits de l'homme permettent de déduire que les objectifs qui s'en dégagent fondent la justiciabilité de cette notion. Bien qu'elle ne précise pas l'approche adoptée pour déterminer la justiciabilité du droit à la sécurité alimentaire, la professeure Sophie Thériault procède

---

[81] Comité des droits économiques, sociaux et culturels, « *Questions de fond concernant la mise en œuvre du Pacte international relatif aux droits économiques, sociaux et culturels* », Observation générale No 14 (2000). Le droit au meilleur état de santé susceptible d'être atteint (art. 12 du Pacte international relatif aux droits économiques, sociaux et culturels), E/C.12/2000/4 ; 11 août 2000 aux para 11, 12 [Comité des droits économiques, sociaux et culturels, le droit au meilleur état de santé].

[82] Comité des droits économiques, sociaux et culturels, le droit au meilleur état de santé, *supra* note 81 au para 12. Voir Vézina, *supra* note 47 aux pp. 2-3.

par la définition de la portée normative de ce droit à travers sa construction historique qui permet de dégager les obligations de l'État et les éléments essentiels qui le composent. Celle-ci se rapproche, à notre avis, de l'approche du noyau essentiel du Comité des droits sociaux, économiques et culturels. Cet effort normatif du système des Nations Unies a donc abouti à la définition du droit à la sécurité alimentaire et la précision de son contenu. Ainsi, « la sécurité alimentaire requiert non seulement que les collectivités, les ménages et les individus aient accès à une nourriture suffisante, saine, nutritive et acceptable sur le plan culturel, mais aussi aux moyens de se la procurer dans le respect de la dignité humaine, ce qui, dans certaines circonstances, pourra exiger un accès direct à la terre et à la biodiversité »[83]. Ce même exercice de précision normative des DESC est fait par le CDESC, mais aussi par d'autres institutions spécialisées des Nations Unies concernant le droit à l'éducation, le droit au travail, le droit à un logement, le droit à la nourriture, le droit à l'eau, etc.[84]

En vertu de cette approche du contenu minimal, « *la Déclaration des Nations sur les droits des peuples autochtones* » précise en son article 43 que « les droits reconnus dans la présente Déclaration constituent les normes minimales nécessaires à la survie, à la dignité et au bien-être des peuples autochtones du monde ». Les Nations Unies qualifient donc de minimums essentiels, les droits consacrés

---

[83] Sophie Thériault, « *La terre nourricière des Inuits* » : *Le défi de la sécurité alimentaire au Nunavik et en Alaska*, thèse de doctorat en droit, Université Laval, 2009 [non publiée] à la p. 54. [Thériault, *Terre nourricière*].

[84] Comité des économiques, sociaux et culturels, Communication no 2/2014, Constatations adoptées par le Comité à sa cinquième session (1er-9 juin 1995), E/C.12/55/D/2/ 2014. Pour les communications sur d'autres catégories de DSEC voir CDESC, *Observation générale no 19 : Le droit à la sécurité sociale (art. 9 du Pacte),* Doc off CES NU, 39e sess., Doc NU E/C.12/GC/19 (2008) à l'art. 59 ; CDESC, *Observation générale no 17 (2005) : Le droit de chacun de bénéficier de la protection des intérêts moraux et matériels découlant de toute production scientifique, littéraire ou artistique dont il est l'auteur (par. 1 c) de l'article 15 du Pacte),* Doc off CES NU, 35e sess., Doc NU E/C.12/GC/17 (2006) à l'art. 39 ; CDESC, *Observation générale no 15 (2002) : Le droit à l'eau (art. 11 et 12 du Pacte international relatif aux droits économiques, sociaux et culturels),* Doc off CES NU, 29ème sess, Doc NU E/C.12/2002/11 (2003) à l'art. 37 ; CDESC, *Observation générale no 14 : Le droit au meilleur état de santésusceptible d'être atteint (art. 12 du Pacte international relatif aux droits économiques, sociaux et culturels),* Doc off CES NU, 22e sess., Doc NU E/C.12/2000/4 (2000) aux art. 43-44 [*Observation générale no 14*], art. 43 et 44 ; CDESC, *Observation générale no 12 : Le droit à une nourriture suffisante (art.11),* Doc off CES NU, 20e sess, Doc NU E/C.12/1999/5 (1999) à l'art. 17 ; CDESC, *Observation générale no 3* : *La nature des obligations des États parties*, Doc off CES NU, 5e sess., Doc NU E/1991/23 (1990) à l'art. 10. Voir aussi Nations Unies, Fiche d'information no 21/Rev.1, *Le droit à un logement convenable* ; CDESC, *Observation générale no 18 : Le droit au travail*, Doc off CES NU, 35e sess., Doc NU E/C.12/GC/18 (2005). Voir aussi Dominique Roux, *Le principe du droit au travail : juridicité, signification et normativité*, Montréal, Wilson & Lafleur, 2005.

dans la DNUDPA. Parmi ces droits figure le droit au développement des peuples autochtones.

Pour le cas spécifique du droit au développement des peuples autochtones, à part l'effort normatif du système des Nations Unies, l'effort d'autres instances quasi judiciaires et judiciaires dont la Commission africaine des droits de l'homme et des peuples et la Cour africaine des droits de l'homme et des peuples, contribuent à déterminer son contenu normatif. Ainsi, le noyau minimum du droit au développement des peuples autochtones est leur capacité de faire des choix libres et éclairés en vue d'accroitre leur bien-être social, économique et culturel, ce qui nécessite d'avoir l'ensemble des informations pour être capable de prendre une bonne décision. La liberté de choix suppose aussi la légitimité de ceux qui prennent la décision, autrement dit, une autorité qui doit être légitime aux yeux de la population. Le choix libre et éclairé implique surtout la possibilité d'agir sans entrave. Il revient également à l'absence de contrainte juridique, politique ou économique qui influe sur la liberté de choix, mais aussi sur « l'absence de coercition, d'intimidation ou de manipulation »[85]. Nous nous intéresserons à la liberté du point de vue juridique. Ainsi, pour respecter le droit au développement des peuples autochtones, il faut « tenir dûment compte de leur point de vue[86] » et ils doivent se voir reconnaitre la « possibilité de choisir leur développement économique, social, et culturel » qui respecte leur droit à l'autodétermination ; garantis leur participation aux instances nationales ainsi que leur association à toute décision les concernant. Lorsque la liberté de choix est compromise, le noyau essentiel ou contenu minimal du droit au développement est ainsi violé. C'est en ce sens que la Commission africaine a précisé que :

> « Le droit au développement comporte deux volets, il est à la fois constitutif et instrumental, ou utile à la fois comme un moyen et une fin. Une violation de soi, un aspect de conception ou de mise en œuvre constituent une violation du droit au développement. Ne satisfaire que l'un des deux volets ne rend pas compte du respect du droit au développement […] »

---

[85] Nations Unies, Lignes directrices sur les questions relatives aux peuples autochtones, New York, Nations Unies, 2009 à la p. 31 [Lignes directrices]. Voir aussi Geneviève Motard, Le principe de personnalité des lois comme voie d'émancipation des peuples autochtones ? Analyse critique des ententes d'autonomie gouvernementale au Canada, thèse de doctorat en droit, Université Laval, 2013 [publiée sous forme d'articles] aux pp. 104-6. [Motard, Principe de personnalité des lois].

[86] Organisation des Nations Unies, la réalisation du droit au développement : Consultation mondiale sur la jouissance effective du droit au développement en tant que droit de l'homme, New York, Nations Unies, 1991, à la p. 35.

« […] La liberté de choisir doit faire partie intégrante du droit au développement. »

« […] Le résultat du développement devrait être la responsabilisation de la communauté Endorois. »

« […] Les capacités et les choix des Endorois doivent être mis en valeur pour que le droit au développement soit respecté.[87] »

À notre avis, l'approche du contenu essentiel est intéressante en ce sens qu'elle permet de cerner le « noyau dur » du droit au développement et de préciser les obligations de tous les acteurs (privés et publics) pour la mise en œuvre de ce droit. Nous empruntons donc cette approche du contenu minimal essentiel pour déterminer les composantes du droit au développement des peuples autochtones, les obligations des États et des minières dans l'opérationnalisation du droit au développement. Nous pensons que la précision du contenu normatif des DESC est plus importante que le volet sanction et la force exécutoire de ces droits, bien que leur sanctionnabilité ait été démontrée. Plus précisément, la justiciabilité du droit au développement relève davantage de l'énumération des éléments essentiels qui composent ce droit, la portée de ce droit et la précision des meilleures pratiques pour l'opérationnaliser. La justiciabilité tient dès lors plus à la précision « de manière plus concrète du contenu » des DESC à travers les standards édictés par les institutions spécialisées des Nations Unies[88] et autres organisations sous-régionales. Dans cette ligne de pensée, comme nous avons pu le constater, c'est la force exécutoire du droit au développement qui pose problème. Partant de là, on peut se demander dans quelle mesure ce droit pourrait être opérationnel, quelles en sont les diverses interprétations possibles et les différentes critiques qu'on pourrait lui adresser.

Dans cette perspective, afin de mieux rendre opérationnel le droit au développement des peuples autochtones et d'évaluer la compatibilité du régime juridique minier guinéen avec les principes directeurs de ce droit, notre projet présentera les principales composantes du droit au développement et des moyens de mise en œuvre en contexte minier. Pour ce faire, nous partirons d'une conception du droit au développement respectueuse de celle adoptée dans la « *Déclaration des Nations Unies sur le droit au développement.* »

---

[87] Endorois, *supra* note 34 aux paras 277, 278, 283.
[88] Vézina, *supra* note 47 à la p. 51.

De manière plus précise, trois questions de recherche se trouvent au cœur de notre projet : 1) Quelles sont les principales composantes du droit au développement des peuples autochtones ? 2) En vertu du droit au développement, quelles sont les obligations qui incombent à l'État et aux entreprises minières ? 3) Dans quelle mesure le régime juridique guinéen applicable à l'exploitation minière respecte-t-il le droit des peuples autochtones au développement ?

Nous posons l'hypothèse que le cadre juridique guinéen de l'exploitation minière ne respecte pas les normes régionales et internationales en matière de droit au développement des peuples autochtones. Ainsi, à partir des composantes politiques, économiques et culturelles de ce droit, lesquelles ont été dégagées des normes internationales et régionales applicables en Afrique, nous posons l'hypothèse que le code minier porte atteinte au droit au développement des peuples autochtones en raison de la présence de mesures de protection insuffisantes eu égard au respect de la capacité des peuples autochtones de Guinée de prendre des décisions et de faire des choix libres et éclairés dans les domaines politiques, culturels et économiques. La composante politique permet de s'interroger sur le rôle prévu dans le régime minier guinéen pour les peuples autochtones concernant les choix en matière de développement (ex : place des structures et ordres juridiques autochtones, autodétermination et l'autonomie, mesures prévues de consultation, de participation ou du consentement préalable libre et éclairé des peuples autochtones). La composante économique permet de s'interroger sur les mesures prises par le régime minier guinéen pour que les peuples autochtones puissent bénéficier économiquement de cette forme de développement (*ex : place de la protection du mode de subsistance traditionnel, participation à l'économie de marché, droit aux terres et respect des conceptions territoriales et environnementales des peuples autochtones, formes de partage des bénéfices prévus*). Enfin, la composante socioculturelle du droit au développement des peuples autochtones permet de s'interroger sur les mesures du régime minier guinéen en ces domaines (ex. : protection du patrimoine matériel et immatériel, protection de la langue et de l'éducation, obligations en matière d'infrastructures et des services sociaux de base et adaptés culturellement).

Partant de là, en nous appuyant sur une analyse qui porte principalement sur le cadre légal et conventionnel du droit au développement, tel qu'applicable aux peuples autochtones en droit régional et international, notre projet a pour objectif de :

1. Identifier les obligations des États et des entreprises minières, qui découlent du droit au développement des peuples autochtones dans le contexte africain, à partir des principales composantes du droit au développement des peuples autochtones ;

2. Analyser et critiquer le droit minier guinéen au regard du droit au développement des peuples autochtones.

Tout d'abord, il s'agit d'une étude documentaire, prenant dès lors appui sur l'analyse des textes juridiques et de la doctrine. Par définition, « l'analyse documentaire est l'opération qui consiste à présenter sous une forme concise et précise des données caractérisant l'information contenue dans un document ou un ensemble de documents. »[89] Aussi, il est question d'une analyse de conformité du droit guinéen au droit international.

Les sources primaires comprennent les législations onusienne, régionale, africaine et nationale. Nous étudierons les différentes déclarations des Nations Unies portant sur le développement, les Conventions de l'OIT sur les peuples aborigènes et tribaux, la Déclaration américaine relative aux droits des peuples autochtones. Les législations régionale et nationale concerneront principalement la « *Charte africaine des droits de l'homme et des peuples*[90], la *Constitution de la République de Guinée*[91], *le Code des collectivités locales*[92], le *Code foncier et domanial*[93], *le Code de l'environnement*[94] et *le Code minier.* »[95] Nous verrons également comme source secondaire, les ententes sur les répercussions et les avantages (ERA) conclues entre les peuples autochtones et les entreprises minières, pour illustrer l'application de la mise en œuvre du droit au développement des peuples autochtones dans le contexte minier.

---

[89] Cité dans Suzanne Waller en collaboration avec Claudine Masse, *L'analyse documentaire : une approche méthodologique*, Association des professionnels de l'information et de la documentation (ADBS), 1999 à la p. 16.

[90] Charte africaine, *supra* note 31.

[91] Constitution de la République de Guinée du 19 avril 2010, promulguée par décret du 7 mai 2010.

[92] Loi L/2006/AN du 15 mai 2006 portant Code des collectivités locales ; Loi organique L/2017/040/AN du 24 février 2017 portant Code révisé des Collectivités locales de la République de Guinée et Décret D/2017/197/PRG/SGG/ du 28 juillet 2017 portant promulgation de la Loi organique L/2017/040/AN du 24 février 2017.

[93] Loi L/99/013/AN portant Code foncier et domanial en République de Guinée, 1999.

[94] Ordonnance no 045/PRG/87 du 28 mai 1987, portant code de l'environnement, modifié par l'ordonnance de 1989-code sur la protection et la mise en valeur de l'environnement.

[95] Code minier du 9 septembre 2011 (adopté par le CNT), partiellement amendé par la Loi L/2013/ 053/CNT du 8 avril 2013, portant amendements de certaines dispositions de la Loi L/201/006/CNT du 9 septembre 2011 portant Code minier de la République de Guinée du 8 avril 2013.

L'analyse des ERA nous permettra d'évaluer le contenu des conventions de développement local quant aux obligations des minières dans l'application du droit au développement des peuples autochtones. À cela, il faudra ajouter la jurisprudence africaine en matière de droit au développement des peuples autochtones et celle des Nations Unies. Les sources secondaires comprennent la doctrine en science politique, en anthropologie juridique, en économie, en droit et en science de l'environnement.

Concrètement, il convient ici de préciser la démarche méthodologique qui est utilisée pour élaborer et établir les standards du droit au développement des peuples autochtones. Le droit au développement découle d'un ensemble de sources contraignantes et non contraignantes. Nous avons considéré toutes les différentes sources pour réfléchir au noyau dur du droit au développement. Notre standard découle du droit mou et du droit juridictionnel. Nous avons retenu le standard le plus exigeant indépendamment de la source normative pour mieux comprendre le noyau dur du droit au développement. Ces standards les plus exigeants découlent de la CADHP[96], de la DNUDPA[97], de la *« Déclaration des Nations Unies sur le droit au développement »*, ainsi que de la jurisprudence africaine et interaméricaine.

Le droit contraignant en ce qui concerne la législation, découle principalement de la « *Convention 107 et de la Convention 169 de l'OIT*[98], du *Pacte international relatif aux droits civils et politiques*[99], du P*acte international relatif aux droits économiques, sociaux et culturels*[100], de la *Charte africaine des droits de l'homme et des peuples*[101], de la *Convention sur la protection du patrimoine culturel immatériel*[102], de la *Convention concernant la protection du patrimoine mondial, culturel et naturel 1972.* »[103]

---

[96] Charte africaine, *supra* note 31.
[97] Déclaration des Nations Unies, *supra* note 30.
[98] Convention relative aux populations aborigènes et tribales (Convention no .107), 26 juin 1957, 328 R.T.N.U. 247 [Convention 107 OIT] et Convention 169 OIT, *supra* note 28.
[99] Pacte des droits civils, *supra* note 57.
[100] Pacte des droits économiques, *supra* note 57.
[101] Charte africaine, *supra* note 31.
[102] Convention pour la sauvegarde du patrimoine culturel immatériel (17 octobre 2003), en ligne (PDF) : Organisation des Nations Unies pour l'éducation, la science et la culture http://ocpm.qc.ca/sites/ocpm.qc.ca/files/pdf/PD04/3j.pdf.
[103] Convention concernant la protection du patrimoine mondial culturel et naturel, adoptée par la Conférence générale à sa dix-septième session Paris (16 novembre 1972), en ligne (PDF) : « Organisation des Nations Unies pour l'éducation, la science et la culture » https://whc.unesco.org/archive/convention-fr.pdf.

La Convention 169 de l'OIT[104] définit les composantes politiques, économiques et socioculturelles du droit au développement. « *La Charte africaine des droits de l'homme et des peuples* » prévoit également les trois composantes du droit au développement. À cela s'ajoute l'interprétation jurisprudentielle de la Commission africaine et de la Cour africaine des droits de l'homme et des peuples qui prévoient les trois composantes du droit au développement et notamment en ce qui concerne l'emploi et la formation[105]. La composante socioculturelle découle principalement de « *la Convention sur la protection du patrimoine culturel immatériel*[106]*, de la Convention concernant la protection du patrimoine mondial, culturel et naturel 1972*[107]*, des deux pactes des Nations Unies »*[108], des rapports, des recommandations et des décisions des organes chargées des droits de l'homme des Nations Unies[109].

Le droit jurisprudentiel découle du droit interaméricain et du droit africain.

Le droit contraignant est renforcé par les déclarations, les rapports internationaux et de la doctrine. Les sources sont donc renforcées par le droit mou, entre autres, la *Déclaration sur le droit au développement*[110], *la Déclaration des Nations Unies sur les droits des peuples autochtones*[111], la *Déclaration de Rio sur l'environnement et le Développement principes de gestion des forêts*[112]*, la Déclaration de Johannesburg sur le développement durable*[113] et la *Déclaration de Mexico sur les politiques culturelles*[114]. Bien que ces déclarations

---

[104] Convention 169 OIT, *supra* note 28.

[105] African Commission on Human and People's Rights v Republic of Kenya: Application no. 006/2012, Judgment, 26 May 2017, aux para.105 à 113. Communication 276/2003 Centre de Développement des droits des minorités agissant au nom de la Communauté Endorois c. l'État du Kenya. 27e rapport d'activité, couvrant les activités de juin à novembre 2009 aux pp. 108 et s.

[106] Convention pour la sauvegarde du patrimoine culturel immatériel, *supra* note 102.

[107] Convention concernant la protection du patrimoine mondial culturel et naturel, *supra* note 103.

[108] Pacte des droits civils, *supra* note 57. Pacte des droits économiques, *supra* note 57.

[109] Il s'agit ici du conseil des droits de l'homme et des organes des traités des Nations Unies, dont le comité des droits de l'homme, le comité des droits économiques, sociaux et culturels, le comité pour l'élimination de la discrimination raciale, etc. Voir à propos : Nations Unies, « Les organes chargés des droits de l'homme », en ligne : *Nations Unies* https://www.ohchr.org/FR/HRBodies/Pages/HumanRightsBodies.aspx.

[110] Déclaration sur le droit au développement, *supra* note 26.

[111] Déclaration des Nations Unies, *supra* note 30.

[112] Déclaration de Rio sur l'environnement, *supra* note 27.

[113] Déclaration de Johannesburg, *supra* note 19.

[114] UNESCO, Déclaration de Mexico sur les politiques culturelles, Conférence mondiale sur les politiques culturelles, Mexico City (26 juillet-6 août 1982), en ligne : Organisation des Nations Unies pour l'éducation, la science et la culture https://fr.unesco.org/.

soient non contraignantes, nous partons de l'approche selon laquelle un droit non contraignant crée des obligations.

Les sources secondaires découlent principalement du *Guide pour la Convention n° 169*[115]qui interprète la Convention 169 de l'OIT en tenant compte de l'évolution du droit international en matière de droits des peuples autochtones. L'objectif du guide « est de fournir aux gouvernements, peuples autochtones et tribaux […] un outil pratique d'application des droits des peuples autochtones, fondés sur l'expérience acquise, les bonnes pratiques et les enseignements tirés du travail réalisé jusqu'à présent »[116]. *Les Lignes directrices des Nations Unies sur les peuples autochtones* « définissent un cadre normatif, stratégique et opérationnel général visant […] à mettre en œuvre, avec et pour les peuples autochtones, une approche du développement axée sur les droits de l'homme et respectueuse de leurs cultures »[117]. Les instruments normatifs des Nations Unies servent également d'apport pour définir les composantes socioculturelles.

En résumé, DNUDPA, la CADHP, l'interprétation jurisprudentielle de la CADHP, constituent les outils les plus complets à partir desquels ont été élaborés les standards du droit au développement.

Par ailleurs, les obligations des entreprises minières dans la mise en œuvre du droit au développement sont de source contractuelle. Les obligations des sociétés minières de respecter le droit au développement découlent aussi de la responsabilité sociale des entreprises, des principes du développement durable et du soft Law. Elles sont également consacrées par certains rapports des organismes internationaux sur les droits de la personne ainsi que des mécanismes de responsabilisations imposés par des banques de développement.

Ceci étant, à part le droit positif du droit au développement, il importe de rappeler que les peuples autochtones ont des ordres juridiques qui coexistent avec le droit étatique[118]. Nous contestons, dès lors, le contrôle exclusif du droit par l'État et admettons le pluralisme juridique auquel on pourra avoir recours pour mieux comprendre le droit au développement[119]. En ce qui concerne cet ouvrage, pour paraphraser Ghislain Otis, l'approche du pluralisme

---

[115] Organisation internationale du travail, les droits des peuples autochtones et tribaux dans la pratique : Un guide sur la Convention no169 de l'OIT, Genève, OIT, 2009. [Guide sur la Convention 169 de l'OIT].

[116] *Ibid* à la p. 5.

[117] Lignes directrices, *supra* note 85 à la p. 1.

[118] Jean Carbonnier, « *Sociologie juridique* », Paris, PUF, 1994 aux pp. 305-330.

[119] Vanderlinden Jacques, « À la rencontre de quelques conceptions du pluralisme juridique » (2005) 7 revues *de Common Law en français* 303.

juridique permettra de tenir compte de l'existence des traditions juridiques des populations autochtones vivant à proximité des zones minières pour évaluer leur prise en compte par le régime juridique de l'exploitation minière[120]. Toutefois, ce projet n'aura pas recours à une analyse pluraliste du droit.

Dans ce contexte, nous convenons que cette étude présente un certain nombre de limites. D'emblée, il s'agit d'une analyse documentaire. C'est pourquoi notre étude se limite au cadre légal et conventionnel et exclut une recherche empirique qui nous aurait permis de documenter et de constater de plus près l'impact des activités minières sur les collectivités autochtones en Guinée.

Ensuite, il existe à ce jour peu d'ententes entre les entreprises minières évoluant en Guinée et les peuples autochtones sur le partage des bénéfices issus de l'exploitation des ressources minières ou ententes sur le développement communautaire. En effet, le nouveau code minier est entré en vigueur en 2011, remplaçant l'ancien code qui ne contenait aucune mention à ce sujet. Nous insistons sur le caractère récent du code minier de 2011 d'autant qu'il a été amendé en 2013. L'analyse des ententes signées nous permet de mieux évaluer leur contenu et de suivre l'évolution de ces ententes. Malgré nos démarches insistantes auprès des entreprises minières en Guinée, nous n'avons eu que trois accords de la part du Programme d'appui aux collectivités villageoises[121]. Cette dernière structure rattachée au ministère de la Décentralisation s'occupe du développement local en Guinée et gère les conventions de développement communautaire entre les minières et les communautés autochtones.

D'un point de vue juridictionnel, il n'existe pas de jurisprudence abondante sur l'interprétation du droit au développement. On ne parvient donc pas à mesurer comment la jurisprudence interprète les obligations qui découleraient du droit au développement. On invoque le plus souvent la responsabilité sociale des entreprises, le développement durable, arguments plus déterminants que ceux

---

[120] Ghislain Otis, dir., *Méthodologie du pluralisme juridique*, Paris, Karthala, 2012 à la p. 22. Voir aussi Ernest-Marie Mbonda, « La pluralité des sources normatives de l'État de droit : l'idée d'une " herméneutique diatopique" » dans Chaire Unesco de l'Université catholique de Lyon, les enjeux de l'interculturalité dans le cadre de la mondialisation, « *Études interculturelles* » 2008 1, 77 88 aux pp. 78-9.

[121] République de Guinée, ministère de l'Administration du Territoire et de la Décentralisation, « Programme d'appui aux collectivités villageoises », en ligne : *La Banque Mondiale*.
Http://projects.banquemondiale.org/P065129/gn-village-comm-supp-program-phase-2?lang=fr.

invoquant le droit au développement des peuples autochtones devant les tribunaux.

Pour ces raisons aussi, notre étude est pertinente socialement, scientifiquement, et originale. À ce jour, la question du droit au développement des peuples autochtones n'a pas fait l'objet d'une étude universitaire d'envergure. Il n'y a, non plus, aucun ouvrage qui traite de la compatibilité du régime minier guinéen au droit au développement. La pertinence de s'intéresser au droit au développement découle aussi du fait qu'il est un droit synthèse qui oblige l'État à prendre des décisions en respectant les priorités des peuples autochtones en vue d'accroitre leur bien-être. L'objectif de ce projet sera de faire avancer les connaissances au regard du droit des peuples autochtones au développement, plus particulièrement dans le contexte minier africain.

Bien sûr, notre projet s'appuie sur les travaux importants des auteurs. Keba Mbaye[122] fait un lien entre les droits de l'homme et le droit au développement qu'il considère comme un droit de troisième génération. Il considère l'État, les personnes morales de droit privé national et international comme responsables de la mise en œuvre de ce droit. L'ouvrage est pertinent pour notre étude, dans la mesure où la qualification du droit au développement, comme droit de l'homme permet aux peuples autochtones de revendiquer ce droit en cas de violation. Toutefois, il ne fait aucune mention du droit au développement spécifique aux peuples autochtones et ne dit pas dans quelle mesure les personnes morales pourraient être tenues pour responsables du droit au développement des peuples autochtones.

Ensuite, dans le cadre spécifique du droit au développement minier, Myriam Laforce, Bonnie Campbell et Bruno Sarrasin soulignent que les activités minières sont de plus en plus réglementées par des ententes sur les répercussions et avantages au Canada[123]. Elle s'interroge sur la portée réelle de ces ententes pour une meilleure participation des peuples autochtones aux prises de décisions concernant le développement de leur région. L'ouvrage est pertinent en ce sens qu'il nous permet d'appréhender des mécanismes concrets de mise en œuvre du droit au développement des peuples autochtones dans le contexte de l'exploitation minière. Cependant, il présente des

---

[122] Mbaye, « Droit au développement », *supra* note 4. Voir aussi Keba Mbaye, « *Les droits de l'homme en Afrique* », Pedone, Paris, 1992.

[123] Myriam Laforce, Bonnie Campbell et Bruno Sarrasin, Pouvoir et régulation dans le secteur minier : leçons à partir de l'expérience canadienne, Québec, Les Presses de l'Université du Québec, 2012 [Campbell, Pouvoir et régulation dans le secteur minier].

limites évidentes dans l'optique de notre étude. L'auteure traite des questions dans le cadre des peuples autochtones du Canada, mais non dans le contexte spécifique de ceux de la Guinée.

Par ailleurs, Bonnie Campbell et Haida Bangoura s'intéressent aux enjeux de l'exploitation minière. Bonnie Campbell, par exemple, décrit les richesses minières de la Guinée et le paradoxe économique du pays[124]. L'ouvrage est intéressant puisqu'il permet de comprendre que les obstacles à l'application du droit au développement du peuple guinéen ne sont pas seulement d'ordres juridiques. Ils sont aussi politiques et se matérialisent dans la corruption qui entoure les négociations dans le secteur minier. Toutefois, l'ouvrage ne s'intéresse qu'aux enjeux liés à l'exploitation de la bauxite et ne mentionne pas le cas spécifique des peuples autochtones. Il ne nous renseigne pas non plus sur les conditions juridiques de la mise en œuvre du droit au développement dans le contexte minier. Quant à Haida Bangoura, dans sa thèse de doctorat intitulé : « *Le droit minier en Guinée au regard des meilleures pratiques internationale* », elle analyse le droit minier en tenant compte de certains principes en économie politique internationale[125]. Elle entend par meilleures pratiques internationales, les incitatifs économiques mis en place pour attirer les investissements miniers en Guinée ainsi que les normes en matière de développement durable. Elle s'intéresse ainsi aux mesures fiscales et autres incitatifs financiers dans le droit minier en Guinée. Parmi ces dispositions, qui visent à attirer les investissements, figurent la procédure d'octroi des droits miniers, la fiscalité minière, la sécurité du titre minier. En d'autres termes, elle examine si le code minier répond « aux critères de décision de l'investissement minier »[126]. La deuxième meilleure pratique internationale dans sa thèse concerne les normes du développement durable. Elle s'intéresse à ce sujet à la gestion des retombées négatives de l'exploitation minière sur l'environnement dans le droit minier guinéen. Elle aborde aussi la question de l'exploitation minière artisanale à petite échelle. Toutefois elle ne s'intéresse ni à la situation spécifique des peuples autochtones ni à la prise en compte des composantes politiques et culturelles du droit au développement des peuples autochtones dans la législation

[124] Bonnie Campbell, les enjeux de la bauxite : La Guinée face aux multinationales de l'aluminium, Montréal-Genève, presse de l'Université de Montréal-Institut universitaire de hautes études internationales de Genève, 1983.

[125] Haïda Bangoura, le droit minier en Guinée au regard des meilleures pratiques internationale, thèse de doctorat en droit public, Université Paris 5, 2013 [non publiée].

[126] *Ibid* à la p. 98.

minière guinéenne. Elle ne tient pas compte non plus de nouvelles réformes du code minier de 2013 ni des exemples de conventions minières. Nous n'abordons pas, quant à nous, la question de l'imposition des sociétés minières ni celle des redevances minières qui dépassent le cadre de notre étude.

Enfin, Armelle Guignier propose une analyse des droits des peuples autochtones à partir du concept de développement durable[127]. En outre, elle estime que la reconnaissance du droit de propriété coutumière des peuples autochtones garantit le droit d'accès à la terre et aux ressources naturelles et assure le partage issu de l'exploitation des savoirs, des pratiques des populations autochtones ou de l'exploitation des ressources naturelles. Ces moyens favorisent la participation des peuples autochtones au développement durable. Son analyse se limite cependant au cadre strict du développement durable, ce que l'on doit distinguer du droit des peuples autochtones au développement. Elle ne mentionne pas non plus de façon spécifique le cas du régime juridique de l'exploitation minière.

Dès lors, la pertinence scientifique et sociale du projet de recherche ressort de ces constats. Aucun des auteurs de doctrine n'a jusqu'ici traité du droit au développement des peuples autochtones et de son respect par le régime juridique minier de la Guinée. Dans le contexte spécifique de l'Afrique et de la Guinée, peu de chercheurs s'intéressent à la question du droit des peuples autochtones en général. Or, le développement minier pose des enjeux éthiques, environnementaux et juridiques majeurs pour l'Afrique et pour les peuples autochtones qui y vivent. Notre étude permettra de combler ces lacunes en proposant une analyse juridique du droit au développement des peuples autochtones africains et de son application dans le contexte de l'exploitation minière. Pour y parvenir, dans la partie 1 de notre projet, nous envisageons de préciser les composantes du droit au développement des peuples autochtones. Cette première partie va nous servir de grille d'analyse. Elle nous permettra de nous interroger sur la nature de l'interprétation de la doctrine et de la jurisprudence quant aux obligations des États et des entreprises minières se rapportant au droit au développement des peuples autochtones, c'est-à-dire de préciser l'interprétation de ce droit par les tribunaux et la doctrine. Dans une telle éventualité, nous déterminerons dans la deuxième partie les obligations des États et des

[127] Armelle Guignier, Le rôle des peuples autochtones et des communautés locales dans le développement durable : figurants ou acteurs ? Le droit international de l'environnement, entre respect des droits de l'homme et nécessité du développement, Paris, PULIM, 2004.

minières dans l'opérationnalisation du droit au développement des peuples autochtones. Nous remarquerons à ce sujet, que des obligations différentes s'imposent à l'État et aux entreprises minières et que l'État a un rôle de surveillance du respect de la mise en œuvre du droit au développement des peuples autochtones par les sociétés minières. Enfin, dans la dernière partie, nous verrons comment le code minier guinéen répond aux exigences des composantes du droit au développement des peuples autochtones. Ainsi, notre étude sera consacrée à l'analyse du droit au développement des peuples autochtones en Guinée et à son application dans le contexte de l'exploitation des ressources minières.

C'est à cette tâche que sera consacrée la prochaine partie : l'étude des composantes du droit au développement des peuples autochtones dans le contexte de l'exploitation minière afin d'identifier les obligations des États et des minières dans sa mise en œuvre.

PARTIE I

Les composantes du droit au développement des peuples autochtones

Dans cette première partie, nous nous intéressons aux composantes constitutives du droit au développement des peuples autochtones. Notre hypothèse étant que le droit de l'exploitation minière guinéen ne respecte pas les normes régionales et internationales en matière de droit au développement des peuples autochtones, il faut savoir ce que prévoient celles-ci. En d'autres termes, quels sont les éléments constitutifs du droit au développement des peuples autochtones ? L'article premier de la Déclaration sur le droit au développement précise à cet égard que :

> « Le droit au développement est un droit inaliénable de l'homme en vertu duquel toute personne humaine et tous les peuples ont le droit de participer et de contribuer à un développement économique, social, culturel et politique dans lequel tous les droits de l'homme et toutes les libertés fondamentales puissent être pleinement réalisés, et de bénéficier de ce développement »[128].

---

[128] *« Déclaration sur le droit au développement »*, *supra* note 26, art. 1.1. La *« Déclaration des Nations Unies sur les droits des peuples autochtones »* mentionne également dans son préambule de « [...] la nécessité urgente de respecter et de promouvoir les droits intrinsèques des peuples autochtones, qui découlent de leurs structures politiques, économiques et sociales et de leur culture, de leurs traditions spirituelles, de leur histoire et de leur philosophie, en particulier leurs droits à leurs terres, territoires et ressources [...] [comme étant] des droits collectifs qui sont indispensables à leur existence, à leur bien-être et à leur développement intégral en tant que peuple ». Voir aussi *« Guide sur la Convention 169 de l'OIT »*, *supra* note 115, aux pp. 117-19. Selon ce guide, le droit au développement des peuples autochtones comprend les éléments suivants : « Droit d'exercer un contrôle sur leur propre développement économique, social et culturel et de développer des institutions et des initiatives qui leur sont propres. Les gouvernements doivent leur en donner les moyens. Droit d'être consultés et de participer à toutes les étapes des plans et des programmes de développement qui les concernent, au niveau local, national et régional. Les traditions, les valeurs et les besoins culturels des peuples indigènes doivent être pris en compte lors de l'élaboration de mesures, des programmes et des projets, non seulement lorsqu'il s'agit de projets à l'échelle d'un

De cette disposition découlent les composantes du droit au développement des peuples autochtones. À cet égard, notons que le droit au développement des peuples autochtones comporte des aspects politiques, économiques et socioculturels qui permettent de valoriser les structures et ordres juridiques autochtones, de protéger l'économie de subsistance traditionnelle des peuples autochtones et de garantir leur mode de vie distinctif. Ces éléments sont cumulatifs, c'est-à-dire que tous les aspects du droit au développement des peuples autochtones sont « complémentaires et interdépendants »[129] comme nous le verrons.

village, mais également, lorsque des mesures de développement sont élaborées à l'échelle nationale. Droit à ce que des études d'évaluation de l'impact des projets soient réalisées : avant la mise en œuvre de toute activité de développement, des études doivent être menées pour évaluer l'incidence sociale, spirituelle, culturelle et environnementale que celle-ci pourrait avoir. Droit à bénéficier de ces projets : tous les projets et les programmes de développement devraient améliorer la situation socio-économique des peuples autochtones et tribaux. Ils ne doivent en aucun cas porter atteinte à leur bien-être. Droit sur leurs terres, territoires et ressources : les droits des peuples autochtones, à posséder et utiliser leurs terres, leurs territoires et les ressources qui s'y trouvent, doivent être reconnus et protégés par la loi. Ceci est une des conditions fondamentales requises pour qu'ils puissent développer leurs sociétés conformément aux besoins et aux intérêts qui leur sont propres. » Voir également centre pour les droits de l'homme, *la réalisation du droit au développement, Consultation mondiale sur la jouissance effective du droit au développement en tant que droit de l'homme : Rapport établi par le Secrétaire général conformément à la résolution 1989/45 de la Commission des droits de l'homme*, Nations Unies, New York, 1999 aux pp. 27, 51 [centre pour les droits de l'homme]. Selon ce rapport « le droit au développement est le droit [...] des peuples de participer et de contribuer à un développement économique, social, culturel et politique continu [...] et de bénéficier de ce développement] à la p. 51. »

129 Centre pour les droits de l'homme, *supra* note 128 à la p. 50. Voir aussi Colliard, *supra* note 7 aux pp. 622-23. Selon cet auteur « le droit au développement est sous le signe de l'équilibre et de l'interdépendance [...] Il est aussi, tout à la fois, un droit [...] politique [...] un droit économique, social et culturel ». Voir également Ozden, *supra* note 38 aux pp. 24-5.

CHAPITRE I

La composante politique : le respect des structures et ordres juridiques autochtones

La composante politique est le premier élément constitutif du droit au développement des peuples autochtones. Elle s'entend comme l'exercice du pouvoir politique et se manifeste par la liberté de choix des peuples autochtones dans un cadre institutionnel respectueux des spécificités culturelles. Elle nécessite aussi une consultation des peuples autochtones lors de la prise de décision par l'État. Plus concrètement, la composante politique comprend l'autodétermination et l'autonomie des peuples autochtones, la consultation, le consentement préalable, libre et éclairé pour tout projet de développement susceptible de les affecter.

SECTION 1. LA PRISE DE DÉCISION PAR LE PEUPLE AUTOCHTONE : AUTODÉTERMINATION ET AUTONOMIE

L'une des composantes du droit au développement des peuples autochtones est la capacité des peuples autochtones de prendre des décisions par eux-mêmes concernant des questions essentielles à leur développement. Cette capacité est déterminée par l'autodétermination et l'autonomie. Il s'agit de l'exercice du pouvoir politique par les peuples autochtones.

Le droit à l'autodétermination et à l'autonomie qui est l'une de ses manifestations est une condition sine qua non du droit au développement des peuples autochtones. Selon le Rapporteur spécial des Nations Unies : « Le droit à l'autodétermination est un principe cardinal en droit international. Il signifie fondamentalement que les peuples autochtones ont le droit de décider de leur destin dans tous les domaines de la vie, et ce, dans des conditions d'égalité, et de vivre sous l'empire d'institutions conçues à cette fin. »[130]

L'autodétermination permet donc aux peuples autochtones de prendre des décisions importantes touchant à leurs priorités de développement et de participer pleinement à la vie politique, économique et culturelle de leur nation. Un tel droit permet aux peuples autochtones de définir leur avenir en tenant compte de leur propre processus. Par conséquent, l'autodétermination et l'autonomie comme une de ses modalités deviennent des conditions essentielles, sinon indispensables ou préalables, à l'exercice du droit au développement des peuples autochtones. C'est d'ailleurs ce que prévoit l'article 3 de la « *Déclaration des Nations Unies sur le droit des peuples autochtones* » : « les peuples autochtones ont le droit à l'autodétermination. En vertu de ce droit, ils déterminent librement leur statut politique et assurent librement leur développement économique, social et culturel. »[131] À cela s'ajoutent les conclusions de certains observateurs selon lesquelles l'autodétermination est non seulement un prérequis pour la réalisation du droit au développement des peuples autochtones, mais aussi l'ensemble des droits revendiqués par ces derniers. José Martinez Cobo, rapporteur spécial des Nations Unies sur les questions autochtones, dira en ce sens que : « l'autodétermination sous tous ses aspects est un préalable essentiel de toute possibilité pour les populations autochtones de jouir de leurs droits fondamentaux, de déterminer leur avenir et de préserver, développer [faire grandir] et transmettre aux générations futures leur spécificité ethnique. »[132] Mais qu'entendons-nous exactement par le concept d'autodétermination et d'autonomie dans le cadre du droit au développement des peuples autochtones ? Quelles en sont leurs conditions d'exercice ? Qu'en est-il des moyens d'action de l'autodétermination ou comment l'autodétermination est-elle mise en œuvre ? Telles sont nos préoccupations dans la suite de ce chapitre.

---

[130] Nations Unies, « Rapport du Rapporteur spécial sur les droits des peuples autochtones », A/68/317 (2013) au para 77, en ligne (PDF) : Groupe international de travail pour les Peuples autochtones : https://www.gitpa.org/web/PI%20RSPA%20RAPPORT%20FINAL.pdf.

[131] Déclaration des Nations Unies, *supra* note 30, art. 3.

[132] Martinez Cobo, Étude de la discrimination à l'encontre des populations autochtones, E/CN.4/Sub.2/1986/7, add 4, New York, Nations Unies au para 269. Voir aussi Centre pour les droits de l'homme, *supra* note 128 à la p. 51.

1.1. Définitions et conditions juridiques du droit à l'autodétermination et à l'autonomie

Si l'autonomie est importante, elle ne peut être « exercée » que par les habitants d'un même territoire particulier. Et compte tenu du caractère polysémique des termes autodétermination et autonomie, nous tenons compte dans la suite de ce chapitre, de la remarque de Geneviève Motard selon laquelle, « l'autonomie est un concept relatif, variable, dont les nuances et le degré s'apprécient en fonction de chaque contexte et des aspirations des groupes ou entités en présence »[133] pour définir ce que nous entendons par ces termes. En effet, dans le cadre spécifique des droits des peuples autochtones, l'autonomie et l'autodétermination font partie des moyens de tenir en compte la vie collective des peuples autochtones et leur spécificité culturelle par la libre administration. C'est en cela l'importance ou la place capitale de la liberté de choix au cœur du concept de l'autodétermination et de l'autonomie. D'où l'instance et l'affirmation de la commission africaine des droits de l'homme et des peuples sur cet aspect selon laquelle l'autodétermination est intrinsèquement liée au libre choix du statut politique. Pour la Commission, « la liberté de choisir doit faire partie intégrante du droit au développement. »[134]

Ainsi, les thèmes de la liberté du choix du statut politique occupent une place majeure dans l'autodétermination et l'autonomie. Ils exposent des aspects essentiels dans le processus de développement d'un peuple, des peuples autochtones pour ce qui nous concerne. Cependant, les critères ou les conditions d'existence de l'autodétermination sont appréhendés différemment par la doctrine juridique et les instruments conventionnels, même s'ils s'accordent sur un élément : la liberté du choix politique.

1.1.1. Le droit à l'autodétermination selon la doctrine

Suivant la remarque de Doris Farget, « les peuples autochtones n'ont pas été souvent reconnus comme titulaires du droit à l'autodétermination et autonomie »[135]. Or, le droit à

---

[133] Motard, Principe de personnalité des lois, *supra* note 85 à la p. 103.

[134] Endorois, *supra* note 34 au para 278.

[135] Doris Farget, Le droit au respect des modes de vie minoritaires et autochtones dans les contentieux internationaux des droits humains, Montréal, Thémis, 2012 à la p. 278. [Farget, Droit au respect] Il faut noter que les peuples autochtones n'ont pas été souvent reconnus comme titulaires du droit à l'autodétermination et autonomie. Le droit à l'autodétermination prend sa source dans l'article 1 commun des deux pactes. Le droit à l'autodétermination des peuples autochtones doit respecter la souveraineté et l'intégrité territoriale. Ce qui exclut la

l'autodétermination est ce qui supporte et appuie le développement économique, social et culturel d'un peuple. Ces dimensions étant intimement liées au pouvoir politique exercé par ce peuple[136]. Son impact sur le développement économique, social et culturel est incommensurable. Xanthaki dira en ce sens que : « Pursuing development essentially involves establishing policy priorities and trade-offs in policy allocations and benefits; this is political in nature. Political, but also economic and social policies can only be decided and implemented through a political process, where the state and its institutions are involved [...] »[137]

Ce faisant, le droit à l'autodétermination signifie la liberté du choix politique qui se manifeste par l'autonomie gouvernementale et la participation des peuples autochtones[138]. Autrement dit, une gouvernance qui laisse la liberté de choix aux peuples autochtones quant à leurs priorités de développement. James Anaya, lui, appréhende l'autodétermination à travers ses éléments constitutifs : une « autodétermination constitutive » et une « autodétermination continue ». La première forme d'autonomie, l'autodétermination constitutive, est relative à l'obligation du gouvernement de tenir compte de la volonté du peuple pour décider et la seconde est le « [...] droit de vivre et de se développer librement »[139]. Pour Fréderic Deroche, cette conception de l'autodétermination ou un tel droit implique la liberté du choix politique et n'est pas imposé par l'État. Par conséquent, selon lui, le droit à l'autodétermination « [...] n'est pas attribué [...] unilatéralement par l'État, mais elle est exercée par le peuple [...] dans le cadre de sa liberté de choisir son statut politique,

---

sécession. Le droit reconnu aux peuples autochtones dans le cadre de l'autodétermination est donc différent de celui consacré par l'article 1 commun aux deux pactes. Voir aussi Patrick Thorberry, « Self-determination and Indigenous Peoples : Objections and Responses » dans Pekka Aikio et Martin Scheinin, dir., Operationalizing the Right of Indigenous Peoples to Self-Determination, Institute for Human Rights, Abo Akademi University, 2000, 39 à la p. 47.

[136] Farget, Droit au respect, *supra* note 135 à la p. 280.

[137] Xanthaki, *supra* note 41 aux pp. 139-40.

[138] *Ibid* aux pp. 172-73. Voir aussi Jarle Weigard, « Is there a Special Justification for Indigenous Rights? » par Henry Minde, *Indigenous peoples: Self-determination, Knowledge, Indigeneity*, Netherlands, EEburon Delft, 2008, 174 aux pp. 189-90.

[139] James Anaya, *Indigenous Peoples in International Law*, 2e éd, Oxford, Oxford University Press, 2004 aux pp. 104-05 [Anaya, *Indigenous Peoples*] cités par Farget, *Droit au respect, supra* note 135 à la p. 278. Voir aussi Julian Burger, « The UN Declaration on the rights of indigenous peoples : from advocacy to implementation» dans Stephen Allen et Alexandra Xantakhi, dir., *Reflections on the UN Declaration on the rights of indigenous peoples*, Oxford, OUP, 2011, 51 à la p. 45.

liberté qui n'est pas épuisée par ce choix. »[140] De même, Hurst Hannum et Richard Lillich mesurent l'autodétermination par « le degré d'indépendance réelle et formelle dans la prise de décision politique dont jouit l'entité autonome. »[141] Doris Farget, quant à elle, définit l'autodétermination comme exercice du pouvoir politique par les peuples autochtones[142].

L'une des études sur le droit à l'autonomie et à l'autodétermination vient de Geneviève Motard. Sa thèse porte sur le principe de personnalité des lois comme voie d'émancipation des peuples autochtones[143]. C'est une analyse critique des ententes d'autonomie gouvernementale au Canada dans laquelle elle énumère les conditions d'une telle autonomie. Selon Motard, les critères sont, entre autres, la liberté dont disposent les peuples autochtones, les domaines de compétence et la nature égalitaire ou non des relations avec l'État.

En premier, Geneviève Motard relie l'autodétermination et l'autonomie à la liberté qu'elle place même au cœur du concept de l'autonomie. Elle définit l'autonomie de liberté comme étant « la capacité des peuples autochtones de décider et de faire des choix seuls et sans interférence »[144], ce qui la conduit à s'intéresser à la liberté d'exercice du pouvoir politique par les peuples autochtones ainsi qu'aux entraves à cet exercice. Selon Motard, les entraves à l'exercice peuvent se manifester dans les « conditions d'exercice, la concurrence des pouvoirs et la délimitation des compétences, etc. »[145] Dès lors, la capacité des peuples à s'administrer librement devient essentielle pour l'autodétermination et l'autonomie. À cela, s'ajoute la nature des compétences exercées par les peuples autochtones, à savoir le domaine du contrôle appelé « autonomie compétence ». Il comporte dans le cadre du droit au développement, l'auto-administration ou auto-organisation, l'autogestion et les accords d'autonomie[146]. L'auto-organisation se définit à la capacité d'organisation politique d'une

---

[140] Frédéric Deroche, « Les peuples autochtones et leur relation originale à la terre », Paris, L'Harmattan, 2008 à la p. 300.

[141] Hurst Hannum et Lillich Richard B., « The Concept of Autonomy in International Law » (1980) AJIL 74, 4 858 à la p. 889. Voir aussi Ted Moses, « The right of self-determination and its significance to the survival of indigenous people» dans Pekka Aikio, Martin Scheinin, dir., *Operationalizing the right of indigenous peoples to self-determination, Institute for human rights*, Abo Akademi University, 2000, 155 à la p. 161.

[142] Farget, *Droit au respect*, *supra* note 135 aux pp. 278-79.

[143] Motard, Principe de personnalité des lois, *supra* note 85.

[144] *Ibid* à la p. 105.

[145] Motard, *Principe de personnalité des lois*, *supra* note 85 à la p. 105.

[146] Lignes directrices, *supra* note 85 à la p. 17.

collectivité[147]. Quant à l'autogestion, elle « consiste en l'exercice du pouvoir de se gouverner et de s'administrer librement dans le cadre des statuts constitutionnels que l'on s'est donné »[148]. En somme, selon Geneviève Motard, « l'autonomie de liberté cherche à s'assurer que la nation autochtone peut exercer des choix sans entrave, l'autonomie de compétence cherche plutôt à s'assurer que la portée de l'autonomie dont bénéficie une nation autochtone est significative »[149]. La troisième dimension énoncée par Geneviève Motard que constitue le principe de non-subordination ou « autonomie-égalité » favorise l'institutionnalisation d'une relation non hégémonique entre les peuples et la reconnaissance des entités politiques et juridiques des peuples autochtones[150]. Cette reconnaissance cadre avec l'objectif même du droit à l'autodétermination significative qui est celui « d'ouvrir un espace aux traditions juridiques autochtones et de permettre ainsi aux peuples autochtones de se réaliser »[151]

Nous retenons, pour la suite de nos analyses, la conception de l'autonomie telle que présentée par Geneviève Motard et selon laquelle l'État accepte et reconnait les institutions politiques des peuples autochtones, basées sur une relation non hégémonique[152].C'est aussi un moyen pour les peuples autochtones de se gouverner en faisant un « choix significatif, tel que celui de conserver un caractère distinctif. »[153] En ce sens, notre analyse de l'autodétermination comme respect des structures et ordres juridiques autochtones s'inscrit en continuité avec une conception du pluralisme juridique qui promeut les systèmes politiques traditionnels autochtones. Le droit à l'autodétermination ouvre ainsi la voie aux peuples autochtones de faire des choix importants qui cadre avec leur identité culturelle et leurs systèmes de gouvernance traditionnels. Le système colonial puis le droit étatique ayant marginalisé ou détruit ces modes de gouvernance traditionnels, le droit à l'autodétermination favorise la décolonisation, répare les injustices historiques et l'épanouissement des peuples autochtones[154].

---

[147] Motard, Principe de personnalité des lois, *supra* note 85 à la p. 107.
[148] *Ibid*
[149] Motard, Principe de personnalité des lois, *supra* note 85 à la p. 108.
[150] *Ibid* à la p. 111.
[151] *Ibid* à la p. 110.
[152] *Ibid* à la p. 111.
[153] Farget, *Droit au respect*, *supra* note 135 à la p. 279.
[154] Anaya, *Indigenous Peoples supra* note 139 aux pp. 103-04.

Suivant cette logique, l'autodétermination « est essentielle au maintien des peuples autochtones en tant que peuples distincts. »[155] En effet, les peuples autochtones avaient leurs propres systèmes d'organisation politique qui ont été bouleversés ou marginalisés par les États coloniaux et les États indépendants qui leur ont succédé. Il est important que les peuples autochtones puissent redéfinir les bases de leur relation de commun accord avec l'État et qu'ils puissent identifier leur propre mécanisme de développement[156]. En d'autres termes, la reconnaissance de leurs systèmes traditionnels à côté du droit étatique, qui est une manifestation de l'autodétermination, est un moyen de décolonisation. Ainsi, nous constatons que la doctrine lie l'autodétermination au libre choix politique des peuples autochtones, par conséquent c'est ce qui leur permet de se développer selon leurs propres conceptions. En somme, le droit à l'autodétermination permet aux peuples autochtones de garantir et de soutenir librement leur développement et de définir leur statut politique. Toutefois, les instruments conventionnels vont plus loin en ajoutant d'autres volets à l'autodétermination ; par exemple, la nécessité d'avoir des moyens financiers pour soutenir adéquatement le droit au développement des peuples autochtones. Nous reviendrons sur cet aspect dans la section suivante.

1.1.2. Le droit à l'autodétermination dans les instruments conventionnels

Plusieurs éléments du droit international laissent entrevoir une reconnaissance implicite au droit à l'autodétermination des peuples autochtones, composante indispensable à l'exercice du droit au développement des peuples autochtones.

Premièrement, bien que la Convention 169 de l'OIT ne mentionne pas explicitement le droit à l'autodétermination, une interprétation de certaines de ses dispositions laisse entrevoir la reconnaissance de ce droit. D'abord, la convention insiste sur l'importance pour les peuples autochtones d'avoir le contrôle sur leur vie et leur futur[157]. L'article 7 reconnait à ce propos le droit pour les peuples autochtones d'avoir le contrôle de leurs institutions politiques et leurs modes de vie[158]. D'ailleurs la convention mentionne le respect des institutions

---

155 Lignes directrices, *supra* note 85 à la p. 17.
156 Lignes directrices, *supra* note 85 à la p. 17.
157 Convention 169 OIT, *supra* note 28, art. 7.
158 Déroche, *supra* note 140 à la p. 304.

autochtones en précisant que « les peuples autochtones ont le droit de conserver leurs coutumes et institutions »[159] en autant qu'elles soient conformes au droit national et aux normes internationales concernant les droits de la personne. L'article 8.1 de la convention ajoute qu'en « appliquant la législation nationale aux peuples intéressés, il doit être dûment tenir compte de leurs coutumes ou de leur droit coutumier »[160]. S'exprimant sur le droit à l'autodétermination dans la convention 169 de l'OIT, Norbert Rouland estime que « la convention [de l'OIT] ne se réfère pas explicitement aux notions d'autodétermination et d'autonomie, mais semble y aboutir étant donné ses nombreuses dispositions garantissant le respect des institutions indigènes. »[161]

En deuxième lieu, les Nations Unies lient le droit à l'autodétermination des peuples autochtones à « leur capacité à user de leur pouvoir de décision dans leur communauté »[162]. En effet, après avoir reconnu explicitement le droit à l'autodétermination comme condition du droit au développement, la DNUDPA énonce les différentes composantes de ce droit. Selon cette déclaration, le droit à l'autodétermination signifie, entre autres, pour les peuples autochtones avoir « le droit d'être autonomes et de s'administrer eux-mêmes pour tout ce qui touche à leurs affaires intérieures et locales [...] »[163] et une participation active et pleine à la vie politique, économique, sociale et culturelle de l'État. Cela permet le maintien et le renforcement des « institutions politiques, juridiques, économiques, sociales, culturelles distinctes [des peuples autochtones] »[164] et la conservation du droit des peuples autochtones. En d'autres termes, « le droit de déterminer les structures de leurs institutions et d'en choisir les membres selon leurs propres procédures »[165]. Enfin, le droit à l'autodétermination et l'autonomie (qui en est une de ses modalités) implique pour les peuples autochtones la valorisation, le maintien des « structures institutionnelles [...] systèmes et coutumes juridiques [...] »[166]. Ainsi,

---

[159] Convention 169 OIT, *supra* note 28, art. 8.2.

[160] *Ibid*, art. 8.1 D'après le guide sur la Convention 169 de l'OIT, *supra* note 115 à la p. 119 : le droit au développement des peuples autochtones comprend pour ces derniers le droit « de développer des institutions et des initiatives qui leur sont propres. Les gouvernements doivent leur en donner les moyens. »

[161] Norbert Rouland, Stéphane, Pierre-Cap et Jacques Poumarède, *Droit des minorités et des peuples autochtones*, Paris, Presses universitaires de France, 1996 à la p. 410.

[162] Lignes directrices, *supra* note 85 à la p. 16.

[163] Déclaration des Nations Unies, *supra* note 30, art. 4.

[164] *Ibid*, art. 5.

[165] Déclaration des Nations Unies, *supra* note 30, art. 33.2.

[166] *Ibid*, art. 34.

le respect du modèle de gouvernance traditionnelle des peuples autochtones et la reconnaissance des autorités coutumières sont des éléments fondamentaux du droit à l'autodétermination.

En plus de ces deux éléments du droit international, la libre administration doit être accompagnée de moyens techniques et financiers qui favorisent le développement des peuples autochtones. Il s'agit des « moyens de financer leurs fonctions autonomes »[167]. La lecture de cette disposition des Nations Unies laisse entrevoir la nécessité d'une consolidation et du soutien, par un transfert de moyen financier et technique suffisant, permettant aux populations autochtones de bien s'administrer de façon autonome. Selon la conception conventionnelle, l'autonomie politique doit donc être renforcée par l'autonomie financière et le soutien technique pour parler d'autodétermination. Nous reviendrons sur cet aspect qui semble être à la base de la motivation du droit au partage des bénéfices issus de l'exploitation des ressources naturelles dans le chapitre 2.

La DNUDPA reconnait un droit à l'autodétermination des peuples autochtones. La liberté de choix politique en est l'élément fondamental. Cette reconnaissance est confirmée par la jurisprudence africaine portant sur le droit au développement, qui, en identifiant les critères de l'autodétermination, mentionne que : « La Commission [...] reconnait[t] que le droit au développement nécessite la satisfaction de cinq principaux critères : ce droit doit être équitable, non discriminatoire, participatif, responsable et transparent, avec l'équité et la possibilité de choisir étant des thèmes importants et indispensables dans le droit au développement. »[168]

Par ailleurs, les Nations Unies ont identifié certains moyens pour favoriser l'application du droit à l'autodétermination dans le cadre du droit au développement[169]. Ces moyens sont les accords d'autonomie : autonomie gouvernementale, l'autogestion ou auto-administration, la participation à la vie politique de l'État, la reconnaissance et le maintien des organes de décision politique et des systèmes juridiques traditionnels des peuples autochtones[170]. L'autonomie gouvernementale des peuples autochtones permet la mise en place d'institutions politiques capable d'élaborer les lois dans les domaines

---

[167] Lignes directrices, *supra* note 85 à la p. 14. Voir aussi Guide sur la Convention 169 de l'OIT, *supra* note 115 à la p. 119.
[168] Endorois, *supra* note 34 au para 277.
[169] Lignes directrices, *supra* note 85 à la p. 17.
[170] *Ibid* à la p. 17. Voir aussi Déclaration des Nations Unies, *supra* note 30, art. 5.

importants touchant à la vie des peuples autochtones et de disposer des moyens financiers et techniques pour les soutenir[171]. Le deuxième moyen d'action de l'autodétermination et de l'autonomie des peuples autochtones est le maintien de leur modèle de gouvernance traditionnelle. En effet, la reconnaissance du processus traditionnel de décision des peuples autochtones est un moyen pour reconnaitre leur droit à l'autodétermination dans un développement respectueux de leurs valeurs culturelles. Concrètement, l'autodétermination des peuples autochtones devient un instrument de valorisation des coutumes autochtones en matière de gouvernance traditionnelle en parallèle au droit étatique.

CONCLUSION DE LA SECTION 1

Nous avons compris que l'autodétermination pouvait prendre plusieurs significations. Elle s'exerce à travers l'autonomie, la libre administration des affaires locales et internes, la valorisation des institutions politiques, juridiques, économiques, sociales et culturelles distinctes des peuples autochtones et la participation à la vie politique, économique, sociale et culturelle de l'État[172]. L'autodétermination est un droit transversal et une condition nécessaire à la réalisation du droit au développement des peuples autochtones.

L'autodétermination affirme le droit pour les peuples autochtones d'assurer librement leur développement économique, social et

[171] Déroche, *supra* note 140 à la p. 303. Voir aussi S James Anaya, « Le droit des peuples autochtones à l'autodétermination après l'adoption de la Déclaration » dans Claire Charters et Rodolfo Stavenhagen, dir., La déclaration des droits des peuples autochtones : Genèse, enjeux et perspectives de mise en œuvre, Groupe international de travail sur les peuples autochtones, Paris, 2009,186 à la p. 198.

[172] Déclaration des Nations Unies, *supra* note 30, arts 3-5. Voir aussi Natacha Gagné et Marie Salaün, Visages de la souveraineté en Océanie, Paris, L'Harmattan, 2010 aux pp. 22-3. Selon ces auteurs, les revendications des peuples autochtones en ce qui concerne l'autodétermination ou la souveraineté comprennent essentiellement : « le contrôle sur la gouvernance locale, tribale ; le contrôle sur le territoire «traditionnel» ou ancestral ; la pleine participation à la vie nationale comme citoyens à part entière, ce qui peut impliquer un redressement des disparités socio-économiques ; la représentation dans les instances de l'État et consultations dans l'élaboration des lois et programmes qui les concernent ; la décolonisation des institutions et des services (santé, éducation, environnement…) et leur contrôle (total ou partiel) ; reconnaissance de droits coutumiers dans certains domaines (droit foncier, droit familial, justice pénale) ; la valorisation des structures et modes de vie traditionnels et libertés de préserver et promouvoir leur culture ; la mise en place de mécanismes de résolution de conflits et de réparation des préjudices, etc. »

culturel[173]. C'est pourquoi la question du lien entre l'autodétermination et le droit au développement des peuples autochtones est difficile à résoudre. Cette difficulté, comme nous l'avons soulevé auparavant, vient principalement de l'article 3 de la DNUDPA qui précise que les peuples autochtones exercent leur droit au développement à partir du droit à l'autodétermination.

À cela, la Commission africaine lie le droit à l'autodétermination à la capacité d'utilisation des ressources. En ce sens que :

> « Le choix de l'autodétermination inclut [...] la capacité de la communauté à utiliser les ressources naturelles [« les sels minéraux, l'eau, et le sol de la région du lac Bogoria » comme elle le désire. [...] À cet égard [...] il est clair que le développement doit être compris comme un accroissement du bien-être des peuples, tel que mesuré par les capacités et les choix disponibles. La réalisation du droit au développement [...] nécessite l'amélioration et l'accroissement des capacités [...] Les Endorois ont subi une perte de leur bien-être à travers la restriction de leurs choix et de leurs capacités [...] »[174]

La Commission africaine s'appuie donc sur le sens premier du droit à l'autodétermination, tel que défini par *« la Déclaration sur le droit au développement »*, à savoir la souveraineté permanente sur les ressources et/ou le contrôle sur les ressources[175]. Dès lors, l'autodétermination est évaluée à travers le respect des capacités et des choix des peuples autochtones dans l'utilisation des ressources. Lorsque ces choix permettent l'accroissement du bien-être des peuples autochtones, on parle du droit au développement. L'idée de croissance présente dans le droit au développement est, quant à elle, absente en ce qui concerne le droit à l'autodétermination[176].

Pour notre part, nous pensons que la liberté d'action étant au cœur du droit au développement, l'autodétermination dans le contexte du droit au développement revient à la liberté de choix quant à la

---

[173] Voir *Déclaration des Nations Unies*, *supra* note 30, art. 3. Voir également Nations Unies, Doc off AG NU, 71e sess., Doc NU A/71/229, 2017, au para 22. « L'autodétermination est un droit en soi et une condition indispensable à la réalisation d'autres droits fondamentaux. Il s'agit d'un principe de base du droit international qui a été interprété dans divers contextes juridiques. L'autodétermination est considérée comme le droit fondamental pour les peuples autochtones en raison de sa transversalité et parce qu'elle affirme leur droit à assurer librement leur développement économique, social et culture ».

[174] *Endorois*, *supra* note 34 au para 129.

[175] Selon l'article 1.2 de la *Déclaration sur le droit au développement* : « Le droit de l'homme au développement suppose aussi la pleine réalisation du droit des peuples à disposer d'eux-mêmes, qui comprend, sous réserve des dispositions pertinentes des deux Pactes internationaux relatifs aux droits de l'homme, l'exercice de leur droit inaliénable à la pleine souveraineté sur toutes leurs richesses et leurs ressources naturelles. » *Déclaration sur le droit au développement*, *supra* note 26.

[176] Endorois, *supra* note 34 au para 129.

détermination du statut politique. Ce qui implique que les peuples autochtones ont le droit de choisir les modèles de gouvernance propres qui répondent à leurs aspirations et possèdent le droit de contrôler eux-mêmes ces institutions. À cet égard, les peuples autochtones ont la liberté de choix dans le modèle de gouvernance qui soit conforme à leurs cultures et à leurs systèmes juridiques. Ils doivent ainsi avoir la liberté de choix et la capacité de mettre en place des institutions de gouvernances traditionnelles en dehors des modèles imposés par l'État. C'est donc aux peuples autochtones de décider quels systèmes de gouvernance ils souhaitent valoriser. Si la communauté autochtone souhaite valoriser des chefs traditionnels, des chefs héréditaires, des matriarches ou un autre système de gouvernance, elle doit pouvoir le mettre en place sans interférence de l'État. En plus de cette exigence, l'État doit reconnaitre ces systèmes politiques mis en place par les peuples autochtones.

Suivant cette logique, nous concluons que dans le cadre du droit au développement des peuples autochtones, l'autodétermination implique la liberté pour ces derniers de contrôler leurs affaires et de faire des choix essentiels à leur épanouissement, pour paraphraser Geneviève Motard[177]. C'est l'autodétermination qui permet donc aux peuples autochtones de « choisir, décider, fixer des objectifs et de les atteindre » en matière sociale, économique et culturelle sans avoir à conformer leurs systèmes juridiques sur celui de l'État ou des valeurs, qu'il véhicule »[178]. Cette conception est essentielle à la valorisation des systèmes et ordres juridiques autochtones conformément au pluralisme juridique. L'autodétermination politique concerne donc la liberté de choix des dirigeants autochtones selon leur propre coutume, la reconnaissance et la valorisation des institutions traditionnelles autochtones. Ce faisant, l'exercice du droit à l'autodétermination est une condition nécessaire pour la réalisation du droit au développement des peuples autochtones[179]. C'est à juste titre que James Anaya affirme que le droit à l'autodétermination permet le développement économique et socioculturel des peuples autochtones. Ces deux composantes dépendent donc du libre choix politique de l'entité autochtone[180].

La deuxième composante politique du droit au développement des peuples autochtones est le respect du droit des peuples autochtones à

---

[177] Motard, Principe de personnalité des lois, *supra* note 85 aux pp. 115-16.
[178] *Ibid.*
[179] Déroche, *supra* note 140 à la p. 257.
[180] Anaya, *Indigenous Peoples*, *supra* note 139 aux pp. 106-10.

déterminer leurs propres priorités. En d'autres termes, il s'agit de la capacité de faire des choix qui répondent aux besoins, aux attentes et aux valeurs des peuples autochtones, ce qui passe par l'association des peuples autochtones à la prise de décision les concernant à travers la participation, la consultation et le consentement préalable, libre et éclairé.

SECTION 2. LA PRISE DE DÉCISION PAR L'ÉTAT : LA CONSULTATION, LA PARTICIPATION ET LE CONSENTEMENT PRÉALABLE, LIBRE ET ÉCLAIRÉ

Si le droit au développement nécessite le respect du processus décisionnel des peuples autochtones, il concerne aussi l'association de ces derniers à la prise des décisions de l'État.

L'installation d'une mine en territoire autochtone s'accompagne souvent de violence qui prend plusieurs formes dont les violations graves des droits humains fondamentaux, les dépossessions, la discrimination, les consultations déficientes en étant quelques-unes des différentes facettes. Selon un rapport de l'Union africaine citant l'exemple du peuple autochtone Bagyeli du Cameroun et des groupes autochtones sans du Botswana :

> « L'exploitation des minéraux est associée aux violations des droits de l'homme et constitue l'un des problèmes les plus souvent cités par les communautés touchées et par les organisations de la société civile qui s'occupent de ces questions. De fait, la plupart des effets sociaux de l'industrie extractive concernent les droits de l'homme. »

> « Les violations les plus souvent évoquées sont les disparitions, la violation du droit à un environnement sain, la détention arbitraire et la torture, la perte des terres et des moyens de subsistance sans négociation et sans une indemnisation suffisante, la réinstallation forcée, la destruction des sites ayant une valeur rituelle ou culturelle importante sans indemnisation et les violations des droits du travail. »[181]

---

[181] Union africaine, Vision du régime minier de l'Afrique, Addis Abeba, Union africaine, 2009 aux pp. 64-5. Voir aussi Paula Butter, Colonial Extractions, Race and Canadian Mining in comtemporary Africa, Toronto, University of Toronto Press, 2015 principalement aux pp. 5, 11, 87, 91, 103, 159, 160. D'après cette auteure « *In particular, resource appropriation can be understood as structural violence: the violence of economic forces and institutions that chronically deprive persons and communities of the resources they need to live dignified, safe, healthy, and pleasurable lives* », à la p. 86. Plus, loin l'auteure ajoute que « [...] I draw attention to the more sustained, routine, banal, and pervasive forms of structural violence associated with resource extraction-to the things that bring about supposedly "ordinary" deaths, shortened lives, ill health, stress, and the like. To provide a more tangible sense of

C'est dans ce cadre qu'on parle du droit à la participation, à la consultation et au consentement préalable, libre et éclairé (CPLE). Nous allons donc nous intéresser à la nature, au fondement et à la portée de ces droits pour les peuples autochtones en tant que pierres d'assise de leur droit au développement.

2.1. La définition et les fondements du droit à la participation, à la consultation et au consentement préalable, libre et éclairé

La participation des peuples autochtones aux prises de décisions dans les projets miniers susceptibles de les affecter est nécessaire à un développement libre. Pour la Commission africaine, le droit au développement des peuples autochtones est « intimement lié à la question de la participation. »[182] Ainsi, la participation est une composante du droit au développement. Cette participation se concrétise à travers la consultation et le consentement préalable, libre et éclairé. D'ailleurs, nombreux sont les auteurs de doctrine qui s'accordent sur l'obligation de consulter les peuples autochtones dans le cadre des projets qui ont des impacts sur les droits humains et pour protéger leur droit au développement[183]. Cette exigence s'applique principalement dans le domaine de l'exploitation minière qui a des répercussions non négligeables sur les droits des peuples autochtones. Selon James Anaya, « [...] nul autre secteur n'a une influence aussi grande et aussi envahissante sur le plan social et environnemental que celui minier »[184]. Ces principes sous-entendent que les peuples

---

African people's actual experiences, in this section I profile several cases that illustrate the harms experienced in communities in the vicinity of mines with majority Canadian ownership. These cases [South Africa Case, Ghana Cases, and Democratic Republic of the Congo Cases] have already been documented and are in the public domain. », à la p. 91.

[182] Endorois, *supra* note 34 au para 289.

[183] Voir par exemple James Anaya, « Indigenous People's Participatory Rights in Relation to Decisions about Natural Resource Extraction : The More Fundamental Issue of What Rights Indigenous Peoples Have in Lands and Resources » (2005) 22 1 Ariz J Intl & Comp L 7 à la p. 7. [Anaya, Indigenous Peoples' Participatory Rights] voir aussi C.S. Sena, « An Overview of a Current Understanding of FPIC as a Methodological Issue, in Activities Relating to Indigenous peoples : Significance and Challenge », Statement to the International Expert Workshop on Methodologies Regarding Free, Prior and Informed Consent on Indigenous Peoples, United Nations Permanent Forum on Indigenous Issues, New York, 17-19 janvier 2005. Pour le rapport de cet atelier, voir : Report of the International Workshop on Methodologies Regarding Free, Prior and Informed Consent and Indigenous Peoples, United Nations Permanent Forum on Indigenous Issues 2005, New York, 17-19 Janvier 2005.

[184] Veronique Lebuis et Geneviève King-Ruel, « Le consentement libre, préalable et informé : une norme internationale en émergence pour la protection des populations locales

autochtones ont le droit de donner leur avis par rapport aux activités extractives touchant leurs terres, leurs milieux de vie et les ressources dont ils dépendent[185]. Il s'agit dès lors d'essayer de situer les sources desdits principes qui nous permettront de mesurer leur degré de normativité et d'exposer les probables confusions existantes entre ces trois notions, surtout afin de situer le noyau essentiel de ces droits aux contours flexibles.

2.1.1. La participation

La Convention 107 de l'OIT faisait déjà mention de la participation des peuples autochtones aux prises de décision les concernant[186]. Par la suite, la Convention 169 de l'OIT qui a succédé à la première[187] reconnait la participation des peuples autochtones dans le processus de prise de décision se rapportant à l'exploitation de leurs territoires et ressources. Après avoir insisté sur la liberté de choix des peuples autochtones (quant à leur priorité et modèle de développement), cette convention rappelle leur droit à la participation dans le processus de développement qui les concerne. Elle reconnait d'emblée aux peuples autochtones le droit :

> « [...] de décider de leurs propres priorités en ce qui concerne le processus du développement, dans la mesure où celui-ci a une incidence sur leur vie, leurs croyances, leurs institutions et leur bien-être spirituel et les terres qu'ils occupent ou utilisent d'une autre manière, et d'exercer autant que possible un contrôle sur leur développement économique, social et culturel propre. En outre, lesdits peuples doivent participer à l'élaboration, à la mise en œuvre et à l'évaluation des plans et programmes de développement national et régional susceptibles de les toucher directement. »[188]

De même, la DNUDPA reconnait le droit des peuples autochtones « de participer à la prise de décisions sur des questions qui peuvent concerner leurs droits, par l'intermédiaire de représentants qu'ils ont eux-mêmes choisis conformément à leurs propres procédures, ainsi que le droit de conserver et de développer leurs propres institutions

---

autochtones » dans Robert Lanari et Martin Hébert, dir., Les Inuits, les Premières Nations et le développement minier, Recherches amérindiennes au Québec (2010) 3 40 85 à la p. 86.

[185] *Ibid.*

[186] Convention 107 OIT, *supra* note 98. Convention concernant la protection et l'intégration des populations aborigènes et autres populations tribales et semi-tribales dans les pays indépendants (entrée en vigueur : 02 juin 1959), art. 5.

[187] Convention 169 OIT, *supra* note 28.

[188] *Ibid*, art. 7

décisionnelles. »[189] Par ailleurs, la participation peut prendre différentes formes et se faire « par l'intermédiaire de leurs autorités traditionnelles ou d'une organisation qui les représente. Cette participation peut également prendre la forme de cogestion. »[190] Les deux premières formes se concrétisent par l'exercice du droit à l'autodétermination des peuples autochtones que nous avons vu dans la section précédente de ce chapitre. Quant à la cogestion, elle permet l'implication des peuples autochtones à la gestion des ressources naturelles. Pour rappel, « il est possible de parler de cogestion lorsqu'une agence gouvernementale ayant juridiction sur une ressource conclut un accord avec un ou plusieurs groupes autochtones permettant à ceux-ci de participer à la gestion de cette ressource. »[191] En somme, dans l'exercice du droit à la participation, les peuples autochtones doivent être consultés afin qu'ils donnent leur avis sur les questions qui affectent directement ou indirectement leur mode de vie. En ce sens, le corollaire direct de la participation devient la consultation.

2.1.2. La consultation, le consentement préalable, libre et éclairé

La collaboration des peuples autochtones dans la réalisation de différents projets de développement n'est pas suffisante pour garantir leur droit au développement. La consultation et le consentement sont généralement nécessaires. Le droit à la consultation et au consentement peut prendre une variété de formes et de figures et est consacré par différentes sources. Il s'agit des textes de loi, des organes de traités des Nations Unies, de la jurisprudence régionale africaine et internationale ainsi que la doctrine.

---

[189] Déclaration des Nations Unies, *supra* note 30, art. 18. Il convient d'ajouter que le concept de développement durable implique également le principe de participation publique. La Déclaration de Rio sur l'environnement, *supra* note 27, principe 22, précise ceci : « les populations et communautés autochtones [...] ont un rôle vital à jouer dans la gestion de l'environnement et le développement du fait de leurs connaissances du milieu et de leurs pratiques traditionnelles. Les États devraient reconnaitre leur identité, leur culture et leurs intérêts, leur accorder tout l'appui nécessaire et leur permettre de participer efficacement à la réalisation d'un développement durable ». Pour aller plus loin voir Lebuis, *supra* note 184 à la p. 87. Voir aussi Paule Halley et Pierre-Olivier Desmarchais, « Le développement durable, ses principes et leur intégration en droit canadien », (2012) 24 J Envtl L & Prac 67 à la p. 68 [Halley, « Développement durable »].

[190] Lignes directrices des Nations Unies, *supra* note 85 à la p. 12.

[191] Thierry Rodon en partenariat avec l'État, Les expériences de cogestion des Autochtones du Canada, Québec, Les presses de l'Université Laval, 2003 à la p. 105.

En premier, la DNUDPA met en avant la consultation et la concertation des peuples autochtones. En outre, la DNUDPA enjoint aux États d'obtenir le consentement des peuples autochtones en lien avec la législation qui pourrait les concerner et dans le contexte des projets ayant des impacts sur leurs terres, territoires et autres ressources. Elle n'en précise pas l'intensité. En effet, dans le cadre du droit au développement, l'État a l'obligation de consulter les peuples autochtones et de rechercher leur consentement avant d'entreprendre tout projet d'exploitation des richesses naturelles. Les articles 19 et 32 de la DNUDPA se lisent :

> « **Article 19**. Les États se concertent et coopèrent de bonne foi avec les peuples autochtones intéressés par l'intermédiaire de leurs propres institutions représentatives avant d'adopter et d'appliquer des mesures législatives ou administratives susceptibles de concerner les peuples autochtones, afin d'obtenir leur consentement préalable, donné librement et en connaissance de cause. »[192]

> « **Article 32.2** Les États consultent les peuples autochtones concernés et coopèrent avec eux de bonne foi par l'intermédiaire de leurs propres institutions représentatives, en vue d'obtenir leur consentement, donné librement et en connaissance de cause, avant l'approbation de tout projet ayant des incidences sur leurs terres ou territoires et autres ressource, notamment en ce qui concerne la mise en valeur, l'utilisation ou l'exploitation des ressources minérales, hydriques ou autres. »

> « **Article 32.3** Les États mettent en place des mécanismes efficaces visant à assurer une réparation juste et équitable pour toute activité de cette nature, et des mesures adéquates sont prises pour en atténuer les effets néfastes sur les plans environnemental, économique, social, culturel ou spirituel. »[193]

Cela dit, le droit au développement garantirait la participation, la consultation et le consentement des peuples autochtones pour toute utilisation de leur territoire. Pour Manirakiza, « une atteinte au droit d'être consulté compromet la jouissance du droit substantif au développement et en constitue une violation. »[194] Les conditions de

---

[192] Déclaration des Nations Unies, *supra* note 30, art. 19.

[193] *Ibid*, art. 32. *Lignes directrices des Nations Unies*, *supra* note 85 à la p. 12, mentionnent aussi que : « [...] Pour les peuples autochtones, le droit au développement sous-entend le droit de décider du type de développement qui a lieu sur leurs terres et territoires conformément à leurs propres priorités et cultures. La Déclaration des Nations Unies sur les droits des peuples autochtones enjoint les États d'obtenir le consentement des peuples autochtones, donné librement et en connaissance de cause, avant l'approbation de tout projet ayant des incidences sur leurs terres ou territoires et autres ressources ».

[194] Voir à propos Pacifique Manirakiza, « La protection des droits de l'homme à l'ère de l'industrie extractive en Afrique » (2016) 49 2 *Criminalité environnementale* 116 à la p. 133. L'auteur affirme qu'« une atteinte au droit d'être consulté compromet la jouissance du droit substantif au développement et en constitue une violation. » [Manirakiza, « Protection des droits de l'homme »].

cette consultation sont précisées par la Commission de l'Union africaine qui mentionne que la consultation ne doit pas se résumer à une simple information. Cela suppose en effet que « le consentement éclairé et préalable des communautés soit recherché lorsque les activités principales d'exploitation sont planifiées sur des territoires autochtones. »[195] Par ailleurs, ce consentement doit être libre et donné en toute connaissance de cause[196]. En outre, la reconnaissance de ce droit par la Commission africaine s'appuie notamment sur une décision de la Cour interaméricaine des droits de l'homme. En effet, dans l'arrêt Saramaka People, l'État du Suriname entreprend la construction d'un barrage hydroélectrique, donne son accord pour la réalisation d'une route et émet des concessions aurifères et forestières. Après avoir reconnu le droit à la participation des peuples autochtones aux prises de décision dans tout projet d'exploitation et d'exploration d'envergure (ou majeur) qui a lieu sur leur territoire traditionnel[197], la cour reconnait le droit au consentement préalable, libre et éclairé en respectant les systèmes de droit traditionnels de ces derniers. La Cour mentionne à ce sujet que : « [...] *regarding large-scale development or investment projects that would have a major impact within Saramaka territory, the State has a duty, not only to consult with the Saramakas, but also to obtain their free, prior, and informed consent, according to their customs and traditions.* »[198]

Il ressort de ce passage que le droit à la participation, à la consultation, au consentement préalable, libre et éclairé est reconnu par la jurisprudence régionale africaine et américaine. La Commission africaine reconnait aussi le droit à la consultation en vue d'obtenir le CPLE des peuples autochtones. La Cour interaméricaine, quant à elle, reconnait le droit à la consultation en vue d'obtenir le CPLE seulement dans le contexte des projets de développement majeur et d'investissement d'envergure. Selon cette approche, le droit au CPLE s'applique chaque fois que le territoire autochtone est menacé par les activités économiques, culturelles, religieuses et même spirituelles des peuples autochtones sont en danger (ou susceptible de l'être à la suite d'un projet majeur comme la construction d'un barrage, un projet minier, etc.). L'exigence de la consultation des peuples autochtones, qui doit mener selon les circonstances au consentement reconnu par la

---

[195] *Endorois*, *supra* note 34 aux para 296, 291.

[196] Lignes directrices, *supra* note 85 à la p. 19.

[197] *Case of the Saramaka People* (*Suriname*) (2007), Inter-Am Ct HR (sér. C) n°172 au para 129 [*Saramaka I*].

[198] *Ibid* au para 134.

jurisprudence interaméricaine et africaine, est appréhendée différemment par les instances quasi juridictionnelles[199].

En fait, les organes de traités des Nations Unies reconnaissent également le droit à la consultation et au CPLE des peuples autochtones, mais des différences apparaissent dans leur régime de protection. Le Comité sur l'élimination de la discrimination raciale[200] et le Comité des droits sociaux, économiques et culturels[201] reconnaissent le droit au consentement des peuples autochtones lorsqu'un projet d'exploitation affecte leurs terres et territoires et menace leur survie culturelle allant même jusqu'à accorder le droit de veto à ces derniers. En revanche le Comité des droits de l'homme[202]

---

[199] Pour ces questions, voir M. Barelli, « Free, Prior and Informed Consent in the Aftermath of the UN Declaration on the Rights of Indigenous Rights : Developments and Challenges Ahead » (2012) 16 1 Intl JHR 1 à la p. 24.

[200] Le Comité sur l'élimination de la discrimination raciale, créé par la Convention de la lutte contre la discrimination raciale, reconnait la dépendance particulière des peuples autochtones à leurs terres et ressources demande aux États de consulter les peuples autochtones et d'obtenir leur consentement pour toute décision affectant leurs terres et territoires. Encesens « the Committee calls upon States parties to [...] Ensure that members of indigenous peoples have equal rights in respect of effective participation in public life and that no decisions directly relating to their rights and interests are taken without their informed consent. ». Committee on the Elimination of Racial Discrimination (CERD), « General Recommendation N.23 on Indigenous Peoples » (18 August 1997) au para 4 (d), en ligne : *ICC Legal Tools Database* http : //www.legal-tools.org/fr/doc/850fb4/. Voir aussi Committee on the Elimination of Racial Discrimination (CERD), « General Recommendation N.23 on Indigenous Peoples » (18 August 1997) au para 4 (d), en ligne: *ICC Legal Tools Database* http://www.legal-tools.org/fr/doc/850fb4/. Voir également CERD/C/CHL/CO/15-18 (7 September 2009) au para 22. Dans cette decision le CERD demande que le Chili « hold effective consultations with indigenous peoples on all projects related to their ancestral lands » and « obtain their consent prior to implementation of projects for the extraction of natural resources, in accordance with international standards. » De même, il enjoint au Guatemala to « consult the indigenous population groups concerned at each stage of the process' and 'to obtain their consent before executing projects involving the extraction of natural resources. » CERD/C/GTM/CO/12-13, (19 May 2010), au para 11. Dans une autre cause, le CERD condamne le fait que the « right of indigenous peoples to be consulted and to give their informed consent prior to the exploitation of natural resources in their territories is not fully respected. » CERD/C/PER/CO/14-17 (3 September 2009) au para 14. Cité dans Barelli, *supra* note 199 à la p. 16.

[201] General Comment No 21, Right of Everyone to take Part in Cultural Life, E/C.12/GC/21 (21 December 2009) au para 37. Voir aussi Doc off NU 2016, E/C.12/1/Add.74 au para 33. « Le Comité invite instamment l'État parti à faire en sorte que les communautés autochtones participent à la prise des décisions qui les touchent. Il demande, en particulier, instamment à l'État parti de consulter les communautés autochtones et d'obtenir leur consentement avant la réalisation de projets d'exploitation des forêts, du sol ou du sous-sol et pour toute politique publique les concernant, conformément à la Convention n 169 de l'OIT. » Voir également E/C.12/1/Add.100, au para 35 et E/C.12/MEX/CO/4, au para 28.

[202] CCPR/C/79/Add.104 au para 22. CCPR/C/NIC/CO/3 au para 21 (c). CCPR/C/MEX/CO/5, au para 22 ; CCPR/C/COL/CO/6 au para 25. Voir aussi Communication n 511/1992, CCPR/C/52/D/511/1992 (8 November 1994). CCPR/C/CAN/CO/5 (20 April 2006), au

invite uniquement les États à garantir la participation des peuples autochtones dans le développement économique de leurs territoires et à les consulter dans le but d'obtenir leur consentement, si possible.

En outre, les politiques opérationnelles de la Banque Mondiale précisent également les conditions d'application de ses projets aux populations autochtones. Il convient de préciser que cette institution a pour mission de lutter contre la pauvreté et de promouvoir le développement durable[203]. La politique opérationnelle de la banque Mondiale à l'égard des populations autochtones prévoit la participation des peuples autochtones aux projets de développement, l'atténuation des effets négatifs des projets ainsi que la consultation des peuples autochtones pour connaître leurs préférences[204]. Cette politique a pour objectif « de garantir que le développement, et en particulier les projets financés par la banque, n'ait pas d'effets néfastes sur les populations autochtones et que celles-ci en retirent des avantages économiques et sociaux compatibles avec leur culture. »[205] Autrement dit, les mécanismes de participation et de consultation des peuples autochtones doivent être conformes aux « systèmes économiques et [...] cultures des populations autochtones. »[206] En ce sens, chaque fois que la banque est sollicitée pour financer un projet affectant directement des populations autochtones, elle exige de l'emprunteur qu'il s'engage à procéder, au préalable, à une consultation libre et fondée sur une communication des informations aux populations concernées. Le financement de la banque ne sera accordé que si, lors de la consultation libre et fondée sur la communication des informations nécessaires à se faire une opinion, le

para 9 : Communication No.1457/2006, CCPR/C/95/D/1457/2006 (24 April 2009), au para 7.4.

203 Voir à propos, Banque Mondiale, en ligne : https://www.banquemondiale.org/.

204 Stefania Errico, « The World Bank and Indigenous Peoples: The Operational Policy on Indigenous Peoples (O.P.4.10.) Between Indigenous People's Rights to Traditional Lands and to Free, Prior, and Informed Consent» (2006) 13 *International Journal on Minority and Group* 367 à la p. 386.

205 Banque Mondiale, *Manuel opérationnel de la Banque Mondiale, Politiques opérationnelles : populations autochtones* (PO 4.10), 2005 au para 6 [Banque Mondiale, *Politique opérationnelle* (PO 4.10]. Le para 15.d de cette politique se lit comme suit : « on établira et entretiendra des mécanismes permettant aux populations autochtones de participer aux décisions durant la planification, l'exécution et l'évaluation du projet. Les grands groupes autochtones ont souvent des organisations représentatives qui sont un moyen efficace de faire connaître les préférences locales. Les leaders traditionnels jouent un rôle crucial dans la mobilisation des gens et doivent donc participer au processus de planification. Il faut toutefois veiller à ce que la population autochtone soit véritablement représentée ».

206 *Ibid* au para 15 d. Voir aussi Robert Goodland, « Free, Prior and Informed Consent and the World Bank Group» (2004) 4 *Development Law & Policy* 66 à la p. 71.

projet obtient un soutien massif dans la communauté de la part des populations autochtones[207].

Par ailleurs, et comme nous le verrons dans la prochaine section, la différence entre les droits à la participation et au CPLE permet de mieux situer leur lien avec le droit au développement.

2.2. Les principales distinctions entre les droits à la participation, à la consultation et au consentement préalable, libre et éclairé (CPLE)

Il est important de relever les différences qui apparaissent dans les droits à la consultation et au consentement préalable, libre et éclairé avant de préciser leur contenu. Il est à noter que la distinction entre ces droits se remarque dans le degré d'information et la liberté de décision des peuples autochtones. Les instruments de droit international et régional, mais aussi la doctrine, ne vont pas dans le même sens.

Pour Doris Farget, « la consultation approfondie ne garantit donc pas un droit à la participation effective et n'assure pas non plus la prise en compte de l'avis rendu par les peuples autochtones, comme c'est le cas dans le cadre du droit au consentement. »[208] Poursuivant, l'auteure affirme que :

> « À la différence de la consultation, la mise en œuvre de l'obligation d'obtenir le CPLE n'est pas laissée à la discrétion de l'État. De plus, elle permet des solutions de compromis et implique la participation active des Autochtones. C'est dans ce sens que les obligations de consulter et d'accommoder paraissent lacunaires[209]. »

De plus :

> « La consultation n'implique pas de partager ou de transférer l'autorité décisionnelle à ceux qui seront directement affectés par la décision. De plus, les mécanismes de consultation ne facilitent pas nécessairement une prise de décision plus inclusive ou collaborative, et constituent rarement une forme d'engagement du public visant à lui conférer du pouvoir. À l'inverse [le droit au CPLE] permettrait aux communautés concernées de participer significativement au processus de prise de décision, de négocier des avantages justes et propres à lier leurs vis-à-vis aux négociations, ainsi que de refuser leur consentement si

---

[207] Banque Mondiale, *supra* note 205 au para 1, 11.

[208] Doris Farget et Marie-Pier Fullum-Lavery, « La place réservée à l'avis des peuples autochtones dans le cadre du processus de prise de décision concernant le Plan Nord ou l'exploitation du Nord québécois : perspective juridique interne et internationale » (2014) 59 3 RD *McGill* 595 à la p. 608. [Farget, « Place réservée »]

[209] *Ibid* à la p. 609 (applicable dans le contexte canadien).

leurs besoins, priorités et préoccupations ne sont pas adéquatement discutés. Les communautés auraient ainsi un meilleur contrôle sur les retombées d'un projet. »[210]

En ce sens, « étant donné que la consultation s'avère parfois être une norme inadéquate, le droit international impose sous certaines conditions l'obtention du consentement des peuples autochtones. »[211] C'est pourquoi « le standard le plus achevé en matière de consultation autochtone » est celui du consentement préalable, libre et éclairé[212]. Ainsi le droit à la consultation va plus loin et mène au consentement préalable, libre et éclairé lorsque la décision a des effets significatifs sur les droits territoriaux des peuples autochtones. Autrement dit, l'obligation d'obtenir le consentement des peuples autochtones s'impose dans le contexte des projets de « grande envergure » qui peuvent avoir « un impact majeur » sur le territoire traditionnel des peuples autochtones[213]. Cela comprend l'incidence sur le mode d'utilisation des territoires, la possession des terres, la subsistance traditionnelle, la vie, l'environnement, la culture, les institutions, etc.[214] Il reste qu'il existe une interprétation ambigüe du concept de « projet d'envergure » en droit régional interaméricain[215].

---

[210] Lebuis, *supra* note 184 à la p. 11.

[211] Farget, « Place réservée », *supra* note 208 à la p. 602.

[212] Sophie Thériault, « Justice environnementale et peuples autochtones : les possibilités et les limites de la jurisprudence de la cour interaméricaine des droits de l'homme » (2015) H-S 1 RQDI 129 à la p. 146. [Thériault, « Justice environnementale »]. Ce passage reflète le contenu de la jurisprudence americaine.

[213] *Ibid* à la p. 145.

[214] *Saramaka 1, supra* note 197 aux para 146, 158. Voir aussi Fatoumata Kaba, « Le projet minier du Lac Barrière : Quelle place pour la consultation des peuples autochtones ? » (2017) *Gaia Presse*.

[215] Au départ la Cour interaméricaine limite l'obligation d'obtenir le consentement des peuples autochtones au projet de développement ou d'investissement d'envergure (qui ont des impacts importants sur les territoires autochtones, c'est-à-dire « *regarding large-scale development or investmentprojectsthatwould have a major impact within Saramaka territory* »), dans *Saramaka 1, supra* note 197 au para 134. Dans une affaire récente *Case of the Kichwa Indigenous People of Sarayaku (*aux paras 105, 177 et 185), la Cour interaméricaine des droits de l'homme se réfère à l'article 19 et 32.2 de la DNUDPA et l'art. 6.2 de la Convention 169 de l'OIT pour dire que les peuples autochtones doivent être consultés dans l'intention d'obtenir leur consentement. Il n'y a pas de consentement au sens de droit de veto reconnu aux peuples autochtones. C'est donc dans l'optique de réconcilier les points de vue des Autochtones et de l'État. La cour ne renverse pas sa décision précédente dans Saramaka. Il y a donc un glissement dans le discours international, du moins dans le système interaméricain vers la consultation. (*Case of the Kichwa Indigenous People of Sarayaku* (*Ecuador*) (2012), Inter-Am Ct HR (sér C) n°245). Cette hésitation de la Cour fait dire à la professeure Thériault qu' : « il est notable que dans sa plus récente décision portant sur les droits territoriaux d'un peuple autochtone, la Cour élude entièrement la norme du consentement, se limitant à affirmer que l'obligation de consultation doit être mise en œuvre de bonne foi, avec pour objectif d'obtenir le consentement des Autochtones [...] L'omission

C'est pourquoi, pour la professeure Sophie Theriault, l'exigence d'appliquer la norme du consentement préalable, libre et éclairé « devrait être déterminée non pas à l'aune d'une analyse abstraite de l'envergure du projet, mais à la lumière de la nature et de l'intensité de ses répercussions écologiques, sociales et culturelles projetées, et ce, en tenant compte, au-delà des données scientifiques et techniques, des savoirs, des expériences et des ordres normatifs des collectivités autochtones concernées »[216] ce qui nous amène à nous interroger sur le contenu du droit à la consultation et au CPLE.

La frontière entre les notions est poreuse. À notre avis, le degré d'information et le degré d'association à la prise de décision par l'État sont un indicateur de la différence entre les droits à la consultation et au CPLE. Autrement dit, c'est la capacité d'influencer la prise de décision. On remarque un glissement du droit international vers le droit à la consultation plutôt que le droit au CPLE.

À ce propos, mentionnons que selon l'Organisation internationale de normalisation (l'ISO), le droit au consentement est exigé lorsque l'exploitation minière affecte les terres traditionnelles des peuples autochtones d'après le droit interaméricain, il s'applique lorsqu'il y a des projets d'envergure qui affectent les territoires ancestraux des peuples autochtones, tel qu'évoqué ci-haut. La position retenue par le droit régional africain est que le droit à la consultation vise à rechercher le CPLE des peuples autochtones. La commission africaine a fait remarquer à ce propos qu'« en termes de consultation, le seuil est particulièrement rigoureux en faveur des populations autochtones [...] Le non-respect des obligations de consultation et de recherche d'un consentement [...] entraine finalement une violation » du droit au développement[217]. Ainsi, la Commission africaine des droits de l'homme et des peuples reconnait qu'en matière de droit au développement, la norme est la consultation qui vise à rechercher le CPLE des peuples autochtones. C'est cette approche que nous adoptons. Le choix de la Commission africaine se justifie par la nécessité de mettre en balance l'intérêt public et l'intérêt des Autochtones par l'État. C'est également, la position du Canada dans

---

par la Cour de la norme du consentement préalable reconnue dans Saramaka semble d'autant plus étonnante que cette affaire concernait des activités d'exploration pétrolière avancée ayant générées des répercussions environnementales considérables sur les terres utilisées par les Sarayakus à des fins rituelles et de subsistance ». (Thériault, « Justice environnementale », *supra* note 212 aux paras 143, 144, 145.

[216] Thériault, « Justice environnementale », *supra* note 212 à la p. 145.

[217] *Endorois, supra* note 34 au para 226.

Tsilhqot'in[218]. Autrement dit, il s'agit de la conciliation de l'intérêt général de la société et celui des peuples autochtones (à savoir la prévalence de l'intérêt général.)[219] Cet objectif est au cœur même des problèmes vécus par les communautés autochtones en droit international.

Selon les normes de l'ISO, le consentement est nécessaire lorsque l'exploitation minière affecte les terres et les ressources naturelles des peuples autochtones détenues en vertu du droit coutumier autochtone ou lorsque les terres sont utilisées de façon traditionnelle. Il s'agit, des terres « traditionnellement détenues ou exploitées suivant le régime coutumier », mais aussi des terres qui sont utilisées de « manière saisonnière ou cyclique, à des fins de subsistance ou culturelles, cérémonielles et spirituelles, caractéristiques » de l'identité et de la communauté. Il faut rappeler que « ces impacts négatifs peuvent comprendre les impacts résultant de la perte d'accès aux actifs ou aux ressources ou de restrictions de l'utilisation des terres résultant des activités du projet. »[220]. En d'autres termes, il s'agit des « impacts sur les terres et les ressources naturelles soumises au régime de propriété traditionnel ou aux droits d'usage coutumiers. »[221] . Quant à la DNUDPA, elle précise que « les États consultent les peuples

---

[218] *Nation Tsilhqot'in* c. *Colombie-Britannique*, 2014 CSC 44. Le droit canadien, par exemple, impose des conditions au respect du droit au consentement des peuples autochtones. Il introduit le concept de consentement (auquel l'État peut porter atteinte) en cas de reconnaissance judiciaire d'un titre ancestral. Il convient de rappeler que le titre ancestral confère aux peuples autochtones concernés un droit de contrôle sur leurs terres, le droit de profiter des avantages économiques et du type de développement devant avoir lieu sur leur terre. « En l'absence de consentement, les projets d'aménagement sur les terres assujetties au titre [ancestral] ne peuvent aller de l'avant si le gouvernement ne s'est pas acquitté de son obligation de consultation et ne peut justifier une atteinte à ce titre aux termes de l'article 35 de la loi constitutionnelle de 1982 » (au para 90). La justification de l'atteinte est la suivante : « [...] Le processus de conciliation des intérêts autochtones avec l'intérêt général de la société dans son ensemble constitue la raison d'être du principe de la justification. Les Autochtones et les non-Autochtones sont "tous ici pour y rester" et doivent forcément favoriser un processus de conciliation (para 186). Pour constituer un objectif impérieux et réel, l'objectif général du public invoqué par le gouvernement doit poursuivre l'objectif de conciliation, compte tenu des intérêts autochtones et de l'objectif général du public » (Au para 82). En résumé la question de la conciliation de l'intérêt général de la société et celui des peuples autochtones est difficile à appliquer en priorité. Au Canada, en cas de reconnaissance du titre ancestral à une nation autochtone, elle a le droit de consentir au projet devant se tenir sur son territoire. Si l'État n'obtient pas son consentement, il doit justifier l'atteinte au droit en démontrant que la décision poursuit un objectif réel et impérieux et respecte l'honneur de la Couronne.

[219] *Endorois*, *supra* note 34 aux para 212, 226.

[220] ISO (Organisation internationale de normalisation), Lignes directrices relatives en matière de responsabilité sociétale, Genève, 2010, à la p. 77 [ISO, Lignes directrices relatives en matière de responsabilité sociétale].

[221] *Ibid.*

autochtones concernés [...], en vue d'obtenir leur consentement, donné librement et en connaissance de cause », avant d'autoriser des projets « ayant des incidences sur leurs terres ou territoires et autres ressources, notamment en ce qui concerne la mise en valeur, l'utilisation ou l'exploitation des ressources minérales, hydriques ou autres. »[222]

La Convention 169 de l'OIT impose plutôt l'exigence du droit au consentement en matière de déplacement et de réinstallation des peuples autochtones[223].

En résumé, les textes conventionnels et la jurisprudence reconnaissent le droit des peuples autochtones à la participation, à la consultation et au consentement préalable libre et éclairé de manière différente.

Le droit au consentement préalable, libre et éclairé est un droit plus large qui englobe celui de la simple participation et de la consultation. Face à la portée variable du droit à la consultation et au CPLE tels que défini par la jurisprudence et les textes de loi, les *Lignes directrices « des Nations Unies »*[224] et le Guide de la Convention 169 de l'OIT[225] orientent le contenu de ces droits et les conditions de leur mise en œuvre. En effet, les Nations Unies, dans le cadre de leur mission de développer les normes guidant l'application et l'interprétation des droits des peuples autochtones[226], élaborent un document qui donne une définition claire du droit à la consultation et au CPLE des peuples autochtones. Leur lecture permet de faire une distinction nette entre ces notions. Selon le premier guide, la consultation et la participation doivent s'entendre comme étant :

> « des éléments essentiels du consentement. La consultation doit se faire de bonne foi. Les parties devraient établir un dialogue leur permettant de parvenir à des

---

[222] Déclaration des Nations Unies, *supra* note 30, art. 32.2.

[223] Convention 169 de l'OIT, *supra* note 28, art. 16 :

1. La disposition se lit comme suit : « Sous réserve des paragraphes suivants du présent article, les peuples intéressés ne doivent pas être déplacés des terres qu'ils occupent.

2. Lorsque le déplacement et la réinstallation desdits peuples sont jugés nécessaires à titre exceptionnel, ils ne doivent avoir lieu qu'avec leur consentement, donné librement et en toute connaissance de cause. Lorsque ce consentement ne peut être obtenu, ils ne doivent avoir lieu qu'à l'issue de procédures appropriées établies par la législation nationale et comprenant, s'il y a lieu, des enquêtes publiques où les peuples intéressés aient la possibilité d'être représentés de façon efficace. » Voir aussi Convention 107 OIT, *supra* note 98, art. 12.

[224] Lignes directrices, *supra* note 85.

[225] Guide sur la Convention 169 de l'OIT, *supra* note 115.

[226] *Lignes directrices*, *supra* note 85 à la p. 5. Il faut noter que le document a pour objectif de définir « un cadre normatif, stratégique et opérationnel général visant à mettre en œuvre, avec et pour les peuples autochtones, une approche du développement axée sur les droits de l'homme et respectueuse de différentes cultures ».

solutions adaptées dans un climat de respect mutuel et de bonne foi, sur la base d'une participation pleine et équitable. La consultation exige du temps et un système efficace de communication entre les parties intéressées. Les populations autochtones devraient pouvoir participer par l'intermédiaire de leurs propres représentants librement choisis et de leurs institutions coutumières ou autres. »

« [...] Le consentement à tout accord devrait être interprété tel que les peuples autochtones l'ont raisonnablement compris. »[227]

Le respect du droit à la participation, à la consultation et au CPLE est important pour assurer celui du droit au développement des peuples autochtones. Le principe de la participation, de la consultation et du CPLE favorisent l'acceptation d'un projet, car il permet aux peuples autochtones de se prononcer sur son enjeu et sur sa portée, incluant, sa conformité aux coutumes et à leurs pouvoirs décisionnels.

D'abord, la participation est un outil qui favorise le contrôle de l'utilisation des ressources du territoire des peuples autochtones. Il faut se rappeler que les peuples autochtones « sont victimes depuis longtemps de l'exclusion ou de la discrimination. »[228] Ils ont été mis en marge de la société et ont subi le développement au lieu d'en profiter. Car, « de tout temps, les peuples autochtones ont été victimes des activités menées au nom du développement national. Leur participation directe et leur assentiment aux décisions concernant leurs propres territoires sont en conséquence essentiels à la protection de leur droit au développement. »[229] En ce sens, la participation est un élément essentiel pour l'application du droit au développement des peuples autochtones. Elle permet de « combattre les inégalités, la discrimination, la pauvreté et l'exclusion [des peuples autochtones]. [...] La participation est également le principal moyen par lequel les [peuples autochtones] déterminent collectivement leurs besoins et leurs priorités et assure la protection et l'avancement de leurs droits et leurs intérêts. »[230] À cela, il convient d'ajouter qu'il y a une autre raison encore plus fondamentale de l'importance de la participation pour le droit au développement : la nature même du développement exige l'inclusion des populations au processus de transformation envisagé. À ce sujet, la *Déclaration sur le droit au développement* précise que « l'être humain est le sujet central du développement et doit donc être le participant actif et le bénéficiaire du droit au

---

[227] *Ibid* à la p. 31.
[228] Centre pour les droits de l'homme, *supra* note 128 à la p. 51.
[229] Centre pour les droits de l'homme, *supra* note 128 aux pp. 52-3.
[230] *Ibid* à la p. 51.

développement. »[231] L'être humain est donc le sujet central du développement, sans participation, on ne peut pas parler de droit au développement.

Ensuite, la consultation permet de respecter le droit au développement des peuples autochtones dans la mesure où c'est à travers la consultation qu'il est possible d'avoir le point de vue des Autochtones sur l'exploitation de leurs territoires, connaître leurs attentes, leurs choix et identifier leurs besoins. La consultation permet d'intégrer le point de vue des Autochtones sur le développement de leurs territoires, de prendre en compte leurs attentes, leurs préoccupations et leur point de vue. Elle permet aux peuples autochtones de contribuer au développement de leur territoire et d'être acteurs et partie prenante du processus de mise en valeur de leurs terres et ressources ; de pouvoir faire des choix qui respectent leurs droits et qui répondent à leurs besoins, attentes, valeurs, perspectives et aspirations « adaptées à leurs situations et à leurs nécessités particulières. »[232] C'est à travers la consultation que les peuples autochtones peuvent avoir des discussions sur le programme de développement économique de leurs territoires. De plus, la consultation définit le contexte de choix des peuples autochtones en lien avec l'exploitation économique de leurs territoires.

Enfin, comme l'affirme la professeure Thériault, le CPLE « permettrait de rééquilibrer les rapports de force structurés par le colonialisme au sein des processus décisionnels en matière de gouvernance du territoire et des ressources naturelles. »[233]. Dans cette optique, selon les Nations Unies, le CPLE suppose l'absence de coercition, d'intimidation ou de manipulation et doit tenir compte des systèmes politiques décisionnels des peuples autochtones, mais aussi leur ordre juridique propre[234]. Autrement dit, le CPLE « permet aux peuples autochtones de donner leur avis à l'extérieur des organes institués par la colonisation. »[235]. Cela est important dans la mesure où elle permet un épanouissement des peuples autochtones et une autonomie par rapport aux organes étatiques. En d'autres termes, le CPLE permet une rupture avec les lois étatiques et une reconnaissance des institutions et des systèmes juridiques traditionnels propres des

---

[231] Déclaration sur le droit au développement, *supra* note 26, art. 2.1.
[232] Centre pour les droits de l'homme, *supra* note 128 à la p. 52.
[233] Thériault, « Justice environnementale », *supra* note 212 à la p. 148.
[234] Lignes directrices, *supra* note 85 à la p. 31.
[235] Farget, « Place réservée », *supra* note 208 à la p. 625.

peuples autochtones. Cette autonomie est de nature à favoriser l'acceptation des projets. Ce faisant, le droit au CLPE permet :

> « [...] aux communautés concernées de participer de manière significative aux processus de prise de décision, de négocier des avantages justes et propres à lier leurs vis-à-vis aux négociations [...] Ainsi, les communautés auraient [...] un meilleur contrôle sur les retombées tous types confondus d'un projet. »[236]

Dans cette perspective, la participation, la consultation et le CPLE contribuent à « atténuer la contestation sociale et les critiques dont font l'objet de nombreux projets de développement liés à l'exploitation des ressources naturelles »[237] et favoriser le droit au développement des peuples autochtones. C'est pourquoi, les études sur le développement minier en Afrique insistent sur l'application du droit à la participation, à la consultation et au CPLE en vue de minimiser les risques de conflits dans les zones minières. D'ailleurs, pour l'Union africaine :

> « La participation de la population, qui constitue une partie importante de la régulation des effets environnementaux et sociaux des projets miniers, peut contribuer à assurer la viabilité de la gestion générale de l'exploitation des ressources minérales. Cette participation présente deux avantages liés à la décision d'autoriser ou non la réalisation d'un projet susceptible d'avoir des effets environnementaux et sociaux considérables. Premièrement, les connaissances locales relatives aux effets permettent souvent d'obtenir des informations précieuses parfois oubliées par les experts extérieurs. Deuxièmement, elles renforcent la légitimité des projets en réduisant les coûts générés par les tensions sociales pouvant résulter d'un projet imposé de l'extérieur. »[238]

De plus, l'application du droit à la participation, à la consultation et au consentement préalable, libre et éclairé permet de respecter le droit au développement des peuples autochtones dans la mesure où il permet aux peuples autochtones de donner leur avis sur l'utilisation de leurs terres et ressources, d'être partie prenante du développement. Ce sont aussi des moyens contribuant aux processus de décolonisation. La

---

[236] Lebuis, *supra* note 184 à la p. 92. Voir aussi Pacifique Manirakiza, « Towards an african human rights perspective on the extractive industry » (2014) 11 *Loyola U Chicago Intl L Rev* 1 à la p. 4. Pour l'auteur : « One particular legal tool available to [*indigenous peoples*] is the free, prior and informed consent (FPIC) which entitles them to be substantially consulted on any development projects or extractive activities which may affect them. They are then given an opportunity to express their views on the prospective projects before they are actually implemented ».

[237] Lebuis, *supra* note 184 à la p. 95.

[238] Union Africaine, *Les ressources minérales et le développement de l'Afrique,* Rapport du Groupe d'études international sur les régimes miniers de l'Afrique, Addis-Abeba, Union Africaine, 2011 à la p. 59 [Union Africaine, *Les ressources minérales et le développement de l'Afrique*].

participation, la consultation et le CPLE sont donc des instruments qui permettent aux peuples autochtones d'être des acteurs du développement, assurant ainsi leur autonomie et leur bien-être économique, social et culturel. C'est à juste titre que la Cour africaine des droits de l'homme et des peuples affirme que le droit à la consultation et au CPLE est un élément fondamental du droit au développement des peuples autochtones. Selon la Cour, qui a donné raison aux plaignants dans l'arrêt *Ogiek*, l'État kenyan (défendeur).

> « Has violated the Ogiek's right to development by evicting them from their ancestral land in the Mau Forest and by failing to consult with and/or seek the consent of the Ogiek Community in relation to the development of their shared cultural, economic and social life within the Mau Forest. [...] The Respondent failed to recognise the Ogiek's right to development and as indigenous people, with the right to determining development priorities and strategies and exercising their right to be actively involved in developing economic and social programs affecting them and, as far as possible, to administering such programs through their own institutions. »[239]

Dans la partie II, nous analyserons les obligations des États et des entreprises minières quant à la mise en œuvre du droit au CPLE. Mais avant, le droit au développement des peuples autochtones ne comprend pas qu'un aspect politique, il comporte aussi un aspect économique qu'il convient d'analyser dans la section suivante.

[239] *Ogiek, supra* note 34 au para 202. Voir aussi aux paras 209-11.

CHAPITRE II

La composante économique : la protection du mode de subsistance traditionnel et la participation à l'économie de marché

Après avoir examiné la composante politique du droit au développement des peuples autochtones, nous aborderons dans les lignes qui suivent la composante économique de ce droit, laquelle se rapporte à la protection des moyens nécessaires au mode de vie et à la participation à l'économie de marché.

Comme on l'a vu dans l'Introduction, le droit au développement était au départ un droit économique qui s'est élargi à des dimensions politiques, sociales et environnementales. Cette évolution du droit au développement marque aussi de façon spécifique le droit au développement des peuples autochtones. La conception économique du développement liée à la croissance économique, soit l'augmentation de la productivité dans le domaine de l'agriculture, de l'extraction des matières premières ou de l'industrie, est très souvent répandue en Afrique. Cette conception se fait au détriment des économies de subsistance des peuples autochtones qui ne produisent pas pour ces secteurs et ne contribuent que de façon occasionnelle à l'économie monétaire[240]. C'est pourquoi le droit au développement des peuples autochtones reconnait les conceptions autochtones du développement tout comme leur participation à l'économie de marché, loin toutefois de la vision sacralisée de l'économie monétaire.

En ce sens, le droit au développement reconnait la capacité des peuples autochtones de choisir leurs structures politiques et sociales traditionnelles, mais aussi leurs moyens de subsistance. Cela implique que, dans l'amélioration de leur condition de vie économique, les peuples autochtones développent leurs conceptions du développement,

---

[240] Peuples autochtones d'Afrique et OMD, *supra* note 20 à la p. 13.

notamment fondées sur des économies de subsistance[241]. Cette reconnaissance vient remettre en question le « discours dominant sur le développement, selon lequel celui-ci ne serait possible que par l'accumulation du capital [...] et non les systèmes de subsistance autochtone[242] ». En ce sens, l'incapacité des pouvoirs politiques à « imaginer que des peuples puissent vivre en dehors d'une économie politique au sens occidental [...] et à définir la richesse et les moyens d'existence selon les critères autochtones a des conséquences graves et dangereuses et des implications sur les conceptions politiques[243] ». C'est pourquoi la composante économique du droit au développement des peuples autochtones implique la possibilité de choisir leur mode de vie et la reconnaissance de l'économie de subsistance traditionnelle[244]. Ce faisant, les peuples autochtones définissent leurs priorités de développement en fonction de leurs visions du monde. En fait, en Afrique « l'autochtonie est étroitement associée à des économies de subsistance qui ne produisent pas pour le marché agricole, elles n'ont donc qu'un rapport occasionnel avec l'argent. [...] »[245] Or, la conception dominante du développement veut que toute activité qui n'a pas une valeur monétaire (donc qui ne procure un revenu à celui qui l'exerce ou ne mène à l'industrialisation) ne contribue pas à la croissance du produit intérieur brut donc au développement. Ainsi, le droit au développement des peuples autochtones suppose une protection de leur mode de vie et de subsistance traditionnelle ainsi que la reconnaissance de la contribution de cette économie traditionnelle à l'économie nationale. Elle s'inscrit dans cette perspective en droite ligne de la remise en question du paradigme dominant du développement comme nous l'avons expliqué dans l'introduction, qui assimile le développement à l'industrialisation. Dès lors, l'article 20 de la DNUDPA protège les conceptions autochtones du développement en soutenant que :

---

[241] Peuples autochtones d'Afrique et OMD, *supra* note 20 à la p. 13.

[242] Rapport du groupe de travail de la commission africaine sur les populations/communautés autochtones : visite de recherche et d'information au Kenya 1-19 mars 2012, Commission africaine de droits de l'homme et des peuples (CADHP) International Work Group for Indigenous Affairs. La Commission africaine des droits de l'homme et des peuples a adopté ce rapport lors de sa 50ème session ordinaire, 24 octobre-5 novembre 2011, à la p. 49 [CADHP-visite de recherche et d'information au Kenya].

[243] Union Africaine, Peuples autochtones d'Afrique et OMD, *supra* note 20 à la p. 14.

[244] Il faut rappeler que les communautés autochtones de la Guinée ont aussi un mode de vie en lien avec la terre et ses ressources. Ce sont donc des petits agriculteurs, des chasseurs traditionnels et des pêcheurs. Ces communautés vivent aussi des activités de cueillette. Pour plus de détails voir la partie 3.

[245] Peuples autochtones d'Afrique et OMD, *supra* note 20 à la p. 13.

« Les peuples autochtones ont le droit de conserver et de développer leurs systèmes ou institutions politiques, économiques et sociaux, de disposer en toute sécurité de leurs propres moyens de subsistance et de développement et de se livrer librement à toutes leurs activités économiques, traditionnelles, et autres[246]. »

Cette norme est d'ailleurs soutenue avec vigueur par la Commission africaine dans la décision « *Endorois* ». Après avoir critiqué la majorité des élites africaines qui ne se demandent pas « si l'accumulation de richesses peut être possible grâce aux systèmes de subsistance autochtones » à cause de leur « discours dominant sur le développement, selon lequel celui-ci ne serait possible que par l'accumulation du capital [...] où il aboutit à l'industrialisation[247] », la Commission affirme que :

« Les secteurs qui soutiennent et entretiennent la vie en Afrique sont essentiellement l'agriculture paysanne et les systèmes de production animale des pasteurs. La viabilité de ces systèmes est cruciale pour le développement durable sur le continent, et doit s'accompagner d'un processus progressif d'accumulation générant une croissance économique proportionnelle au rythme de développement social que la société traditionnelle peut maintenir. Le problème à cet égard est toutefois que l'élite africaine est déterminée à générer "l'industrialisation et la modernisation aux dépens des secteurs traditionnels". Elle ne considère même pas que les modes de production des peuples autochtones puissent être productifs et contribuer au "développement moderne", malgré l'incontestable potentiel de contribution de ces secteurs à l'économie. »[248]

L'objectif de l'article 20 de la DNUDPA est donc de protéger ou de reconnaitre l'économie de subsistance des peuples autochtones au développement et de protéger leurs activités traditionnelles. Il encourage les peuples autochtones à tracer leur propre chemin du développement. En ce sens, il tient à « définir la richesse et les moyens d'existence selon les critères autochtones. »[249]

Par ailleurs, il convient de souligner que les communautés autochtones en Guinée ont aussi un attachement fort à la terre et aux ressources naturelles. Face à l'arrivée des minières, elles ont un

---

[246] Déclaration des Nations Unies, *supra* note 30, art. 20.

[247] CADHP-visite de recherche et d'information au Kenya, *supra* note 242 à la p. 49.

[248] *Ibid* à la p. 45.

[249] Peuples autochtones d'Afrique et OMD, *supra* note 20 à la p. 14. La subsistance traditionnelle selon Sophie Thériault englobe « des pratiques directement liées à la production alimentaire, les institutions qui assurent la viabilité et le dynamisme des économies alimentaires locales. » Sophie Thériault, « Réflexions sur la notion polysémique de « subsistance » comme « moyen juridique » dans le contexte de la sécurité alimentaire : l'éclairage des perspectives autochtones » dans Geneviève Parent et François Collart-Dutilleul, dir., De la souveraineté à la sécurité alimentaire : objectifs, stratégies et moyens juridiques, Cowansville (Qc), Yvon Blais, 2013, 99 à la p. 106.

discours de méfiance et veulent être associées au processus décisionnel concernant l'implantation de la mine. Elles expriment leur désir de choisir le type de développement qui a eu lieu sur leurs terres. Les communautés autochtones ne veulent donc pas être marginalisées par le développement. Toutefois, elles tiennent différents discours sur la place publique concernant l'arrivée d'une mine. Les aînés sont généralement contre le développement minier, en accusant les minières de polluer l'environnement et de détruire les mœurs par l'arrivée massive des nouveaux travailleurs qui, selon eux, entraine la prostitution, les mariages à contrat et de courtes durées (« *Foudoukoudounin* »), l'alcoolisme, la délinquance juvénile, la cherté de la vie, etc. De manière générale, les jeunes hommes et jeunes femmes veulent par contre profiter du développement minier à cause des opportunités de travail[250].

Ceci étant, nous verrons dans ce chapitre que le droit aux terres, aux ressources dont dépendent les populations autochtones est un élément déterminant de leur droit au développement(1). La protection du milieu est un moyen pour garantir le droit aux terres et aux ressources(2). La jouissance effective du droit aux ressources du sous-sol n'est pas garantie dans toutes les circonstances, car l'octroi d'un droit de propriété n'inclut pas les richesses minières et énergétiques des terres autochtones. C'est pourquoi le partage des bénéfices est envisagé comme un mode de paiement pour l'utilisation de ces ressources(3). Enfin, l'accès à l'emploi de qualité et à une formation adéquate permet aux peuples autochtones de prendre part aux avantages du développement minier et des investissements importants ayant lieu sur leurs territoires en s'intégrant à l'économie de marché (4).

SECTION 1. LE DROIT AUX TERRES ET AUX RESSOURCES

Les questions touchant aux diverses relations aux terres et à ses ressources ainsi que de l'environnement des peuples autochtones sont un aspect primordial, voire tout à fait central du droit au développement des peuples autochtones.

---

[250] Ibrahima Soumah, *Les mines de Guinée : comment cela fonctionne,* Paris, L'Harmattan, 2010 aux pp. 39-6 [Soumah, *Mines en Guinée*].

1.1. L'usage, la propriété et l'accès à la terre et aux ressources

Partant de la signification particulière de la terre pour les peuples autochtones, la majorité des instruments juridiques reconnaissent le droit à la terre comme composante essentielle et fondamentale de leur droit au développement. Ils mentionnent la nature collective de ce droit et l'importance de le protéger[251]. Ces instruments reconnaissent le droit à la terre comme composante essentielle du droit au développement pour les raisons qui suivent. Qu'il convienne ici de rappeler, d'abord, que la terre est le symbole même de l'identité autochtone[252]. La terre permet l'exercice des droits collectifs des peuples autochtones. La terre permet d'exercer le droit de vivre, d'exercer des droits religieux et spirituels. Elle assure la survie des peuples autochtones en tant que peuples distincts. Pourtant, ce qui unit les peuples autochtones autour du monde est l'histoire commune de leur dépossession et de leur colonisation, laquelle, suivant les peuples et les religions, s'est concrétisée par divers moyens. La conséquence a été la pauvreté généralisée. Dans le but d'assurer leur développement économique et réparer les injustices historiques, les normes internationales[253] et régionales[254] reconnaissent les droits territoriaux des peuples autochtones. Nous nous intéresserons dans cette sous-section aux sources et fondements du droit aux terres et aux ressources, de l'usage, de la propriété ainsi qu'à ses éléments constitutifs.

---

[251] Il s'agit de la Déclaration des Nations Unies, *supra* note 30 ; de la Convention 169 OIT, *supra* note 28 ; du Pacte des droits civils, *supra* note 57 ; du Pacte des droits économiques, *supra* note 57 ; de la Convention internationale sur l'élimination de toutes les formes de discrimination raciale, *supra* note 57 et de la Charte africaine, *supra* note 31.

[252] Doc off NU, Étude du problème de la discrimination à l'encontre des populations autochtones, vol 5, NU E/CN.4/Sub.2/1986/7 et add.1 à 4, au para 196-97. Voir aussi les Directives opérationnelles de la Banque mondiale sur les populations autochtones. Dans cette directive : « La Banque reconnaît que l'identité et la culture des populations autochtones sont indissociables des territoires sur lesquels elles vivent et des ressources naturelles dont elles dépendent. Cette situation particulière expose ces populations à différents types de risques et de répercussions plus ou moins marquées du fait des projets de développement, notamment la perte de leur identité, de leurs spécificités culturelles et de leurs moyens d'existence traditionnels, aussi bien qu'à une exposition à diverses maladies », Banque Mondiale, Manuel opérationnel de la banque mondiale, Directive opérationnelle : populations autochtones (OD 4.20), 1991 au para 2.

[253] Il s'agit de la Déclaration des Nations Unies, *supra* note 30 ; de la Convention 169 OIT, *supra* note 28 ; du Pacte des droits civils, *supra* note 57 ; du Pacte des droits économiques, *supra* note 57 ; de la Convention internationale sur l'élimination de toutes les formes de discrimination raciale, *supra* note 57.

[254] Il est question ici de la Charte africaine, *supra* note 31.

1.1.1. Les fondements et sources de la reconnaissance du droit aux terres et aux ressources des peuples autochtones

La terre est une manifestation de la culture des peuples autochtones. Il s'agit d'une ontologie particulière. À cet égard, elle fait partie de l'identité culturelle des peuples autochtones. Elle devient par conséquent le fondement de la culture autochtone et un élément essentiel de leur survie. Selon les Nations Unies, la protection des droits collectifs des peuples autochtones vise à préserver leur identité culturelle :

> « Les droits relatifs aux peuples autochtones visent à protéger, outre les droits individuels, leurs droits collectifs, car la reconnaissance de tels droits est nécessaire pour garantir la pérennité, le développement et le bien-être des peuples autochtones en tant que collectivités distinctes [...] »
>
> « Les droits collectifs des peuples autochtones passent entre autres par la reconnaissance [...] de leur droit collectif aux terres, territoires et ressources naturelles qu'ils occupent ou exploitent traditionnellement [...] »[255]

Ensuite, la terre permet l'exercice des droits religieux et a une valeur spirituelle chez les peuples autochtones. En ce sens, son importance a été rappelée avec insistance par José Martinez Cobo dans son rapport sur la discrimination à l'égard des peuples autochtones. Pour lui :

> « Il est essentiel de connaître et comprendre la relation particulière, profondément spirituelle, que les populations autochtones ont avec la terre, élément fondamental de leur existence et substrat de toutes leurs croyances, leurs coutumes, leurs traditions et leur culture. Pour les autochtones, la terre n'est simplement pas un objet de possession et de production. La relation fusionnelle des populations autochtones avec la Terre mère, avec leurs terres, qui imprègnent toute leur vie spirituelle, a beaucoup d'incidences profondes. La terre n'est pas une marchandise que l'on peut s'approprier, mais un élément naturel dont chacun doit pouvoir jouir. »[256]

Cette relation particulière des peuples autochtones à la terre est aussi rappelée par Frederic Deroche qui soutient que « les peuples autochtones considèrent la terre comme une expression de leur identité

[255] Lignes directrices, *supra* note 85 à la p. 15. Pour approfondir la question, voir aussi Bellier, Irène (dir.), Terres, territoires, ressources : Politiques, pratiques et droits des peuples autochtones, Paris, L'Harmattan, 2014. Voir également Prosper Nobirabo Musafiri. Droit foncier des peuples autochtones et le droit international : cas des peuples de la forêt « Pygmées » de la RD Congo, Berne, Stämpfli, 2007.

[256] Étude de la discrimination à l'encontre des populations autochtones, *supra* note 252 aux para 196-97. Voir aussi Jeremie Gilbert, *Indigenous People's Land Rights under Law : from Victims to Actors*, Ardsley (NY), Transnational Publishers, 2006 à la p. xvii.

et comme un moyen essentiel à leur survie physique et culturelle »[257] et plus que cela. Malgré cette importance, les peuples autochtones ont été victimes historiquement et à l'époque contemporaine de dépossessions territoriales, d'expulsions, de déplacements forcés et, encore de nos jours, subissent les conséquences des activités d'exploitation commerciale, industrielle, forestière, agricole, etc. C'est pourquoi de nombreux instruments juridiques consacrent le droit à la terre pour lutter contre la discrimination historique[258].

Dans cet ordre d'idée, le droit à la terre, comme composante du droit au développement, est analysé sous l'angle de la lutte contre la discrimination et des droits collectifs par les textes conventionnels, la jurisprudence et la doctrine.

D'abord, dans la DNUDPA, la Convention 169 de l'OIT, les PIDCP, le PIDESC et la convention de lutte contre la discrimination raciale[259], le droit à la terre et aux ressources est intimement lié au droit au développement. D'après ces instruments, les enjeux de la reconnaissance du droit à la terre des peuples autochtones tiennent compte de deux aspects, lutter contre la précarité en améliorant leur condition sociale, autrement dit favoriser leur droit au développement et lutter contre la discrimination historique. La DNUDPA rappelle dans son préambule que :

> « Les peuples autochtones ont subi des injustices historiques à cause, entre autres, de la colonisation et de la dépossession de leurs terres, territoires et ressources, ce qui les a empêchés d'exercer, notamment, leur droit au développement conformément à leurs propres besoins et intérêts[260]. »

Plus loin, la DNUDPA précise que le droit au développement doit viser à l'amélioration de la situation économique et sociale des peuples autochtones dans les secteurs composant le développement de base[261] et place le droit d'accès à la terre et aux ressources naturelles

---

[257] Déroche, *supra* note 140 à la p. 269. Voir aussi Marine They, Le contrôle des communautés autochtones sur leurs terres et ressources naturelles traditionnelles, Paris, Pedone, 2013 aux pp. 11-2.

[258] Il s'agit de la Déclaration des Nations Unies, *supra* note 30 ; de la Convention 169 OIT, *supra* note 28 ; du Pacte des droits civils, *supra* note 57 ; du Pacte des droits économiques, *supra* note 57 ; de la Convention internationale sur l'élimination de toutes les formes de discrimination raciale, *supra* note 57 ; de la Charte africaine, *supra* note 31.

[259] Il s'agit de la Déclaration des Nations Unies, *supra* note 30 ; de la Convention 169 OIT, *supra* note 28 ; du Pacte des droits civils, *supra* note 57 ; du Pacte des droits économiques, *supra* note 57 ; de la Convention internationale sur l'élimination de toutes les formes de discrimination raciale, *supra* note 57 ; de la Charte africaine, *supra* note 31.

[260] Déclaration des Nations Unies, *supra* note 30, au para 6.

[261] *Ibid*, art. 21.

au cœur des éléments fondamentaux permettant la réalisation de ce droit. Selon cette déclaration :

> « Le contrôle, par les peuples autochtones, des événements qui les concernent, eux et leurs terres, territoires et ressources, leur permettra de perpétuer et de renforcer leurs institutions, leur culture et leurs traditions et de promouvoir leur développement selon leurs aspirations et leurs besoins[262]. »

L'article 25 de la même Déclaration ajoute à l'importance du droit à la terre pour les peuples autochtones en mentionnant que :

> « Les peuples autochtones ont le droit de conserver et de renforcer leurs liens spirituels particuliers avec les terres, territoires, eaux et zones maritimes côtières et autres ressources qu'ils possèdent ou occupent et utilisent traditionnellement, et d'assumer leurs responsabilités en la matière à l'égard des générations futures. »[263]

Ensuite, la Convention 169 de l'OIT consacre le droit aux terres et aux ressources des peuples autochtones comme un droit collectif indispensable à leur développement. À cet égard, elle reconnait la valeur de la terre pour les peuples autochtones et invite les États à plus de protection à leur égard comme on peut le remarquer à l'article 13.1 ainsi libellé :

> « En appliquant les dispositions de cette partie de la convention, les gouvernements doivent respecter [...] la relation [spéciale que les peuples autochtones] entretiennent avec les terres ou territoires, ou avec les deux, selon le cas, qu'ils occupent ou utilisent d'une autre manière, et en particulier des aspects collectifs de cette relation. »

Enfin, les articles 25 et 27 respectivement du PIDCP et du PIDSEC protègent le mode de vie des Autochtones dont leur droit à la terre et mode de subsistance traditionnelle.[264] Il en est de même de la « *Convention de la lutte contre la discrimination raciale* » qui protège

---

[262] *Ibid* au para 11.

[263] Déclaration des Nations Unies, *supra* note 30, art. 25. Voir de façon générale Mattias Ahren, « Une introduction aux dispositions sur les terres, territoires et ressources naturelles dans la Déclaration des peuples autochtones » dans Claire Charters, Rodolfo Stavenhagen, dir., La déclaration des droits des peuples autochtones : Genèse, enjeux et perspectives de mise en œuvre, Groupe international de travail sur les peuples autochtones, 2009, 201.

[264] *Pacte des droits économiques*, *supra* note 57, arts 27, 25 ; l'article 27 du PIDESC est ainsi libellé : « Dans les États où il existe des minorités ethniques, religieuses ou linguistiques, les personnes appartenant à ces minorités ne peuvent être privées du droit d'avoir, en commun avec les autres membres de leur groupe, leur propre vie culturelle, de professer et de pratiquer leur propre religion, ou d'employer leur propre langue. » Quant à l'article 25 du PIDCP : « Aucune disposition du présent Pacte ne sera interprétée comme portant atteinte au droit inhérent de tous les peuples à profiter et à user pleinement et librement de leurs richesses et ressources naturelles. » Selon *Xanthaki* : « [...] Claims related to natural wealth resources [such as land] and in general to economic development [...] fall within the right to development ». Xanthaki, *supra* note 41 aux pp. 239-40.

la vie culturelle des peuples autochtones, dont leur droit collectif à la terre[265]. En effet, une interprétation jurisprudentielle de ces instruments permet de reconnaitre le droit à la terre et aux ressources comme élément fondamental du droit au développement des peuples autochtones. Celui-ci découlerait de l'interprétation des instruments généraux de protection des droits de la personne et se résumerait comme suit. D'abord, en acceptant d'examiner les plaintes des communautés se considérant comme autochtone, le Comité des droits de l'homme a précisé que l'article 27 du PIDCP se rapportant aux droits des minorités, reconnaissait une protection des « titres de propriété et les intérêts des Autochtones sur leurs terres ancestrales »[266] de la part des États. Ensuite, en dénonçant la discrimination historique à l'égard des peuples autochtones dus à la perte de « leurs terres et leurs ressources aux mains des colons, des sociétés commerciales et des entreprises d'État »[267], le Comité sur l'élimination de la discrimination raciale invite les États à « reconnaitre et protéger le droit des populations autochtones de posséder, de mettre en valeur, de contrôler et d'utiliser leurs terres, leurs ressources et leurs territoires communaux »[268]. La reconnaissance de tels droits permettrait de créer des conditions favorables à un « développement économique et social durable » des peuples autochtones[269].

---

[265] « *Convention internationale sur l'élimination de toutes les formes de discrimination raciale* », *supra* note 57, arts 2.2, 5 principalement. Selon l'article 2, « Les États parties prendront, si les circonstances l'exigent, dans les domaines social, économique, culturel et autres, des mesures spéciales et concrètes pour assurer, comme il convient, le développement ou la protection de certains groupes raciaux ou d'individus appartenant à ces groupes en vue de leur garantir, dans des conditions d'égalité, le plein exercice des droits de l'homme et des libertés fondamentales. Ces mesures ne pourront en aucun cas avoir pour effet le maintien de droits inégaux ou distincts pour les divers groupes raciaux, une fois atteints les objectifs auxquels elles répondaient. »

[266] *Observations finales du Comité des droits de l'homme*, Australie, 28/07/2000, A/55/40 au para 508-09. Voir aussi Bernard Ominayak, *Chef de la bande du lac Lubicon* c. *Canada*, Rapport du Comité des droits de l'homme, 45 UN GAOR Supp. (N0.43), UN Doc.A/45/40, vol 2 (1990), 1. Voir également *Kitok* c. *Suède*, Rapport du Comité des droits de l'homme, 36 UN GAOR Supp. (No.40) 166, Doc. À/36/40 (1981*). [Ominayak, Rapport du Comité des droits de l'homme].*

[267] Comité pour l'élimination de la discrimination raciale, *Recommandation générale XXIII (51) sur les droits des populations autochtones*, adoptée par le Comité à la 1235e séance, le 18 août 1997, aux paras 3, 5.

[268] *Ibid.*

[269] *Ibid* au para 4. c. Voir aussi Comité des droits de l'homme des Nations Unies dans sa communication se rapportant à l'affaire *Ominiyak* c. *Canada*, CCPR/C/38/D/167/1984 au para 2.3 affirme que : « Le Gouvernement canadien a autorisé le Gouvernement de la province de l'Alberta à exproprier le territoire de la bande du lac Lubicon au profit d'intérêts de sociétés privées (octroi de concessions pour la prospection de pétrole et de gaz). Le Canada

En ce sens, nous retenons que la terre est un élément essentiel de la culture et du mode de vie des peuples autochtones. Reconnaitre le droit aux terres et aux ressources qui s'y trouvent permet d'assurer le développement des peuples autochtones pour les raisons qui suivent. D'abord, le droit aux terres et aux ressources, pour les peuples autochtones, est « si étroitement liés à la possibilité de survie de ces groupes en tant que peuples et à leur possibilité d'exercer d'autres droits collectifs fondamentaux, comme le droit de déterminer leur propre futur, de suivre et de développer, comme ils l'entendent, leur mode de production et leur mode de vie, ainsi que de jouir de leur propre culture. »[270].

Ensuite, les modes de production des ressources des peuples autochtones sont liés à la capacité de contrôler leurs terres et la capacité d'utiliser les ressources. Ainsi le contrôle des peuples autochtones sur leurs terres et leurs ressources permet de tenir compte de leurs droits et intérêts en harmonie avec leur système de gouvernance. Les mesures de contrôle de la terre permettent également aux peuples autochtones de définir, de décider et de choisir les priorités d'utilisation de leurs terres, mais aussi de protéger leurs modes de vie spécifiques[271]. En ce sens, le droit aux terres et aux ressources des peuples autochtones devient « la pierre angulaire de leur bien-être physique et économique », autrement dit de leur développement[272]. Enfin, la terre n'a pas toujours une valeur marchande chez les peuples autochtones, elle est source de vie telle que nous l'avons précisé plus haut[273]. La liberté de choix donne la

---

[...] a ainsi violé le droit de la bande à déterminer librement son statut politique et à poursuivre son développement économique, social et culturel comme le garantit le paragraphe 1 de l'article premier du Pacte [...] En détruisant l'environnement et en sapant l'assise économique de la bande, elles priveraient la bande de ses moyens de subsistance et de la jouissance du droit à l'autodétermination garantie par l'article premier du Pacte. » Le comité reconnait par là l'importance vitale de la terre pour l'exercice du droit au développement des peuples autochtones.

[270] Union Africaine, Commission Africaine des Droits de l'Homme et des Peuples, *Peuples autochtones d'Afrique : peuples oubliés*, IWGIA, 2006 à la p. 15 [Union Africaine, *Peuples autochtones d'Afrique*].

[271] Nations Unies, Affaires économiques et sociales, *Module de formation sur les questions des peuples autochtones, Manuel du facilitateur*, New York, Nations Unies, 2011 aux pp. 16-18.

[272] Nations Unies, Instance permanente sur les questions autochtones, Rapport sur les travaux de la dix-septième session (16-27 avril 2018), Conseil économique et social, Doc off. 2018, supp n°23, E/C.19/2018/11 au para 4 [Rapport IPPA].

[273] Pour illustrer cette idée, voir à ce sujet Pierrot Ross-Tremblay, Geneviève Motard et Sylvie Vincent, « *Accès à la terre et gestion des ressources : perspectives du droit innu et du droit étatique québécois* » dans État et cultures juridiques autochtones : un droit en quête de

possibilité aux communautés autochtones d'avoir la responsabilité de l'usage de la terre comme elles l'entendent et de décider des priorités et stratégies d'utilisation de leurs terres. La liberté de choix aide à freiner le modèle de développement libéral qui n'est pas compatible avec la vision des peuples autochtones pour qui la terre est un bien collectif à préserver pour les générations futures. Si la communauté autochtone a la responsabilité de l'usage de la terre, elle maitrise son destin et profite des ressources liées à la terre selon ses propres besoins. La liberté de choix permet donc aux peuples autochtones de donner leur avis sur le modèle de développement qu'il souhaite pour leurs terres et territoires. Cette liberté de choix offre également la possibilité aux peuples autochtones de déterminer l'usage qu'ils comptent faire de leurs terres et favorise le respect des conceptions territoriales et environnementales des peuples autochtones. L'instance permanente des Nations Unies sur les peuples autochtones dira en ce sens que « le développement social, économique, politique et juridique » des peuples d'autochtones d'Afrique est entravé par les violations des droits sur leurs terres et ressources liées aux activités d'exploitation économique[274]. Elle ajoute qu'il « n'est pas possible d'atteindre les objectifs de développement durable sans faire respecter les droits des peuples autochtones sur leurs terres, leurs territoires et leurs ressources »[275].

1.1.2. Les éléments constitutifs du droit à la terre et aux ressources : l'accès, l'usage, la possession, la gestion des terres et la propriété

Partant de l'article 26 de la DNUDPA, on peut identifier les éléments constitutifs du droit à la terre et aux ressources. Celui-ci précise que :

1. Les peuples autochtones ont le droit aux terres, territoires et ressources qu'ils possèdent et occupent traditionnellement ou qu'ils ont utilisés ou acquis.

2. Les peuples autochtones ont le droit de posséder, d'utiliser, de mettre en valeur et de contrôler les terres, territoires et ressources

légitimité, Rapport d'intégration : comment se manifeste le pluralisme juridique », Legitimus, Sudbury, 2015 aux pp. 9-10.

[274] Instance permanente sur les questions autochtones, *Rapport sur les travaux de la dix-septième session,* Doc off CES NU, 2018, supp n°23, Doc NU E/2018/4 au para 18 [*Rapport IPQA 2018*]. Voir aussi *Peuples autochtones d'Afrique et OMD, supra* note 20 à la p. 13.

[275] Instance permanente sur les questions autochtones, *supra* note 274 au para 11.

qu'ils possèdent parce qu'ils leur appartiennent ou qu'ils les occupent ou les utilisent traditionnellement, ainsi que ceux qu'ils ont acquis.

À la lecture de cette disposition, on constate que le droit à la terre et aux ressources dans le cadre du droit au développement comprend la possession, l'usage ou l'utilisation, la mise en valeur ou l'exploitation, le contrôle ou la gestion ainsi que la propriété (acquisition). Cela comprend accessoirement le droit d'y accéder.

1.1.2.1. Un droit d'accès, d'usage et de possession

L'utilisation, l'occupation, la possession, mais aussi l'administration et le contrôle des terres et des ressources et suivant les systèmes juridiques traditionnels des peuples autochtones leur permettent d'exercer librement leur droit au développement.

1.1.2.1.1. L'usage, la possession et l'utilisation des terres et des ressources

Comme tous les autres peuples, les peuples autochtones ont aussi une forte dépendance à leur milieu naturel. Ils ont, à cet égard, le droit aux terres qu'ils utilisent, occupent ou possèdent traditionnellement. L'usage, la possession et l'utilisation permettent ainsi aux peuples autochtones de jouir de leurs terres sans intrusion extérieure et surtout d'utiliser les ressources qui se trouvent sur celles-ci. Ces éléments permettent, en parallèle, l'utilisation des ressources qui se trouvent sur le territoire autochtone, car elles sont parties intégrantes de la terre selon l'article 13.2 de la Convention de l'OIT. Celui-ci précise que « l'utilisation du terme *terres* dans les articles 15 et 16 comprend le concept de territoires, qui recouvre la totalité de l'environnement des régions que les peuples intéressés occupent ou qu'ils utilisent d'une autre manière ».[276] Cela veut dire concrètement que le droit aux terres comprend celui d'accéder aux ressources. Donc les ressources ne sont des composantes des terres autochtones et comprennent les ressources renouvelables et non renouvelables[277].

---

[276] Convention 169 OIT, *supra* note 28, art. 13.2.

[277] Lignes directrices, *supra* note 85 à la p. 17. L'OMC, qui est un organisme économique, considère les ressources naturelles comme un élément qui a une valeur marchande et rare. Elle les définit comme étant « les stocks de matières présentes dans le milieu naturel qui sont à la fois rares et économiquement utiles pour la production ou la consommation, soit à l'état brut, soit après un minimum de transformation [...] Il y a deux exceptions importantes dans ce Rapport : les produits de la pêche et les produits forestiers, qui sont normalement classés sous la rubrique agriculture dans les statistiques commerciales de l'OMC, mais qui sont considérés ici comme des ressources naturelles [...] Les marchandises doivent aussi être rares au sens

Suivant cette logique, l'article 15.1 de la Convention 169 de l'OIT précise que :

> « Les droits des peuples intéressés sur les ressources naturelles dont sont dotées leurs terres doivent être spécialement sauvegardés. Ces droits comprennent celui, pour ces peuples, de participer à l'utilisation, à la gestion et à la conservation de ces ressources. » Le guide pratique de la convention de l'OIT aussi ajoute que « la reconnaissance des droits des peuples autochtones sur les ressources naturelles est fortement liée à leurs droits sur les terres et territoires [...] »[278]

La cour interaméricaine rappelle d'ailleurs, dans l'arrêt « *Saramaka* », que le droit d'accès à la terre serait vide de contenu s'il n'incluait pas l'usage ou l'utilisation des ressources naturelles situées sur les territoires autochtones en vue d'assurer leur intégrité économique. Elle s'exprime en ces termes : « *the right to use and enjoy their territory would be meaningless in the context of indigenous and tribal communities if said right were not connected to the natural resources that lie on and within the land.* »[279]

Par ailleurs, à part le droit d'accès aux ressources, le droit aux terres comprend aussi « les moyens d'existence et les activités économiques traditionnelles des peuples autochtones. »[280] En clair, les peuples autochtones ont le droit de décider des moyens utilisés pour exploiter ces ressources. La connexion entre l'accès aux ressources et leur liberté d'utilisation desdites ressources tient au fait que la perturbation du mode de subsistance peut porter atteinte à l'existence

---

économique pour être considérées comme des ressources naturelles, sinon on pourrait en consommer autant qu'on veut sans que cela ait un coût pour soi pour les autres. Ainsi, fondamentalement, les ressources naturelles sont souvent un motif d'échange et non des biens marchands à proprement parler. » Organisation Mondiale du Commerce, « Rapport sur le commerce mondial » (2010), en ligne (PDF) : Organisation Mondiale du Commerce : https://www.wto.org/french/res_f/booksp_f/anrep_f/wtr10-2b_f.pdf. Voir aussi Edgar Fernandez-Fernandez, Claire Malwé et Ioan Negrutiu « Définitions des ressources naturelles et implications pour la démarche juridique » dans F. Collart Dutilleul et T. Bréger, dir., Penser une démocratie alimentaire Volume II Proposition Lascaux entre ressources naturelles et besoins fondamentaux, 2014, 71 à la p. 2. Les auteurs passent en revue certaines définitions juridiques et économiques des ressources naturelles. Ils en donnent la définition suivante, selon eux, dégagée de toute perspective utilitariste : « Ensemble constitué des éléments biotiques et non biotiques de la Terre, ainsi que des diverses formes d'énergie reçues (énergie solaire) ou produites sans intervention de l'homme (marées, vents) ». Selon notre conception, les ressources naturelles sont des éléments naturels qui sont présents dans le cadre de vie des peuples autochtones. L'exploitation de ces ressources permet d'assurer leur subsistance traditionnelle. Les richesses naturelles sont des ressources du sol et du sous-sol qui ont une valeur marchande dont l'exploitation nécessite une technologie ou un savoir-faire traditionnel (exploitation minière industrielle ou artisanale).

[278] Guide sur la Convention 169 de l'OIT, *supra* note 115 à la p. 107.

[279] *Saramaka 1, supra* note 197 au para 122.

[280] *Ominayak, Rapport du Comité des droits de l'homme, supra* note 266. Voir aussi *Kitok* c. *Suède*, Rapport du Comité des droits de l'homme, 43 UN GAOR Supp. (No.40) Doc.A/43/40.

même des peuples autochtones. C'est le Comité des droits de l'homme qui a donné une telle interprétation en précisant que l'article 27 du PIDSEC concerne dans le cas des peuples autochtones, « les droits aux terres et aux ressources, à la subsistance et à la participation »[281] ainsi que celui d'un « certain mode de vie associé à l'utilisation des ressources naturelles [...] ces droits peuvent porter sur l'exercice d'activités traditionnelles comme la pêche ou la chasse [...] »[282] Cette idée se répète généralement dans les droits internes des États. Par exemple, en Australie, la Cour fédérale a confirmé que les activités de subsistance traditionnelle faisaient partie du droit à la terre, c'est-à-dire, dans ce contexte, du titre aborigène. La cour s'exprime en ces termes : « *native title rights and interests to [...] use and enjoy the land and waters in accordance with their traditional laws and customs [include] the right to hunt on the land, to gather and use the natural resources of the land such as food, medicinal plants, wild tobacco, timber, stone and resin, and to have access to and use of natural water on the land.* »[283]

Le lien entre activités traditionnelles et accès à la terre est aussi dû au fait que « des ingérences dans ces activités peuvent, dans certains cas, menacer [...] la survie et [...] l'intégrité culturelle [des peuples autochtones] »[284]. C'est en ce sens que la Convention 169 de l'OIT, en plus de reconnaitre l'importance des activités traditionnelles pour le développement des peuples autochtones, invite les États à les promouvoir et les protéger. Selon la convention :

> « [...] les activités relevant de l'économie de subsistance et les activités traditionnelles des peuples intéressés, telles que la chasse, la pêche, la chasse à la trappe et la cueillette, doivent être reconnues en tant que facteurs importants du maintien de leur culture ainsi que de leur autosuffisance et de leur développement économique. Les gouvernements doivent, avec la participation de ces peuples, et s'il y a lieu, faire en sorte que ces activités soient renforcées et promues. »[285]

Mais, en plus des droits aux terres et aux ressources, il convient de souligner l'importance parallèle de la liberté d'utilisation des ressources, du contrôle et de la gestion de la terre pour assurer la pleine jouissance des droits territoriaux des peuples autochtones comme fondement du droit au développement.

---

[281] Déroche, *supra* note 140 à la p. 28.
[282] Comité des droits de l'homme, Le droit des minorités (Art. 27), Observation générale no 23, 08/04/1994 au para 7.
[283] Attorney General of the Northern Territory v Ward, 2003 FCA 283 au para 5a.
[284] Ominayak, Rapport du Comité des droits de l'homme, *supra* note 266 au para 16.4.
[285] Convention 169 OIT, *supra* note *28*, art. 23.

1.1.2.1.2. Un droit de gérance : une responsabilité à l'égard de la terre et des ressources

La capacité des peuples autochtones d'être responsable des terres et des ressources fait partie du droit à l'autodétermination des peuples autochtones. Il faut le rappeler, l'autodétermination concerne le droit pour les peuples autochtones d'exercer l'autorité, le contrôle sur leurs terres et ressources et le droit de déterminer leurs propres priorités en matière d'usage de leurs terres[286], ce qui comprend la liberté de déterminer les utilisations des terres autochtones et des types de valorisation et d'activité devant s'y tenir. Ceci étant, en plus de la reconnaissance du droit aux terres et aux ressources qui permet aussi de préserver les moyens d'existence traditionnelle des peuples autochtones, le droit de contrôle et de gestion de la terre selon leur propre volonté est un élément important du droit au développement des peuples autochtones. C'est l'article 32.1 de la DNUDPA qui consacre un tel droit en précisant que « les peuples autochtones ont le droit de définir et d'établir des priorités et des stratégies pour la mise en valeur et l'utilisation de leurs terres ou territoires et autres ressources »[287]. La gestion de ces terres doit se faire conformément aux normativités autochtones en matière foncière différentes, à bien des égards, du droit étatique[288]. Cette reconnaissance tient compte de l'importance collective que revêt la terre pour les peuples autochtones. En ce sens,

> « Les modes de transmission des droits sur la terre entre leurs membres établis par les peuples [autochtones] doivent être respectés. »
>
> « Les personnes qui n'appartiennent pas à ces peuples doivent être empêchées de se prévaloir des coutumes desdits peuples ou de l'ignorance de leurs membres à

---

[286] Dalee Sambo Dorough, « Le droit autochtone au développement fait partie des droits de l'homme » dans Jens Dahl et Geneviève Rose, dir. *Développement et droit coutumier*, Paris, L'Harmattan, 2012, 113 aux pp. 139-40. Voir aussi Delphine Couveinhes-Matsumoto, *Les droits des peuples autochtones et l'exploitation des ressources naturelles*, Paris, L'Harmattan, 2016 aux pp. 71-83.

[287] *Déclaration des Nations Unies, supra* note 30, art. 32.1. Voir aussi Banque mondiale, *Politiques opérationnelles* (PO 4.12), *supra* note 205 au para 16.a. La BM met l'accent à ce niveau sur l'importance de reconnaitre les droits coutumiers des peuples autochtones sur leurs territoires des peuples autochtones en ce qu'elles fondent leur survie et est indispensable au maintien de leur culture.

[288] En Guinée, les communautés autochtones utilisent leurs droits coutumiers en matière foncière. Voir à propos Moustapha Diop, Réformes foncières et gestion des ressources naturelles en Guinée : Enjeux de patrimonialité et de propriété dans le Timbi au Fouta Djalon, Paris, Karthala, 2007 à la p. 47.

l'égard de la loi en vue d'obtenir la propriété, la possession ou la jouissance de terres leur appartenant. »[289]

La Convention 169 de l'OIT va même plus loin en protégeant les terres autochtones de l'intrusion des communautés non autochtones et en valorisant leur coutume juridique[290]. Selon l'OIT, le système juridique traditionnel en matière de tenure collective des terres autochtones a priorité sur les modes de gestion des communautés non autochtones et du droit étatique. Ils sont, de ce fait, protégés de l'ingérence des autres communautés dans leur système de gestion foncière. Les peuples autochtones peuvent ainsi faire valoir leurs droits ancestraux territoriaux. De plus, la communauté doit pouvoir prendre des initiatives et avoir le droit de décider de ce qu'elle va faire du territoire sans dépendre de l'État. En réalité, la communauté se prononce sur ce que propose l'État pour le développement du territoire. Dans ce cas, ce n'est pas la communauté autochtone qui choisit la forme de développement priorisée sur son territoire. Elle s'intègre plutôt dans le développement proposé par l'État.

Ceci dit, le droit de propriété en plus de celui d'usage, de possession et de responsabilité de leurs terres est aussi reconnu aux peuples autochtones dans le cadre de leur droit au développement.

1.1.2.2. Le droit de propriété sur les terres

Le débat persiste sur la forme que doit prendre le droit aux terres et aux ressources dans le cadre du droit au développement des peuples autochtones. Les peuples autochtones revendiquent le droit de propriété sur les terres qu'ils occupent traditionnellement ou qu'ils utilisent. Faut-il alors reconnaitre nécessairement un droit de propriété sur les terres et ressources naturelles des peuples autochtones pour une meilleure protection de leur droit au développement ?

---

[289] *Convention 169 OIT*, *supra* note 28, arts 17.1 et 17.3.

[290] *Ibid*, arts 17, 18. « Article 17.

1. Les modes de transmission des droits sur la terre entre leurs membres établis par les peuples intéressés doivent être respectés.

2. Les peuples intéressés doivent être consultés lorsque l'on examine leur capacité d'aliéner leurs terres ou de transmettre d'une autre manière leurs droits sur ces terres en dehors de leur communauté.

3. Les personnes qui n'appartiennent pas à ces peuples doivent être empêchées de se prévaloir des coutumes desdits peuples ou de l'ignorance de leurs membres à l'égard de la loi en vue d'obtenir la propriété, la possession ou la jouissance de terres leur appartenant.

Article18 Les personnes qui n'appartiennent pas à ces peuples doivent être empêchées de se prévaloir des coutumes desdits peuples ou de l'ignorance de leurs membres à l'égard de la loi en vue d'obtenir la propriété, la possession ou la jouissance de terres leur appartenant. »

Certains auteurs[291] pensent que le droit de propriété collective sur la terre garantit mieux un droit au développement des peuples autochtones. Ce faisant, un titre ou une preuve de possession des terres ne devrait pas être exigé des peuples autochtones pour reconnaitre le droit de propriété[292]. La jurisprudence tant africaine que sous-régionale américaine penche en faveur de la reconnaissance des droits de propriété des peuples autochtones sur les terres qu'ils occupent[293]. Il en est de même des textes conventionnels.

En premier, la Convention 169 de l'OIT dans son article 14.1, reconnait le droit de propriété des peuples autochtones sur leurs terres.

> « Les droits de propriété et de possession sur les terres qu'ils occupent traditionnellement doivent être reconnus aux peuples intéressés. En outre, des mesures doivent être prises dans les cas appropriés pour sauvegarder le droit des peuples intéressés d'utiliser les terres non exclusivement occupées par eux, mais auxquelles ils ont traditionnellement accès pour leurs activités traditionnelles et de subsistance. Une attention particulière doit être portée à cet égard à la situation des peuples nomades et des agriculteurs itinérants. »[294]

La Charte africaine aborde dans le même sens le droit de propriété des peuples autochtones, mais permet que l'État y porte atteinte pour des raisons d'intérêt collectif[295]. Cependant, en l'absence de définition claire des termes de « nécessité publique et intérêt général », les gouvernements utilisent cette limitation pour autoriser des expulsions et des déplacements des peuples autochtones[296]. Tel est le cas dans les arrêts *Endorois* et *Ogiek*[297].

---

[291] Déroche, *supra* note 140 à la p. 281. Voir aussi Prosper, *supra* note 255 aux pp. 157-60 ; Marine They, *Le contrôle des communautés autochtones sur leurs terres et ressources naturelles traditionnelles*, Paris, Pedone, 2013 aux pp. 34-9 ; Hélène Tigroudja, « Exploitation des ressources naturelles et droits fonciers des peuples autochtones » par Mihaela Ailincai et Sabine Lavorel, *Exploitation des ressources naturelles et protections des droits de l'homme*, Paris, Pedone, 2013, 71 à la p. 75. Voir également Couveinhes-Matsumoto, *supra* note 286 aux pp. 71-97.

[292] Déroche, *supra* note 140 à la p. 269.

[293] Voir à propos Karine Rinaldi, « Le droit des populations autochtones et tribales à la propriété dans le système interaméricain de protection des droits de l'homme » dans Ludovic Hennebel et Hélène Trigroudja, dir., *Le particularisme interaméricain des droits de l'homme (en l'honneur du 40ème anniversaire de la Convention américaine des droits de l'homme*, Paris, Pedone, 2009, 215.

[294] Convention 169 OIT, *supra* note 28, art. 14.1.

[295] *Charte africaine*, *supra* note 31, art. 14. Cet article précise que : « Le droit de propriété est garanti. Il ne peut y être porté atteinte que par nécessité publique ou dans l'intérêt général de la collectivité, ce, conformément aux dispositions des lois appropriées. »

[296] Hélène Belot, Les peuples autochtones et la question foncière : analyse du degré de protection offert par le droit à l'égard de leurs terres ancestrales, mémoire de master en droit, Université Catholique de Louvain, 2015 à la p. 44. Voir aussi Jérémie Gilbert et Valérie Couillard, « Les droits fonciers dans le droit international : enjeux historiques et contemporains » dans Forest Peoples Programme, Les droits fonciers et les peuples de forêts

Premièrement, la Commission africaine, après avoir consacré le droit au développement des peuples autochtones pour la première fois, a intégré le droit de propriété collective à la terre des peuples autochtones au droit au développement. En effet, la reconnaissance de la propriété communautaire des terres va largement au-delà de la question du droit aux terres et aux ressources. Considérant qu'une simple utilisation de la terre ne permet pas de garantir un droit au développement et de diminuer les risques de dépossession et d'expulsion forcée des peuples autochtones, la Commission africaine soutient avec vigueur que « la première étape de la protection des communautés traditionnelles africaines est la reconnaissance du fait que les droits, intérêts et bénéfices de ces communautés dans leurs territoires traditionnels constituent la "propriété" selon la Charte. »[298] C'est pourquoi, à notre avis, un simple accès à la terre et aux ressources naturelles est insuffisant pour protéger les peuples autochtones. Comme l'exprime d'ailleurs la commission africaine, le droit de propriété nous semble nécessaire. En ce sens, « [...] le simple accès ou la propriété de fait du terrain n'est pas compatible avec les principes du droit international. Seule une propriété juridique peut garantir aux populations autochtones une protection efficace. »[299] Dans cette perspective, le droit de propriété sur les terres favorise le contrôle des Autochtones sur leur processus de développement. Dans cette optique, « la propriété permet aux autochtones de prendre des engagements auprès de l'État et les tiers en tant que parties prenantes actives, plutôt que bénéficiaires passifs [du développement]. »[300] Dans cet ordre d'idées, soutenant l'importance du droit de propriété des Autochtones sur leurs terres ancestrales, la Commission rappelle plus loin les caractéristiques de ce droit de propriété autochtone. Ce sont, entre autres, « le droit d'avoir accès à sa propriété et empêcher l'invasion et l'empiétement de ladite propriété, mais aussi le droit à

---

d'Afrique : perspectives historiques, juridiques et anthropologiques, Forest People programme, 2009.

[297] Endorois, *supra* note 34 au para 101. Voir aussi CADHP visite de recherche et d'information au Kenya, *supra* note 242. La Commission africaine des droits de l'homme et des peuples a adopté ce rapport lors de sa 50ème session ordinaire, 24 octobre et 5 novembre 2011, à la p. 45. Avant de saisir la cour africaine, la cour kenyane a déclaré dans l'affaire des Ogiek que « Les expulsions ont pour but de sauver tout le pays d'une éventuelle catastrophe environnementale » (Kemai and Othersagainst Attorney General and Others, Affaire civile n°238 de 1999, 22).

[298] Endorois, *supra* note 34 au para 187.

[299] Endorois, *supra* note 34 au para 205.

[300] *Ibid* au para 204.

une possession, et une utilisation ainsi qu'un contrôle en toute tranquillité de cette propriété, tel que ses propriétaires le désirent. »[301]

La décision *Endorois* a ainsi largement contribué à la définition de la notion de propriété autochtone en droit régional et international. Les auteurs Ghislain Otis et Aurélie Laurent pensent qu'elle constitue même une référence en droit international du temps qu'elle serait à la base de la création d'une notion autonome de droit de propriété collective en droit international. S'exprimant sur la portée de la décision de la Commission, Otis affirme que :

> « Ce sont notamment les sources du droit international relatives aux autochtones qui vont aider la Commission à élargir la notion de propriété protégée par l'article 14 de la Charte africaine à la tenure collective autochtone et en faire une notion autonome en droit international des droits de l'homme qui prime sur les définitions juridiques nationales. »[302]

Les Nations Unies semblent aller dans le même sens en précisant que :

> « Les peuples autochtones revendiquent la propriété inaliénable et collective de leurs terres et territoires. Les modes d'occupation traditionnels des sols, comme l'élevage sur les terres arides, la chassent et la cueillette, la pêche, l'agriculture par rotation dans les forêts tropicales et l'élevage de troupeaux de reines dans l'Arctique ont évolué en harmonie avec des écosystèmes particuliers. Les peuples autochtones sont menacés par toute invasion de leurs terres et territoires et cette menace est particulièrement importante dans le cas des peuples volontairement isolés. Ce choix d'une vie isolée exprime [...] le droit de décider de leur propre présent et avenir. »[303]

Il faut donc en conclure que la possession, l'utilisation et l'accès à la terre en vertu du droit coutumier confèrent un droit digne d'une protection égale à celle accordée à la propriété privée. Ce droit de propriété collective confère ainsi aux peuples autochtones le droit de gérer, de distribuer et d'avoir un contrôle effectif sur leurs terres conformément à leurs règles[304]. Cela constitue une garantie contre les

---

[301] *Ibid* au para 186.

[302] Ghislain Otis et Aurélie Laurent, « Le défi des revendications foncières autochtones : la Cour européenne des droits de l'homme sur la voie de la décolonisation de la propriété ? » (2012) 89 RUDH 43 à la p. 55.

[303] *Lignes directrices, supra* note 85 aux pp. 17-8.

[304] *Case of the Saramaka People* (*Suriname*) (2007), Preliminary Objections, Merits, Reparations, and Costs, Inter-Am Ct HR (sér C) no 72 au para 194(c) [*Saramaka 2*]. Voir aussi Jean DHommeaux, « Les communautés autochtones et tribales dans la jurisprudence de la Cour interaméricaine des Droits de l'homme, par Ludovic Hennebel et Hélène Trigroudja, dir., *Le particularisme interaméricain des droits de l'homme (en l'honneur du 40ème anniversaire de la Convention américaine des droits de l'homme)*, Paris, Pedone, 2009, 183 à la p. 185.

discriminations dont ont été victimes les peuples autochtones, mais aussi une avancée vers la décolonisation. Cet argument prend tout son sens dans la décision de la Cour interaméricaine des droits de l'homme qui a d'ailleurs servi de référence à l'avis de celle de la Commission africaine :

> « Indigenous peoples' customary law must be especially taken into account for the purpose of this analysis. As a result of customary practices, possession of the land should suffice for indigenous communities lacking real title to property of the land to obtain official recognition of that property, and for consequent registration. »[305]

Suivant cette logique, s'exprimant sur le droit au développement des peuples autochtones, James Anaya soutient que la propriété des terres autochtones constitue un droit humain fondamental. Elle est, en outre, nécessaire pour lutter contre leur pauvreté. Comme l'exprime Anaya :

> « Inasmuch as property is a human right, the fundamental norm of non discrimination requires recognition of the forms of property that arise from the traditional or customary land tenure of indigenous people, in addition to the property regimes created by the dominant society. »[306]

Par ailleurs, il convient de noter que le droit de propriété des peuples autochtones sur les terres ancestrales favorise aussi la réalisation de leur droit à la sécurité alimentaire qui en est un corollaire.

1.1.2.2.1. Le droit de propriété sur les terres et la sécurité alimentaire

La propriété juridique des terres ancestrales assure la sécurité alimentaire durable des peuples autochtones en tant que composante de leur droit au développement[307].

En effet, la notion de sécurité alimentaire, essentiellement œuvre de la doctrine, est née d'une interprétation non conventionnelle de l'évolution du concept de développement[308]. Pour Mohamed Bedjaoui :

> « [...] si l'on voulait vraiment donner son plein sens au "droit au développement », il faudrait [...] considérer toutes les « ressources

[305] *The Mayagna (Sumo) Awas Tingni Community* v. *Nicaragua* (2001), Judgment of August 31, Inter-Am Ct HR (sér C) n°79 au para 151. [*Tingni*]
[306] Anaya, *Indigenous Peoples*, *supra* note 139 à la p. 142.
[307] Déroche, *supra* note 140 aux pp. 268-69.
[308] Colliard, *supra* note 7 à la p. 624.

alimentaires mondiales de base » dont les peuples ont besoin, comme appartenant à l'ensemble du genre humain. »[309]

« Autrement dit, les déclarer comme « […] "Patrimoine commun de l'humanité", surtout s'il englobe […] les ressources alimentaires mondiales […] offre en vérité l'occasion d'un nouveau et fulgurant départ de l'homme en quête de son droit au développement. »[310]

Analysé sous cet angle, le droit au développement favorise la sécurité alimentaire. Ce dernier concept s'appuie à son tour, sur la propriété, sur les terres traditionnelles et le droit à une nourriture saine[311]. En d'autres termes « la protection de l'accès à la terre et à ses ressources » est un élément déterminant qui permet la réalisation du droit à la sécurité alimentaire[312]. Dès lors se pose la question du lien entre le droit au développement, la sécurité alimentaire et l'accaparement des terres des peuples autochtones. Si le droit au développement favorise la sécurité alimentaire et que la réalisation de la sécurité alimentaire suppose un droit de propriété sur les terres agricoles et forestières ou ressources alimentaires de base, permettant de nourrir la population locale, nous dirons que l'accaparement des terres porte atteinte au droit au développement des autochtones. En outre, l'accaparement des terres des peuples autochtones est un phénomène historique et inquiétant constaté dans certains pays pauvres qui se manifeste notamment par « l'achat ou la location de larges superficies agricoles par un acteur étranger. »[313] On a ainsi documenté que les multinationales, en raison de l'absence de protection juridique des terres autochtones, vient s'emparer des terres agricoles et forestières de paysans autochtones vulnérables, les privant de leurs principaux moyens de subsistance[314]. La Commission africaine a, à cet égard, reconnu dans l'arrêt *Ogiek* que le déplacement

---

309 Mohamed Bedjaoui, « Le droit au développement » p 1247 à 1273 dans Mohamed Bedjaoui, *Droit international, Bilan et perspectives,* t 2, Paris, Éditions A. Pedone, 1991 à la p. 1268.

310 *Ibid* à la p. 1270.

311 Thériault, « Terre nourricière », *supra* note 83 à la p. 63. Voir aussi, Sophie Thériault, « Peuples autochtones », dans François Collart Dutilleul et Jean-Philippe Bugnicourt, dir., *Dictionnaire juridique de la sécurité alimentaire dans le monde*, Bruxelles, Larcier, 2013 aux pp. 512-16.

312 Thériault, « Terre nourricière », *supra* note 83 à la p. 63. Voir aussi, Thériault, « Peuples autochtones », *supra* note 311 aux pp. 512-16. Pour paraphraser ces auteurs, la sécurisation de l'accès des peuples autochtones à la terre et aux ressources naturelles (reconnaissance des droits fonciers) est invariable déterminant de la sécurité alimentaire.

313 Charlotte Lallement, Accaparement des terres en Afrique subsaharienne : une opportunité manquée de développement : La stratégie « gagnant-gagnant » sous le prisme du contrôle étatique, mémoire de maîtrise en science politique, Université de Montréal, 2017 à la p. 12.

314 *Ibid.*

de ces derniers de leurs terres ancestrales, que constitue dans ce cas la forêt dont ils tirent l'essentiel de leur subsistance, porte atteinte à leur droit à la sécurité alimentaire[315].

En clair, la reconnaissance du droit de propriété des peuples autochtones sur leurs terres ancestrales permet plus que l'usage et la possession des terres d'assurer la sécurité alimentaire des peuples autochtones en protégeant leur mode de subsistance traditionnelle et les formes de développement qu'ils privilégient. Ce droit à la sécurité alimentaire soutenu par la gestion et le contrôle des terres autochtones conformément à leurs cultures juridiques est un préalable selon la doctrine et la jurisprudence pour préserver les peuples autochtones contre les déplacements forcés et les expulsions dont ils sont victimes, mais aussi assurer leur développement. Suivant cette logique, le droit à la propriété sur la terre est important pour toutes les composantes du droit au développement des peuples autochtones dans la mesure où il permet d'assurer la sécurité alimentaire des peuples autochtones et de décider des priorités d'exploitation ou d'utilisation de leurs territoires.

Il convient maintenant de s'intéresser aux moyens, c'est-à-dire aux procédures ou outils juridiques permettant de garantir l'application des droits fonciers des peuples autochtones.

SECTION 2. LE DROIT À UN ENVIRONNEMENT SAIN

Nous avons vu dans la partie précédente que le droit aux terres pouvait prendre plusieurs formes allant de la simple utilisation, en passant par la possession, à l'occupation, à la gestion des terres et à la propriété. La protection du milieu est un moyen de garantir l'accès aux terres et aux ressources des peuples autochtones. Dans le cadre de leur développement, les peuples autochtones ont modifié leurs milieux de vie tout en s'assurant de garder l'intégrité. Le milieu est défini, par les Nations Unies, comme étant l'environnement naturel physique :

> « Les ressources naturelles des peuples autochtones sont des composantes essentielles et intégrales de leurs terres et territoires. Cette notion de ressources naturelles s'applique à l'ensemble du milieu naturel : ce qui se trouve à la surface et dans le sous-sol, les eaux, les forêts, la glace et l'air. Les peuples autochtones sont les gardiens de ce milieu naturel et contribuent de façon décisive, par leurs traditions, à son maintien respectueux pour les générations à venir. Ils gèrent ces ressources de façon viable depuis des millénaires et ont créé en de nombreux lieux des paysages bioculturels sans équivalent. Bon nombre de ces systèmes de

[315] Rapport du groupe de travail de la commission africaine, *supra* note 21 à la p. 44.

gestion autochtones continuent, bien qu'ils aient été modifiés ou perturbés par des changements récents, de contribuer à la préservation des ressources naturelles. »[316]

Nous verrons donc dans cette section comment la protection du milieu contribue grandement à assurer l'accès viable aux terres et aux ressources des peuples autochtones.

En effet, compte tenu de leur relation avec la terre et les ressources, les peuples autochtones dépendent aussi du milieu qui est partie intégrante des ressources. La protection de l'environnement permet à cette occasion d'assurer la survie des peuples autochtones et la survie de leur mode de vie traditionnel selon Xanthaki, « [...] environment forms part of the tradition always of life and culture of indigenous peoples and must be protected as such »[317]. Suivant cette remarque, dans le cadre de leur droit au développement, les peuples autochtones ont besoin d'une protection de leur environnement et de la biodiversité. La protection du milieu naturel devient ainsi un élément fondamental du droit au développement.

Le lien entre la protection du milieu, l'accès à la terre et aux ressources et le droit au développement des peuples autochtones est reconnu par la Charte africaine, la DNUDPA, la Convention 169 de l'OIT ainsi que la jurisprudence.

D'abord, la DNUDPA reconnait que « le respect des savoirs, des cultures et des pratiques traditionnelles autochtones contribue à une mise en valeur durable et équitable de l'environnement et à sa bonne gestion. »[318] À ce titre, le droit des peuples autochtones à la protection de l'environnement est indispensable à la réalisation de leur développement durable[319]. L'article 29 poursuit en mentionnant que :

---

[316] Lignes directrices, *supra* note 85 à la p. 17.

[317] Xanthaki, *supra* note 41à la p. 261.

[318] DNUDPA, *supra* note 30 au para 12.

[319] Le développement durable est à la base de la protection du milieu naturel des peuples autochtones afin de garantir leur accès viable aux terres et aux ressources. Selon cette conception du développement énoncée par le principe 3 de la *Déclaration de Rio sur l'environnement et le développement* « le droit au développement doit être réalisé de façon à satisfaire équitablement les besoins relatifs au développement et à l'environnement des générations présentes et futures »[319]. (CNUED, Déclaration de Rio sur l'environnement et le développement, Doc off AGNU, 1992, Doc NU A/CONF.151/26 [vol I], principe 3). S'agissant de la définition du développement durable, la plus citée est celle de la Commission Brundtland qui le définit comme étant : « un développement qui s'efforce de répondre aux besoins du présent sans compromettre la capacité des générations futures à satisfaire les leurs ». Commission mondiale sur l'environnement et le développement (1987), *notre avenir à tous,* Montréal, Éditions du Fleuve, 1988 à la p. 51. Les principes essentiels du développement durable sont le principe de prévention, le principe de précaution, le principe du pollueur-payeur, le principe de la participation publique et celui de l'accès à l'information.

« Les peuples autochtones ont droit à la préservation et à la protection de leur environnement et de la capacité de production de leurs terres ou territoires et ressources. À ces fins, les États établissent et mettent en œuvre des programmes d'assistance à l'intention des peuples autochtones, sans discrimination d'aucune sorte[320]. »

Ensuite, la Convention 169 de l'OIT dans son article 23.2 va plus loin en incitant les États à accorder une assistance technique et même financière respectueuse des principes du développement durable. Elle précise à ce propos qu'à :

« La demande des peuples intéressés, il doit leur être fourni, lorsque c'est possible, une aide technique et financière appropriée qui tienne compte des techniques traditionnelles et des caractéristiques culturelles de ces peuples ainsi que de l'importance d'un développement durable et équitable. »[321]

En plus, la CADHP aborde dans le même sens que la Convention 169 de l'OIT en parlant de la nécessité de protéger le milieu pour assurer un développement des peuples autochtones. Dans son article 24, elle rappelle que « tous les peuples ont droit à un environnement satisfaisant et global, propice à leur développement. »[322] La lecture de cette disposition laisse entrevoir que seul un environnement sain permet de réaliser un droit au développement. La Commission africaine semble autoriser une telle interprétation.

En effet, pour la Commission africaine, la dégradation du milieu de vie des peuples autochtones porte atteinte à leur droit au développement. Elle l'a rappelé dans l'arrêt « *Ogoni* » où elle a fait d'ailleurs le lien entre le droit à la santé, le droit à l'environnement et le développement.

Voir à ce sujet, Halley, « Développement durable », *supra* note 189 aux pp. 86 à 95. Le développement durable comprend trois composantes, dont la composante environnementale, économique et sociale. Une autre dimension a été ajoutée par l'UNESCO. Il s'agit de l'aspect culturel qui encadre aussi la protection du milieu des peuples autochtones comme on peut le constater dans ce passage : « La protection de la diversité culturelle fait désormais partie intégrante du développement durable. [...] la déclaration universelle sur la diversité culturelle adoptée par l'UNESCO en 2001 [...] élève au rang de patrimoine commun de l'humanité, la diversité culturelle et la rend inséparable de la protection des droits de l'homme. La situation des peuples autochtones est envisagée sous ce dernier angle ». (Guignier, *supra* note 127 aux pp. 33-4.). Il faut ajouter que la convention sur la diversité biologique souligne aussi le rôle des peuples autochtones dans la protection de l'environnement en tenant compte de leur connaissance du milieu. Nations Unies, *Convention sur la diversité biologique* (1992) article 8.j, en ligne (PDF) : *Convention sur la diversité biologique* https://www.cbd.int/doc/legal/cbd-fr.pdf.

320 *DNUDPA*, *supra* note 30, art. 29.1.

321 Convention 169 OIT, *supra* note 28, art. 23.2.

322 *Charte africaine*, *supra* note 31, art. 24.

« Les droits à la santé et à un environnement sain] reconnaissent l'importance d'un environnement propre et sain étroitement lié aux droits économiques et sociaux, pour autant que l'environnement affecte la qualité de la vie et la sécurité de l'individu [...] En fait, un environnement dégradé par la pollution et par la destruction de toute beauté et variété est aussi contraire à des conditions de vie satisfaisantes et au développement, que l'effondrement de l'équilibre écologique fondamental est néfaste à la santé physique et morale. »[323]

Ce lien entre protection de l'environnement et droit à la santé est approuvé par l'auteur Joshua Castelino qui pense[324] que le droit à la santé fait partie du droit à l'environnement en citant l'article 24 de la DNUDPA selon laquelle :

« Les peuples autochtones ont droit à leur pharmacopée traditionnelle et ils ont le droit de conserver leurs pratiques médicales, notamment de préserver leurs plantes médicinales, animaux et minéraux d'intérêt vital. Les autochtones ont aussi le droit d'avoir accès, sans aucune discrimination, à tous les services sociaux et de santé. »

« Les autochtones ont le droit, en toute égalité, de jouir du meilleur état possible de santé physique et mentale. Les États prennent les mesures nécessaires en vue d'assurer progressivement la pleine réalisation de ce droit. »[325]

Cette protection tient du constat que l'exploitation minière peut causer des dommages aux peuples autochtones en tenant compte de la dépendance de ces derniers à leur environnement. À titre d'exemple, Anaya rappelle que :

« The majority of indigenous representatives and organizations also listed environmental impact as a principle issue of concern [...] Common negative environmental effects reported in the responses include the pollution of water and lands and the depletion of local flora and fauna. With respect to the negative impact of extractive operations on water resources, it was noted that water resource depletion and contamination has harmful effects on available water for drinking, farming and grazing cattle, and has affected traditional fishing and other activities, particularly in fragile natural habitats. »[326]

En fait, l'activité extractive détruit non seulement les sources alimentaires, l'eau, la faune, la flore, mais aussi les activités traditionnelles dont dépendent les peuples autochtones, affectant ce

---

[323] *Ogoni*, *supra* note 33 au para 51.

[324] Joshua Castelino, «Indigenous Rights and the Right to Development» dans Stephen Allen and Alexandra Xanthaki, dir., *Reflections on the UN Declaration on the Rights of Indigenous Peoples*, Oxford and Portland, Oregon, Hart, 2011, 367 à la p. 380 [Stephen Allen, *Reflections on the UN Declaration]*.

[325] Déclaration des Nations Unies, *supra* note 30, art. 24.

[326] James Anaya, Report of Special Rapporteur on the rights of indigenous peoples: Extractive industries operating within or near indigenous territories, Doc off AG NU, 18e sess, Doc NU A/HRC/18/35, (2011) aux para 30-1.

faisant non seulement leur santé, mais aussi leur capacité à se développer selon leurs priorités. *Les lignes directrices des Nations Unies* soulignent l'impact de la dégradation de l'environnement, des sources alimentaires sur la survie des peuples autochtones. Les Nations Unies considèrent même que cela est source de précarité chez les peuples autochtones :

> « Les peuples autochtones sont aussi gravement touchés par les contaminants de l'environnement produits localement, provenant notamment d'implantations étrangères, de voies de transport, d'activités industrielles, forestières ou militaires, d'activités de prospection et d'extraction et de la production pétrolière. Les sociétés autochtones exposées à ces risques doivent parfois renoncer à leur alimentation traditionnelle afin de minimiser les risques de contamination. »[327]

Par ailleurs, dans les affaires *Ogiek*[328] et *Ogoni*[329] se rapportant au déplacement des communautés autochtones de leurs terres ancestrales et à la contamination de l'eau et du sol à la suite à l'exploitation minière, la Cour et la Commission africaine ont énoncé que la protection de l'environnement est nécessaire pour :

1. assurer l'essentiel de la subsistance traditionnelle des peuples autochtones.

2. Garantir leur droit d'accès à la terre et protéger leurs sources alimentaires.

3. Préserver la survie culturelle et physique des peuples autochtones et favoriser leur développement économique, social et culturel.

À la lumière de ce qui précède, il faut retenir que, comme l'ont bien fait remarquer les Nations Unies et d'autres instances régionales et internationales, la protection de l'environnement est primordiale pour assurer l'accès aux terres des peuples autochtones et garantir un droit au développement des peuples autochtones qui sont tributaires de leur milieu de vie. En raison des conséquences de l'extraction comme d'autres formes de développement non réglementée, les peuples autochtones ne profitent pas adéquatement des ressources disponibles sur leur territoire. Ce point de vue prend tout son sens dans la citation suivante des *Lignes directrices des Nations Unies* selon laquelle :

> « Bon nombre de peuples autochtones sont fortement tributaires de leurs terres et ressources naturelles et tout changement de l'écosystème risque de se répercuter

[327] Lignes directrices, *supra* note 85 à la p. 20.

[328] Affaire Commission africaine des droits de l'homme et des peuples c. République du Kenya, Requête n 006/2012, Ordonnance portant mesures provisoires aux paras 4, 20.

[329] Ogoni, *supra* note 33 au para 9.

sur leur mode de vie et leur survie. La dégradation de l'environnement favorise la persistance de la pauvreté des sociétés autochtones, étant donné la très grande importance du milieu naturel pour leur mode de vie. Les peuples autochtones vivent parfois dans des zones qui sont riches sur le plan de la biodiversité et particulièrement vulnérables aux modifications de l'environnement, notamment à celles dues aux changements climatiques. »[330]

En guise de conclusion de la section 1, il faut noter que contrairement à la conception économique dominante, pour les peuples autochtones de Guinée, la terre n'est pas toujours vue comme un bien économique ayant une valeur marchande. Elle est le fondement même de la survie économique des peuples autochtones et permet d'assurer leur développement. C'est pourquoi de nombreux instruments protègent le droit aux terres et aux ressources. Parmi eux, le droit aux terres et aux ressources dans la *Convention 169 de l'OIT* inclut l'usage, la propriété et la gestion des terres. Cela en fait un des instruments les plus complets et protecteurs en matière de droit aux terres des Autochtones. S'exprimant sur la pertinence de cet instrument, Xanthaki affirme que :

« Convention No 169 in particular goes quite far in its protection of indigenous rights and sets out specific rules on important aspects of land rights, including ownership, use and management of indigenous lands [...] »[331]

Dans cette optique, le droit aux terres et aux ressources comprend essentiellement la reconnaissance de la nature communautaire des terres autochtones, le droit d'usage, la possession, la propriété et la gestion des terres selon la coutume autochtone. La protection du milieu est un moyen d'assurer le droit aux terres et aux ressources. Face à la discrimination historique et la dépossession territoriale, mais aussi les impacts négatifs des activités extractives sur la sécurité alimentaire, la survie économique des peuples autochtones, le droit aux terres et aux ressources est reconnu aux peuples autochtones. Les textes qui consacrent ce droit prennent en considération la conception autochtone du développement qui, bien que ne contribuant pas toujours à l'économie marchande, doit être reconnue, prise en compte et valorisée. C'est pourquoi les peuples autochtones ont le droit à leur système coutumier de gestion de la terre et le droit de valoriser leurs activités de subsistances traditionnelles. En ce qui concerne l'importance du droit aux terres et aux ressources pour le droit au développement des peuples autochtones, Anaya affirme qu'« *Indigenous peoples, furthermore, typically have looked to a*

[330] Lignes directrices, *supra* note 85 à la p. 19.
[331] Xanthaki, *supra* note 41 à la p. 268.

secure land and natural resource base to ensure economic viability and development of their community[332] ». Quant à Xanthaki, elle soutient que :

> « Lands rights often have ramifications for the physical survival of the group. These communities are amongst the poorest in the world and control over their lands alleviates many of the financial problems they face and, consequently, contributes to the elimination of social problems[333] [...] The importance of recognizing indigenous land rights also underlies claims for equality and non-discrimination. »[334]

Le droit aux terres est donc crucial pour assurer le développement économique des peuples autochtones. Selon l'Instance permanente des Nations Unies sur les questions autochtones :

> « Le droit aux terres, aux territoires et aux ressources est au cœur des luttes que mènent les peuples autochtones dans le monde entier. La relation que ces peuples entretiennent avec leurs terres ancestrales est la source de leur identité culturelle, spirituelle et sociale, le fondement sur lequel se sont développés leurs modes traditionnels d'acquisition des connaissances et la pierre angulaire de leur bien-être physique et économique. »[335]

Dans la section suivante, nous verrons un second élément de la composante économique du droit au développement des peuples autochtones, soit le partage des bénéfices issus de l'exploitation des ressources.

SECTION 3. LE DROIT AU PARTAGE ÉQUITABLE DES BÉNÉFICES

Dans la section précédente, nous avons vu que le droit aux terres et aux ressources était un élément essentiel pour la réalisation du droit au développement des peuples autochtones. Nous avons aussi avancé que la protection du milieu de vie des peuples autochtones permettait l'application effective de ce droit en constituant un droit inhérent au droit au développement. Dans la reconnaissance du droit aux terres et aux ressources, les peuples autochtones ne sont pas propriétaires des ressources du sous-sol en ce sens que ce droit n'inclut pas celui des minerais. Bien que la rapporteuse spéciale des Nations Unies pense que : « [les ressources naturelles des peuples autochtones] peuvent

---

332 Anaya, Indigenous Peoples' Participatory Rights, *supra* note 183 à la p. 141.

333 Xanthaki, *supra* note 41 aux pp. 237-38. Voir aussi Banque mondiale, Politiques opérationnelles (PO 4.12), *supra* note 205 au para 16.

334 *Ibid* à la p. 238. Voir aussi Committee on the Élimination of Racial Discrimination (CERD), General Recommendation N.23 on Indigenous Peoples (18 August 1997) au para 5.

335 Rapport IPQA 2018, *supra* note 274 au point 4.

comprendre l'air, les eaux côtières et la banquise ainsi que le bois d'œuvre, les minéraux, le pétrole et le gaz, les ressources génétiques et toutes les autres ressources matérielles dont sont dotées les terres et territoires autochtones »[336], il ne reste que la propriété et le contrôle de la terre et de ces ressources qui reviennent à l'État en vertu du principe de souveraineté permanente sur les ressources naturelles. D'ailleurs, « il n'est pas rare que les constitutions des États affirment que seul l'État est propriétaire des minerais et autres ressources. »[337] En ce sens, the « *international, regional and national practice suggest that, at present, States do retain ownership of subsoil resources and, in practice, this poses a limit to indigenous peoples right [to property¤* ».[338] Il s'agit, à l'évidence, d'une limite importante aux droits fonciers autochtones.

La Cour interaméricaine a confirmé cette tendance. Elle a reconnu dans l'arrêt *Saramaka* que les ressources du sous-sol appartenaient à l'État :

> « Land rights of the Saramakas "would not include any interests on forests or minerals beyond what the Tribe traditionally possesses and uses for subsistence (agriculture, hunting, fishing, etc.), and the religious and cultural needs of its people". »[339]

Conséquemment, cela exige de concilier le droit d'utiliser les ressources par les peuples autochtones, la souveraineté de l'État sur les ressources et les formes de développement. Puisque la libre disposition par l'État des ressources vise à « ramener le développement économique [...] au cœur de la Société africaine [étant donné] les conséquences de l'exploitation coloniale [qui] ont laissé les populations et les ressources précieuses de l'Afrique encore vulnérables au détournement étranger »[340], il va sans dire que les ressources naturelles doivent être exploitées dans « l'intérêt exclusif des populations. »[341] D'où la nécessité de faire bénéficier l'ensemble

---

[336] Erica-Irène a. Daes, es, Commission des droits de l'homme, prévention de la discrimination et protection des peuples autochtones, Souveraineté permanente des peuples autochtones sur les ressources naturelles rapport final de la rapporteuse spéciale, 2004 à la p. 42.

[337] *Guide sur la Convention 169 de l'OIT, supra* note 115 à la p. 107. À titre d'exemple, en Guinée l'article 3 du Code minier précise que les ressources minérales sont la propriété de l'État.

[338] Stefania Errico, «The Controversial Issue of Natural Resources: balancing States's Sovereignty with Indigenous Peoples's Rights» dans Stephen Allen, dir., *Reflections on the UN Declaration, supra* note 324 à la p. 337 [Errico, « Controversial Issue »].

[339] *Saramaka 1, supra* note 197 au para 125.

[340] Ogoni, *supra* note 33 au para 56.

[341] Charte africaine, *supra* note 31, art. 21.

de la population de la mise en valeur des ressources, peu importe leur localisation en territoire autochtone ou ailleurs. Comme l'affirme Stefania Errico, « the principle of State sovereignty over natural resources and the goal of national development needs to find a balance with the recognition of indigenous peoples right [*to own, use, develop and control the lands territories and the resources that they possess*]. »[342]

C'est pourquoi, dans le cadre de leur droit au développement, les peuples autochtones ont droit au partage équitable des avantages issus de l'exploitation des ressources. Ce partage constitue une mesure de paiement pour l'utilisation de la terre et des ressources naturelles. Selon la Commission africaine, « le fait de ne pas garantir une participation effective ni une jouissance raisonnable des retombées [de l'exploitation minière] donne [...] lieu à une violation du droit au développement[343]. »

En d'autres termes, le partage des bénéfices issus de l'exploitation des ressources minières est une forme de redevances pour la mise en valeur des terres traditionnelles et des ressources indispensables à la survie de la communauté autochtone[344]. D'après les *Lignes directrices des Nations Unies*, les peuples autochtones, dans l'exercice de leur droit à disposer des ressources, ont droit au partage des bénéfices[345]. Ce partage contribuerait à « respecter le droit des peuples autochtones de disposer des ressources nécessaires à leur subsistance et à leur développement. »[346] En effet, face à l'exploitation de leurs terres, les structures de pouvoirs génèrent un rapport de force inégal entre les peuples autochtones, l'État et les géants industriels[347]. Il est donc important de les faire profiter des bénéfices issus de l'exploitation de ces ressources. Le droit au développement implique alors que les Autochtones soient associés au fruit de l'exploitation et « que le partage équitable des avantages à tirer de telles activités soit garanti »[348]. Autrement dit, dans tout projet d'exploitation et d'exploration des ressources se trouvant sur les territoires autochtones, ces derniers ont droit « à des accords de partage de bénéfices[349] ». Dans ce cas, le droit au développement des peuples autochtones est

---

[342] Errico, « Controversial issue », *supra* note 338 à la p. 331.
[343] Endorois, *supra* note 34 au para 228.
[344] Endorois, *supra* note 34 au para 296.
[345] Lignes directrices, *supra* note 85 à la p. 18.
[346] *Ibid.*
[347] Campbell, Pouvoir et régulation dans le secteur minier, *supra* note 123 aux pp. 14-5.
[348] Endorois, *supra* note 34 au para 296.
[349] Lignes directrices, *supra* note 85 aux pp. 18-9.

mentionné « dans des accords juridiques qui définissent les modalités d'exploitation des ressources et garantissent la protection du patrimoine autochtone [et] le partage des bénéfices. »[350]

Sur le plan conventionnel, l'article 15.2 de la Convention 169 de l'OIT précise que les peuples autochtones « doivent, chaque fois que c'est possible, participer aux avantages découlant des activités d'exploitation des ressources dont sont dotées leurs terres. »[351] L'usage de l'expression « chaque fois que c'est possible » indique que le partage des bénéfices est une obligation de moyen. À s'en tenir à cette disposition, on croirait que le droit de profiter des avantages a une portée limitée, car l'État demeure souverain sur ses ressources et c'est à lui de décider des priorités d'investissement ou de la nature de la redistribution des retombées venant de l'exploitation des ressources. Le principe de souveraineté sur les ressources signifie que c'est l'État qui a le pouvoir de réglementer les activités économiques sur son territoire. En plus, l'État a le droit de propriété, le droit d'utiliser, le droit de contrôler et le droit de réglementer en toute liberté l'usage de toutes les richesses et ressources naturelles sur son territoire[352]. Ces droits et pouvoirs découlent de l'exercice de sa souveraineté, c'est l'État qui possède la personnalité juridique en droit international. Le principe de souveraineté permanente sur les ressources est donc « la mise en œuvre par l'État de sa compétence territoriale pour régir le statut des ressources naturelles se trouvant sur son territoire : l'État peut déterminer souverainement le(s) régime(s) de propriété, les modalités d'accès et le(s) mode(s) d'exploitation de ses ressources naturelles. »[353]

À part le cadre normatif de la Convention 169 de l'OIT, certaines instances ont consacré l'obligation de partage des bénéfices issus de la mise en valeur des ressources naturelles comme une des composantes du droit au développement des peuples autochtones. La Commission

---

[350] *Ibid* à la p. 18. Sur ces accords, voir infra titre 2.

[351] Convention 169 OIT, *supra* note 28, art. 15.2. Voir aussi Guide sur la convention 169 de l'OIT, *supra* note 115 à la p.118. Ce guide ajoute que les peuples autochtones ont le droit de bénéficier des projets miniers qui doivent assurer le développement. Selon ce guide « tous les projets et les programmes de développement devraient améliorer la situation socio-économique des peuples autochtones et tribaux. Ils ne doivent en aucun cas porter atteinte à leur bien-être. »

[352] Voir à propos la Charte des droits et devoirs économiques des États, Rés. AG 3821 (XXIX) du 12 décembre 1974, art. 1er. Voir aussi Mohamed Bedjaoui, Annuaire de la Commission du droit international, 1975, Vol. I, p 95, § 40, Doc. À/CN4/SER.A/1975.

[353] Lavorel, *supra* note 291 à la p. 48. Voir aussi Dominique Rosenberg, Le principe de souveraineté des États sur leurs ressources naturelles, Paris, LGDJ, 1981 aux pp. 234-38. Voir aussi Prosper, *supra* note 255 aux pp. 143-46.

africaine a expliqué dans deux affaires que le partage des bénéfices et le droit au développement étaient intimement liés.

Dans la décision *Ogoni*, la Commission africaine soutient que « le rôle destructeur et égoïste joué par les sociétés d'exploitation de pétrole à Ogoniland étroitement lié aux tactiques répressives du gouvernement nigérian ainsi que l'absence d'avantages matériels, tout cela subi par la population locale, peut être bien considéré comme une violation de l'article 21. »[354] Elle conclut plus loin que cette privation de bénéfices matériels porte atteinte au droit au développement qui prévoit la libre disposition des ressources et à défaut, le partage raisonnable[355]. Dans la décision *Endorois* la Commission, a fait remarquer que : « L'État Défendeur ne fournit pas de preuves suffisantes permettant d'établir que les Plaignants ont largement bénéficié des activités touristiques et de prospection minière. »[356]

Plus loin, la Commission ajoute que :

> « Par rapport au partage de retombées [...], il est vital pour le droit au développement [...] Le droit au développement serait violé si le développement en question diminue le bien-être de la communauté [...] »

La Commission note, en outre [...] que le partage des retombées [est] la clé du processus de développement. Dans le contexte actuel de l'affaire *Endorois*, le droit d'obtenir une « juste indemnité » dans l'esprit de la Charte africaine traduit un droit du peuple Endorois de raisonnablement partager les bénéfices récoltés à la suite d'une restriction ou d'une privation de leur droit d'utiliser et de jouir de leurs terres traditionnelles et de ces ressources naturelles nécessaires pour leur survie.

[...] Dans cette affaire, l'État Défendeur, en l'occurrence le Kenya, doit garantir le partage mutuel et équitable des retombées [...][357]

À notre avis, l'approche de la Commission africaine qui lie indemnité et partage des bénéfices est critiquable. Les deux concepts ne vont pas ensemble et interviennent dans des contextes différents. Le partage des bénéfices est une mesure de paiement pour l'utilisation des terres et des ressources des peuples autochtones. Selon la convention 169 de l'OIT et la DNUDPA[358], l'indemnisation est un moyen de réparation, un type de dédommagement à la suite de la perte

[354] *Ogoni*, *supra* note 33 au para 55.
[355] *Ibid* au para 64.
[356] *Endorois*, *supra* note 34 au para 145.
[357] *Ibid* aux paras 294-96.
[358] Convention 169 OIT, *supra* note 28, arts 16.1, 16.4, 16.5. Déclaration des Nations Unies, *supra* note 30, art. 28.

des terres des peuples autochtones ou en cas d'impossibilité de retourner sur leurs terres ancestrales. L'indemnisation peut aussi être une alternative à la restitution des terres, c'est-à-dire au cas où la restitution des terres serait impossible. Dans ce contexte, l'indemnisation sera en espèces ou en nature. C'est pourquoi le Rapporteur spécial définit l'indemnisation comme étant un mode de réparation pour tout préjudice évaluable en espèce ou en « termes pécuniaires. »[359] Le dictionnaire juridique l'analyse en termes de « somme d'argent » versée à une personne pour compenser ou « réparer un préjudice » qu'elle a subi[360]. En résumé, nous pouvons affirmer que l'indemnisation est une forme de « dommages et intérêts », un dédommagement versé aux peuples autochtones comme réparation pour la perte de leurs terres ou la confiscation de leurs terres. Le partage des bénéfices est un paiement pour l'utilisation des terres et des ressources des peuples autochtones. Le partage des bénéfices est une manière de faire profiter les peuples autochtones des avantages découlant de la mise en valeur de leurs terres et ressources. Le paiement favorisera une amélioration de leurs conditions de vie. L'importance du partage des profits tirés de l'exploitation des ressources prend tout son sens dans cette citation de Katia Iankovi selon laquelle, pour favoriser leur prospérité et leur développement économique, « *indigenous communities need a fairshare of the economic gains.* »[361]

En guise de conclusion, il faut retenir que le partage des bénéfices est une mesure de paiement pour l'utilisation des ressources sur les terres autochtones. Ce mode de paiement pour l'utilisation des ressources complète la protection du droit aux terres et aux ressources des peuples autochtones. Ce sont des composantes essentielles du droit au développement dans la mesure où si les peuples autochtones n'ont pas une sécurisation de l'accès à leurs terres, ils sont privés de leurs activités de subsistance traditionnelle, ils pourraient être privés des moyens nécessaires à leur survie à cause de la difficulté

[359] Étude concernant le droit à restitution, indemnisation et réadaptation des victimes de violations flagrantes des droits de l'homme et des libertés fondamentales. Rapport final soumis par M. Theo van Boven, Rapporteur spécial. Doc. Nations Unies E/CN.4/Sub.2/1993/8 à la p. 62. Voir aussi Lena Guesnet et Marie Müller, *Compensation Matters, Securing community interests in large-scale investments*, Berlin, Bonn International Center for Conversion (BICC), 2014 [Guesnet, *Compensation Matters*].

[360] Serge Guinchard et Thierry Debard, *Lexique des termes juridiques*, 25e édition 2017-2018, Paris, Dallaz, 2017 à la p. 599.

[361] Katia Iankova, Azizul Hassan et Rachel L'Abbé, Indigenous People and Economic Development : An International Perspective, London, Routledge, 2016 à la p. 326 [Iankova, Indigenous People and Economic Development].

d'exploiter leurs terres traditionnelles et d'accéder aux ressources. Ils peuvent aussi perdre leur identité culturelle et leur mode de vie. D'après l'expérience des peuples autochtones en Afrique, le manque de protection des terres et des ressources conduit à l'apparition « des conditions de misère extrême[362] ». Cela a donc un impact significativement négatif « sur les droits de la communauté à une vie décente. »[363]

Dans cet ordre d'idées, la sécurisation du droit aux terres et aux ressources est un élément fondamental du droit au développement des peuples autochtones. D'ailleurs, selon le Groupe international de travail sur les peuples autochtones, « tous les peuples qui, de plus en plus, se reconnaissent comme autochtones en Afrique vivent la même histoire : ils perdent leurs terres au profit des compagnies d'exploitation du bois et des mines. »[364] En ce sens, réaliser leur droit au développement exige spécifiquement le contrôle du droit aux terres et aux ressources dont ils dépendent et le respect, plus généralement de leurs droits territoriaux.

Nous aborderons dans la section suivante la question de l'accès à l'emploi et l'accès à une formation adéquate qui permettent d'assurer l'autodétermination économique en s'ouvrant à l'économie de marché aux peuples et individus (A). L'emploi et la formation sont les dernières composantes économiques du droit au développement des peuples autochtones.

SECTION 4. LES MESURES ÉCONOMIQUES FAVORISANT LA PARTICIPATION À L'ÉCONOMIE DE MARCHÉ

Dans les sections précédentes, nous avons constaté que le droit aux terres et la libre disposition des ressources sont des éléments importants du droit au développement des peuples autochtones dans la mesure où elles permettaient de protéger leur mode de subsistance et de favoriser leur sécurité alimentaire. La protection de l'environnement permet, entre autres, la protection juridique des terres et des ressources. Le partage des bénéfices issus de l'exploitation des ressources, deuxième élément de la composante économique du droit au développement, est un avantage tiré de l'utilisation des terres et des ressources des peuples autochtones. Il permet aux peuples autochtones

---

[362] Ogoni, *supra* note 33 au para 284.
[363] *Ibid* au para 287.
[364] Peuples autochtones d'Afrique et OMD, *supra* note 20 à la p. 9.

de profiter de la mise en valeur économique de leurs terres et d'améliorer leur bien-être. La troisième et dernière composante économique du droit au développement est l'accès à l'emploi et à une formation adéquate. Elle est une condition pour l'autodétermination économique des peuples autochtones et leur intégration, si elle est souhaitée, à l'économie de marché. Nous l'analyserons dans cette section.

Les dimensions essentielles de l'autodétermination économique sont l'emploi et la formation qui sont les conditions d'intégration à l'économie de marché. Comme nous l'avons indiqué dans le premier chapitre de notre ouvrage, si l'autodétermination politique permet de respecter les institutions politiques autochtones, son aspect économique favorise leur autonomie économique en tenant compte des critères traditionnels du développement. En d'autres termes, elle suppose pour les peuples autochtones « la pleine reconnaissance et le respect de leur droit à déterminer leurs propres priorités de développement en y incluant la possibilité de mettre en œuvre leurs propres initiatives économiques et de les poursuivre dans le cadre de l'autodétermination [...] »[365] Dans cette perspective, Jeremy Webber aborde les dimensions de l'autodétermination économique des peuples autochtones dans son article intitulé « *Three dimensions of indigenous economic development* ». Selon lui, la mise en place des conditions qui favorisent la participation des peuples autochtones à l'économie dominante est nécessaire pour assurer leur autonomie économique. L'auteur identifie principalement l'accès à l'emploi et à une formation de qualité comme des éléments importants pour atteindre l'autosuffisance et développement économique des peuples autochtones.

En fait, la pauvreté et le taux de chômage chez les peuples autochtones en général sont plus élevés que le reste de la société[366]. Plusieurs facteurs expliquent cette situation dont la colonisation, la dépossession territoriale et la discrimination. Pour améliorer leur bien-être social et économique, les peuples autochtones doivent bénéficier des opportunités d'emploi et de formation pour leur permettre d'avoir le choix à différents types d'emploi et de former leurs propres formes entrepreneuriales. Leur droit au développement suppose dès lors que

---

[365] Sambo Dorough, *supra* note 286 à la p. 140. Voir aussi (Jeremy Weber, « Three dimensions of indigenous economic development » dans Roderick A. MacDonald et Véronique Fortin, dir., *Dimensions of indigenous economic autonomy*, Montréal, Thémis, 2014 à la p. 308.

[366] Lignes directrices, *supra* note 85 à la p. 23.

les créations d'emploi dans le contexte des projets miniers leur profitent. À défaut de qualification pour l'emploi, des formations diversifiées doivent être privilégiées. En tenant donc compte de la situation de précarité économique des peuples autochtones, l'accès à l'emploi et à la formation adéquate est un moyen d'assurer leur développement économique[367]. En vérité, ce moyen cherche à combler une des difficultés majeures des peuples autochtones, soit que leurs activités économiques n'ont pas de valeur sur l'économie de marché. Il y a donc aussi lieu de se demander comment faire pour que ces activités aient plus de valeur ou soutenir ces activités, dans par exemple, le cadre d'une économie mixte ou hybride.

Les textes conventionnels, la doctrine et la jurisprudence font le lien entre emplois, la formation et le droit au développement des peuples autochtones.

En premier, *les Lignes directrices des Nations Unies* abordent le droit au développement des peuples autochtones comme incluant le droit à « l'amélioration de leurs conditions sociales et économiques, y compris à l'emploi et à la formation. »[368] De ce fait :

> « Les autochtones ont le droit de jouir pleinement de tous les droits établis par le droit du travail international et national applicable. Ils ne doivent être soumis à aucune discrimination en matière d'accès à l'emploi, d'assistance médicale et sociale, de conditions d'emploi ou de travail. Les peuples autochtones ne doivent être soumis à aucune forme de recrutement coercitif, y compris de servitude pour dette ou de travaux forcés. Les peuples autochtones ont le droit de se livrer en toute liberté à leurs activités traditionnelles et autres activités économiques. »[369]

Ensuite, la DNUDPA précise que « les peuples autochtones ont droit, sans discrimination d'aucune sorte, à l'amélioration de leur situation économique et sociale, notamment dans les domaines de l'éducation, de l'emploi, de la formation et de la reconversion professionnels. [...] »[370] Il incombe à cet égard aux États de prendre des dispositions pour assurer le droit au travail des peuples autochtones. Ce droit leur permet d'exercer leur droit au développement. En ce sens, « les États prennent des mesures efficaces et, selon qu'il conviendra, des mesures spéciales pour assurer une amélioration continue de la situation économique et sociale des peuples autochtones. »[371] Poursuivant dans le même ordre de pensée,

---

[367] Convention 169 OIT, *supra* note 28, au préambule.
[368] Lignes directrices, *supra* note 85 à la p. 23.
[369] *Ibid.*
[370] Déclaration des Nations Unies, *supra* note 30, art. 21.1.
[371] Déclaration des Nations Unies, *supra* note 30, art. 21.

l'article 17 réfère quant à lui au droit pour les peuples autochtones de bénéficier de la protection de la législation internationale en matière de droit du travail et de l'interdiction de la discrimination à l'égard des peuples autochtones[372]. Ils doivent, de ce fait, bénéficier du même traitement salarial et des mêmes conditions de travail que le reste de la population.

En plus, l'OIT, traite largement de la question du droit au travail des peuples autochtones et plus particulièrement du lien entre droit au développement et droit au travail des Autochtones. L'institution s'occupant des normes en matière de travail à l'échelle internationale a accordé une attention particulière aux peuples autochtones il y a déjà plusieurs décennies. En effet, l'OIT a été une des premières institutions spécialisées des Nations Unies à s'occuper de la situation des peuples autochtones par l'adoption d'une première *Convention (n° 107) relative aux populations aborigènes et tribales* en 1957. Celle-ci a été révisée par la Convention 169 de l'OIT en 1989. Plusieurs dispositions traitent du recrutement et des conditions d'emploi qui doivent être favorables aux peuples autochtones et être non discriminatoires. On y aborde plus spécifiquement des conditions de travail, de la santé et de la sécurité sociale ; de la liberté syndicale, de l'égalité de traitement, de la rémunération, de l'interdiction de la discrimination, de la coercition à l'embauche ou toute autre forme d'intimidation. L'article 22, qui prévoit ces droits, est ainsi libellé :

> « Les gouvernements doivent, dans le cadre de la législation nationale et en coopération avec les peuples intéressés, prendre des mesures spéciales pour assurer aux travailleurs appartenant à ces peuples une protection efficace en ce qui concerne le recrutement et les conditions d'emploi, dans la mesure où ils ne sont pas efficacement protégés par la législation applicable aux travailleurs en général. »[373]

Les autres paragraphes de la disposition mentionnent l'obligation de l'État de prendre des mesures contre la discrimination à l'emploi, des mesures de promotion et d'avancement, un traitement égal, l'aide au logement et autre avantage lié à l'emploi tel que la santé et la sécurité sociale. L'État a aussi l'obligation de prévoir des mesures pour le respect de la législation du travail en créant des services d'inspection du travail dans les régions où résident les travailleurs autochtones.

---

[372] *Ibid*, arts 17.1, 17.2.

[373] Convention 169 OIT, *supra* note 28, art. 22.1.

À part les dispositions spécifiques se rapportant au travail, s'ajoutent celles sur la formation professionnelle. La formation professionnelle doit être accessible et adaptée à la culture des peuples autochtones et au besoin du marché d'emploi. Cela veut dire concrètement que les peuples autochtones ont droit de bénéficier des programmes de reconversion professionnelle et d'une assistance financière pour leur permettre de profiter des emplois offerts, par exemple, par les projets miniers. En outre, et dans la mesure du possible, ils ont le droit de prendre le contrôle de ces programmes de formation. La Convention 169 de l'OIT mentionne ceci : « les membres des peuples intéressés doivent pouvoir bénéficier de moyens de formation professionnelle au moins égaux à ceux accordés aux autres citoyens. »[374] La convention ajoute plus loin que les États doivent mettre en place des programmes spéciaux de formation et des moyens de formation adaptés à la situation particulière des peuples autochtones et qui répondent à leurs besoins. De plus, en consultation avec les peuples autochtones, ces programmes de formation professionnelle « doivent se fonder sur le milieu économique, la situation sociale et culturelle et les besoins concrets des peuples »[375] autochtones.

Cela signifie que la gestion des programmes doit être assurée par les peuples autochtones, leur permettant ainsi d'exercer leur droit à l'autodétermination économique. Interprétés à la faveur du droit au développement, ces droits doivent reposer sur le droit des peuples autochtones d'améliorer leur bien-être eu égard à leurs besoins et à leurs priorités.

Enfin, la Commission africaine a eu l'occasion de préciser dans la décision Endorois le lien entre le droit au développement des peuples autochtones et l'accès à l'emploi et à la formation. Elle a jugé dans cet arrêt que l'État kenyan a violé le droit au développement des peuples autochtones Endorois du fait de n'avoir pas fait profiter ceux-ci des opportunités d'emploi du projet minier. Elle a recommandé à ce titre que le Kenya « paie aux Endorois des redevances provenant des activités économiques existantes et s'assure qu'ils tirent avantage des possibilités d'emploi au sein [du projet minier]. »[376]

En conclusion, il faut retenir que pour assurer leur droit au développement, dans le contexte de l'implantation d'une mine, les peuples autochtones doivent bénéficier des opportunités d'emploi

---

374 Convention 169 OIT, *supra* note 28, art. 21.
375 *Ibid*, art. 22.3
376 *Endorois*, *supra* note 34, conclusions.

créées par les projets miniers[377]. Dans le cas où ils ne sont pas qualifiés, les programmes de formation professionnelle doivent être créés pour favoriser leur embauche. L'autodétermination politique doit être soutenue par l'autonomie économique. Pour les peuples autochtones, qui ont toujours été en marge du développement lié à l'économie de marché, un bon emploi permet de profiter du développement, d'avoir la croissance économique et de profiter de la conception économique du développement. L'emploi et la formation adéquate et diversifiée qui respectent la capacité de choix des peuples favorisent en ce sens le développement à l'échelle du marché[378].

En guise de conclusion du chapitre 2, nous dirons que l'assimilation, la dépossession historique des peuples autochtones, à l'époque de la colonisation européenne et encore à l'époque contemporaine les a placés, en Guinée, dans une situation de sous-développement total. La pauvreté et la misère sont omniprésentes à ce titre chez les peuples autochtones de Guinée. Pour essayer de relever le défi du développement, plusieurs initiatives sont nécessaires. Parmi elles, la reconnaissance du droit aux terres et aux ressources occupe une place prépondérante. À notre avis, il y a deux explications fondamentales pour dire que le droit aux terres et aux ressources assure le droit au développement des peuples autochtones. La première raison est que la terre et les ressources permettent aux peuples autochtones de perpétuer leur mode de vie en collectivité, la terre n'a pas toujours et uniquement une valeur marchande. La terre permet dès lors aux peuples autochtones de survivre et de continuer d'exister en tant que peuple. La deuxième raison est qu'en l'absence

---

[377] Il faut toutefois reconnaitre qu'il est difficile de mettre en œuvre cette disposition. Comment contrôler pour que l'emploi soit effectif ? Les minières ont-elles par exemple une obligation de moyen ou de résultats. Est-ce qu'une promesse d'emploi dans une ERA rencontre cette exigence ?

[378] À part l'emploi et la formation, il convient d'ajouter que pour favoriser l'autodétermination économique, il faut faire une place à la diversification, telle que la subvention à la création d'entreprises locales, l'octroi de contrats aux entreprises locales, l'achat de produits locaux ou encore le soutien à la création des coopératives et le soutien à d'autres initiatives économiques autochtones [tel que l'artisanat]. L'article 23 de la *Convention 169 de l'OIT* précisera en ce sens que « l'artisanat, les industries rurales et communautaires [...] doivent être reconnus en tant que facteurs importants du maintien de leur culture ainsi que de leur autosuffisance et de leur développement économique ». À cela, notons que la capacité de contrôler l'économie de marché est aussi importante pour l'autodétermination économique. Voir à se sujet Iankova, *Indigenous People and Economic Development, supra* note 361, à la p. 4 et p. 326. Voir également Weber, *supra* note 365 à la p. 4. Pour un résumé de l'ouvrage, voir Fatoumata Kaba, Recension et note critique de l'ouvrage, « Dimensions of Indigenous Economic Autonomy » dans Roderick A. Macdonald et Véronique Fortin, dir., Montréal, Les Éditions Thémis, 2011 [2016] 57 3 Les Cahiers de Droit 527.

de sécurisation des titres fonciers, les peuples autochtones ne peuvent pas exercer les activités traditionnelles dont la chasse, la pêche, la cueillette, le pâturage, etc. qui sont accessoires à l'économie de subsistance. Ils ont ainsi de la difficulté à se procurer de la nourriture et de la difficulté à pratiquer leur mode de vie. En ce sens, la sécurité alimentaire en est dès lors compromise.

Dans cette optique, le droit aux terres et aux ressources peut être protégé par le respect du droit à un milieu sain et du territoire autochtone. Le soutien et la valorisation de leur mode de vie et de leur économie traditionnelle permettent aussi de protéger le droit aux terres et aux ressources.

Pour récapituler, la protection juridique des terres, des ressources et le droit à un milieu de vie sain sont des conditions principales du volet économique du droit au développement des peuples autochtones. À son tour, la protection du milieu est un moyen de sécuriser le droit aux terres et aux ressources.

Les projets miniers ont des impacts majeurs sur les droits territoriaux des peuples autochtones en raison de l'expulsion, du déplacement forcé, de l'expropriation, de la perturbation des moyens de survie ou tout simplement en raison de la pollution de l'environnement qu'entrainent ces projets[379]. Pour atténuer ces impacts, en cas d'utilisation des ressources sur les terres autochtones, une mesure de partage des bénéfices issus de l'exploitation des ressources naturelles est préconisée. L'accès à l'emploi créé dans le contexte des projets miniers et l'accès à une formation diversifiée adéquate, c'est-à-dire respectueuse des besoins et des priorités de développement des groupes autochtones, complètent la dimension économique du droit au développement des peuples autochtones.

Dans le chapitre suivant de notre ouvrage, nous analyserons les composantes socioculturelles du droit au développement des peuples autochtones qui, se rapportent à la protection de leur culture distinctive. Le droit au développement étant un droit maximal, un cumul des composantes politiques, économiques et socioculturelles est nécessaire pour son plein exercice. C'est un droit de synthèse et un droit autonome. Les composantes du droit au développement sont

---

[379] CECIDE [Centre du Commerce international pour le développement], Global Rights, Mémorandum : Effets des opérations de la Société minière de Dinguiraye /Crew Gold sur la jouissance des droits sociaux économiques des communautés de Léro et de Siguirini, 2010 aux pp. 4, 7 et 12. Voir aussi Aly Badara Camara, « Boffa : accusée d'avoir détruit les têtes de source, Alufer lance la construction de 4 forages à Kolisokho », Guineenews [6 juin 2018], en ligne : <https://www.guineenews.org/boffa-accusee-davoir-detruit-les-tetes-de-source-alufer-lance-la-construction-de-4-forages-a-kolisokho/.

interdépendantes et cumulatives. En l'absence de protection juridique des terres et des ressources, par exemple, les peuples autochtones ne peuvent pas exercer pleinement le droit à l'autonomie politique et ne peuvent pleinement perpétuer leur culture distinctive[380]. Le droit au développement permet aux peuples autochtones de prendre des décisions pour assurer le bien-être de la communauté, lequel découle de sa participation aux décisions les concernant en fonction de leurs priorités.

Il reste que le « noyau » ou « l'essence » du droit au développement est la capacité de choisir les moyens nécessaires à l'amélioration du bien-être de la collectivité et des individus.

---

380 Il y a lieu ici de nuancer cette affirmation, car il existe des modèles de souverainetés autochtones non territoriaux ou hybrides. Mais même dans ces cas, le territoire occupe une place importante puisqu'on ne parle pas là de modèles à territoriaux. Voir à ce sujet Motard, Principe de personnalité des lois, *supra* note 85 à la p. 103.

CHAPITRE III

La composante socioculturelle : la protection du mode de vie distinctif des peuples autochtones

La composante socioculturelle du droit au développement a trait à la protection du mode de vie distinctif des peuples autochtones. Notre hypothèse étant que le code minier porte atteinte au droit au développement des peuples autochtones du fait qu'il contient des mesures insuffisantes protégeant la vie politique, culturelle et économique propre aux peuples autochtones de la Guinée, il convient d'analyser les spécificités socioculturelles du droit au développement des peuples autochtones.

On entend par mode de vie distinctif, les droits culturels spécifiques aux peuples autochtones et qui font leur particularité en tant que peuples. Le maintien de ces modes de vie distinctifs s'appuie, d'une part, sur l'exercice de droits culturels particuliers qui favorisent leur développement et dont le non-respect viole l'essence de leur vie culturelle. D'autre part, le droit au développement est tributaire de l'amélioration de leurs conditions sociales par la mise en place des infrastructures nécessaires à leur bien-être physique, mental, spirituel et culturel.

D'entrée de jeu, il convient de rappeler que le concept de culture est polysémique[381]. La culture, dans le cadre des droits des peuples autochtones, doit être comprise comme leur mode de vie distinctif. Ce mode de vie est pourtant très souvent marginalisé dans la définition de

---

[381] Les conceptions les plus populaires de la culture l'assimilent à un capital, c'est-à-dire un aspect commercial ou une créativité. Xanthaki la définit de la manière suivante : « In international Law [...] culture has been perceived as "the accumulated material heritage of humankind in its entirety or of particular group's. In this perspective, culture is viewed in a single-dimensional way, as capital that creates rights either for the individual or the state or, in a rather loose way, humanity [...] The focus of general instruments on the individual author testifies to the understanding of culture as creativity, "the process of artistic and scientific creation". » Xanthaki, *supra* note 41 aux pp. 204-5.

la culture. Selon Xanthaki, « *many international instruments still neglect that culture can also be seen as a way of life. This makes the protection of indigenous cultural interests a very difficult task*[382] ». En ce sens, le mode de vie distinctif est « cette façon d'être, de penser, de vivre, de concevoir le monde et la vie » par les peuples autochtones. Il se détermine dans « les comportements culturels, religieux, sociaux, etc. »[383] C'est aussi « un cadre ou un modèle social organisant la vie en collectivité [...] Il est une institution socioculturelle porteuse de valeurs et de normes. »[384] L'expression « socioculturelle » du volet social et du volet culturel de l'identité des peuples autochtones. Il est à cheval entre tradition et modernité et permet une correspondance entre les aléas et changements qui ponctuent les vies des sociétés autochtones. Suivant cette logique :

> « Le mode de vie se compose [...] d'éléments traditionnels, c'est-à-dire transmis de génération en génération et qui sont stratégiquement utilisés lorsqu'ils assurent l'accès à des régimes juridiques accommodants. Il se compose d'éléments nouveaux, qui permettent l'adaptation constante du groupe à son milieu, à des perspectives nouvelles et aux réalités changeantes propres à la vie en société [385] [...] »

Dès lors, la culture en tant que mode de vie englobe :

> « All aspects of life: incorporates protection for knowledge, belief, art, morals, law, customs and other capacities and habits. Culture is related to language,

[382] Xanthaki, *supra* note 41 à la p. 214. Voir aussi Banque mondiale, *politique opérationnelle : populations autochtones, supra* note 205 au para 1, 14.d. En fait, la Banque Mondiale dans sa mission de lutte contre la pauvreté des populations locales autochtones et de promotion de leur développement durable soutient que l'emprunteur doit prévoir « un plan de développement des populations autochtones [...] qui tiendra compte de l'organisation sociale, des convictions religieuses et des modes d'utilisation des ressources propres à la population locale. » Dans cette optique, « Les projets financés par la Banque sont aussi conçus de manière à assurer que les populations autochtones en retirent des avantages socio-économiques culturellement adaptés qui [leur] profitent ».

[383] Farget, *Droit au respect, supra* note 135, à la p. 128. Voir aussi Committee on the Élimination of Racial Discrimination [CERD], « General Recommendation N. 23 on Indigenous Peoples » [18 August 1997] au para. 4 [c] et [e], en ligne : *ICC Legal Tools Database* <http://www.legal-tools.org/fr/doc/850fb4/.>. Le comité appelle à un développement respectueux de la culture, des traditions et des langues des peuples autochtones.

« The Committee calls in particular upon States parties to :

(c)Provide indigenous peoples with conditions allowing for a sustainable economic and social development compatible with their cultural characteristics.

(e) Ensure that indigenous communities can exercise their rights to practice and revitalize their cultural traditions and customs and to preserve and to practice their languages. »

[384] *Ibid* à la p. 133.

[385] *Ibid* à la p. 139.

literature, philosophy, religion, science and technology as well as 'ideological systems' knowledge, beliefs, values, etc.[386] »

C'est pourquoi le droit de se développer culturellement emporte le respect des choix et des capacités culturelles des peuples autochtones(1), mais aussi la liberté de choix dans la mise en place d'infrastructures et des services sociaux de base conformes à la culture autochtone leur permettant de jouir des avantages du progrès en matière de santé et contribuant à l'amélioration de leurs conditions de vie(2).

SECTION 1. LE RESPECT DES CHOIX ET DES CAPACITÉS CULTURELLES DES PEUPLES AUTOCHTONES

Le droit de se développer culturellement pour les peuples autochtones comprend pour ces derniers la liberté d'adopter un mode de vie spécifique ; le droit de « déterminer eux-mêmes leur culture [...] ainsi que le droit de les pratiquer et de les célébrer ouvertement », le droit de contrôler le patrimoine culturel et la liberté d'exercer les pratiques culturelles[387]. Autrement dit, les choix et les capacités culturelles des peuples autochtones doivent être respectés afin d'exercer leur droit au développement culturel.

Ces choix et ces capacités culturelles des peuples autochtones incluent leur liberté à valoriser, à revivifier et à contrôler leur patrimoine culturel comme ils l'entendent et selon leurs besoins et priorités. D'après l'article 31.1 de DNUDPA : « Les peuples autochtones ont le droit de préserver, de contrôler, de protéger et de développer leur patrimoine culturel [...] »[388] Le contrôle sur ce

---

[386] Xanthaki, *supra* note 41 à la p. 207.

[387] Conseil des droits de l'homme, Rôle des langues et de la culture dans la promotion et la protection des droits et de l'identité des peuples autochtones, Doc off AG NU, 2012, Doc NU A/HRC/21/53 au para 18. [Conseil des droits de l'homme, Rôle des langues].

[388] L'article 31.1 de la Déclaration des Nations Unies, *supra* note 30, se lit comme suit : « Les peuples autochtones ont le droit de préserver, de contrôler, de protéger et de développer leur patrimoine culturel, leur savoir traditionnel et leurs expressions culturelles traditionnelles ainsi que les manifestations de leurs sciences, techniques et culture, y compris leurs ressources humaines et génétiques, leurs semences, leur pharmacopée, leur connaissance des propriétés de la faune et de la flore, leurs traditions orales, leur littérature, leur esthétique, leurs sports et leurs jeux traditionnels et leurs arts visuels et du spectacle. Ils ont également le droit de préserver, de contrôler, de protéger et de développer leur propriété intellectuelle collective de ce patrimoine culturel, de ce savoir traditionnel et de ces expressions culturelles traditionnelles. »Voir aussi l'article 11.1 de la Déclaration des Nations Unies qui précise que « Les peuples autochtones ont le droit d'observer et de revivifier leurs traditions culturelles et leurs coutumes. Ils ont notamment le droit de conserver, de protéger et de développer les

patrimoine culturel serait le « creuset de la diversité culturelle et [le]garant du développement durable »[389] des peuples autochtones. En d'autres termes, le contrôle du patrimoine culturel[390] permet aux peuples autochtones de vivre selon leurs propres repères. Il devient dès lors un moyen de protection des groupes minoritaires y compris des peuples autochtones contre l'assimilation de la majorité[391], car il faut le souligner, « des groupes différents possédant chacun leurs aspirations et leurs traits culturels propres ne peuvent se développer en

---

manifestations passées, présentes et futures de leur culture, telles que les sites archéologiques et historiques, l'artisanat, les dessins et modèles, les rites, les techniques, les arts visuels et du spectacle et la littérature. ». Les autres instruments sont entre autres : 1) le *Pacte international des droits civils et politiques, supra note 57*, qui précise en son article 27 que : « Dans les États où il existe des minorités ethniques, religieuses ou linguistiques, les personnes appartenant à ces minorités ne peuvent être privées du droit d'avoir, en commun avec les autres membres de leur groupe, leur propre vie culturelle, de professer et de pratiquer leur propre religion, ou d'employer leur propre langue. » 2) La Convention 169 de l'OIT, *supra* note 28, protège et reconnait « les valeurs et les pratiques sociales, culturelles, religieuses et spirituelles » des peuples autochtones, article 5.3). La *Charte africaine*, *supra* note 31, reconnait et protège la vie culturelle des peuples. Elle précise en son article 17 que : « Toute personne a droit à l'éducation. Toute personne peut prendre part librement à la vie culturelle de la Communauté. La promotion et la protection de la morale et des valeurs traditionnelles reconnues par la Communauté constituent un devoir de l'État dans le cadre de la sauvegarde des droits de l'homme ». Voir également Organisation des Nations Unies pour l'Éducation, la Science et la Culture, *Convention concernant la protection du patrimoine mondial culturel et naturel,* adoptée par la Conférence générale à sa dix-septième session Paris (16 novembre 1972) art. 4, en ligne (PDF) : *Organisation des Nations Unies pour l'éducation, la science et la culture* https://whc.unesco.org/archive/convention-fr.pdf. Voir aussi *Déclaration de Mexico sur les politiques culturelles*, *supra* note 114, art. 16. Cet article dénonce « les atteintes portées au patrimoine par le colonialisme. »

389 Convention pour la sauvegarde du patrimoine culturel immatériel, *supra* note 102, préambule.

390 Il convient de noter que le patrimoine culturel se compose de plusieurs éléments que nous tenterons d'exposer ici. La définition suivante du patrimoine culturel est donnée par la Déclaration d'Istanbul selon laquelle « le patrimoine culturel constitue un ensemble vivant et en perpétuelle recréation de pratiques, de savoirs et de représentations, qui permet aux individus et aux communautés, à tous les échelons de la société, d'exprimer des manières de concevoir le monde à travers des systèmes de valeurs et des repères éthiques » (Déclaration d'Istanbul, IIIe table ronde des ministres de la Culture portant sur « Le patrimoine culturel immatériel, miroir de la diversité culturelle », Istanbul [Turquie] [16 et 1er septembre 2002] au point 2, en ligne : *Organisation des Nations Unies pour l'éducation, la science et la culture* http://portal.unesco.org/fr/ev.php.). Partant de cette définition, Serge Rousselle soutient que le patrimoine culturel « ne se limite pas aux aspects tangibles ou matériels, comme le sont les monuments, les objets et les immeubles, mais [qu'il] comprend également un aspect intangible ou immatériel tel que les langues, les traditions et les croyances. ») Serge Rousselle, *La diversité culturelle et le droit des minorités, une histoire de développement durable*, Cowansville (Qc), Yvon Blais, 2006, à la p. 22.). De cette citation, on peut déduire que le patrimoine culturel comprend, d'une part, le patrimoine culturel matériel appelé aussi tangible et, d'autre part, le patrimoine culturel immatériel nommé intangible.

391 Rousselle, *supra* note 390 à la p. 4.

suivant des cheminements identiques »[392]. En ce sens, la diversité culturelle devient l'équivalent, pour l'humain, de la biodiversité dans la protection de l'environnement et une condition essentielle à tout développement durable[393].

Nous nous intéresserons au contrôle en matière d'enseignement et d'éducation qui est l'outil de transmission de la culture (1.1) ainsi que le contrôle en matière d'exercice des droits religieux et de la spiritualité (1.2) qui favorisent le maintien des pratiques culturelles.

Nous tenons à préciser que compte tenu de l'ampleur des composantes du droit à la culture qui comprend, entre autres, le mode de vie, le cinéma, les arts, la musique, les médias, la langue, les rites, les croyances, les lieux et monuments historiques, la littérature, les œuvres d'art, les archives et bibliothèques, les systèmes de valeurs, les sites sacrés et les traditions, nous allons limiter notre propos à deux cas de figure[394]. Ces deux aspects du droit à la culture seront explorés de manière à illustrer ce que peut constituer le droit de se développer sur le plan culturel et évaluer l'atteinte au droit au développement.

1.1. La responsabilité en matière d'enseignement et d'éducation

Le droit de se développer culturellement signifie le contrôle sur le système éducatif. Cette responsabilité du système éducatif est déterminée par la liberté de choix des peuples autochtones de déterminer les programmes éducatifs et le contenu pédagogique ; de définir les méthodes culturelles d'enseignement et d'apprentissage adaptées à leurs besoins et priorités ; de valoriser des langues nationales à l'école, mais aussi le droit d'obtenir le soutien financier et matériel de l'État.

---

[392] *Rapport final*, « Rencontre internationale sur la politique culturelle ayant pour thème « La culture sur la scène mondiale », Ottawa, 1998 à la p. 12.

[393] Rousselle, *supra* note 390 à la p. 18. Voir aussi la *Convention concernant la protection du patrimoine mondial, culturel et naturel 1972, supra* note 103.

[394] Déclaration de Mexico sur les politiques culturelles, *supra* note 114, art. 23. D'après la Déclaration universelle de l'UNESCO sur la diversité culturelle (2001), en ligne : Organisation des Nations Unies pour l'éducation, la science et la culture http://portal.unesco.org/fr/ev.phpURL_ID=13179&URL_DO=DO_TOPIC&URL_SECTION=201.html, dans son préambule : « La culture, dans son sens le plus large, est considérée comme l'ensemble des traits distinctifs, spirituels et matériels, intellectuels et affectifs, qui caractérisent une société ou un groupe social. Elle englobe, outre les arts et les lettres, les modes de vie, les droits fondamentaux de l'être humain, les systèmes de valeurs, les traditions et les croyances. »

La DNUDPA fait le lien entre culture et développement. Elle insiste surtout sur le contrôle en matière d'enseignement et la valorisation des langues à l'école[395]. Ce faisant, « les peuples autochtones ont le droit de définir et d'élaborer des priorités et des stratégies en vue d'exercer leur droit au développement »[396], notamment par le contrôle du système d'enseignement qui doit refléter « fidèlement la dignité et la diversité de leurs cultures, de leurs traditions, de leur histoire et de leurs aspirations. »[397]

D'abord, contrôler l'éducation culturellement implique le contrôle du système d'enseignement et la liberté de choix dans les méthodes d'enseignement. L'éducation est un moyen de respecter l'identité culturelle des peuples autochtones. Ces derniers ont, dès lors, le droit de déterminer leurs priorités en matière d'enseignement. À cet égard, la DNUDPA reconnait aux peuples autochtones « le droit d'établir et de contrôler leurs propres systèmes et établissements scolaires où l'enseignement est dispensé dans leur propre langue, d'une manière adaptée à leurs méthodes culturelles d'enseignement et d'apprentissage. »[398] Les systèmes d'enseignement des peuples autochtones comprennent « soit celle de l'enseignement ou des moyens d'apprentissage et des établissements traditionnels, soit celle de l'intégration des perspectives et des langues autochtones dans les systèmes et établissements d'enseignement ordinaires. »[399]

Ensuite, contrôler l'éducation culturellement signifie avoir la liberté de choix dans l'élaboration des programmes et le contenu pédagogique ainsi que le droit d'obtenir du soutien financier de l'État. En effet, la Convention 169 de l'OIT consacre plusieurs articles à l'éducation des Autochtones en tant que fondement de leur développement et rappelle les obligations des États dans sa mise en

---

[395] *Déclaration des Nations Unies*, *supra* note 30, art. 14. La *Déclaration universelle sur la diversité culturelle, supra* note 319, art. 5 rappelle aussi le droit pour les peuples autochtones « de recevoir une éducation et une formation de qualité qui respectent pleinement son identité culturelle […] ; de pouvoir participer à la vie culturelle de son choix et de pouvoir exercer ses propres pratiques culturelles, dans les limites qu'impose le respect des libertés et droits fondamentaux ».

[396] Déclaration des Nations Unies, *supra* note 30, art. 23.

[397] *Ibid*, art. 15.1.

[398] *Ibid*, art. 14.1. Voir aussi *Convention 169 OIT*, *supra* note 28, arts 27, 29. Voir également *Déclaration de Mexico sur les politiques culturelles*, *supra* note 114, art. 31. Selon cette déclaration : « l'éducation est par excellence un moyen de transmission des valeurs culturelles ».

[399] Conseil des droits de l'homme, Étude sur les enseignements tirés et les défis à relever pour faire du droit des peuples autochtones à l'éducation une réalité, Rapport du Mécanisme d'experts sur les droits des peuples autochtones, Doc off AG NU, 2009, Doc NU A/HRC/12/33 au para 41 [Conseil des droits de l'homme, Étude sur les enseignements].

œuvre. La convention précise aussi que le système éducatif doit être conforme aux besoins spécifiques des peuples autochtones et contenir des enseignements sur le patrimoine culturel des peuples autochtones. Plus précisément, l'éducation doit « couvrir l'histoire, les connaissances et les techniques, les systèmes de valeurs et les autres aspirations sociales, économiques et culturelles des peuples autochtones. »[400] Ce système est appelé par Xanthaki, l'autonomie culturelle. L'autonomie culturelle signifie pour les peuples autochtones « *the establishment and development of their own separate cultural institutions and systems.* »[401] Les peuples autochtones doivent, dès lors, avoir la liberté de choix en matière d'éducation, être capables de contrôler leurs propres systèmes éducatifs, les écoles et la gestion de l'éducation dont la façon d'enseigner. Ce serait, par exemple, le cas de la classe en forêt qui est adaptée aux besoins de la communauté autochtone. La communauté autochtone doit choisir ses projets prioritaires tel que subventionner les individus en matière culturelle ou des groupes. Pour mettre l'accent sur l'importance du patrimoine culturel et l'importance des sites culturels, une forme de programme d'éducation à la pratique culturelle peut être créée. On peut citer à titre d'exemple le programme de revitalisation de la langue[402]. Dans ce contexte, l'État devrait venir en soutien au programme culturel de la communauté autochtone, sur le fondement de l'obligation de fournir du soutien financier aux peuples autochtones pour permettre à ces derniers de prendre des décisions et de contrôler son programme culturel.

De plus, l'État devrait allouer suffisamment de moyens humains, matériels et financiers pour soutenir les systèmes d'enseignement autochtone. À titre d'exemple, il peut s'agir des ressources financières pour supporter l'élaboration des « méthodes d'enseignement, de matériels d'alphabétisation et d'orthographe dans la langue de l'apprenant. »[403]

Enfin, le contrôle en matière d'éducation inclut l'enseignement des langues autochtones à l'école. *La convention sur la protection du patrimoine culturel immatériel*[404] qualifie la langue de « véhicule du patrimoine culturel immatériel », autrement dit d'agent vecteur pour la

[400] Convention 169 OIT, *supra* note 28, art. 27.
[401] Xanthaki, *supra* note 41 à la p. 132.
[402] Conseil des droits de l'homme, *Rôle des langues*, *supra* note 387 au para 69.
[403] Conseil des droits de l'homme, *Étude sur les enseignements*, *supra* note 399 aux para 10, 18.
[404] Convention pour la sauvegarde du patrimoine culturel immatériel, *supra* note 102, art. 2.1.

transmission de la culture. Cela est sans doute dû à l'importance des langues pour le développement des peuples autochtones (plus spécifiquement à la protection de leur identité particulière) après leur marginalisation par le système colonial[405]. La langue est le principal véhicule de la culture[406] et l'élément vivant de la culture, comme le souligne avec énergie le juge en chef Dickson, au nom, de la majorité de la Cour suprême du Canada, selon qui elle joue un rôle essentiel :

> « Dans l'existence, le développement et la dignité de l'être humain. C'est par le langage que nous pouvons former des concepts, structurer et ordonner le monde autour de nous. Le langage constitue le pont entre l'isolement et la collectivité, qui permet aux êtres humains de délimiter les droits et obligations qu'ils ont les uns envers les autres, et ainsi de vivre en société. »[407]

Par interprétation, nous comprenons que l'un des rôles que joue la langue est d'assurer le lien entre un individu et sa collectivité. C'est donc un moyen d'intégration. Elle assure la pérennité de la vie en société. Or, il faut se souvenir que les peuples autochtones accordent une grande importance à la vie en collectivité et ont une forte tradition orale[408]. Ainsi, il va sans dire que la langue va jouer un rôle fondamental dans leur identité, dans leur vie en collectivité et dans la préservation de leur mode de vie. D'ailleurs, « il convient de souligner que la capacité de transmettre certaines connaissances nommées par la tradition orale passe notamment par la maîtrise d'une langue précise et adéquate, laquelle reflète la réalité qu'elle tente d'exprimer »[409]. À ce titre, selon Geneviève Motard et Mathieu Joffre Lainé, la langue devient « le reflet de la culture et de l'identité [d'un peuple], mais aussi facteur d'épanouissement personnel. »[410]

---

[405] Jacques Vanderlinden, *Les systèmes juridiques africains,* Paris, PUF, 1983 à la p. 22. Voir aussi Gérard Conac, « Les politiques juridiques des pays africains au lendemain des indépendances » dans *Mélanges à Gustave Peiser,* Grenoble, PUG, 1995 à la p143. Voir aussi Ibrahima Baba Kaké, *L'Afrique coloniale,* Paris, Présence africaine, 1988 aux pp. 21-9. Pierre François Gonidec, *L'État africain, Évolution Fédéralisme Centralisation et Décentralisation,* Tome VIII, Paris, Librairie générale de droit et de jurisprudence, 1985 aux pp. 125-31.

[406] Ghislain Otis, « La place des cultures juridiques et des langues dans les accords d'autonomie gouvernementale au Canada » (2009) 54 RD McGill 238 à la p. 248 [Otis, « Place des cultures juridiques »].

[407] Renvoi sur les droits linguistiques au Manitoba, [1985] 1 R.C.S 721 à la p. 744.

[408] Vanderlinden, *supra* note 405 à la p. 8. Voir aussi Fatoumata Kaba, Proposition d'un modèle de dévolution des pouvoirs en Guinée au départ du modèle canadien d'autonomie gouvernementale des peuples autochtones, thèse de maitrise en droit, Université de Moncton, 2010 [publiée] aux pp. 17-8.

[409] Geneviève Motard et Mathieu-Joffre Lainé, « Territoire, espace public et langues autochtones : le cas du Québec », dans Alain-G. Gagnon et Pierre Noreau, dir., *Constitutionnalisme, droits et diversité : Mélanges en l'honneur de José Woehrling,* Montréal, Éditions Thémis, 2017, 253 à la p. 256. [Motard, « Territoire, espace public et langue »]

[410] *Ibid* à la p. 301.

En plus de ce rôle unificateur, en tant que « créatrice de symboles, de mythes et de concepts. »[411], la langue est un moyen de renforcer l'harmonie et la solidarité entre les membres d'une communauté autochtone distinctive.

De plus, il convient de noter que parmi les caractéristiques socioculturelles des peuples autochtones, la coutume est la principale source de leurs droits[412]. Or, c'est justement à travers leurs langues qu'ils arrivent à accéder à leurs coutumes[413]. Malheureusement, le système colonial a mis en péril la survie des langues autochtones[414]. Devant pareille situation, pour s'assurer de préserver le patrimoine culturel et linguistique des peuples autochtones, la DNUDPA met l'accent sur la promotion et la valorisation des langues autochtones. Cette protection permet d'identifier les peuples autochtones comme peuples distinctifs et assure la sauvegarde de leurs modes de vie, de leurs coutumes, de leurs traditions et de leur survie culturelle[415]. C'est pourquoi, parlant de l'importance des langues pour le développement des peuples autochtones, les Nations Unies précisent que :

> « Les langues ont en elles les outils nécessaires aux peuples autochtones pour exprimer leurs méthodes et modalités d'organisation juridique et politique collective. Dans de nombreux cas, les peuples autochtones ont maintenu leurs traditions oralement, grâce à leurs langues [...] Le contrôle qu'exercent les peuples autochtones sur leurs langues peut être un instrument de décolonisation. »[416]

Pour résumer, la responsabilité en matière d'éducation est un outil de promotion des langues autochtones dans le cadre de leur

[411] Otis, « Place des cultures juridiques », *supra* note 406, à la p. 239.

[412] Vanderlinden, *supra* note 405 aux pp. 36-7.

[413] Otis, « Place des cultures juridiques », *supra* note 406 à la p. 250.

[414] Sekou Kaba, L'Aménagement linguistique en Afrique au lendemain des indépendances : l'expérience de la Guinée (Rétrospective et perspectives), thèse de doctorat en linguistique, Université Laval, 2011 [non publiée]. Pour le Canada, voir le rapport de la Commission Vérité et réconciliation. Motard, « Territoire, espace public et langue », *supra* note 409 aux pp. 2 à 5, précisément à la p. 3 et 4. La remarque faite pour les peuples autochtones du Canada est valable pour ceux de l'étranger. Pour savoir l'applicabilité de ce principe à l'ensemble des peuples autochtones, il faut se référer au fondement du colonialisme.

[415] *Déclaration des Nations Unies*, *supra* note 30, art. 13. L'article précise que : « Les peuples autochtones ont le droit de revivifier, d'utiliser, de développer et de transmettre aux générations futures leur histoire, leur langue, leurs traditions orales, leur philosophie, leur système d'écriture et leur littérature, ainsi que de choisir et de conserver leurs propres noms pour les communautés, les lieux et les personnes.
2. Les États prennent des mesures efficaces pour protéger ce droit et faire en sorte que les peuples autochtones puissent comprendre et être compris dans les procédures politiques, juridiques et administratives, en fournissant, si nécessaire, des services d'interprétation ou d'autres moyens appropriés. »

[416] Conseil des droits de l'homme, *Rôle des langues*, *supra* note 387 au para 22.

développement, mais aussi de l'ensemble de leur héritage culturel[417]. Suivant cette logique, pour comprendre le lien entre protection de la langue, éducation, décolonisation et développement, il faut procéder à une rétrospective de la politique de l'enseignement dans les communautés autochtones en Afrique pendant la colonisation[418]. Comme dans toute forme de colonisation, les peuples autochtones ont subi les effets néfastes de l'idéologie occidentale qui prônait la suprématie de la culture européenne. Ce faisant, l'éducation a été un moyen d'assimilation des peuples autochtones et des langues autochtones ont subi des tentatives de répression pendant la colonisation. Les effets de cette politique de destruction des langues autochtones et de la marginalisation de leurs cultures se font encore

---

[417] Les textes de loi font plus référence à la protection du patrimoine immatériel, lequel comprend du moins, en partie le patrimoine matériel. Parmi ces instruments protecteurs du patrimoine culturel immatériel, il faut citer la convention dont le libellé même porte son nom, savoir la *Convention sur la protection du patrimoine culturel immatériel, supra* note 102. Celle-ci en son article 2 définit et précise les éléments constitutifs du patrimoine immatériel de la façon suivante. « Aux fins de la présente Convention, on entend par "patrimoine culturel immatériel" les pratiques, représentations, expressions, connaissances et savoir-faire ainsi que les instruments, objets, artefacts et espaces culturels qui leur sont associés que les communautés, les groupes et, le cas échéant, les individus reconnaissent comme faisant partie de leur patrimoine culturel. Ce patrimoine culturel immatériel, transmis de génération en génération, est recréé en permanence par les communautés et groupes en fonction de leur milieu, de leur interaction avec la nature et de leur histoire, et leur procure un sentiment d'identité et de continuité, contribuant ainsi à promouvoir le respect de la diversité culturelle et la créativité humaine [...] ». Une lecture attentive de cette disposition appelle à trois observations. D'abord, elle permet d'entrevoir que la définition du patrimoine immatériel inclut celle du patrimoine matériel. L'article fait référence aux « instruments, objets, artefacts et espaces culturels qui sont associés » aux coutumes et pratiques autochtones. Or, ces derniers sont des éléments tangibles, qui rentrent dans la définition du patrimoine matériel. Il peut être question alors de la protection des sites sacrés et culturels des peuples autochtones. Cela veut dire concrètement que la protection du patrimoine immatériel emporte le patrimoine matériel. Le patrimoine matériel doit être accessoire aux pratiques. C'est sans doute en raison de cette connexion que la Déclaration d'Istanbul rappelle qu'« il convient de faire prévaloir une approche globale du patrimoine culturel, qui rende compte du lien dynamique entre patrimoine matériel et immatériel et de leur profonde interdépendance ». (*Déclaration d'Istanbul, supra* note 370, au point 2.) On peut déduire que la *Convention sur la protection du patrimoine immatériel, supra* note 102, art. 22 peut s'appliquer au patrimoine culturel des peuples autochtones. S'agissant des composantes du patrimoine intangible, l'alinéa 2 de la même disposition énonce « les traditions et expressions orales, y compris la langue comme vecteur du patrimoine culturel immatériel ; les arts du spectacle ; les pratiques sociales, rituelles et événements festifs ; les connaissances et pratiques concernant la nature et l'univers ; les savoir-faire liés à l'artisanat traditionnel », comme étant les éléments constitutifs de ce patrimoine. Voir aussi Karine Bates, Gilles Bibeau et Alexandre Lapointe « Quelle protection juridique pour les savoirs autochtones ? Une réponse inspirée de l'anthropologie et du pluralisme juridique » dans Roderick A. Macdonald et Véronique Fortin, dir., *Autonomie économique autochtone : dimensions multiples, supra* note 348 aux pp. 151-77.

[418] Voir à propos Sekou Kaba, *supra* note 415 à la p. 182.

ressentir de nos jours, car les peuples autochtones dénoncent à la tribune même des Nations Unies :

> « the systematic violations of their cultural rights, including the non-recognition and even suppression of indigenous languages, the prohibition of access to their spiritual and religious sites, the banning of their traditional cultural expressions in public [...] the lack of access to the country's education system, the pillaging of their cultural heritage, both tangible and intangible [...] »[419]

L'un des éléments qui ont contribué à la perte des langues et des cultures autochtones est le système éducatif formel ou colonial. Étant donné que le rôle de l'éducation vise à « inculquer à l'enfant le respect [...] de son identité, de sa langue et de ses valeurs culturelles »[420], le meilleur moyen de corriger cette aliénation de l'identité culturelle autochtone est l'enseignement des langues et du savoir-faire autochtones à l'école. Pour ainsi dire, c'est par l'éducation et donc par la transmission de leur patrimoine culturel que les communautés autochtones peuvent espérer survivre en tant que nations distinctes[421], car « l'éducation est l'arme la plus redoutable d'un peuple » en tant que fondement de progrès social, culturel et économique[422].

Dans cet ordre d'idées, les Lignes directrices des Nations Unies soutiennent aussi que :

> « Bien que le système d'éducation formelle ait souvent par le passé été un moyen d'assimilation, c'est aujourd'hui un outil de développement important pour les jeunes autochtones qui doivent vivre dans deux mondes [...] Les systèmes éducatifs autochtones ont généralement été peu considérés par la société dominante. Pour remédier à cette injustice, les peuples autochtones cherchent à obtenir que leurs cultures et leur histoire soient adéquatement présentées dans les programmes éducatifs, à améliorer leur accès à l'éducation, à dispenser un enseignement dans leurs propres langues [...] »[423]

---

[419] Elsa Stamatopoulou, « Taking culture seriously: The Vision of the UN Declaration on the Rights of Indigenous Peoples» dans Stephen Allen, *Reflections on the UN Declaration, supra* note 324 à la p. 388.

[420] Convention relative aux droits de l'enfant, art. 29, en ligne : UNICEF http://www.unicef.org.

[421] Élizabeth Sigouin, Les mécanismes de protection de la jeunesse autochtone au regard de la théorie libérale de Wil Kymlicka, mémoire de maîtrise en droit, Université de Montréal, 2006 à la p. 78.

[422] Louis-J. Robichaud, « L'éducation, l'arme la plus redoutable d'un peuple » dans *l'Acadie en 2004* ; *actes des conférences et de stables rondes,* Congrès mondial acadien, Éditions d'Acadie, 1996 à la page 567. Voir aussi R. Landry, « La vitalité subjective ou comment l'école peut-elle développer la détermination de survivre culturellement », *ibid.* aux pp. 475-501.

[423] Lignes directrices des Nations Unies, *supra* note 86 à la p. 22.

Tenant compte de ce défi, le contrôle en matière d'éducation devient un instrument important pour le développement des peuples autochtones.

De ce qui précède, il convient de retenir que les dimensions du contrôle en matière d'éducation pour les peuples autochtones comprennent :

> « Le droit de dispenser et de recevoir un enseignement selon leurs méthodes traditionnelles d'enseignement et d'apprentissage et le droit d'intégrer leurs propres perspectives, cultures, croyances, valeurs et langues dans les systèmes et institutions d'enseignement ordinaires [...] Le droit des peuples autochtones à établir leurs propres systèmes et établissements scolaires fait partie intégrante de leur droit d'assurer leur développement économique, social et culturel... »[424]

C'est en ce sens que le mécanisme d'experts sur le droit des peuples autochtones à l'éducation précise que « l'éducation est le principal outil de développement individuel et collectif des peuples autochtones ; elle est la base indispensable de leur capacité à réaliser [...] leur propre développement économique, social et culturel. »[425] Car, le contrôle en matière d'éducation est un élément déterminant pour lutter contre la marginalisation sociale, la pauvreté, la dépossession des peuples autochtones, leur assimilation à la société dominante et l'éradication de leurs langues et de modes de vie[426]. Autrement dit, le contrôle en matière d'éducation serait un moyen de lutter contre la discrimination et la marginalisation des peuples autochtones en vue d'assurer leur développement. Ainsi « la mise en place de systèmes et d'établissements d'enseignement culturellement appropriés est un élément de tout effort visant à garantir que les cultures et les peuples autochtones soient préservés et prospèrent. »[427]

De même, le contenu pédagogique des programmes d'enseignement destinés aux peuples autochtones doit prendre en compte et intégrer « leurs besoins, histoires, identités, intégrités, valeurs, croyances, cultures, savoir-faire particuliers ainsi que leurs priorités et aspirations sociales, économiques et culturelles. »[428] On y retrouve la méthode d'enseignement culturellement adaptée aux besoins des peuples autochtones et l'enseignement des langues nationales. Le droit de décider de leurs propres priorités en matière

---

[424] Conseil des droits de l'homme, *Étude sur les enseignements, supra* note 399 au para 39.
[425] *Ibid* aux paras 2, 39.
[426] *Ibid* au para 4.
[427] *Ibid* au para 36.
[428] *Ibid* au para 13.

d'enseignement et d'avoir la liberté de décider du contenu des programmes, plans et services éducatifs.

En outre, l'enseignement doit être donné dans la langue autochtone, il doit faciliter l'intégration des Autochtones dans la vie nationale et les peuples autochtones devraient avoir, dans la mesure du possible, le contrôle de leur système éducatif. À cela, l'État devrait assister financièrement et matériellement les peuples autochtones dans leur autonomie en matière d'éducation. Divers mécanismes permettent de concrétiser l'exercice de ce droit comme le sont les transferts de compétence. Dans l'exercice de cette compétence en matière d'éducation, les peuples autochtones auront la latitude pour élaborer des lois ou pour adopter des règlements pour contrôler leur éducation. Ils pourront aussi formuler le contenu pédagogique des programmes d'enseignement ou être associés à l'élaboration de ces programmes[429]. Les États ont même l'obligation de prendre des mesures pour protéger les langues autochtones et en faire la promotion. Selon l'article 28.3 de la Convention 169 de l'OIT, « des dispositions doivent être prises pour sauvegarder les langues indigènes des peuples intéressés et en promouvoir le développement et la pratique. »[430]

Enfin, l'État doit sensibiliser la société dominante sur l'importance des cultures autochtones (l'éducation interculturelle.[431]) Cette mesure permet ainsi de favoriser la diversité culturelle et la cohabitation pacifique afin surtout « d'éliminer les préjugés » que la société dominante « pourrait nourrir à l'égard » des peuples autochtones[432]. Pour y parvenir, « des efforts doivent être faits pour assurer que les livres d'histoire et autres matériels pédagogiques fournissent une description équitable, exacte et documentée des sociétés et cultures des peuples intéressés. »[433] À part, l'enseignement de l'héritage culturel des peuples autochtones, le financement des musées peuvent

[429] Convention 169 de l'OIT, *supra* note 28, *arts* 27.2.3, 28, 29.

[430] *Ibid,* art. 28.3. Voir aussi UNESCO, *Déclaration de Mexico sur les politiques culturelles, supra* note 114, arts 31, 33. Selon cette déclaration : « L'éducation est par excellence un moyen de transmission des valeurs culturelles nationales et universelles et doit permettre d'assimiler les connaissances scientifiques et techniques sans porter atteinte aux capacités et aux valeurs des peuples. Il importe de revaloriser les langues nationales comme véhicules du savoir. »

[431] Lignes directrices des Nations Unies, *supra* note, à la p. 22. Voir aussi Peuples autochtones d'Afrique et OMD, *supra* note 20 aux pp. 119-20.

[432] Convention 169 de l'OIT, *supra* note 28, art. 31. L'article 15.2 de la Déclaration des Nations prévoit aussi une disposition similaire : « Les États prennent des mesures efficaces, en consultation et en coopération avec les peuples autochtones concernés, pour combattre les préjugés et éliminer la discrimination et pour promouvoir la tolérance, la compréhension et de bonnes relations entre les peuples autochtones et toutes les autres composantes de la société. »

[433] Convention 169 de l'OIT, *supra* note 28, art. 31.

être un excellent moyen de protéger les langues et cultures autochtones, d'après Xanthaki. Bien que l'auteure déplore l'absence de convention exigeant le rapatriement des objets culturels autochtones[434], elle pense que la création des musées peut favoriser la protection de la culture autochtone. D'après elle, « [...] *museums have [the educational role] in developing public perception of indigenous cultures [...]. Museum collections should be used to strengthen respect for indigenous identity, rather than perpetuate colonial stereotypes and dispossession.* »[435] Enfin, il convient de rappeler les liens intimes entre la dé/valorisation des savoirs et le système éducatif issu de la colonisation. Le droit au développement suppose dès lors le droit de valoriser, prendre en compte et reconnaitre les connaissances issues de ces traditions au sein des programmes éducatifs autochtones.

Le deuxième cas de figure illustrant le droit de choisir les mesures à prioriser pour développer le patrimoine culturel autochtone, constitue la spiritualité.

1.2. La responsabilité en matière de spiritualité

Les spiritualités des peuples autochtones font partie de leurs pratiques culturelles. D'après le Conseil des droits de l'homme :

> « La spiritualité autochtone repose sur le respect de la création dans la vie et les relations quotidiennes. Des éléments importants de cette spiritualité sont notamment le maintien des liens avec les ancêtres et les esprits ou divinités, les relations sociales, le respect de la nature et le lien avec les terres, territoires et ressources. La spiritualité autochtone est inclusive et peut s'exprimer par des rituels, des cérémonies, la défense de valeurs positives et respectueuses et la transmission intergénérationnelle. Elle est étroitement liée à la culture autochtone et à la nature. La terre en particulier est source de spiritualité [...] »
>
> « Les religions dominantes peuvent menacer le développement culturel des peuples autochtones, en particulier lorsque les gouvernements adoptent des politiques visant à promouvoir telle ou telle religion ou à interdire les pratiques spirituelles autochtones, ou lorsque la législation, les politiques et les tribunaux des États ne reconnaissent pas la spiritualité des peuples autochtones [...] »[436]

Dans le but de favoriser le développement culturel des peuples autochtones, la DNUDPA consacre pour ceux-ci la liberté d'exercer « leurs rites religieux et spirituels », la liberté de protéger et d'avoir accès à leurs sites religieux et culturels[437]. De son côté, la

---

[434] Alexandra Xanthaki, *supra* note 41 à la p. 224.
[435] *Ibid* à la p. 221.
[436] Conseil des droits de l'homme, *Rôle des langues*, *supra* note 387 aux paras 56, 57.
[437] Déclaration des Nations Unies, *supra* note 30, art. 12.

convention 169 de l'OIT dans son article 5 enjoint de « reconnaitre et protéger les valeurs et les pratiques sociales, culturelles, religieuses et spirituelles [des peuples autochtones] et prendre dûment en considération la nature des problèmes qui se posent à eux, en tant que groupe comme en tant qu'individu ». Le droit au développement implique donc la protection de la spiritualité et des religions des peuples autochtones. D'après la Commission africaine, la protection de la religion, des sites sacrés et religieux font partie du droit à la terre[438]. À cet égard, la protection de la terre que nous avons vue précédemment implique aussi, la protection de la religion.

De ce point de vue, la Commission africaine admet que la religion fait partie des pratiques culturelles autochtones[439]. Les peuples autochtones, en raison de leur attachement profond à la terre comme nous l'avons rappelé dans le chapitre précédent, pratiquent des rites religieux liés à la terre et entretiennent des mythes et récits fondateurs et mystiques qui sont, eux aussi, liés à la terre. D'ailleurs, dans la décision *Endorois*, la Commission rappelle que la religion fait partie des droits culturels intimement liés au droit à la terre. Elle précise à ce propos que : « La Commission est consciente du fait que la religion est souvent liée à la terre, aux croyances et pratiques culturelles et que la liberté d'adorer et de s'engager dans de tels actes est au centre de la liberté de religion »[440].

C'est pourquoi les États doivent prendre des mesures pour démarquer les terres et protéger les sites culturels sacrés des peuples autochtones. Ensuite, la Commission africaine reconnait que l'incapacité d'accéder à la terre pour exercer les droits religieux et les rites culturels est une violation du mode de vie distinctif des peuples autochtones, donc de leurs droits de se développer culturellement. Dans sa décision précitée, la Commission fait valoir ce qui suit :

> « [...] le peuple Endorois a subi des violations de ses droits culturels sur deux plans. Premièrement, la communauté a été confrontée à des limites systématiques imposées sur l'accès aux sites, telles que les berges du lac Bogoria, qui revêtent une importance capitale pour la célébration de rites culturels. Les tentatives de la communauté d'accéder à leurs terres historiques pour ces raisons ont été décrites comme des "violations de propriété" et se sont soldées par des intimidations et des arrestations. Deuxièmement, et de manière distincte, les droits des membres de la communauté ont été violés à travers les préjudices sérieux causés par les autorités kenyanes à leur mode de vie nomade. »

---

[438] *Endorois, supra* note 34 au para 166.
[439] *Ibid* aux paras 116, 117.
[440] *Ibid* au para 166.

« Et avec les exploitations minières actuellement en cours près du lac Bogoria […] d'autres menaces planent sur l'intégrité culturelle et spirituelle des terres ancestrales. »[441]

La Commission africaine rappelle en plus l'importance de l'accès au lac qui permet aux Endorois d'exercer leur rite religieux et la nécessité de sa protection pour assurer le développement des peuples autochtones.

« La Commission africaine est d'accord avec les Plaignants que le fait de refuser aux Endorois l'accès au Lac est une restriction de leur liberté de religion, ce qui n'est pas nécessaire pour des raisons de sécurité publique ou d'autres justifications […] »

« Par conséquent, la Commission africaine trouve à l'encontre de l'État Défendeur, une violation de l'article 8 de la Charte africaine. La Commission africaine accepte que l'expulsion des Endorois de la terre de leurs ancêtres par les autorités Kenyanes fût une violation du droit des Endorois à la liberté de religion et les éloignait des terres sacrées essentielles à la pratique de leur religion. Cette mesure rendait pratiquement impossible la continuation des pratiques religieuses essentielles à la culture et à la religion de cette communauté. La Commission africaine est d'accord avec les Plaignants que les restrictions apportées aux fonctions de l'État pour protéger les droits doivent être vues dans l'esprit de la Charte africaine. »[442]

La Commission a finalement conclu à la violation du droit au développement des peuples autochtones Endorois par le Kenya qui a empêché l'exercice de leurs droits religieux. Par interprétation, on comprend que les droits culturels religieux doivent être protégés, car leur exercice permet aux peuples autochtones de se développer selon leur propre mode de vie. Après avoir soutenu les Endorois qui :

« […] considèrent la forêt de Mochongoi et le lac Bogoria comme des lieux sacrés, et les ont toujours utilisés pour des cérémonies culturelles et religieuses majeures telles que les mariages, les funérailles, les circoncisions et les initiations traditionnelles. »

« Et […] que les Endorois, en tant que groupe autochtone dont la religion est étroitement liée à la terre, nécessitent une protection spéciale […] »[443]

La Commission africaine rappelle que :

« […] l'État Défendeur a négligé le fait que l'attrait universel d'une grande culture réside dans ses particularités et que des lois ou des règles trop contraignantes sur la culture affectent ces aspects durables. L'État Défendeur n'a pas tenu compte du fait que la restriction de l'accès au Lac Bogoria signifie le

[441] *Endorois*, *supra* note 34, aux paras 116, 117. La Commission a donné raison aux plaignants qui avançaient ces arguments.
[442] *Ibid* au para 173.
[443] *Ibid* aux paras 78, 79.

refus à la communauté de l'accès à un système intégré de croyances, de valeurs, de normes, de mœurs, de traditions et d'artefacts étroitement lié à l'accès au Lac. »

« En forçant la communauté à vivre sur des terres semi-arides sans accès aux plantes médicinales et autres ressources vitales pour la santé de leurs bétails, l'État Défendeur a créé une menace grave à la vie pastorale des Endorois. Elle convient que toute essence du droit des Endorois à la culture a été refusée, rendant illusoire le droit à toutes intentions ou buts. En conséquence, il est constaté une violation de l'article 17(2) et 17(3) de la Charte par l'État Défendeur. »[444]

En d'autres termes, la capacité de préserver le patrimoine culturel, entendu au sens des peuples autochtones, permet parallèlement de préserver leur mode de vie distinctif. Le respect des choix et des capacités culturelles des peuples autochtones passe notamment par le contrôle en matière d'éducation (outil de valorisation de la langue et des cultures autochtones) et par la protection des religions et de la spiritualité, ce qui permet d'assurer leur développement durable. La liberté de choix dans la manière d'offrir des infrastructures sociales adaptées culturellement est le second élément de la composante socioculturelle du droit au développement des peuples autochtones.

SECTION 2. DES INFRASTRUCTURES ET DES SERVICES SOCIAUX DE BASE ADAPTÉS CULTURELLEMENT

Dans la section précédente de notre ouvrage, nous avons vu que la composante culturelle des peuples autochtones comprend la protection du patrimoine culturel, matériel et immatériel. Parmi ceux-ci figurent la culture, la langue ainsi que la spiritualité et la religion. La composante sociale se rapporte au bien-être des populations autochtones, et plus particulièrement à l'amélioration de leur qualité de vie. En Guinée, ces dernières vivent très souvent dans des zones reculées et l'accès aux soins de santé, aux infrastructures adéquates et aux autres services sociaux de base (centre communautaire et sportif, logements adéquats, espaces culturels, etc.) est très souvent difficile.

D'après un rapport du groupe de travail d'experts de la Commission africaine des droits de l'homme et des peuples sur les populations/communautés autochtones : « Le manque d'infrastructures et d'accès aux services de santé et aux systèmes d'éducation appropriés, leur exclusion de la véritable participation à

[444] *Endorois*, *supra* note 34 aux paras 250, 251.

leur propre développement et le déni de leur droit à leur culture et à leur langue aggravent leur marginalisation et leur appauvrissement. »[445]

Autrement dit, en plus de la négation des droits culturels dont la langue et l'éducation vue précédemment, le déficit d'infrastructures et d'accès aux services de santé sont des facteurs d'appauvrissement des peuples autochtones. Cela veut dire concrètement que pour assurer le développement des peuples autochtones, la réalisation des infrastructures et l'amélioration des soins de santé sont primordiaux. Ceux-ci doivent par ailleurs être adaptés à la culture des peuples autochtones et répondre aux besoins et aux priorités manifestées par les peuples autochtones, dans l'exercice de leur droit à l'autodétermination.

2.1. La mise en place des infrastructures sociales adaptées culturellement

La liberté dans la manière d'offrir et de retenir les services et infrastructures adaptés culturellement est essentielle pour la composante sociale du droit au développement des peuples autochtones.

Par définition, en sciences économiques, « l'infrastructure désigne [...] la construction des voies de communication et d'équipements de base améliorant les conditions de vie des populations (assainissements, adduction d'eau, centres de santé) »[446]. Certains auteurs, tels que Jean Poirot, préfèrent la notion de services infrastructurels qui refléterait mieux la définition. Selon lui, l'infrastructure est « généralement définie par une simple liste d'équipements qui sont « des installations fixes dans cinq secteurs suivants : électricité, irrigation, télécommunication, transports, ainsi que l'approvisionnement en eau et l'assainissement dans les zones

---

[445] Union Union Africaine, Rapport sur les populations/communautés, *supra* note 32 à la p. 19.

[446] Jean Brot et Hubert Gérardin, *Emploi, Infrastructure et développement*, Paris, L'Harmattan, 2001, aux pp. 12-3. « Dans une approche plus large, la notion d'infrastructure associe étroitement les services attachés aux équipements. Une distinction est couramment établie entre les infrastructures sociales et économiques. Les premières se rapportent aux services relatifs aux champs sanitaires et sociaux, culturels et de l'éducation. Les secondes concernent des services qui impliquent la construction d'équipements de base (chemins de fer et métro, voiries et aires de stationnement, voies navigables, canaux d'irrigation, ports, barrages, aéroports, moyens de télécommunication, équipements urbains...) ; elles représentent des intrants, ou sont associées à la production et à la distribution de biens (électricité, gaz, eau...) »

[...] rurales][447]. » Ces équipements seraient nécessaires pour satisfaire les besoins vitaux d'un peuple. Selon cet auteur :

> « Les infrastructures, assimilées à des équipements, constituent le support essentiel à la prestation d'un ensemble de services indispensables pour assurer la croissance économique et pour satisfaire les besoins fondamentaux de la population. Ces services, que nous qualifions de "services infrastructurels" [...] apparaissent ainsi comme une condition nécessaire au développement économique et social [...] [Ils contribuent] à garantir le développement social en [couvrant] les coûts de l'homme) besoins fondamentaux de nourriture, éducation, logement, santé. »[448]

De ces définitions, nous comprenons que les infrastructures couvrent les domaines prioritaires, dont l'électrification, l'irrigation, les télécommunications, les transports, ainsi que l'adduction d'eau et l'assainissement. Il peut s'agir des routes, des chemins de fer, des ponts, des forages, des puits, des centres de santé, des réseaux électriques, des centres communautaires, des maisons de jeunes, des terrains de sports, des écoles, des lieux de culte, des centres culturels, des logements sociaux, des services d'assainissement, des musées, etc. Ces domaines sont identifiés comme étant prioritaires pour assurer le développement des peuples autochtones[449].

Les infrastructures sont ainsi regroupées en infrastructures immatérielles (service de garde, soins de santé, programmes d'emploi) et matérielles (logement, eau potable, eaux usées, écoles)[450], comme c'est le cas pour le patrimoine culturel. Ce lien entre infrastructures et développement apparait dans la définition même du terme d'infrastructure qui parle de l'amélioration des conditions matérielles de vie des populations autochtones. La mise en place des infrastructures devient dans cette optique une composante du droit au développement des peuples autochtones dans la mesure où elle permet de satisfaire aux besoins fondamentaux de la population et d'améliorer le bien-être des communautés. La DNUDPA fait d'ailleurs de la mise en œuvre des infrastructures dans les domaines de l'habitat, de la gestion des ordures et eaux usées, de la santé, des éléments essentiels

---

[447] Jacques Poirot, « Du concept d'infrastructure aux services infrastructurels » dans Jean Brot et Hubert Gérardin, dir., *Emploi, Infrastructure et développement*, Paris, L'Harmattan, 2001, 19 aux pp. 19, 29.

[448] *Ibid* à la p. 19.

[449] Union Africaine, Peuples autochtones d'Afrique, *supra* note 270 aux pp. 40-1.

[450] Susan Prentice et Teresa Healy, « Infrastructures communautaires et développement économique », ICREF à la p1, en ligne : FemNorthNet http://fnn.criaw-icref.ca/fr/page/infrastructures-communautaires-developpement-economique.

au développement des peuples autochtones. Elle reconnait à ce sujet que :

> « Les peuples autochtones ont droit, sans discrimination d'aucune sorte, à l'amélioration de leur situation économique et sociale, notamment dans les domaines [...] du logement, de l'assainissement, de la santé et de la sécurité sociale. »
>
> « Les États prennent des mesures efficaces et, selon qu'il conviendra, des mesures spéciales pour assurer une amélioration continue de la situation économique et sociale des peuples autochtones. Une attention particulière est accordée aux droits et aux besoins particuliers des anciens, des femmes, des jeunes, des enfants et des personnes handicapées autochtones. »[451]

Concrètement donc, l'offre des infrastructures serait un moyen d'assurer le développement social. Pour le cas spécifique des peuples autochtones, même si certains groupes vivent de façon traditionnelle, ils ont besoin d'un certain nombre de services essentiels pour leur développement, dont l'eau, l'électricité, les routes, les systèmes de santé, les écoles, etc. du fait que ce mode de vie s'inscrit dans le cadre d'une économie mixte. À cela, les personnes vulnérables, dont les femmes, les personnes handicapées, les personnes âgées doivent bénéficier d'une protection particulière dans la mise en place des infrastructures et programmes sociaux de santé et de sécurité sociale[452]. C'est pourquoi dans le contexte de l'exploitation minière, « pour nombre de collectivités autochtones, la mise en valeur des ressources représente un moyen de répondre aux besoins de la collectivité, notamment en matière d'infrastructures et de services sociaux. »[453] Ainsi, bon nombre de peuples autochtones et traditionnels en Afrique exigent que la valorisation de leur richesse naturelle s'accompagne de la mise en place de services infrastructurels. Les revenus de la mine doivent servir à la mise en place d'infrastructures en vue d'améliorer les conditions de vie des peuples autochtones[454]. Ceux-ci vivent dans des zones rurales où le problème d'accès routier rural est majeur[455]. L'amélioration de leur situation socioculturelle contribue au respect du droit au développement des collectivités autochtones vivant dans des régions

---

451 Déclaration des Nations Unies, *supra* note 30, art. 21.1.

452 Déclaration des Nations Unies, *supra* note 30, art. 21.1.

453 Parlement du Canada, « Appuyer la participation des Autochtones à la mise en valeur des ressources : le rôle des ententes sur les répercussions et les avantages », Norah Kielland, Division des affaires juridiques et sociales (2015), en ligne : Biliothèque du Parlement : https://lop.parl.ca/sites/PublicWebsite/default/fr_CA/ResearchPublications/201529E.

454 Manirakiza, « Protection des droits de l'homme », *supra* note 194 aux pp. 137-38.

455 Peuples autochtones d'Afrique et OMD, *supra* note 20 à la p. 81.

pauvres sans infrastructures[456]. En clair, cela devient un moyen de se développer, dès lors que ces infrastructures sont adaptées culturellement et conforment aux priorités et besoins des notions.

Comme pour le volet culturel du droit au développement, le volet social touche à un nombre significatif de sujets tout aussi important les uns que les autres. Pour illustrer la portée du droit au développement, son « noyau » est la liberté de choix dans l'optique d'améliorer le bien-être des peuples autochtones. Nous nous intéresserons dans la partie suivante à la question particulière de la santé, à savoir les infrastructures en matière de santé et les déterminants de la santé dans le contexte du droit au développement des peuples autochtones.

2.2. Le droit à des infrastructures sanitaires culturellement adaptées

Les questions sociales et la santé sont abordées dans le cadre des infrastructures immatérielles comme condition du développement des peuples autochtones. À cela, il faut ajouter l'apport de la construction des équipements, qui permettra un accès aux soins nécessaires.

La Convention 169 de l'OIT dans son article 7.2 précise à ce sujet que « l'amélioration des conditions de vie » et du « niveau de santé » des peuples autochtones « doit être prioritaire dans les plans de développement économique d'ensemble des régions qu'ils habitent. Les projets particuliers de développement de ces régions doivent également être conçus de manière à promouvoir une telle amélioration ». Cette connexion entre l'amélioration du niveau de vie et le niveau de santé tient du constat de l'état de santé des peuples autochtones qui accusent un retard dans l'offre des infrastructures sanitaires. En effet, le taux de mortalité et de maladie est très souvent élevé chez les peuples autochtones en raison de l'isolement géographique de leur région et des difficultés d'accès aux soins de base. D'après un rapport des Nations Unies sur les Objectifs du Millénaire pour le Développement, la situation sanitaire des peuples autochtones en général est précaire et déplorable[457]. Pour le cas spécifique des Pygmées de l'Afrique centrale, le rapport mentionne que leur situation sanitaire est plus critique que le reste de la

---

[456] *Ibid* à la p. 81.

[457] Peuples autochtones d'Afrique et OMD, *supra* note 20 à la p. 77. Voir aussi Union Africaine, Peuples autochtones d'Afrique, *supra* note 270 aux pp. 40-1.

population, parce qu'il y a un manque d'accès aux services de santé de base ou les services existants sont inadéquats[458]. À titre d'exemple, tout comme les autres collectivités rurales, les Pygmées « souffrent d'une pénurie de services de santé [...] Ils sont particulièrement désavantagés, car ils n'ont pas les moyens de payer les traitements, manquent de documents nécessaires pour voyager et payer et sont souvent humiliés, dans les centres de soins, parce que Pygmées. »[459] Dans cette perspective, la construction des équipements sanitaires permettra aux peuples autochtones d'avoir un accès aux soins nécessaires et d'améliorer leur qualité de vie. C'est pourquoi la DNUDPA[460] et la Convention 169 de l'OIT invitent les États à considérer de façon prioritaire « l'amélioration des conditions de vie » et du niveau de santé des peuples autochtones dans « les plans de développement économique d'ensemble des régions qu'ils habitent. »[461] De plus, les projets particuliers de développement de ces régions doivent également être conçus de manière à promouvoir une telle amélioration. » À cela, « les régimes de sécurité sociale doivent être progressivement étendus aux peuples intéressés et être appliqués sans discrimination à leur encontre. »[462]

Pourtant, dans le contexte de l'exploitation minière, les entreprises :

> « Privilégient nettement les bénéfices économiques tels que les compensations financières, les contrats et les emplois plutôt que la santé et le bien-être des communautés. En d'autres termes, les bénéfices économiques prévalent au détriment des investissements dans des programmes sociaux et des programmes de santé. »[463]

Dès lors, pour la prise en compte de la santé dans le contexte du droit au développement, les auteurs proposent une définition plus large de la notion de santé en incluant des déterminants sociaux propres à la situation des Autochtones. Il est question dans ce cas de :

---

458 Peuples autochtones d'Afrique et OMD, *supra* note 20 aux pp. 80-1.

459 *Ibid* à la p. 79.

460 Déclaration des Nations Unies, *supra* note 30, art. 23. « Les peuples autochtones ont le droit de définir et d'élaborer des priorités et des stratégies en vue d'exercer leur droit au développement. En particulier, ils ont le droit d'être activement associés à l'élaboration et à la définition des programmes de santé, de logement et d'autres programmes économiques et sociaux les concernant, et, autant que possible, de les administrer par l'intermédiaire de leurs propres institutions. »

461 Convention 169 OIT, *supra* note 28, art. 7.2.

462 *Ibid*, art. 24

463 Cathleen Knotsch, Peter Siebenmorgen et Ben Bradshaw, « Les Ententes sur les répercussions et les avantages et le bien-être des communautés : des occasions ratées ? » (2010) 40 3 *Recherches amérindiennes au Québec* 59 à la p. 65.

« Reconnaitre les déterminants sociaux, c'est-à-dire les facteurs qui influencent les résultats de santé, mais qui sont de nature sociale plutôt que médicale. [...] Dans le contexte particulier des mines, les chercheurs ont reconnu le rôle critique de facteurs non médicaux, tels le logement, l'éducation, l'exclusion sociale et la discrimination, sur la santé des individus et des populations. Ces mesures aideront ainsi à une meilleure santé des peuples autochtones. »[464]

Suivant cette logique, il faut considérer les déterminants sociaux dans le contexte de la santé relativement au droit au développement des peuples autochtones. Car, à part le fait que l'état de santé des communautés autochtones est en général précaire, l'exploitation minière cause des types de maladie spécifique ou de problèmes sociaux spécifiques. Ceux-ci, appelés facteurs qui défavorisent la santé, doivent être pris en compte dans l'offre des infrastructures se rapportant à la composante sociale des peuples autochtones. D'après une étude, les problèmes de santé récurrents dans les zones minières comprennent :

« Les impacts sur la santé qui incluent la marginalisation des femmes au foyer comme source de stress ainsi que l'accroissement d'abus de substances illicites et des pratiques sexuelles non sécuritaires. Ces études ont aussi exploré les déterminants sociaux, psychologiques et structurels de la santé sexuelle dans les communautés minières, pétrolières et gazières. On remarque dans ces communautés un taux plus élevé de violence conjugale, de maladie mentale, d'exploitation sexuelle, d'abus de substances et de jeux de hasard [...] »[465]

Au-delà de toutes ces considérations, d'autres facteurs sont aussi à prendre en compte dans le cadre du développement des peuples autochtones en lien avec la santé. En effet, « la perte de l'accès aux territoires forestiers et à leurs ressources prive également les communautés [autochtones] de leur pharmacopée traditionnelle renommée. »[466] Suivant cet ordre d'idées, garantir le droit aux terres et aux ressources, d'une part, et prendre en compte la pharmacopée traditionnelle des peuples autochtones, d'autre part, permet de lutter contre l'insécurité alimentaire et d'améliorer leur santé. C'est pourquoi selon un rapport des Nations Unies, « la possession de la terre est cruciale pour la survie [des peuples autochtones] et l'accès [aux ressources] est une composante vitale de la santé physique, mentale et spirituelle, du bien-être de [ces communautés]. »[467]

Par ailleurs, la protection des droits territoriaux des peuples autochtones devient un élément déterminant pour assurer leur santé.

---

[464] Knotsch, *supra* note 463 à la p. 65.
[465] *Ibid* aux pp. 65-6.
[466] Peuples autochtones d'Afrique et OMD, *supra* note 20 à la p. 75.
[467] *Ibid* à la p. 82.

La sécurisation des terres traditionnelles permet ainsi l'accès aux plantes médicinales. Tout comme pour l'exercice des droits religieux, le droit à la terre serait donc un aspect fondamental pour la santé des peuples autochtones. La Commission africaine a reconnu que le fait d'expulser les Endorois de leurs terres traditionnelles les empêchant de profiter de la pharmacopée traditionnelle, des sels minéraux et du sol riche indispensables pour leur bonne santé et celle de leurs bétails constitue une violation de l'article 21 de la CADHP[468]. La Cour s'exprime en ces termes :

> « En forçant la communauté à vivre sur des terres semi-arides sans accès aux plantes médicinales et autres ressources vitales pour la santé de leurs bétails, l'État Défendeur a créé une menace grave à la vie pastorale des Endorois. Elle convient que toute essence du droit des Endorois à la culture a été refusée, rendant illusoire le droit à toutes intentions ou buts. En conséquence, il est constaté une violation de l'article 17(2) et 17(3) de la Charte par l'État Défendeur. »[469]

En tenant compte de l'importance de la médecine traditionnelle pour la santé des peuples autochtones, les services de santé qui leur sont destinés doivent « inclure les guérisseurs traditionnels sur qui les communautés peuvent compter et en qui elles ont confiance. »[470] Une telle reconnaissance des guérisseurs traditionnels et la valorisation de la pharmacopée traditionnelle cadrent avec la prise en considération des valeurs culturelles des peuples autochtones dans le domaine de la santé. Elle est reconnue par la DNUDPA qui fait mention en son article 31 du droit des Autochtones de développer leur pharmacopée traditionnelle. La Convention 169 de l'OIT encourage à ce propos de « tenir compte des conditions économiques, géographiques, sociales et culturelles, ainsi que des méthodes de soins préventifs, pratiques de guérison et remèdes traditionnels » des peuples autochtones dans les services de santé[471]. La Convention 169 de l'OIT recommande même un contrôle du système de santé par les peuples autochtones, autrement dit l'autonomie sur le plan sanitaire en plus de l'autonomie politique, culturelle et économique ainsi que le contrôle des terres étudiées dans les chapitres précédents. D'après la Convention 169 de l'OIT :

> « les gouvernements doivent faire en sorte que des services de santé adéquats soient mis à la disposition des peuples intéressés ou doivent leur donner les

---

[468] *Endorois*, *supra* note 34 aux paras 124-254-275.
[469] *Ibid* au para 251.
[470] Peuples autochtones d'Afrique et OMD, *supra* note 20 à la p. 82.
[471] Convention 169 OIT, *supra* note 28, art. 25.2.

moyens leur permettant d'organiser et de dispenser de tels services sous leur responsabilité et leur contrôle propres, de manière qu'ils puissent jouir du plus haut niveau possible de santé physique et mentale. »[472]

Pour renforcer ce contrôle en matière de santé, des formations doivent même être données aux membres des communautés autochtones. Dans cette optique, « le système de soins de santé doit accorder la préférence à la formation et à l'emploi de personnel de santé des communautés locales et se concentrer sur les soins de santé primaires, tout en restant en rapport étroit avec les autres niveaux de services de santé. »[473]

À la lumière de ce qui précède, il convient de noter que la réalisation des infrastructures permet d'améliorer la qualité de vie des communautés autochtones. Pour améliorer leur santé, on devrait « s'attaquer aux problèmes de l'éloignement, de la pauvreté et des discriminations dont souffrent ces communautés ainsi qu'à celui de la perte de leurs terres. »[474] L'exploitation minière peut être une occasion pour la mise en place des infrastructures adaptées culturellement aux besoins des peuples autochtones. La question du choix devrait aussi être au cœur du développement social et culturel. La communauté autochtone doit décider où investir en priorité, elle doit être capable de prendre des mesures en matière sociale, culturelle et de faire des choix en matière des infrastructures adaptées à ses propres besoins. Si les infrastructures ne sont pas souhaitées, elles ne sont pas en phase avec les besoins et les priorités de la communauté autochtone. C'est en ce sens que la liberté de choix en matière d'offres d'infrastructures, soit l'association des peuples autochtones à la détermination de leurs priorités en matière d'offre d'infrastructures est au cœur de la composante socioculturelle du droit au développement des peuples autochtones. Ce qui signifie concrètement que « les peuples ont le droit de définir et d'élaborer des priorités et des stratégies en vue d'exercer leur droit au développement. En particulier, ils ont le droit d'être activement associés à l'élaboration et à la définition des programmes de santé, de logement et d'autres programmes économiques et sociaux les concernant, et, autant que possible, de les administrer par l'intermédiaire de leurs propres institutions. »[475]. La Cour africaine a rappelé à ce sujet que l'article 22 de la Charte qui consacre le droit au développement doit être analysé au regard de

---

[472] *Convention 169 OIT, supra* note 28, art. 25.1.
[473] *Ibid*, art. 25.3
[474] Peuples autochtones d'Afrique et OMD, *supra* note 20 à la p. 81.
[475] Déclaration des Nations Unies, *supra* note 30, art. 23.

l'article 23 précité de la DNUDPA. Par conséquent, le fait de ne pas laisser la liberté de choix aux Ogiek pour la définition de leurs priorités en matière d'offre d'infrastructures socioculturelles est une violation de leur droit au développement. La Cour conclut que le droit au développement des Ogiek n'a pas été respecté, car « *They have also not been actively involved in developing and determining health, housing and other economic and social programs affecting them.* »[476]

[476] *Ogiek, supra* note 34 au para 210.

CONCLUSION DE LA PREMIÈRE PARTIE

Dans cette première partie de notre ouvrage, nous avons cherché à identifier les composantes du droit au développement des peuples autochtones. Notre hypothèse étant que le régime minier guinéen porte atteinte au droit au développement, il fallait identifier les éléments constitutifs de ce droit. Pour ce faire, nous avons compris que tout comme la notion de développement elle-même, celle du droit au développement comporte des aspects politiques, économiques et socioculturels. Le droit aux terres et aux ressources est un droit central, presque nécessaire à la protection des autres composantes du droit au développement. La composante politique a trait à la reconnaissance des ordres juridiques autochtones et le droit à la consultation, à la participation et au consentement des peuples autochtones. Nous avons vu à ce sujet que le seuil en matière de consultation des peuples autochtones est variable et vise à obtenir le CPLE, comme une obligation de moyen et non de résultat. Ensuite, la composante économique du droit au développement se rapporte à la protection du mode de subsistance des peuples autochtones, leur participation à l'économie de marché, ainsi que le droit aux terres et aux ressources. La protection du milieu est un moyen pour protéger les droits fonciers des peuples autochtones. L'accès à des emplois de qualité et l'accès à une formation adéquate permettent, quant à eux, aux peuples autochtones de prendre part à l'économie du marché.

Enfin, l'aspect socioculturel est la dernière composante du droit au développement des peuples autochtones. Elle tient à la protection du mode de vie distinctif qui passe par la liberté de valoriser le patrimoine culturel (culture, langue et spiritualité) des peuples autochtones, mais aussi la satisfaction des besoins fondamentaux par la mise en place des infrastructures sociales et sanitaires adaptées culturellement permettant d'améliorer le bien-être des communautés autochtones.

Par ailleurs, nous avons remarqué que la consultation et l'autonomie étaient présentes dans chacun des aspects du droit au développement tant dans la gestion et le contrôle des terres que celle du patrimoine culturel (gestion de l'éducation) et la réalisation des infrastructures et services sociaux adaptés culturellement. Ceci nous fait dire que les trois composantes du droit au développement se complètent et sont indissociables et il n'y a pas non plus de hiérarchie entre elles. En ce sens, porter atteinte à une composante du droit au développement équivaut à une atteinte à la capacité de choisir. Le droit au développement permet aux peuples autochtones de faire des choix culturels et sociaux en matière d'offre des infrastructures. Le droit de se développer revient aussi à l'idée de faire croître, avancer, revitaliser, augmenter et améliorer de façon qualitative et durable les conditions de vie des peuples autochtones. Il y a donc une violation du droit au développement quand la liberté de choix des peuples autochtones n'est pas respectée.

Dans la deuxième partie de notre projet de recherche, nous verrons les obligations des États et des entreprises minières pour la mise en œuvre des composantes politiques, économiques et socioculturelles du droit au développement des peuples autochtones.

PARTIE II

Les obligations des États et des entreprises minières dans la mise en œuvre du droit au développement des peuples autochtones

Dans le titre 1 de cet ouvrage, nous avons identifié les composantes du droit au développement des peuples autochtones. Ces composantes se retrouvent tant dans le domaine politique, économique que socioculturelle et sont interdépendantes. Nous avons aussi remarqué que la liberté de choix était au cœur du droit au développement. En d'autres termes, la capacité des peuples autochtones de prendre des décisions conformes à leurs besoins et à leurs priorités est le « noyau » de leur droit de se développer. À cela, il faut ajouter l'importance transversale des droits territoriaux. Pour rendre ce droit opérationnel dans le contexte de l'exploitation minière, il faut identifier les obligations qui incombent aux États et aux entreprises minières dans sa mise en œuvre. Notre hypothèse étant que le droit minier guinéen n'est pas conforme aux normes du droit au développement, il faut voir les obligations de chacun des acteurs impliqués dans sa mise en œuvre. Nous verrons que la responsabilité première de mettre en œuvre les composantes du droit au développement incombe à l'État. En application du principe de responsabilité sociale des entreprises, les minières jouent également un rôle important dans la réalisation du droit au développement des peuples autochtones, indépendamment des obligations de l'État. D'après un rapport du rapporteur spécial sur les droits des peuples autochtones, James Anaya, portant sur l'industrie extractive :

> « Bien que ce soit aux États qu'il incombe avant tout de garantir le respect des droits de l'homme, y compris des droits des peuples autochtones, aujourd'hui un certain nombre de cadres réglementaires et de cadres d'autodiscipline régissant la responsabilité des entreprises commerciales traduisent une compréhension

étendue du rôle que peuvent jouer ces entreprises tant dans les atteintes aux droits de l'homme que dans la réalisation de ces droits dans différents contextes. [...] Ainsi [...], il incombe aux entreprises de respecter les droits de l'homme internationalement reconnus et [...] cette responsabilité est indépendante des obligations des États. »[477]

Nous verrons, dans les prochains chapitres, quelles sont les obligations des États (chapitre 1) et des entreprises minières (chapitre 2) eu égard aux trois composantes du droit au développement des peuples autochtones.

[477] Rapport du Rapporteur spécial sur les droits des peuples autochtones, M. James Anaya. *Industries extractives et peuples autochtones*, Doc off AG NU, 24e sess, Doc NUA/HRC/24/41 (2013) au para 1 [Anaya, *Industries extractives et peuples autochtones.*]

CHAPITRE I

Les obligations des États dans le respect, la protection et la mise en œuvre du droit au développement des peuples autochtones

L'obligation de respect, de protection et de mise en œuvre des composantes du droit au développement revient en premier à l'État. L'article 3 de la *Déclaration sur le droit au développement* rappelle que « les États ont la responsabilité première de la création des conditions nationales et internationales favorables à la réalisation du droit au développement. »[478] Ce rôle revient à l'État en raison, premièrement, de son obligation de promouvoir les droits de la personne à l'échelle internationale. Cette obligation énoncée par John Ruggie[479] a été confirmée dans la décision *Ogoni*. Dans cette décision, la Commission africaine rappelle à l'État nigérian qui contestait toute implication dans la destruction du milieu de vie des Ogoni par les compagnies pétrolières que :

> « Les idées acceptées au plan international concernant les diverses obligations créées par les droits de l'homme indiquent que tous les droits, civils et politiques, sociaux et économiques, créent au moins quatre niveaux d'obligations pour un État qui s'engage à adopter un régime de droit, notamment le devoir de respecter, de protéger, de promouvoir et de réaliser ces droits. »[480]

---

[478] *Déclaration sur le droit au développement*, *supra* note 26, art. 3. La *Charte africaine*, *supra* note 31, art. 22. 2 prévoit aussi que « Les États ont le devoir, séparément ou en coopération, d'assurer l'exercice du droit au développement ».

[479] Rapport du Représentant spécial du Secrétaire général chargé de la question des droits de l'homme et des sociétés transnationales et autres entreprises, John Ruggie. *Principes directeurs relatifs aux entreprises et aux droits de l'homme : mise en œuvre du cadre de référence « protéger, respecter et réparer » des Nations Unies,* Doc off AG NU, 17e sess., Doc NU A/HRC/17/31 (2011) à la p. 8.

[480] *Ogoni*, *supra* note 33 au para 44.

Autrement dit, les États ont l'obligation en droit international de protéger contre les atteintes aux droits sociaux, économiques et culturels (protéger) ; l'obligation de ne pas porter atteinte (respect) et l'obligation de mettre en œuvre ces droits[481].

Le droit au développement étant un droit social et économique normatif de la personne, son respect, sa promotion, sa protection et sa mise en œuvre reviennent donc à l'État.

Premièrement, la responsabilité de rendre effectif, de protéger et de mettre en œuvre le droit au développement incombe à l'État, à travers son rôle de régulation et de réglementation qui lui est assigné dans la théorie du post-modernisme[482]. En effet, les fondements du post-modernisme amènent l'État à aller au « delà de son rôle de régulateur et d'arbitre en devenant un État gardien. »[483] Cela signifie qu'il lui incombe la responsabilité de préserver et d'exploiter les ressources naturelles dans l'intérêt de tous, y compris celui des peuples autochtones[484]. À ce sujet, une lecture de l'arrêt *Endorois* permet d'identifier les responsabilités des États dans la mise en œuvre du droit au développement des peuples autochtones. S'inspirant de l'arrêt *Saramaka* qui présente des similitudes avec la décision *Endorois* (il s'agit de l'exploitation de l'or dans le premier cas et du rubis dans le second), la commission précise ceci :

> « [...] il incombe à l'État Défendeur la responsabilité de créer des conditions favorables au développement des peuples »[485]

---

481 *Pacte des droits économiques, supra* note 57. Voir aussi Comité des droits sociaux économiques et culturels de l'ONU, en ligne : *Humanrights.ch* https://www.humanrights.ch/fr/droits-humains-internationaux/onu-organes/cescr/. Voir également Communauté économique des États de l'Afrique de l'Ouest, « Directive C/DIR 3/05/09 en date du 27 mai 2009 portant sur l'harmonisation des principes directeurs et des politiques dans le secteur minier », arts 15.2–15.3, en ligne *: Journal officiel de la République du Sénégal.* http://www.jo.gouv.sn/spip.php?article8182. Selon cette directive, « Les États membres et les titulaires de droit et titre miniers garantissent les droits des communautés locales [...] 3. Les États membres ont l'obligation de prendre les dispositions nécessaires pour la réalisation progressive des droits économiques, sociaux et culturels relatifs aux activités minières [...] »

482 André-Jean Arnaud, « De la postmodernité » dans *entre modernité et mondialisation, cinq leçons d'histoire de la philosophie du droit et de l'État*, Paris, LGDJ, 40 199, 147 aux pp. 160-62. Voir aussi Marie-Pierre Blin-Franchomme, « Le commerce équitable, un autre exemple de droit post-moderne » dans Geneviève Parent, dir., *Production et consommation durables : de la gouvernance au consommateur-citoyen*, Actes du colloque international tenu à Québec en septembre 2008, Cowansville (Qc), Yvon Blais, 2008, 167 aux pp. 172-74.

483 Paule Halley, l'environnement, notre patrimoine commun et son État gardien : Aspects juridiques nationaux et internationaux, Cowansville (Qc), Yvon Blais, 2012 à la p. 15. [Halley, Environnement]

484 *Ibid* à la p. 13.

485 *Endorois*, *supra* note 34 au para 298.

« [...] en raison du fait que toute activité d'exploitation d'or sur le territoire Saramaka affectera nécessairement d'autres ressources naturelles nécessaires pour la survie des Saramaka, tel que des cours d'eau, l'État a le devoir de les consulter, dans le respect de leurs traditions et coutumes, pour toute concession d'exploitation minière sur le territoire Saramaka, ainsi que de permettre aux membres de la communauté d'avoir raisonnablement part aux retombées d'une telle concession et d'effectuer ou de superviser l'exécution d'une étude d'impact environnemental et social avant le lancement du projet. Cette même analyse s'applique pour d'autres concessions dans le cas présent des Endorois. »[486]

En outre :

« [...] Les opérations minières imminentes menacent également de causer des dégâts irréparables aux terres [alors que] [...] le cadre juridique de l'État [défendeur] donne à peine aux [*Endorois*] le privilège d'utiliser les terres, qui ne garantit pas le droit de contrôler effectivement leur territoire sans interférence extérieure. La Cour [retient] qu'au lieu d'un privilège d'utiliser les terres qui peuvent être retirées par l'État ou aliénées par les droits fonciers d'un tiers, les autochtones et les tribus doivent obtenir un titre sur leur territoire pour en garantir la jouissance ou l'utilisation permanente. Ce titre doit être reconnu et respecté, non seulement dans la pratique, mais également dans les lois, pour en assurer la certitude juridique. »[487]

À la lecture de cette décision, on peut déduire que pour assurer le droit au développement des peuples autochtones dans le contexte de l'exploitation minière, l'État a l'obligation de les consulter en respectant leur ordre juridictionnel traditionnel (section 1). Deuxièmement, l'État doit adopter des mesures pour sécuriser le droit aux terres et aux ressources des peuples autochtones (section 2).

Deuxièmement, l'État doit réaliser des études d'impact environnemental ou surveiller cette étude si elle est menée par un tiers dans le but de protéger l'environnement (section 3). Quatrièmement, l'État doit s'assurer du partage des bénéfices issus de la mise en valeur des ressources naturelles (section 4).

SECTION 1. LES OBLIGATIONS DES ÉTATS EU ÉGARD À LA COMPOSANTE POLITIQUE DU DROIT AU DÉVELOPPEMENT

Le droit au développement des peuples autochtones implique la consultation qui a pour finalité la recherche du CPLE de ces derniers, tel qu'expliqué au Titre 1.

---

486 *Endorois*, *supra* note 34 au para 266.

487 *Ibid* aux paras 206, 210.

Dans le contexte de l'extraction minière, cela veut dire que les règles en matière de consultation sont plus rigoureuses et les obligations de l'État plus contraignantes[488]. La consultation favorise la participation des peuples autochtones au projet minier en vue d'en atténuer les incidences sur leur mode de vie. Selon Katia Iankova :

> « Traditionally, major economic activities provoke some form of hostility within indigenous communities. Involving indigenous peoples in national policy processes is often a difficult task. Indigenous people are often the subject of major state private projects developed on their ancestral territories, like dam construction, mining, housing, or deforestation. Their involvement in the decision making process is crucial for the prosperity of these communities. Indigenous communities need guarantees to respect their rights and a fair share of the economic gains. »[489]

Partant de là, la consultation devient un outil de participation et une mesure d'information et de négociation entre les peuples autochtones et un tiers afin d'obtenir leur soutien pour le développement de leur territoire et bénéficier des avantages qui en découlent. Pour Rodon et Papillon, le principe du consentement préalable, libre et éclairé (CPLE) permet aussi aux peuples autochtones de prendre des décisions autonomes relativement à la mise en valeur de leurs territoires. Ce consentement doit être exprimé librement en possession des informations sur le projet et de ses impacts possibles. L'application du CPLE par les États reste toutefois ambigüe ainsi que le mécanisme pour son institutionnalisation.

> « In essence, the right to free, prior, and informed consent requires that Indigenous peoples be empowered to make autonomous decisions regarding the appropriateness of a development project that could have an impact on their traditional lands. This consent must be expressed freely and in possession of all relevant information regarding the proposed activity and its potential impact. »

---

[488] Pour une étude exhaustive des instruments juridiques qui consacrent le consentement préalable, libre et éclairé des peuples autochtones en Afrique, voir : Emily Greenspan, « Free, Prior, and Informed Consent in Africa: An emerging standard for extractive industry projects », Oxfam America Research Backgrounder series, 2014.

[489] Iankova, Indigenous Peoples and Economic Development, *supra* note 361 à la p. 326. Voir aussi Manirakiza, « Protection des droits de l'homme », *supra* note 194 à la p. 129. Il parle de l'importance de consulter les peuples autochtones, car ils sont très souvent mis devant les faits accomplis. Pour lui, « Traditionnellement, l'industrie extractive en Afrique est dominée par deux acteurs partenaires importants : les gouvernements et les compagnies extractives. Les contrats extractifs se négocient et se concluent entre les deux. Pourtant, dans la plupart des cas, les ressources naturelles se retrouvent dans les endroits les plus reculés, habités ou utilisés par des populations locales [autochtones] à des fins de pâturage ou d'agriculture. Il n'est donc pas rare pour ces dernières de voir des débroussailleuses suivies de bulldozers débarquer sur leurs terres sans préavis et sans leur consentement. Il importe donc de s'assurer de leur inclusion dans l'industrie extractive afin de leur donner la capacité d'articuler leurs préoccupations et leurs droits et ainsi minimiser les dégâts liés à l'industrie extractive. »

> « Ambiguities […] subsist as to the mechanisms through which this consent must be expressed[490]. »

Les mécanismes prévus pour la mise en œuvre du CPLE sont en lien avec les obligations des États. Celles-ci sont précisées par la Commission africaine selon laquelle :

> « Le droit au développement est étroitement lié à la question de la participation. Pour le cas de *Saramaka*, la Cour interaméricaine a déclaré qu'en garantissant la participation effective du peuple Saramaka aux plans de développement ou d'investissement sur leur territoire, l'État a la responsabilité de consulter la communauté concernée suivant leurs coutumes et traditions. Cette responsabilité exige que l'État accepte de disséminer les informations et implique une communication constante entre les parties. Ces consultations doivent se faire de bonne foi, au travers des procédures adéquates sur le plan culturel, et visant à parvenir à un accord. »[491]

Les obligations qui se dégagent se rapportent à l'information(1), la bonne foi(2), la reconnaissance des organes décisionnels, notamment traditionnels(3).

1.1. L'obligation de consulter de manière adéquate

Pour assurer le droit au développement des peuples autochtones, la première obligation de l'État est de les consulter en communiquant une information exempte de toute ambigüité susceptible d'être comprise par les peuples autochtones[492]. Par exemple, les objectifs du

---

[490] Martin Papillon et Thierry Rodon, « Proponent-Indigenous agreements and the implementation of the right to free, prior, and informed consent in Canada » (2017) 62 *Environmental Impact Assessment Rev* 216 à la p. 217. [Papillon, « Proponent-Indigenous agreements »]

[491] *Endorois, supra* note 34 au para 289. Pour la confirmation de l'obligation de l'État dans la mise en œuvre du CPLE voir aussi : Voir Asbjorn Eide, « The Indigenous Peoples, The Working Group on Indigenous Populations and the Adoption of the UN Declaration on the Rights of Indigenous Peoples » dans Claire Charters et Rodolfo Stavenhagen, dir., *Making the Declaration Work : TheUnited Nations Declaration on the Rights of Indigenous Peoples*, Copenhague, IWGIA, 2009, 32 à la p. 43. Patrick Macklem, « Corporate Accountability under International Law: The Misguided Quest for Universal Jurisdiction » (2005) 7 4 FORUM 281 à la p. 282. Voir aussi *Affaire Kichwa Indigenous Peoples of Sarayaku (Ecuador)* (2012), Inter-Am Ct HR (sér C) n°245 au para 187.

[492] Voir Africa Panel Progress., *Equite et Industries Extractives en Afrique : Pour une gestion au service de tous*, Genève, Africa Panel Progress, 2013 à la p. 6. Pour Koffi Annan, « les gouvernements africains doivent procéder à des consultations de grande ampleur pour développer ces stratégies [c'est-à-dire associer la communauté locale dans l'élaboration des politiques liées à l'exploitation minière], afin de remplacer les calculs à court terme par une nécessaire réflexion à long terme. Fondamentalement, ces stratégies nationales doivent identifier les projets d'extraction capables de générer plus d'emplois, avec un lien effectif avec l'économie locale. La transformation des ressources naturelles avant leur exportation donne une valeur supplémentaire à ce secteur dans un pays ».

projet et les risques potentiels du projet doivent être précisés. Les avantages qui en découlent doivent également être expliqués clairement aux peuples autochtones. En plus de ces exigences, la langue de communication doit être accessible pour que les peuples autochtones soient en mesure de comprendre tous les impacts possibles du projet. Dans ce contexte, si les membres des peuples autochtones sont analphabètes, le support doit être adéquat (exemple : vidéo au lieu de documents). En outre, les débats entourant le processus de consultation doivent être accessibles dans les langues autochtones[493]. De plus, le canal de diffusion des informations doit être maitrisé par les peuples autochtones qui ont le droit d'utiliser à l'occasion leur mécanisme de communication traditionnelle. À ce sujet, les Lignes directrices des Nations Unies font référence à des « informations précises et présentées de manière accessible et compréhensible »[494] dans toutes les phases du projet, savoir l'évaluation, la planification, l'exécution, le suivi, le bilan et l'achèvement du projet minier[495]. Cela signifie que la consultation doit s'effectuer au tout début du processus et être continue[496]. Pour ce faire, les éléments d'information sont précisés. Ils se rapportent à « la nature, l'ampleur, l'évolution, la réversibilité et la portée du projet »[497]. L'information doit aussi porter sur « les raisons ou objectifs du projet ou de l'activité ; la durée, la localisation des zones concernées ; le personnel susceptible de contribuer à l'exécution du projet proposé (y compris les peuples autochtones, le personnel du secteur privé, les instituts de recherche, les fonctionnaires et autres) ; les procédures possibles dans le cadre du projet[498]. »

Enfin, les peuples autochtones ont le droit d'avoir accès à une « information complète et intelligible » à toutes les étapes du projet[499].

[493] *Endorois*, *supra* note 34 au para 292.
[494] Lignes directrices, *supra* note 85 à la p. 31.
[495] *Ibid* à la p. 31.
[496] *Ibid* aux pp. 19, 31. Voir aussi James Anaya, « Statement of the Special Rapporteur on the rights of indigenous peoples, Human Rights Council », Doc off AG NU, 9e sess, PFII, 2012, en ligne: *James Anaya, Former Special Rapporteur on the indigenous peoples rights 2008-2014 :* http://unsr.jamesanaya.org/statements/statement-of-special-rapporteur-to-the-un-human-rights-council-2012.
[497] Lignes directrices, *supra* note 85 à la p. 31.
[498] *Ibid.*
[499] Farget, « Place réservée », *supra* note 208 à la p. 626. Voir aussi Résolution CADHP/Res.224 (LI) 2012 sur une approche axée sur les droits de la personne dans la gouvernance des ressources naturelles, Gambie, 2 mai 2012. Cette résolution de la Commission africaine invite les États parties à « confirmer que toutes les mesures nécessaires doivent être prises par l'État afin de garantir la participation, notamment le consentement

Ces exigences sont reconnues par la Commission africaine qui suppose que pour :

> « Qu'un processus devant aboutir à un consentement soit pleinement avisé, il faut au moins que tous les membres de la communauté soient pleinement et exactement informés de la nature et des conséquences de ce processus et qu'ils aient l'opportunité effective d'y participer individuellement ou de manière collective [...] »
>
> « La Commission africaine convient avec les Plaignants pour affirmer que l'État Défendeur n'a pas garanti l'information adéquate des Endorois sur la nature et les conséquences du processus [...][500] »

Cela dit, après s'être assuré que les peuples autochtones ont l'information adéquate et qu'ils comprennent bien l'information transmise (appelé une participation en toute connaissance de cause[501]), l'État a l'obligation d'agir de bonne foi. Il a aussi une obligation de transparence en donnant la possibilité aux peuples autochtones de faire des contre-propositions et de prendre collectivement des décisions éclairées.

1.2. L'obligation d'agir de bonne foi : offrir la possibilité aux peuples autochtones de faire des contre-propositions

Pour mettre en œuvre le droit à la consultation des peuples autochtones, l'État doit agir de bonne foi et avec transparence. D'après les Lignes directrices des Nations Unies, « la consultation doit se faire de bonne foi. Les parties devraient établir un dialogue leur permettant de parvenir à des solutions adaptées dans un climat de respect mutuel et de bonne foi, sur la base d'une participation pleine et équitable »[502]

---

libre, préalable et informé des communautés, à la prise des décisions liées à la gouvernance des ressources naturelles ».

[500] *Endorois, supra* note 34 aux para 133, 292. Voir aussi *Mary and Carrie Dann* v *USA* (2002). « *In Mary and Carrie Dann v. USA, the IAcmHR noted that convening meetings with the* Community 14 years after title extinguishment proceedings began constituted neither prior nor effective participation. To have a process of consent that is fully informed "requires at a minimum that all of the members of the community are fully and accurately informed of the nature and consequences of the process and provided with an effective opportunity to participate individually or as collectives." cité dans Endorois, *supra* note 34 au para 131.

[501] Forest Peoples Program, « Guide de la politique de la Banque mondiale sur les peuples autochtones (PO/PB 4.10) à l'intention des communautés » à la p. 3, en ligne (PDF) : Forest Peoples Programme : http://www.forestpeoples.org/sites/fpp/files/training/2010/08/wb_4_10_guide_may07_fr.pdf.

[502] Lignes directrices, *supra* note 85 à la p. 3.

Ce critère a fait l'objet d'application variable dans les droits internes des États. Au Canada, par exemple, voici comment ce critère a été bonifié et appliqué[503]. La Cour suprême du Canada a, par exemple, précisé que « la bonne foi qui doit animer tant la Couronne que les groupes autochtones constitue un élément important de l'obligation de consulter »[504] Cette remarque est valable sur le plan international et à toute obligation de l'État dans l'institutionnalisation du CPLE[505]. Elle suppose que la démarche de l'État doit prendre en considération les priorités des peuples autochtones. C'est pourquoi l'État doit donner la possibilité aux peuples autochtones d'exposer leur point de vue de façon constante, faire des contre-propositions et s'exprimer librement sur le projet. Il doit y avoir concrètement des débats contradictoires où l'opinion des Autochtones est prise en compte[506]. Dans cette perspective, l'organisation des audiences publiques ne suffit pas, dans la mesure où les peuples autochtones doivent avoir la possibilité d'influencer la décision de l'État[507]. Cette influence passe par l'établissement d'un dialogue entre l'État et les peuples autochtones « leur permettant de parvenir à des solutions adaptées dans un climat de respect mutuel », de confiance mutuelle et « sur la base d'une participation pleine et équitable. »[508] La notion de « solution adaptée » peut faire référence ici à celle d'accommodement. Elle amène l'État, à la suite des débats et échanges avec les peuples autochtones, à faire des concessions et modifications sur sa politique

---

[503] Il convient de préciser ici que la jurisprudence canadienne ne va pas servir de référence. Le droit canadien ne constitue pas une référence, mais une information que je donne aux lecteurs. Si je me suis servie du droit canadien, c'est pour bénéficier de l'expertise canadienne en matière de droit à la consultation et au CPLE.

[504] Behn c. Moulton Contracting Ltd., 2013 CSC 26 au para 29.

[505] Pour le cas spécifique de l'Afrique, l'Instance permanente des Nations Unies sur les peuples autochtones note que « Le principe du consentement préalable, libre et éclairé a rencontré des difficultés particulières en Afrique où les peuples autochtones ne sont pas reconnus en tant que :
Tel par un certain nombre ». L'exemple canadien peut donc servir d'interprétation aux États africains. Rapport sur les travaux de l'Atelier international sur le consentement préalable, libre et éclairé et les peuples autochtones (E/C.19/2005/3), approuvé par l'Instance permanente sur les questions autochtones à sa quatrième session en 2005 au para 21.

[506] Manirakiza, « Protection des droits de l'homme », *supra* note 194 à la p. 133.

[507] Farget, « Place réservée », *supra* note 208 à la p. 626. Voir aussi le parlement panafricain qui parle de la tenue de consultation effective « with local communities and various people affected by investment projects and ensure that any investment is approved through free, prior, and informed consent of affected communities ». Sixth Ordinary Session of the Pan-African Parliament, Addis Ababa, Ethiopia, « Recommendations and Resolutions » [Ref: PAP (2)/RECOMS/ (VI)] (January 16-20, 2012), en ligne: Pan African Parliament : www.panafricanparliament.org/DocumentsResources_DisplayDocument.aspx ?Type=Docs&ID=1263.

[508] Lignes directrices, *supra* note 85 à la p. 31.

initiale de consultation en vue de prendre en considération les préoccupations et le point de vue des Autochtones[509]. En d'autres termes, la bonne foi de l'État impose une « attitude de pondération et de compromis. »[510] afin que la consultation aboutisse à un accord

---

[509] Nation haïda c. Colombie-Britannique (ministre des Forêts), 2004 CSC 73 au para 46 [Nation haïda]. La cour cite ici « Le Guide for Consultation with Maori (1997) du ministère de la Justice de la Nouvelle-Zélande fournit des indications sur la question [de l'accommodement] (aux pp. 21, 31) [selon lequel] :
[Traduction] la consultation n'est pas seulement un simple mécanisme d'échange de renseignements. Elle comporte également des mises à l'épreuve et la modification éventuelle des énoncés de politique compte tenu des renseignements obtenus ainsi que la rétroaction. Elle devient donc un processus grâce auquel les deux parties sont mieux informées...
De véritables consultations s'entendent d'un processus qui consiste :
À recueillir des renseignements pour mettre à l'épreuve les énoncés de politique.
À proposer des énoncés qui ne sont pas encore arrêtés définitivement.
À chercher à obtenir l'opinion des Maoris sur ces énoncés.
À informer les Maoris de tous les renseignements pertinents sur lesquels reposent ces énoncés.
À écouter avec un esprit ouvert ce que les Maoris ont à dire sans avoir à en faire la promotion.
À être prêt à modifier l'énoncé original.
À fournir une rétroaction tant au cours de la consultation qu'après la prise de décision.
[510] *Nation haïda*, *supra* note 509 au para. 45. Voir aussi Anaya, *Industries extractives et peuples autochtones*, *supra* note 477, aux paras 7, 8. En plus de l'exigence d'accommodement, l'État ne doit pas contraindre les peuples autochtones d'accepter des projets qu'ils rejettent. Malgré tous les efforts d'accommodement si aucun accord n'est en vue, l'État doit évaluer les conséquences de la contestation du projet par les Autochtones sur sa réalisation. « Outre les préoccupations concernant le recours excessif à la force ou les représailles directes, les peuples autochtones devraient être protégés contre toute pression exercée par l'État ou par des agents d'entreprises d'extraction visant à les contraindre à accepter des projets d'extraction. À cette fin, la fourniture des services de base qui relèvent de la responsabilité de l'État, notamment en matière d'éducation, de santé et d'infrastructure, ne devrait pas être subordonnée à l'acceptation de projets d'extraction. De plus, les pouvoirs publics et les entreprises devraient veiller à ce que les chefs autochtones ne fassent pas l'objet d'actes de manipulation ou d'intimidation de la part des agents de l'État ou des agents de la compagnie.
Enfin, les États ne devraient pas insister ni permettre aux entreprises d'insister, pour que les peuples autochtones participent à des consultations concernant des propositions de projets d'extraction auxquelles ils se sont explicitement opposés. Comme cela est désormais admis, les États ont l'obligation de consulter les peuples autochtones pour toute décision qui les concerne, y compris les décisions relatives à des projets d'extraction. Pour s'acquitter de leur obligation à cet égard, les États sont tenus de mettre à la disposition des peuples autochtones des procédures de consultation appropriées, conformes aux normes internationales, et d'encourager raisonnablement ces peuples à y participer (voir par 58 à 71 ci-après). Cependant, de l'avis du Rapporteur spécial, lorsque les États s'efforcent de mener des consultations sur des projets et que, de leur côté, les peuples autochtones concernés contestent sans ambiguïté les projets proposés et refusent de participer à des consultations à ce sujet, comme cela est arrivé dans plusieurs pays, on peut considérer que les États se sont acquittés de leur obligation à cet égard. En pareil cas, ni l'État ni les entreprises ne doivent ni ne devraient insister pour tenir des consultations, compte tenu du refus clairement exprimé par les peuples autochtones de consentir au projet proposé. Il s'agit alors de déterminer quelles conséquences cette opposition et le refus des peuples autochtones de donner leur consentement entraînent pour la prise des décisions relatives au projet. »

même en cas de désaccord des parties sur certains points. Il est donc souhaitable que les deux parties mettent de « l'eau dans leur vin » pour s'entendre.

La dernière exigence de l'obligation de l'État d'agir de bonne foi est d'appliquer les accords conclus avec les peuples autochtones avec une bonne intention. L'État ne devrait pas remettre en question les engagements pris avec les peuples autochtones, refuser de les mettre en œuvre ou user des manœuvres malhonnêtes pour ne pas les appliquer correctement. Le Guide de la Banque Mondiale va plus loin et préconise la poursuite de la consultation de bonne foi pendant l'exécution du projet voire pendant toute la durée du projet. En vérité, lors de l'opérationnalisation du projet, l'État a, par exemple, le devoir d'approcher les peuples autochtones et obtenir leur appréciation sur la manière dont le projet évolue. Il doit aussi évaluer leur degré de satisfaction par rapport aux points d'accords conclus. En d'autres termes, « si le projet a lieu, le gouvernement doit solliciter régulièrement les points de vue de [la communauté autochtone] et [les] informer du projet et de ses progrès. »[511]

Somme toute, engager les consultations de bonne foi équivaut de la part de l'État à « mener des négociations sincères et constructives, éviter les retards injustifiés, se conformer aux accords déjà conclus et les appliquer de bonne foi. »[512] Quant aux peuples autochtones, ils doivent aussi agir de bonne foi et dans le respect mutuel. Ils ne doivent pas surtout faire des demandes excessives de sorte à compromettre la chance d'aboutir à un accord ou de saborder les efforts de l'État[513]. Ils sont aussi le droit de refuser le projet. Les peuples autochtones participent à la consultation par l'intermédiaire de leurs institutions traditionnelles afin de respecter leurs coutumes et éviter toute manipulation de la part de l'État.

---

[511] Forest Peoples Program, Guide de la politique de la Banque mondiale sur les peuples autochtones (PO/PB 4.10) à l'intention des communautés (encadré 4) à la p. 3.

[512] Guide sur la Convention 169 de l'OIT, *supra* note 115 à la p. 62.

[513] *Déclaration des Nations Unies*, *supra* note 30 au préambule, art. 32. 2. « Les peuples autochtones, quant à eux, ont une obligation réciproque d'agir selon les règles de la bonne foi et du respect mutuel ». Voir à propos, *Affaire Kichwa Indigenous People of Sarayaku (Ecuador)* (2012), Inter-Am Ct HR (sér C) n°245 au para 158 [*Sarayaku*]). Pour la Cour suprême du Canada voir aussi *Nation haïda* c. *Colombie-Britannique*, *supra* note 509 au para 42, « les peuples autochtones ne doivent pas contrecarrer les efforts déployés de bonne foi par l'État et ne devraient pas non plus défendre des positions déraisonnables pour empêcher le gouvernement de prendre des décisions ou d'agir dans les cas où, malgré une véritable consultation, on ne parvient pas à s'entendre. »

1.3. L'obligation de respecter les traditions juridiques et politiques autochtones

Pour respecter le droit à l'autodétermination des peuples autochtones, la consultation doit se faire à travers leurs représentants, notamment, si tels sont leur choix, les instances traditionnelles. Nous avons dit que le droit au développement comprend le respect du processus décisionnel interne des peuples autochtones ou autodétermination. Ce respect suppose que l'État doit reconnaitre les institutions traditionnelles autochtones et reconnaitre le droit des Autochtones de choisir librement leurs représentants. Dans le contexte minier, une application concrète de l'autodétermination est l'acceptation des organes coutumiers autochtones et leur consultation[514]. La raison est la suivante, le droit à la consultation est vu comme une conciliation entre le droit à l'autodétermination des peuples autochtones et leurs droits territoriaux (qui exigent de l'État un droit souverain sur les ressources naturelles de leurs terres ancestrales. »[515] De plus, le consentement préalable, libre et éclairé suppose une autonomie politique et une liberté de choix, telle que décrite par Rodon et Papillon :

> « [...] While the notion of consent suggests that a form of exchange or negotiation should take place between the concerned community, the project proponent, and relevant decision-making authorities, it also suggests that the said community be empowered to define its priorities freely and prior to the decision-making process. FPIC is rooted in the principle that Indigenous peoples are self-determining agents, free to collectively control their own social, economic, and political future and empowered to make decisions over their traditional lands. »[516]

Ceci dit, en plus de l'obligation de consulter de bonne foi dans une communication constante et des informations sincères transmises aux

---

[514] Lebuis, *supra* note 184 à la p. 4. Voir aussi Xanthaki, *supra* note 41 à la p. 243. L'auteure parle de mise en valeur des territoires autochtones.

[515] Jeremie Gilbert et Cathal Doyle, « A New Dawn over the Land: Shedding Light on Collective.

Ownership and Consent » dans Stephen Allen et Alexandra Xanthaki, dir., *Reflections on the UN Declaration on the Rights of Indigenous Peoples*, Oxford, Hart, 2011, 289 aux pp. 312, 314, 317.

[516] Papillon et Rodon, « Proponent-Indigenous agreements », *supra* note 490 à la p. 217. Voir aussi Anaya, *Industries extractives et peuples autochtones*, *supra* note 477 aux para 75, 76, 77. Pour le Rapporteur spécial, les peuples autochtones doivent même participer à la gestion des projets et exercer un contrôle sur ces projets en vertu de leur droit à l'autodétermination « Les peuples autochtones devraient avoir la possibilité de participer à la gestion de ces projets, ainsi que d'exercer un contrôle réglementaire, en application de leur droit à l'autodétermination. »

peuples autochtones, l'État doit commencer par admettre comme légitimes les organes représentatifs des peuples autochtones[517]. Cette reconnaissance passe en premier par le droit de participation des peuples autochtones au processus de consultation à travers « leurs représentants et institutions coutumières ou autres, librement choisis. »[518]

D'abord, l'État ne doit pas contourner les instances décisionnelles légitimes en pensant que cela lui profiterait et constituerait un moyen d'avoir le soutien de la majorité de la communauté autochtone[519]. En d'autres termes, l'État ne doit pas intervenir ou interférer dans le choix des dirigeants autochtones qui vont mener la négociation. Il a aussi l'obligation d'accompagner les représentants autochtones dans le processus de consultation. Il faut comprendre ici que les peuples autochtones choisissent généralement leurs dirigeants selon leur propre coutume, leur propre mode traditionnel de prise de décision et leur modèle de gouvernance propre. Par conséquent, l'État ne devrait pas imposer un modèle de choix du négociateur ou d'interlocuteur autochtone. Donc, avant d'enclencher la consultation, les peuples autochtones doivent désigner eux-mêmes les organisations qui vont véritablement les représenter. À cet égard, une institution représentative des peuples autochtones est une institution mise en place par « un processus conduit par les peuples indigènes eux-mêmes »[520], c'est-à-dire une institution choisie d'après leurs propres coutumes ou règles. La convention 169 de l'OIT fait d'ailleurs du critère de choix des représentants des peuples autochtones selon leur modèle de gouvernance propre, une condition de leur droit au développement[521]. En outre, si la désignation des représentants autochtones présente des incertitudes pour des raisons historiques ou

---

[517] Guide sur la Convention 169 de l'OIT, *supra* note 115 à la p. 62.

[518] *Ibid* aux pp. 63-4. Voir aussi Conseil International des Mines et Métaux, « Guide de bonnes pratiques : les peuples autochtones et l'exploitation minière » (2010) aux pp. 7, 23, 24, en ligne : *Conseil International des Mines et Métaux* www.icmm.com/francais. Le guide enjoint aux membres du Conseil international des mines et métaux d'« établir des relations et consulter les peuples autochtones de manière juste, opportune et culturellement correcte pendant toute la durée de vie du projet. » Il précise aussi que : « Les relations seront fondées sur des informations honnêtes et franches, fournies sous une forme accessible aux peuples autochtones. Elles débuteront lors de la phase la plus précoce des activités minières potentielles, avant même l'exploration sur le terrain. Elles seront, dans la mesure du possible, amorcées par l'intermédiaire des autorités traditionnelles des communautés et se dérouleront dans le respect des structures et des processus traditionnels de prise de décision » (*Ibid* à la p. 109).

[519] Anaya, Industries extractives et peuples autochtones, *supra* note 477 au para 70.

[520] Guide sur la Convention 169 de l'OIT, *supra* note 115 à la p. 61.

[521] *Ibid.*

de mésentente (c'est-à-dire si la communauté n'arrive pas à un consensus pour le choix de ses dirigeants devant mener les consultations ou en présence de plusieurs sphères de décision), l'État ne doit pas profiter de cette division pour mener une consultation inadéquate et appliquer la stratégie de « divide and conquer »[522]. Dans un tel contexte :

> « Il faudrait alors donner aux peuples autochtones les moyens et le temps nécessaires, avec un soutien approprié de l'État s'ils le souhaitent, de s'organiser pour désigner les institutions représentatives qui participeront en leur nom aux consultations concernant des projets d'extraction. »[523]

Le soutien dont fait mention le Rapporteur peut être financier ou politique, car l'État a aussi l'obligation d'octroyer des ressources financières nécessaires pour soutenir la participation des peuples autochtones à la procédure de consultation[524]. L'OIT fonde cette nécessité de contribution de l'État au fait que la « légitimité, les capacités et la dotation en ressources de la plupart des institutions autochtones de gouvernance ont été fragilisées au fil du temps par les discriminations et qu'il y a comme une asymétrie dans la relation entre les peuples indigènes et les États. »[525] C'est pourquoi l'OIT appelle les États à soutenir la mise en place des structures et « initiative propres aux peuples autochtones » et d'allouer des ressources suffisantes[526]. Cette condition permet donc de combler le déséquilibre des pouvoirs

---

[522] Irene Sosa et Karyn Keenan, «Impact Benefit Agreements Between Aboriginal Communities and Mining Companies: Their Use in Canada», *Canadian Environmental Law Association, Environmental Mining Council of British Columbia*, CooperAcción, 2001 à la p. 3. Voir aussi David Szablowski, « Operationalizing Free, Prior, and Informed Consent in the Extractive Industry Sector ? Examining the Challenges of a Negotiated Model of Justice » (2010) 30 1 *Can J of Development Studies* 111 à la p. 120.

[523] Anaya, *Industries extractives et peuples autochtones*, *supra* note 477 au para 71. Voir aussi, Société financière internationale, *Normes de performance en matière de durabilité environnementale et sociale*, Banque Mondiale, 2012, à la p. 49 [Société financière internationale, *Normes de performance*]. La SFI précise que : « Les processus internes de prise de décision sont généralement, mais pas toujours, de nature collective. Il peut y avoir des dissensions internes et certains membres de la communauté peuvent contester les décisions. Le processus de consultation devra tenir compte de ces dynamiques et prévoir un délai suffisant pour permettre aux processus internes de prise de décision de parvenir à des conclusions qui sont jugées légitimes par la majorité des participants concernés. »

[524] Lignes directrices, *supra* note 85 à la p. 26.

[525] *Guide sur la Convention 169 de l'OIT*, *supra* note 115 à la p. 62. Voir aussi Anaya, *Industries extractives et peuples autochtones*, *supra* note 477 aux para 65, 66. L'auteur fait référence à « l'atténuation des déséquilibres dans les rapports de force ».

[526] Guide sur la Convention 169 de l'OIT, *supra* note 115 à la p. 62. Voir aussi Anaya, Indigenous People's Participatory Rights, *supra* note 183 à la la p 12.

entre l'État et la communauté autochtone et l'insuffisance des ressources financières des communautés autochtones[527]. Ainsi :

> « [...] toutes les parties doivent bénéficier des mêmes possibilités de débattre de tout accord, aménagement ou projet proposé. Cette égalité de chances doit être entendue comme un même accès aux ressources financières, humaines et matérielles pour permettre aux communautés d'examiner en détail et efficacement dans la (les) langue(s) autochtone(s), en tant que de besoin, ou par tout autre moyen concerté ou tout accord ou projet qui aura ou peut avoir une incidence, positive ou négative, sur leur développement en tant que peuples distincts ou sur leurs droits à leurs territoires et ressources naturelles [...][528] »

Enfin, le processus de décision liée à la consultation doit être collectif, inclusif et favoriser la participation de toutes les composantes et forces vives de la société (femmes, enfants, jeunes[529]). La finalité est une prise de décision collective et une représentativité selon Papillon et Rodon pour qui : « *The exercise of FPIC therefore suggests more than a negotiated settlement among elites or through representatives. It suggests a collective decision-making process rooted in transparent community-based deliberations.* »[530]

En somme, en plus de l'interdiction de discrimination, il est interdit à l'État de mener les discussions avec une frange dissidente de la population autochtone ou un groupuscule favorable au projet minier et possiblement manipulé par lui. L'État a l'obligation de s'assurer que la prise de décision soit collective et que toute la communauté ait la possibilité de s'exprimer sur le projet.

En résumé, il faut noter que la consultation doit être conduite de bonne foi, de manière franche, sans pression et influence sur les peuples autochtones. Cette consultation doit être menée en respectant les organes de décision traditionnels des peuples autochtones avec une liberté de choix. Associer les peuples autochtones au processus de consultation selon leur choix et décision « est la meilleure manière d'obtenir un large soutien de la part »[531] des peuples autochtones et de respecter les normes contenues dans les textes onusiens relatifs aux peuples autochtones, dont le droit au développement.

---

[527] Rapport sur les travaux de l'Atelier international sur le consentement préalable, libre et éclairé et les peuples autochtones, *supra* note 505 au para 20.
[528] *Ibid* au para 48.
[529] *Lignes directrices*, *supra* note 85 à la p. 31. Voir aussi Jogi Carino, « Indigenous People's Right to Free, Prior, Informed Consent: Reflections on Concept and Practice » (2005) 22 1 Ariz J Intl & Comp L 20 à la p. 30.
[530] Papillon, « Proponent-Indigenous agreements », *supra* note 490 à la p. 217.
[531] Anaya, *Industries extractives et peuples autochtones*, *supra* note 477 au para 70. Dans cette section, nous reprenons une partie du raisonnement de Farget, « Place réservée », *supra* note 208 aux pp. 641-46.

Par ailleurs, il faut noter que même si l'obligation de consulter les peuples autochtones revient à l'État en vertu de son obligation de mise en œuvre du droit au développement, il peut déléguer en partie cette compétence aux entreprises minières. Dans ces circonstances, l'État a l'obligation de veiller au respect des droits et à la promotion des intérêts des peuples autochtones.

1.4. L'obligation de l'État de défendre et de promouvoir les droits et intérêts des peuples autochtones en cas de délégation de la compétence de consultation

Le droit international, comme nous l'avons vu, impose à l'État de créer des conditions propices au droit au développement des peuples autochtones. Pour les composantes politiques du droit au développement, le Rapporteur spécial sur la situation des peuples autochtones, la doctrine et la jurisprudence interaméricaine[532], s'accordent à dire que c'est l'État qui a l'obligation de consulter les peuples autochtones. Toutefois, certaines doctrines reconnaissent que la responsabilité est partagée entre l'État et les minières[533]. Plus précisément, selon cette doctrine, l'État peut confier à des intérêts privés industriels qui exploitent le territoire autochtone le volet opérationnel de la consultation. La délégation de compétence aux minières qui négocient directement avec les peuples autochtones offre

[532] Report of Special Rapporteur on the rights of indigenous peoples : Extractive industries operating within or near indigenous territories, James Anaya, Doc off AG NU, 18ème sess, Doc NU A/HRC/18/35, (2011) aux para 47, 49, 61 [Anaya, Extractive industries operating within or near indigenous territories]. Pour la doctrine voir Asbjørn Eide, « The Indigenous Peoples, The Working Group on Indigenous Populations and the Adoption of the UN Declaration on the Rights of Indigenous People's » par Claire Charters et Rodolfo Stavenhagen, Making the Declaration Work : TheUnited Nations Declaration on the Rights of Indigenous Peoples, Copenhague, IWGIA, 2009, 32 à la p. 43 ; Patrick Macklem, « Corporate Accountability under International Law: The Misguided Quest for Universal Jurisdiction » (2005) 7 4 FORUM 281 à la p. 282. Pour la jurisprudence voir Affaire Kichwa Indigenous People of Sarayaku (Ecuador) (2012), Inter-Am Ct HR (sér C) n°245 au para 187.

[533] La thèse du partage de la responsabilité entre l'État et les minières est défendue par David Kinley et Junko Tadaki. « Ces deux auteurs notent l'émergence d'une obligation autoréflexive pour les sociétés transnationales qui leur impose de s'abstenir de porter atteinte au droit à l'autodétermination qu'ont les peuples autochtones. Pour ces auteurs, ces sociétés doivent aussi s'abstenir de conduire des activités qui privent les peuples autochtones de leurs moyens de subsistance et qui causent des dégâts pour l'environnement. En outre, les auteurs considèrent que ces sociétés devraient avoir des obligations en tant que tierces parties, en particulier l'obligation positive de faciliter la pleine participation des peuples autochtones à la prise de décision. Voir David Kinley et Junko Tadaki, « From Talk to Walk : The Emergence of Human Rights Responsibilities for Corporations at International Law » (2004) 44 4 Va J Intl L 931 à la p. 990. Texte cité par Farget, « Place réservée », *supra* note 208 à la p. 642.

aux peuples autochtones la « possibilité de suivre leurs propres priorités en matière de développement. »[534]

Dans ce contexte, les sociétés d'extraction « ne constituent pas des titulaires officiels de l'obligation [de consultation], mais elles sont présentées comme des actrices ayant le rôle d'amorcer ou de stimuler le processus de consultation auprès de l'État. »[535] L'implication des entreprises minières dans le processus de consultation, bien que n'étant pas obligatoire, est une stratégie qui présente l'avantage de gagner la confiance des populations locales et d'accepter socialement le projet lorsque cela est bien fait évidemment. Cela permet de réduire les risques de conflits dans les zones minières et de sécuriser le processus d'extraction. Selon Véronique Lebuis et Geneviève King-Ruel :

> « Dans leur quête d'une "licence sociale" pour opérer visant à stabiliser le contexte de leur investissement, les promoteurs doivent passer par un processus leur permettant de gagner la confiance des populations concernées. La "participation" des communautés constitue une part essentielle de ce processus et s'établit en tant qu'élément standard de la responsabilité sociale des entreprises. »[536]

---

[534] Anaya, *Industries extractives et peuples autochtones, supra* note 477 au para 61. La citation est la suivante : « Le Rapporteur spécial a observé que, dans de nombreux cas, les entreprises négociaient directement avec les peuples autochtones au sujet des projets d'activités d'extraction susceptibles d'avoir des incidences sur ces peuples, car, dans la pratique, les États délèguent aux entreprises l'obligation qui leur incombe de consulter les peuples autochtones avant d'autoriser des activités d'extraction. En vertu de leur droit à l'autodétermination, les peuples autochtones sont libres de négocier directement avec des entreprises s'ils le souhaitent. En effet, la tenue de négociations directes entre les entreprises et les peuples autochtones peut être la manière la plus efficace et indiquée de parvenir à des accords concertés prévoyant l'extraction de ressources naturelles sur des territoires autochtones dans le plein respect des droits des peuples autochtones et elle peut donner à ces peuples la possibilité de suivre leurs propres priorités en matière de développement. Voir aussi Farget, « Place réservée », *supra* note 208 à la p. 641.

[535] Farget, « Place réservée », *supra* note 208 à la p. 642.

[536] Lebuis, *supra* note 184 à la p. 94. Selon ces auteurs « Le rapport du *World Resources Institute* qui reflète la perspective du secteur industriel, identifie six principes d'importance cruciale dans la définition et la mise en œuvre des procédures de consentement, principes qui rejoignent la perspective de nombreuses autres institutions gouvernementales et organisations non gouvernementales en matière de CLPI :

L'*information* relative au projet proposé doit être suffisante et transmise dans un langage accessible aux communautés concernées, tout en allouant le temps approprié pour que les communautés révisent et discutent des informations reçues avant d'engager une décision.

L'inclusion de tous les membres de la communauté intéressés et encouragés à participer au processus de CLPI, incluant les parties prenantes affectées par des impacts indirects ou cumulatifs, doit être assurée.

Le dialogue doit être formalisé et continu à travers toutes les étapes du projet.

La reconnaissance légale des accords négociés dans le cadre d'un processus de CLPI doit être garantie.

La responsabilité sociale dont font mention ces auteures fonde l'obligation des industries extractives dans la réalisation du droit au développement des peuples autochtones, qui fait l'objet du Chapitre 2 et sur lequel nous reviendrons en détail.

Ceci dit, l'obligation de l'État en cas de délégation de compétence en matière de consultation est de surveiller les entreprises pour que le processus de consultation soit transparent, équitable et tienne en compte de l'intérêt des peuples autochtones. Dans la plupart des cas, lorsque :

> « Des entreprises qui promeuvent des projets d'extraction entament des consultations ou des négociations avec les peuples autochtones, on observe d'importants déséquilibres dans le rapport de forces qui sont généralement dues à des dissymétries importantes dans les moyens techniques et financiers, l'accès à l'information et l'influence politique [...] Le rôle protecteur des États est particulièrement important dans ce contexte, tandis qu'il revient aux entreprises d'appliquer le principe de diligence voulue et d'élaborer des procédures et des pratiques garantissant qu'elles ne tireront pas un avantage indu de tels déséquilibres. Les mesures concrètes destinées à remédier aux déséquilibres pourraient notamment consister à faire appel à des personnes indépendantes pour faciliter les consultations ou les négociations, à créer des mécanismes de financement permettant aux peuples autochtones de bénéficier d'une assistance technique et de conseils indépendants et à élaborer des procédures normalisées pour communiquer aux peuples autochtones les renseignements relatifs aux risques et aux avantages potentiels des projets d'extraction. [Nous soulignons[537]].

L'État doit donc soutenir les peuples autochtones en cas de délégation de compétence de la consultation et veiller à leurs intérêts en raison de leur position défavorisée face aux géants miniers. De plus, l'État peut contraindre les minières à déterminer les mesures qu'elles envisagent d'adopter pour la consultation des peuples autochtones et veiller à leur bonne application. Cela signifie que même en cas de manquement à l'obligation de consulter, c'est l'État qui est redevable et non les tiers. L'État est en dernier ressort responsable des manquements des minières dans la tenue d'une consultation. Toutefois les industries extractives ne peuvent exclure toute responsabilité en cas de non-respect du droit à la consultation des peuples autochtones. Comme le rappelle l'ancien rapporteur spécial, James Anaya :

Le suivi et l'évaluation doivent faire l'objet de mécanismes indépendants afin notamment de s'assurer que les plaintes des membres de la communauté concernées puissent être entendues. Il doit y avoir une reconnaissance, pour la compagnie, du principe de CLPI en tant que *coût inhérent et nécessaire* du projet de développement ».

[537] Anaya, Industries extractives et peuples autochtones, *supra* note 477 au para 63.

« Les entreprises ayant la responsabilité de respecter les droits de l'homme, les négociations directes entre entreprises et peuples autochtones doivent, pour l'essentiel, respecter les mêmes normes internationales que celles qui régissent les consultations entre l'État et les peuples autochtones, y compris, mais pas seulement les normes relatives aux calendriers, à la collecte et à la communication d'informations concernant les effets et les avantages potentiels, ainsi qu'à la participation des peuples autochtones. En outre, bien que les entreprises soient elles-mêmes tenues d'exercer le principe de diligence voulue pour garantir le respect de ces droits, l'État reste en dernier ressort responsable de toute insuffisance dans les procédures de consultation ou de négociation et doit donc prendre les mesures voulues pour encadrer et évaluer ces procédures et leurs résultats et surtout pour atténuer les déséquilibres dans le rapport de forces entre les entreprises et les peuples autochtones avec lesquels elles négocient. »[538]

L'obligation de consultation revient donc toujours à l'État qui en dernier ressort est imputable du respect par les tiers et de la mise en œuvre du droit au développement des peuples autochtones.

En d'autres termes, il ne peut et ne doit pas se fier aux entreprises pour faire respecter les droits humains des Autochtones.

Dans cette optique, l'État doit, en cas de délégation, surveiller les entreprises minières pour l'application d'une consultation adéquate. Cette exigence de surveillance intervient aussi à toutes les phases où les entreprises minières sont impliquées dans la réalisation du droit au développement des peuples autochtones. Tel sera l'objet du prochain chapitre où nous verrons que dans la mise en œuvre de la composante économique, l'État doit superviser et demander des comptes aux entreprises minières pour la protection de l'environnement et le partage des bénéfices issus de l'exploitation minière.

En guise de conclusion, il ressort que l'État a l'obligation de consulter les peuples autochtones en présence de leurs représentants et en divulguant une information complète sur le projet minier. Cela permet aux peuples autochtones de participer en toute connaissance de cause et de prendre des décisions éclairées tenant compte de l'avis des femmes, des enfants, des jeunes et des personnes âgées, etc. C'est la bonne foi et un soutien financier et technique, notamment de l'État, qui permettent d'aboutir à un accord acceptable pour les parties. En cas de consultation déléguée, l'État doit être garant de l'autonomie des peuples autochtones en veillant au respect de l'équilibre des pouvoirs entre les minières et ces derniers. L'État a donc l'obligation de ne pas porter atteinte au droit à la consultation des peuples autochtones. Il a

---

[538] Anaya, Industries extractives et peuples autochtones, *supra* note 477 au para 61. Voir aussi du même auteur Anaya, Extractive industries operating within or near indigenous territories, *supra* note 532 au para 61. Voir aussi Nation haïda, *supra* note 509 au para 53.

aussi l'obligation de protéger, de promouvoir et de le mettre en œuvre. Il reste que la mise en œuvre de l'obligation de l'État dans le CPLE soulève un certain nombre de questions dont la réponse aiderait à une application effective de ce droit. En guise d'illustration, la Cour africaine des droits de l'homme et des peuples dans l'arrêt Ogiek a précisé que le fait que l'État kenyan ne prévoit pas des mesures législatives, administratives ou autres dans son droit interne reconnaissant le droit au CPLE, est une violation du droit au développement. Autrement dit, autant l'inaction de l'État pour adopter des mesures de protection du droit au CPLE des peuples autochtones que son intervention dans la prise des initiatives pour l'exploitation économique du territoire ancestral des Ogiek sans les consulter constituent une atteinte au droit au développement de ceux-ci[539].

Dans la partie suivante, nous verrons les obligations des États relativement à la composante économique du droit au développement des peuples autochtones.

SECTION 2. L'INTERPRÉTATION ACTUELLE DES OBLIGATIONS DES ÉTATS QUI CONCERNENT LA COMPOSANTE ÉCONOMIQUE DU DROIT AU DÉVELOPPEMENT

La composante économique du droit au développement des peuples autochtones concerne le droit aux terres et aux ressources[540], la protection de l'environnement, l'emploi, la formation, le partage des redevances issues de l'exploitation minière.

Dans cet esprit, l'obligation de l'État dans la mise en œuvre de cette composante s'articule autour de l'adoption des mesures pour

---

[539] Ogiek, *supra* note 34 aux para 203, 206, 217. La cour précise, entre autres, que l'État défendeur n'a pas honoré son obligation de protéger le droit des Ogiek au développement 1) « pour n'avoir pas pris de mesures législatives et autres mesures appropriées pour donner effet » au droit à la consultation et au CPLE des peuples autochtones 2) pour n'avoir pas appliqué des mesures pour le CPLE des peuples autochtones. À ce sujet, pour la Cour « L'État défendeur doit prendre et mettre en œuvre les mesures législatives, administratives [...] et autres pour reconnaitre et garantir le droit des Ogiek d'être véritablement consultés, conformément à leurs traditions et coutumes, et le droit de donner ou de refuser leur consentement préalable, libre et éclairé, en ce qui concerne les projets de développement, de conservation ou d'investissement sur les terres ancestrales des Ogiek dans la forêt de Mau et la mise en place de mesures de sauvegarde adéquates pour minimiser les effets dommageables que ces projets peuvent avoir sur la survie sociale, économique et culturelle des Ogiek » (au para 43. E. iii.).

[540] Il convient de préciser ici que le territoire n'a pas seulement une valeur économique. Elle a aussi une importance culturelle pour les peuples autochtones. Voir à ce sujet Motard, « Territoire, espace public et langue », *supra* note 409.

reconnaitre le droit aux terres et aux ressources des peuples autochtones (1), du respect des principes du développement durable (2), de la supervision des entreprises pour la protection du milieu et du territoire (3) et du partage des bénéfices issus de l'exploitation minière (4). Dans le premier cas, garantir le droit aux terres et aux ressources exige que l'État sécurise le statut foncier dans les terres ancestrales des peuples autochtones. Deuxièmement, le droit à un environnement de qualité propice au développement « requiert de l'État de prendre des mesures raisonnables et d'autres mesures pour prévenir la pollution et la dégradation écologique, favoriser la préservation de l'environnement et garantir un développement écologiquement durable et l'utilisation des ressources naturelles. »[541] Ces mesures sont de veiller au respect des principes de développement durable et de surveiller les entreprises pour la protection du milieu et du territoire. Les autres obligations impliquent un devoir de vigilance et une action normative de l'État comme nous le verrons.

2.1. L'obligation d'adopter des mesures pour sécuriser le droit aux terres et aux ressources des peuples autochtones

Les États ont l'obligation de garantir l'exercice des droits aux terres et aux ressources des peuples autochtones. Pour ce faire, en consultation avec les peuples autochtones, ils doivent adopter « des mesures pour identifier, délimiter les terres autochtones, mais aussi attribuer des titres de propriété. »[542]

La Commission africaine estime que la dépossession territoriale, l'expulsion et le déplacement forcé sont des problèmes auxquels sont confrontés les peuples autochtones, que ces problèmes aggravent leur pauvreté et les empêche de jouir de leur droit au développement. Elle conclut que les États doivent prendre des précautions pour protéger les terres autochtones. À cet égard, en plus de la reconnaissance du droit de propriété des terres autochtones, des dispositions doivent être prises pour protéger le droit de propriété des peuples autochtones et valoriser

[541] Ogoni, *supra* 33 au para 52. Voir aussi African Center for economic transformation (acet), Les aspects de la bonne gouvernance dans les enjeux et les opportunités qu'offre le secteur minier, pétrolier et gazier en regard du développement durable en Afrique de l'Ouest, Addis Abeba, 2013 à la p. 4. Ce document précise que les « gouvernements doivent garantir la rentabilité des projets [d'exploitation minière] et adopter des mesures de protection afin de limiter les conséquences néfastes pour l'environnement et les communautés locales. Les projets doivent créer un capital physique, social et naturel ».

[542] *Rapport IPQA 2018*, *supra* note 274 aux para 8, 12.

leur droit coutumier en matière de gestion des terres. Pour la Commission africaine donc :

> « […] les groupes autochtones ont une forme spécifique d'exploitation de terrains qui crée un ensemble spécifique de problèmes. Les problèmes communs auxquels sont confrontés les groupes autochtones comprennent le manque de « reconnaissance » formelle du titre de leur territoire historique, l'échec des systèmes juridiques locaux de reconnaitre les droits de propriété communautaires, et la prétention au titre officiel et légal pour les terres autochtones par les autorités coloniales. Ils déclarent que cette situation a entrainé plusieurs cas de déplacement de peuples de leur territoire historique, tant par les autorités coloniales que par les États post coloniaux comptant sur le peu qu'ils avaient hérité des autorités coloniales. La Commission africaine déclare que son Groupe de Travail sur les populations/communautés autochtones a reconnu que certaines minorités africaines font face à la dépossession de leurs terres et que des mesures spéciales sont nécessaires pour assurer leur survie, conformément à leurs traditions et coutumes […] Des mesures spéciales peuvent être prises pour assurer de tels « droits de propriété. »[543]

Les mesures spéciales que doivent prendre les États pour protéger le droit aux terres et aux ressources des peuples autochtones comprennent notamment l'identification des terres autochtones et l'octroi du titre de propriété.

2.1.1. L'identification, la démarcation des terres, la reconnaissance du système de gestion traditionnelle des terres autochtones

La première étape de la protection du droit aux terres et aux ressources des peuples autochtones est l'identification, la démarcation et la reconnaissance des terres autochtones. Les États ont une obligation d'identifier les terres en se référant aux traditions juridiques autochtones. Il s'agit de déterminer les terres qui ont un intérêt considérable pour la survie culturelle et économique des peuples autochtones et de les protéger sur le plan juridique, voire économique.

En d'autres termes, selon le dictionnaire juridique, identifier signifie définir les « éléments juridiques permettant de distinguer. »[544] Les terres autochtones tandis que démarquer équivaut à séparer deux territoires, deux régions. En fait, la démarcation est une « opération juridique consistant à matérialiser sur le terrain »[545], la limite

[543] *Endorois*, *supra* note 34 au para 187.

[544] Lemeunier, *Dictionnaire juridique*, Paris, La Maison du Dictionnaire, 1988 à la p. 151, *sub verbo* « identifier ».

[545] Serge Guinchard et Thierry Debard, *Lexique des termes juridiques*, 25e édition 2017-2018, Paris, Dalloz, 2017 à la p. 377, *sub verbo* « démarcation ».

séparative entre deux territoires. Frédéric Deroche définit la démarcation comme étant : « le processus formel qui consiste à identifier concrètement l'emplacement et les limites des terres ou territoires autochtones et à matérialiser cette délimitation au sol. Cette délimitation permet par la suite de connaître l'étendue des droits sur la terre. »[546] Autrement dit, il faut, pour mieux protéger les terres autochtones, les identifier et les distinguer en fonction des lois et coutumes autochtones se rapportant à la possession, à l'occupation et à la propriété. L'article 14.2 de la convention 169 de l'OIT rappelle à cet égard que « les gouvernements doivent en tant que de besoin prendre des mesures pour identifier les terres que les peuples intéressés occupent traditionnellement et pour garantir la protection effective de leurs droits de propriété et de possession. » L'usage du verbe devoir dans la disposition implique le caractère obligatoire de cette protection de la part des États. L'article 27 de la DNUDPA abonde dans le même sens et renforce cette obligation en mentionnant que :

> « Les États mettront en place et appliqueront, en concertation avec les peuples autochtones concernés, un processus équitable, indépendant, impartial, ouvert et transparent prenant dûment en compte les lois, traditions, coutumes et régimes fonciers des peuples autochtones, afin de reconnaitre les droits des peuples autochtones en ce qui concerne leurs terres, territoires et ressources, y compris ceux qu'ils possèdent, occupent ou utilisent traditionnellement, et de statuer sur ces droits. Les peuples autochtones auront le droit de participer à ce processus. »

Le processus indépendant d'identification et de démarcation permet ainsi aux peuples autochtones de jouir en toute liberté des droits sur leurs terres et ressources en fonction de leurs conceptions juridiques traditionnelles. C'est en ce sens que les lignes directrices des Nations Unies soutiennent aussi que « les terres et territoires des peuples autochtones devraient être reconnus sur le plan juridique, démarqués et préservés de pressions extérieures » en fonction du système juridique autochtone.

Concrètement, l'identification, la démarcation et la reconnaissance du système de gestion traditionnelle servent à garantir le droit d'usage, de possession des terres autochtones en toute sécurité et d'empêcher le déplacement ou l'expropriation forcée des peuples autochtones de leurs terres ancestrales. Ces mesures renforcent la protection du droit aux terres et aux ressources des peuples autochtones. Elles deviennent la preuve de la reconnaissance de l'autorité formelle des peuples

---

[546] Déroche, *supra* note 140 à la p. 290. *Lignes directrices, supra* note 85 à la p. 17. Voir aussi *Rapport IPQA 2018*, *supra* note 274 au point 12.

autochtones sur leurs terres et rendent plus difficile toute action d'expropriation ou de mise en valeur de leurs terres sans leur accord. Toutefois l'identification et la démarcation qui supposent une délimitation précise des terres autochtones sont plus faciles dans le cas d'une conception fixe de la propriété, mais difficile pour une conception flexible du territoire chez les peuples autochtones où la démarcation n'est pas utile. C'est pourquoi, à notre avis, l'identification des terres autochtones selon les critères autochtones en vue de préciser les droits des Autochtones sur ces terres est une solution concrète[547].

Ceci dit, après l'étape de l'identification, de la reconnaissance et de la démarcation des territoires autochtones ayant un intérêt pour la survie des peuples autochtones, indispensables pour l'exercice des activités traditionnelles s'ajoute l'octroi du titre de propriété.

2.1.2. La reconnaissance du titre de propriété

La reconnaissance du titre de propriété devient une garantie supplémentaire pour la protection du droit aux terres et aux ressources des peuples autochtones.

Les droits fonciers des peuples autochtones sur leurs territoires traditionnels étant équivalents de la propriété, un titre de propriété doit leur être reconnu pour bénéficier de tous les attributs ou privilèges liés à la propriété. À ce propos, la Commission africaine dans la décision *Endorois* rappelle avec insistance que « l'État Défendeur doit accorder [aux *Endorois*] un titre de propriété [sur leurs terres ancestrales] pour en garantir l'utilisation et la jouissance permanentes. »[548] Selon la Commission africaine, seul un titre de propriété peut protéger les communautés autochtones des dépossessions, des expulsions voire des problèmes avec des communautés non autochtones quant à l'usage des terres. La reconnaissance du titre de propriété comme moyen de protéger le droit aux terres et aux ressources a aussi été confirmée par la Cour africaine dans la décision *Ogiek*[549]. Dans cet arrêt, la Cour

[547] À propos des difficultés propres à la démarcation, voir Couveinhes-Matsumoto, *supra* note 286 aux pp. 132-41.

[548] *Endorois*, *supra* note 34 au para 206.

[549] *Ogiek*, *supra* note 34 aux para 43. B, 43. E. I (a), 43. E.iii. Selon la cour africaine dans cet arrêt « [...] depuis les temps immémoriaux, la forêt de Mau est la terre ancestrale du peuple Ogiek et [...] son occupation par les Ogiek est primordiale pour sa survie et pour la pratique de leur culture, de leurs coutumes, de leurs traditions, de leur religion et pour le bien-être général de la communauté ; (43. B)
L'État défendeur doit prendre et mettre en œuvre les mesures législatives, administratives suivantes : (43. E. iii)

africaine a déclaré que la reconnaissance d'un droit de propriété et la délivrance d'un titre de propriété à la communauté *Ogiek* étaient nécessaires pour garantir son droit de propriété reconnu par la Charte africaine.

La Cour interaméricaine des droits de l'homme va dans le même sens que la cour africaine. En interprétant le droit international coutumier, elle reconnait l'obligation des États d'accorder un titre de propriété aux peuples autochtones sur leurs terres ancestrales en plus de son obligation d'identifier et de démarquer les terres autochtones selon le système juridique de ces derniers. Il s'agit de l'affaire *Mayagna* qui a opposé la communauté autochtone Mayagna (Sumo) AwasTingni et l'État du Nicaragua[550] à la suite de l'octroi d'un permis d'exploitation forestière à une entreprise privée sur les terres revendiquées par celles-ci. D'abord la Cour admet que le droit de propriété collective sur les terres et les ressources naturelles d'un peuple autochtone, en l'occurrence de la communauté Mayagna découle du mode d'occupation et d'utilisation traditionnelle des terres ancestrales fondée sur la présence historique continue et peu importe la reconnaissance juridique dans le droit national[551]. Selon elle :

> « Traditional patterns of use and occupation of territory by the indigenous communities of the Atlantic Coast of Nicaragua generate customary law property systems, they are property rights created by indigenous customary law norms and practices which must be protected[552]. »

Ensuite, la Cour rappelle qu'indépendamment de la *Convention américaine des droits de l'homme*, les droits de propriété collective des peuples autochtones sur leurs terres traditionnelles sont protégés par la coutume internationale. Car, « *there is an international customary international law norm which affirms the rights of*

(a) l'adoption, dans son droit interne, et en pleine consultation avec les Ogiek, de mesures l6gislatives, administratives et par les autres voies nécessaires, pour délimiter, démarquer, protéger ou délimiter clairement et protéger le territoire sur lequel les Ogiek ont des droits de propriété communautaires, conformément à leurs pratiques coutumières d'utilisation des terres et sans préjudice pour les autres communautés autochtones » (43. E. i [a])

550 *Tingni, supra* note 305.

551 Nous paraphrasons ici la synthèse de la décision présentée par Zoé Boirin-Fargues, « *Peuple awas Tingni* v *Nicaragua* » (juin 2014), en ligne : *Groupe international sur les peuples autochtones* »
http://www.gitpa.org/Autochtone%20GITPA%20300/GITPA300-153%20ACCES%20%20JUSTICE%20AWA%20TINGNI%20.htm.
Voir aussi S. James Anaya and Claudio Grossman, « The Case of Awas Tingni v. Nicaragua : A New Step in the International Law of Indigenous People's » (2002) 19 1 Ariz J Intl & Comp L.

552 *Tingni, supra* note 305 au para 140 (b).

indigenous peoples to their traditional lands. »[553] Cette coutume internationale impose une obligation aux États et plus précisément à l'État du Nicaragua de reconnaitre la propriété des terres et des ressources autochtones selon leur système foncier et de prendre des mesures concrètes pour assurer cette protection. À cet égard, elle enjoint à l'État du Nicaragua de faire la démarcation des terres autochtones conformément au droit coutumier autochtone et d'attribuer un titre de propriété. La Cour s'exprime en ces termes :

> « The State must adopt in its domestic law, [...] the legislative, administrative, and any other measures necessary to create an effective mechanism for delimitation, demarcation, and titling of the property of indigenous communities, in accordance with their customary law, values, customs and more [...] »[554]

Par ailleurs, en plus de la reconnaissance du titre de propriété, il y a les moyens politiques et diplomatiques pour protéger le droit aux terres et aux ressources : il s'agit de la signature des traités et de l'ouverture des négociations pour l'attribution des terres supplémentaires aux peuples autochtones. En ce sens, les États mettent en place des mécanismes afin de discuter des revendications territoriales des peuples autochtones telles que le recommande la Convention 169 de l'OIT en ces termes : « Des procédures adéquates doivent être instituées dans le cadre du système juridique national en vue de trancher les revendications relatives à des terres émanant des peuples intéressés. »[555] Dès lors, le règlement des revendications foncières autochtones peut se négocier à travers des accords d'autonomie. Pour Anaya, l'« *article 14(3) is a response to the historical processes that have afflicted indigenous peoples, processes that have trampled on their cultural attachment to ancestral lands, disregarded or minimized their legitimate property interests, and left them without adequate means of susbistance.* »[556] La signature des traités doit s'accompagner de la distribution des terres supplémentaires aux peuples autochtones en vue de soutenir leur croissance démographique. L'État doit aussi fournir de l'assistance matérielle ou financière aux peuples autochtones pour la mise en valeur marchande de leurs terres. La Convention 169 de l'OIT précise

---

[553] *Ibid* au para 140 (d). Voir aussi, Brendan Tobin, *Indigenous peoples, Customary Law and Human Rights: Why Living Law Matters*, London and New-York, Routledge, 2014 aux pp 78-7.
[554] *Tingni*, *supra* note 305 aux paras 140 (b), 173.3.
[555] Convention 169 OIT, *supra* note 28, art. 14.3.
[556] Anaya, *Indigenous Peoples*, *supra* note 139 à la p. 141. Voir aussi Tigroudja, *supra* note 291 aux pp. 74-5.

à ce sujet que les États doivent garantir aux peuples autochtones les conditions pour :

a. l'octroi de terres supplémentaires quand les terres dont lesdits peuples disposent sont insuffisantes pour leur assurer les éléments d'une existence normale, ou pour faire face à leur éventuel accroissement numérique.

b. L'octroi des moyens nécessaires à la mise en valeur des terres que ces peuples possèdent déjà[557].

En somme, les procédures spéciales dont l'identification, la démarcation des terres autochtones selon leurs coutumes permettent de cartographier ces terres et de les protéger contre l'utilisation non autorisée par des tiers ou l'État. L'octroi du titre de propriété permet de sécuriser le statut foncier dans les terres ancestrales des peuples autochtones. Les obligations des États en vue de protéger le droit aux terres et aux ressources seraient à cet égard la prise de mesure pour démarquer les terres autochtones et octroyer des titres de propriété. La Cour interaméricaine l'a clairement exprimé dans l'arrêt *Mayagna* précité. Après avoir conclu à la violation du droit de propriété ancestral des communautés autochtones de AwasTingni à la suite de l'octroi d'une concession forestière à une société sans leur consentement, la cour a recommandé au Nicaragua de :

> « Establish a procedure in its legal system, acceptable to the indigenous communities involved, that [would] result in the rapid official recognition and demarcation of the AwasTingni territory and the territories of other communities of the Atlantic coast »
>
> « [...] In order to comply with the recommendations of the IACHR with regard to establishing a legal procedure acceptable to the indigenous communities involved, which [would] result in the demarcation and official recognition of the lands of the AwasTingni [...] »
>
> « To proceed to demarcate the properties and provide title documents. »[558]

Ce sont là des conditions pour protéger les droits fonciers des peuples autochtones et les obligations des États qui en découlent qui sont bien résumées dans cette décision. La prochaine obligation qui s'impose à l'État au titre de la composante économique du droit au développement des peuples autochtones est la protection du milieu qui passe par le respect des principes du développement durable.

---

[557] Convention 169 OIT, *supra* note 28, art. 19.
[558] *Tingni*, *supra* note 305 au para 194 (d).

2.2. S'assurer du respect des principes du développement durable

L'État, à travers « son obligation fiduciaire » née du concept d'État gardien, a un devoir de protection de l'environnement. Cela veut dire qu'il « doit instaurer une protection effective et efficace des ressources naturelles » par l'adoption des principes et textes de loi qui ont trait à la préservation de l'environnement[559]. Le fondement de cette obligation vient du développement durable, qui nous l'avons rappelé est une approche du développement qui concilie les dimensions économique, sociale, culturelle et environnementale[560]. L'obligation

---

[559] Halley, *Environnement*, *supra* note 483 à la p. 169. Voir aussi Manirakiza, « Protection des droits de l'homme », *supra* note 194 à la p. 119. Parlant de l'impact environnemental de l'exploitation minière sur les communautés autochtones, Manirakiza affirme « plus des trois quarts de la population de la plupart des États africains dépendent directement des terres pour se nourrir, des forêts pour se soigner, prier et exercer d'autres activités culturelles. Ce faisant, la réduction et la contamination des terres arables ainsi que la dégradation de l'environnement en général posent des défis énormes aux paysans en matière de sécurité alimentaire et de santé ». Il faut noter à ce niveau que les peuples autochtones ont aussi un rôle déterminant dans l'application du principe développement durable. Ils adoptent une conception du territoire différente en droit coutumier autochtone de celle du droit étatique. Alors que le régime minier étatique est généralement basé sur des considérations économiques, pour les Autochtones la terre est source de vie, un bien collectif qui doit être préservé pour les générations futures. C'est pourquoi dans l'exercice de leur droit à l'autodétermination, les peuples autochtones essayent de concilier ce droit avec le principe de développement durable. En cas de conflit, c'est le droit à l'autodétermination qui a primauté. Voir à ce propos Geneviève Motard, Pierrot Ross-Tremblay et Sylvie Vincent, *Accès à la terre et gestion des ressources : perspectives du droit innu et du droit étatique québécois*, Rapport d'intégration I : Comment se manifeste le pluralisme juridique, Partenariat CRSH-AUF 2012-2018 État et cultures juridiques autochtones : un droit en quête de légitimité, Chaire de recherche du Canada sur la diversité juridique et les peuples autochtones (2015).

[560] *Déclaration de Rio sur l'environnement et le développement, principes de gestion des forêts*, *supra* note 27, principe 4. Il prévoit que : « [p] our parvenir à un développement durable, la protection de l'environnement doit faire partie intégrante du processus de développement et ne peut être considérée isolement ». Voir aussi CIJ, arrêt du 25 septembre 1997, affaire relative au projet Gabcikovo-Nagymaros (Hongrie/Slovaquie), au para 140 : « Il est clair que les incidences du projet sur l'environnement et ses implications pour celui-ci seront nécessairement une question clef [...] La Cour ne perd pas de vue que, dans le domaine de la protection de l'environnement, la vigilance et la prévention s'imposent en raison du caractère souvent irréversible des dommages causés à l'environnement et des limites inhérentes au mécanisme même de réparation de ce type de dommages. Au cours des âges, l'homme n'a cessé d'intervenir dans la nature pour des raisons économiques et autres. Dans le passé, il l'a souvent fait sans tenir compte des effets sur I « environnement. Grâce aux nouvelles perspectives qu'offre la science et à une conscience croissante des risques que la poursuite de ces interventions a un rythme inconsidéré et soutenu représenterait pour l'humanité qu'il s'agisse des générations actuelles ou futures, de nouvelles normes et exigences ont été mises au point, qui ont été énoncées dans un grand nombre d'instruments au cours des deux dernières décennies. Ces normes nouvelles doivent être prises en considération et ces exigences nouvelles convenablement appréciées non seulement lorsque des États envisagent de nouvelles activités, mais aussi lorsqu'ils poursuivent des activités qu'ils ont

de l'État en ce qui concerne la protection de l'environnement est consacrée par la Convention 169 de l'OIT qui exige que les gouvernements prennent « des mesures, en coopération avec les peuples [autochtones], pour protéger et préserver l'environnement dans les territoires qu'ils habitent. »[561] Cette disposition s'inscrit dans le cadre du respect des principes du développement durable. Son objectif, en droit international, selon Paule Halley, « va s'exprimer de manière plus précise à travers des principes directeurs traduisant sa finalité, ses conditions d'exercice et les moyens de sa mise en œuvre. »[562] Les principes directeurs sont dès lors le principe de la participation publique (duquel découle le droit au consentement préalable, libre et éclairé), le principe de précaution, le principe de prévention des dommages environnementaux et le principe du pollueur-payeur[563].

2.2.1. Les conditions d'exercice des principes directeurs du développement durable

Les principes de prévention et de précaution consolident l'aspect préventif du droit de l'environnement tandis que le principe de pollueur-payeur comprend la réparation.

Le principe de précaution

Le principe de précaution permet de prendre des mesures préventives face à un risque non confirmé ou éventuel de menace à la santé et l'environnement[564]. Il exige par là que l'État ne soit pas inactif

engagées dans le passé. Le concept de développement durable traduit bien cette nécessité de concilier développement économique et protection de l'environnement [...]»

[561] Convention relative 169 OIT, *supra* note 28, art. 7.4.

[562] Halley, « Développement durable », *supra* note 189 à la p. 72.

[563] *Ibid* à la p. 73. Voir aussi Jean-Maurice Arbour, Sophie Lavallée et Helène Trudeau, *Droit international de l'environnement*, Cowansville (Qc), Éditions Yvon Blais, 2012 aux pp. 110-32. Philippe Sands, *Principles of International Environmental Law*, 2e éd, New York, Cambridge University Press, 2003 à la p. 253. Patricia Birnie, Alan Boyle et Catherine Redgwell, *International Law and the Environment,* 3e éd, Oxford, Oxford University Press, 2009.

[564] Mario Bettati, *Le Droit international de l'environnement*, Paris, Odile Jacob, 2012 à la p. 182. Henri Belvèze le définit comme étant « une approche de gestion des risques qui s'exerce dans une situation d'incertitude scientifique, exprimant une exigence face à un risque potentiellement grave sans attendre les résultats de la recherche scientifique. », Henri Belvèze, « Lignes directrices pour l'application du principe de précaution » dans *le principe de précaution, significations et conséquences*, Bruxelles, Éditions de l'Université de Bruxelles, 2000, 39 à la p. 42. Voir aussi Arbour, Lavallée et Trudeau, *supra* note 564 à la p. 114.

en matière de protection de l'environnement[565]. À cet égard, le principe de précaution s'analyse en terme « d'évaluation et de gestion adéquate des risques environnementaux qui résultent de l'activité économique »[566], comme l'exploitation minière. Il est consacré par de nombreux textes environnementaux et dériverait du principe de prudence[567]. Parlant de sa portée, Helène Trudeau affirme que le principe de précaution « vient renforcer le volet préventif du droit de l'environnement, lui conférant un caractère résolument "proactif". Le principe se présente en effet comme un outil d'anticipation et de gestion des risques qui permet d'appréhender même les risques potentiels, c'est-à-dire ceux dont l'existence ne fait pas l'objet de certitude scientifique. »[568] Le principe de précaution se rapproche

---

565 *Ibid* à la p. 118.

566 Hélène Trudeau, « Du droit international au droit interne : l'Émergence du principe de précaution en droit de l'Environnement » (2003) 28 Queen's LJ 455 à la p. 457.

567 Bettati, *supra* note 565 à la p. 185. Selon cet auteur, le Traité de Rome qui a institué la Communauté économique européenne consacrait le principe de prudence en matière d'environnement au paragraphe 1 de l'article 130 R. Voir aussi Olivier Godard, « De la nature du principe de précaution » dans Edwin Zaccai et Jean Noël Missa, dir., *Le principe de précaution, significations et conséquences*, Bruxelles, Éditions de l'Université de Bruxelles, 2000, 19 aux pp. 20-5. Voir aussi Arie Trouwborst, « Evolution and Status of the Precautionary Principle in International Law dans Sumudu Atapattu » (2002) 96 4 AJIL 1016.D'autres textes conventionnels prévoient le principe de précaution. Ce sont entre autres la Convention sur les effets transfrontières des accidents industriels conclue à Heksinki, le 17 mars 1992, art. 6. La Convention-cadre des Nations Unies sur les changements climatiques (1992) art. 3, en ligne (PDF) : *Confédération suisse :* https : //www.admin.ch/opc/fr/classified-compilation/20031989/201203070000/0.814.04.pdf. La *Déclaration de Rio sur l'environnement*, *supra* note 27, principe 15 qui précise que « pour protéger l'environnement, des mesures de précaution doivent être largement appliquées par les États selon leurs capacités. En cas de risque de dommages graves ou irréversibles, l'absence de certitude scientifique absolue ne doit pas servir de prétexte pour remettre à plus tard l'adoption de mesures effectives visant à prévenir la dégradation de l'environnement. » Le principe de précaution est aussi consacré par la *Convention de Bamako sur l'Interdiction d'importer en Afrique des déchets dangereux et sur le Contrôle des Mouvements transfrontaliers et la Gestion des déchets dangereux produits en Afrique* (29 janvier 1991) art. 4.3, en ligne (PDF) : *Union africaine, Département Paix et Sécurité :* http://www.peaceau.org/uploads/convention-de-bamako-fr.pdf. La *Protocole de Cartagena sur la prévention des risques biotechnologiques relatif à la convention sur la diversité biologique* (2000) préambule, en ligne (PDF) : *Convention sur la diversité biologique* https://www.cbd.int/doc/legal/cartagena-protocol-fr.pdf. Accord sur l'application des mesures sanitaires et phytosanitaires, 15 avril 1994.

568 Trudeau, *supra* note 567 à la p. 458. Voir aussi Sara L. Seck, « Home State Responsibility and Local Communities: The Case of Global Mining », (2008)177 Il Yale Human Rts & Dev LJ 197-198 à la p. 201. Voir aussi Benjamin Richardson et Jona Razzaque, « Public Participation in Environmental Decision-Making » dans Benjamin J. Richardson et Stepan Woods, dir., *Environmental Law for Sustainabi/ity: A Reader*, Oxford and Portland Oregon, Hart Publisher, 2006, 165 à la p. 166. Il faut noter toutefois qu'il y a une controverse quant à la reconnaissance du principe de précaution comme coutume internationale ou principe général de droit. Voir à ce propos Pierre-Marie Dupuy et Jorge E. Vinuales, *Introduction au*

beaucoup du principe de prévention, qui est le deuxième principe du développement durable.

Le principe de prévention

Le principe de prévention, contrairement au principe de précaution qui s'applique même en cas d'incertitudes scientifiques, est plus précis et encadre un réel danger à l'environnement qui est susceptible de se produire en l'absence d'action concrète[569]. Il signifie qu'en présence d'un risque connu, il faut agir pour minimiser les dommages environnementaux[570]. Autrement dit, dès qu'il y a « un risque de dommage prévisible et certain », le principe de prévention intervient[571]. Il permet dès lors d'empêcher au maximum un dommage sensible à l'environnement d'une région qui serait quasi irréversible[572]. Le principe de prévention est consacré par l'article 2 de la *Déclaration de Rio sur l'environnement* qui enjoint aux États de prendre des mesures pour éviter que leurs activités ne portent préjudice à l'environnement d'un autre État[573]. Partant de là, le

---

droit international de l'environnement, Bruxelles, Bruylant, 2015 aux pp. 92-7 [Pierre-Marie Dupuy, *Introduction au droit international de l'environnement*]. Voir aussi Jonathan B. Wiener, « Precaution » dans Daniel Bodansky, Jutta Brunnée et Hellen Hey, dir., *Oxford Handbook on international Environmental Law*, Oxford, Oxford University Press, 2007 aux pp. 597-07.

569 Arbour, Lavallée et Trudeau, *supra* note 564 aux pp. 110-11.

570 Halley, « Développement durable », *supra* note 189 à la p. 87.

571 Arbour, Lavallée et Trudeau, *supra* note 564 à la p. 111.

572 Pierre-Marie Dupuy, Introduction au droit international de l'environnement, *supra* note 569 à la p. 83.

573 *Déclaration de Rio sur l'environnement, supra* note 27, principe 2 : « Conformément à la Charte des Nations Unies et aux principes du droit international, les États ont le droit souverain d'exploiter leurs propres ressources selon leur politique d'environnement et de développement, et ils ont le devoir de faire en sorte que les activités exercées dans les limites de leur juridiction ou sous leur contrôle ne causent pas de dommages à l'environnement dans d'autres États ou dans des zones ne relevant d'aucune juridiction nationale. ». D'autres textes juridiques consacrent aussi le principe de prévention dont la *Convention d'Espoo sur l'évaluation de l'impact écologique dans un contexte transfrontalier pour certaines activités qui risquent d'avoir des effets préjudiciables sur l'environnement d'autres États, 25* février 1991, 1989 R.T.N.U. 309 (entrée en vigueur : 10 septembre 1997), art. 1. Cette Convention est appelée Convention d'Espoo. La *Convention sur la protection et l'utilisation des cours d'eau internationaux à des fins autres que la navigation*, 1992. Voir aussi la Déclaration de Stockholm sur l'environnement, principe 21 ainsi que la convention des Nations Unies sur le droit de la mer, art. 139. Dans la jurisprudence le principe de prévention qu'on peut aussi appeler principe de diligence est consacré dans l'affaire la *Fonderie de Trail* (*États-Unis c. Canada)* Nations Unies, Recueil des sentences arbitrales, vol III, p 1938 ; (1994) 3 Reports of International Arbitration Awards 1905. Voir aussi *Affaire du Détroit de Corfou (Royaume-Uni de Grande-Bretagne et d'Irlande du Nord c. Albanie),* arrêt du 9 avril 1949, Rec. CIJ, 1949, pp 4 et suivant, à la p. 22 plus précisément. Le caractère coutumier du principe de prévention en droit international a été reconnu par la Cour internationale de Justice dans trois

principe de prévention est vu comme « une obligation de diligence raisonnable de l'État pour prévenir les dommages environnementaux et les pollutions[574] ». En ce sens, ce principe oblige l'État d'empêcher, dans le cadre de l'exploitation des ressources naturelles, « toute atteinte à la population, aux biens et à l'environnement[575] ». Il emporte, à cet égard, un devoir pour l'État d'agir même s'il n'y a pas une nécessité absolue afin de réduire les conséquences sur l'environnement d'une menace de pollution ou autre type de danger à la suite d'activités économiques[576]. Après l'aspect préventif qui englobe la précaution et la prévention en présence d'un danger réel ou potentiel pour l'environnement, le droit de l'environnement s'intéresse au volet curatif qu'est le principe du pollueur-payeur.

Le principe de pollueur-payeur

Le principe de pollueur-payeur part de la logique qu'un sujet de droit qui porte atteinte à l'environnement doit assumer les coûts liés à la réparation. Il concerne également « les coûts liés à la prévention »[577]. Ce principe est prévu par la *Déclaration de Rio sur l'environnement* qui précise que :

> « Les autorités nationales devraient s'efforcer de promouvoir l'internalisation des coûts de protection de l'environnement et l'utilisation d'instruments économiques, en vertu du principe selon lequel c'est le pollueur qui doit, en principe, assumer le coût de la pollution, dans le souci de l'intérêt public et sans fausser le jeu du commerce international et de l'investissement[578]. »

---

de ces décisions. Ce sont, *Licéité de la menace ou de l'emploi d'armes nucléaires*, CIJ, Avis consultatif du 8 juillet 1996, au para. 29 ; affaire *relative à des usines de pâte a papier sur le fleuve Uruguay (Argentine c. Uruguay)*, CIJ, 2010, au para 101, 185 [*Affaire relative à des usines de pâte a papier]*. Affaire relative au projet *Gabcikovo-Nagymaros (Hongrie c. Slovaquie),* arrêt du 25 septembre 1997, au para 140.

574 Halley, « Développement durable », *supra* note 189 à la p. 86.

575 Bettati, *supra* note 565 à la p. 186. Voir aussi Nicolas De Sadeleer, les principes du pollueur-payeur, de prévention et de précaution : essai sur la genèse et la portée juridique de quelques concepts du droit de l'environnement, Bruxelles, Bruylant, 1999.

576 Bettati, *supra* note 565 aux pp. 186–87. Voir aussi De Sadeleer, *supra* note 576.

577 Jean Maurice Arbour, *Droit international de l'environnement*, 2e édition, Cowansville (Qc), Yvon Blais, 2012 à la p. 130. Voir aussi De Sadeleer, *supra* note 576 à la p. 51.

578 Déclaration de Rio sur l'environnement, *supra* note 27, principe 16. Ce principe tire son origine des travaux de l'OCDE, Recommandation sur les principes directeurs relatifs aux aspects économiques des politiques de l'environnement sur le plan international C (72) 128. Recommandation sur la mise en œuvre du principe pollueur-payeur C (74) 223. D'autres textes juridiques consacrent aussi le principe de pollueur-payeur. Il s'agit des conventions suivantes : Convention sur les effets transfrontières des accidents industriels, Helsinki, 17 mars 1992, Nations Unies, Collections des Traités ; Convention sur la protection et l'utilisation des cours d'eau transfrontières et des lacs internationaux, Helsinki, 17 mars 1992, Nations Unies, collections des Traités ; convention internationale sur la préparation, la lutte et

Cette mention au commerce international et à l'investissement permet d'interdire à l'État de soutenir les entreprises dans la lutte contre la pollution et de créer un déséquilibre dans le commerce international. C'est en ce sens que le principe de prévention « signifie que le responsable de la pollution doit payer le coût des dommages causés à l'environnement et conséquemment que le prix d'un bien doit refléter le coût social engendré par une utilisation abusive des facteurs environnementaux et que l'État n'a pas à subventionner les pollueurs[579] ». Le principe de pollueur-payeur soulève un certain nombre de questions quant aux « types de dommages qui devront être indemnisés et comment procéder à leur évaluation[580] ».

Cela dit, dans le domaine de la protection de l'environnement, le principe de précaution, celui de prévention et de pollueur-payeur sont établis pour diminuer les nuisances sur l'environnement des activités économiques, comme l'exploitation minière qui nous intéresse ici. En tant que principe préventif et curatif, ils contribuent grandement à atteindre les objectifs du développement durable et à protéger le territoire et l'environnement des peuples autochtones.

Le respect de ces principes par l'État est un moyen de respecter le droit au développement durable des peuples autochtones. Nous prendrons l'exemple sur les études d'impacts sociaux et environnementaux (EIES) qui est un des moyens possibles pour mettre en œuvre le développement durable dans la mesure où elles tiennent compte de l'aspect préventif et curatif de la protection de l'environnement.

---

la coopération en matière de pollution par les hydrocarbures, Londres, 30 novembre 1990. La Cour suprême du Canada quant à elle précise que dans une optique de développement durable, le principe de pollueur-payeur impose aux pollueurs la responsabilité de corriger les situations de contamination dont ils sont responsables et d'assumer directement et immédiatement les coûts de la pollution. Il cherche en même temps à rendre les auteurs de celle-ci plus soucieux des impératifs de la préservation des écosystèmes, dans le cours de leurs activités économiques. » Cie pétrolière impériale ltée c. Québec (ministre de l'Environnement), 2003 CSC 58, au para 24. Pour la compréhension de ces trois principes voir De Sadeleer, *supra* note 576 aux pp. 42-3.

[579] Arbour, Lavallée et Trudeau, *supra* note 564 à la p. 131.

[580] *Ibid* à la p. 134. Pour ces auteurs, « l'acceptation restrictive [du principe de pollueur-payeur] est plus étroite. Elle englobe les mesures préventives, les mesures administratives directement en lien avec la prévention de la pollution, telles que la surveillance, les autorisations, suivis et inspections ainsi que les mesures curatives telles que les coûts de nettoyage, de décontamination, mais non les mesures de remise en état proprement dites, par exemple les coûts de repeuplement d'une rivière polluée ». Voir aussi Pierre-Marie Dupuy, *Introduction au droit international de l'environnement*, *supra* note 569 aux pp. 107-8.

2.2.2. Les études d'impacts sociaux et environnementaux : moyen de mise en œuvre pratique des principes de développement durable par l'État

Il convient de rappeler que « les régimes d'évaluation des impacts sur l'environnement représentent un [...] exemple d'application du principe de prévention[581] » et celui de précaution[582]. Ces études d'impact sont prévues par les instruments internationaux et confirmées par la jurisprudence. La *Déclaration de Rio* parle de la réalisation par une autorité publique habilitée « d'étude d'impact sur l'environnement » pour toute activité ayant des impacts négatifs sur l'environnement[583]. La Convention 169 de l'OIT va plus loin en incluant les impacts sociaux et culturels du projet en exigeant des gouvernements de réaliser des études « afin d'évaluer l'incidence sociale, spirituelle, culturelle et sur l'environnement » des projets d'exploitation des territoires autochtones[584]. La prise en compte des impacts sociaux cadre avec l'esprit du développement durable qui concilie développement économique, social et protection de l'environnement en prenant en compte l'aspect humain du développement[585]. D'après Szablowski :

> « The evaluation of social impacts in ElA has arisen from the expansion of the definition of the environment to include a social component. By no means universal, this perspective has been reinforced by the widely accepted definition of sustainable development provided by the Brundtland Report as including economic, social and environmental concerns[586]. »

---

581 Halley, « Développement durable », *supra* note 189 à la p. 87.

582 Lignes directrices, *supra* note 85 à la p. 31. Les lignes directrices parlent d'« une évaluation préliminaire des incidences économiques, sociales, culturelles et environnementales probables, y compris les risques potentiels et le partage juste et équitable des avantages, compte tenu du principe de précaution ».

583 Déclaration de Rio sur l'environnement, *supra* note 27, principe 17.

584 Convention 169 OIT, *supra* note 28, art. 7.3. Voir aussi Convention d'Espoo, *supra* note 574, art. 1.

585 Selon le PNUD, « L'environnement a toujours constitué une composante fondamentale du développement humain ». Aude Lucier-Boisvert, « Équipe perspective monde », en ligne : Perspective Monde http://perspective.usherbrooke.ca/bilan/servlet/BMDictionnaire?Iddictionnaire=1432.

586 David Szablowski, *Transnational Law and Local Struggles: Mining, Communities, and the World Bank*, Oxford and Portland Oregon, Hart Publishing, 2007 aux pp. 49-50. Voir aussi Union Internationale pour la Conservation de la Nature, « An Introduction to the African Convention on the Conservation of Nature and Natural Resources. IUCN Environmental Policy and Law Paper » (2004) à la p. 8, en ligne (PDF) : *IUCN Systems* « https://portals.iucn.org/library/sites/library/files/documents/EPLP-056.pdf ». Pour L'UICN, « The EIA process is *one of the keyways through which prevention and precaution may be implemented as it aims at an evaluation of the positiveor negative environmental consequences of an activity or a strategy* ».

En outre, ces études doivent être réalisées avec l'implication et la collaboration des peuples autochtones et les résultats doivent guider la réalisation du projet[587]. Mais encore, pour le Rapporteur spécial des Nations Unies, de telles études devraient inclure « les incidences éventuelles des projets sur la situation sanitaire, les activités de subsistance et les lieux revêtant une importance culturelle et religieuse[588] ». L'obligation d'entreprendre des études d'impacts sociaux et environnementaux selon le droit international incombe à l'État et doit se poursuivre pendant l'exécution du projet et son démantèlement par la mise en place d'un mécanisme de surveillance de protection de l'environnement[589]. Cela veut dire que la préoccupation pour la protection de l'environnement doit intervenir à toutes les phases du projet. Cela entre en contradiction avec l'attitude des minières qui ne s'intéressent au volet environnemental qu'au moment de l'implantation du projet.

Selon la Cour internationale de justice, « l'obligation de protéger et de préserver l'environnement » amène « en droit international général, à une obligation de procéder à une évaluation de l'impact sur l'environnement lorsque l'activité industrielle projetée risque d'avoir un impact préjudiciable important [...] sur une ressource [...] » [Cette obligation qui peut même être considérée comme une norme coutumière, emporte une] « Obligation de diligence, et du devoir de vigilance et de prévention[590] ». Autrement dit, le corollaire, en droit

---

[587] Convention 169 OIT, *supra* note 28, art. 7.3.

[588] Anaya, Industries extractives et peuples autochtones, *supra* note 477, au para 73.

[589] *Ibid* au para 73. Selon ce rapport, les études d'impact « devraient prévoir des mécanismes de surveillance participative pendant la durée du projet et des mesures relatives au démantèlement du projet ».

[590] *Affaire relative à des usines de pâte à papier, supra* note 574 au para 204. Voir aussi *Saramaka 1, supra* note 197 au para 129. Voir également *Saramaka 2, supra* note 304 aux paras 40, 41. La cour reconnait l'obligation de l'État de mener des études d'impact des projets sur le plan environnemental, social en respectant les normes et standards internationaux. Elle invoque les normes contenues dans les lignes directrices d'Akwe : « Lignes directrices Akwé : Kon » à la p. 3, en ligne (PDF) : *Convention sur la diversité biologique* <https://www.cbd.int/doc/publications/akwe-brochure-fr.pdf.>. Selon la Cour :
« environmental and social impact assessments (ESIAs) serve to assess the possible damage or impact a proposed development or investment project may have on the property in question and on the community. The purpose of ESIAs is not only to have some objective measure of such possible impact on the land and the people, but also, [...] to "ensure that members of the Saramaka people are aware of possible risks, including environmental and health risks, in order that the proposed development or investment plan is accepted knowingly and voluntarily". [...] In order to comply with the Court's orders, the ESIAs must conform to the relevant international standards and best practices and must respect the Saramaka people's traditions and culture ». Voir aussi : *un guide sur la Convention 169 de l'OIT, supra* note 1115 à la p. 119. D'après ce guide, pour respecter le droit au développement des peuples autochtones, des études d'évaluation de l'impact des projets doivent être réalisées.

international de l'obligation d'effectuer des études d'impacts environnementaux et sociaux (EIES) est l'obligation de diligence, de vigilance et de prévention. Toutefois, il appartient à chaque État de préciser les modalités de mise en œuvre des études d'impacts sociaux et environnementaux.

> « [...] Il revient à chaque État de déterminer, dans le cadre de sa législation nationale ou du processus d'autorisation du projet, la teneur exacte de l'évaluation de l'impact sur l'environnement requise dans chaque cas en prenant en compte la nature et l'ampleur du projet en cause et son impact négatif probable sur l'environnement, ainsi que la nécessité d'exercer, lorsqu'il procède à une telle évaluation, toute la diligence requise. La Cour estime par ailleurs qu'une évaluation de l'impact sur l'environnement doit être réalisée avant la mise en œuvre du projet. En outre, une fois les opérations commencées, une surveillance continue des effets dudit projet sur l'environnement sera mise en place, qui se poursuivra au besoin pendant toute la durée de vie du projet[591]. »

La deuxième obligation qui incombe à l'État est de surveiller les entreprises pour la protection du milieu et du territoire.

2.3. Surveiller les entreprises pour la protection du milieu et la protection du territoire

Après s'être assuré du respect des principes de développement durable qui se manifeste par la réalisation des EIES prévoyant des mesures pour la protection de l'environnement avant, pendant et au moment du démantèlement du site minier, l'État a l'obligation de surveiller les entreprises pour la protection du milieu et du territoire. Cela découle de son obligation de protéger et promouvoir les droits et intérêts des peuples autochtones. Il arrive toutefois que les EIES soient conduits par les entreprises minières. Dans ces conditions, l'État doit veiller à ce que ces études soient indépendantes et dont les peuples autochtones y participent. Par ailleurs, l'État doit s'assurer que les minières protègent l'environnement en exploitant le territoire autochtone.

2.3.1. S'assurer que les peuples autochtones obtiennent des renseignements collectés par les sociétés minières dans le cadre des études d'impacts sociaux et environnementaux

La responsabilité de créer les conditions favorables au droit au développement des peuples autochtones exige que l'État prenne des

[591] Affaire relative à des usines de pâte à papier, *supra* note 574, au para 205.

dispositions pour prévenir les « activités préjudiciables qui peuvent être perpétrées par les parties privées »[592] en territoire autochtone. Dans le contexte de l'exploitation minière, ces parties privées qui peuvent être des minières doivent être surveillées par l'État pour la protection du milieu. Dans la décision *Ogoni*, la Commission africaine rappelle que l'État a l'obligation d'assurer la sécurité du projet minier pour les peuples autochtones en diffusant les renseignements colisés dans le cadre des EIES[593].

Pour surveiller les entreprises pour la protection du milieu et du territoire autochtone, l'État doit s'assurer que les peuples autochtones aient « accès aux renseignements qui sont recueillis dans le cadre des études d'impact réalisées par [...] les sociétés d'extraction [...][594] » Dans cet ordre d'idées, l'État doit veiller à ce que les minières partagent avec les peuples autochtones les données sur le projet et ses répercussions possibles sur l'environnement et obtiennent l'information environnementale. Cela revient à leur participation aux études d'impact menées par les minières et la consultation. En ce sens, l'État a l'obligation « d'exiger [des minières] et de publier des études sur l'impact social et environnemental avant tout développement industriel majeur et d'informer les communautés exposées aux activités et produits dangereux et d'offrir aux individus la possibilité d'être entendus et de participer aux décisions relatives au développement affectant les communautés[595] » afin d'assurer le droit à la santé et à un environnement sain[596]. Après donc s'être assuré que les peuples autochtones ont accès aux résultats des EIES, l'État doit aussi ordonner une supervision indépendante du processus.

2.3.2. Ordonner ou permettre une surveillance indépendante des EIES et sanctionner les agissements des minières en cas d'atteinte à l'environnement

Cette responsabilité suppose que l'État doit s'assurer que les études d'impact menées par les minières soient « objectives ». Pour y parvenir, l'État doit soumettre les études ou les résultats à « un examen indépendant » ou bien exiger que les études « s'effectuent hors du contrôle des promoteurs des projets d'extraction[597] ». Pour la

[592] *Ogoni*, *supra* note 33 au para 57.
[593] *Ibid* au para 69.
[594] Anaya, Industries extractives et peuples autochtones, *supra* note 477 aux paras 65, 66.
[595] *Ogoni*, *supra* note 33 au para 53.
[596] *Charte africaine*, *supra* note 31, arts 16, 24.
[597] Anaya, Industries extractives et peuples autochtones, *supra* note 477 à la p. 15.

Commission de l'Union africaine dans la décision « *Ogoni* », la protection de l'environnement et respect du droit à la santé des peuples autochtones comprend « le fait d'ordonner ou au moins de permettre la surveillance scientifique indépendante des environnements menacés [...] d'entreprendre la surveillance appropriée [...][598] » Dans cette affaire, la Commission africaine donne raison aux plaignants qui affirment que le gouvernement du Nigeria « n'a pas contrôlé ou réglementé les activités des compagnies pétrolières [...] [ce qui] a ouvert la voie aux consortiums pétroliers pour exploiter les réserves du pétrole à Ogoniland[599] ». De là, on conclut que l'État a l'obligation de surveiller les minières en leur donnant des directives claires sur la manière d'exploiter le territoire et de protéger l'environnement des communautés autochtones. C'est d'ailleurs ce que recommande aussi la Directive minière de la Communauté économique des États de l'Afrique de l'Ouest (CEDEAO) qui appelle les États à veiller sur les sociétés minières dans l'application des normes environnementales et même à mettre en place des systèmes d'audits[600].

En plus d'une surveillance indépendante des EIES, l'État a le devoir de s'assurer que les entreprises ne violent pas de façon délibérée, par leur action le droit à un environnement de qualité ou de se rendre complice de cette violation. Il ne doit pas non plus s'abstenir de prendre des mesures pour sanctionner cette violation. Autrement dit, d'après la décision *Ogoni*, l'État a l'obligation de sanctionner les agissements des minières qui causent des dommages à l'environnement des peuples autochtones. Pour la Commission africaine, le droit à un environnement sain favorable au développement et le droit à la santé exigent que l'État prenne des mesures pour sanctionner toute attitude des minières qui détruisent l'environnement[601]. L'État doit donc s'assurer que les peuples autochtones jouissent de leur droit au développement et que la société

---

[598] Ogoni, *supra* note 33 au para 53.

[599] *Ibid* au para 55.

[600] Communauté économique des États de l'Afrique de l'Ouest, « Directive C/DIR 3/05/09 en date du 27 mai 2009 portant sur l'harmonisation des principes directeurs et des politiques dans le secteur minier », arts 6.2, 6.6, en ligne : Journal officiel de la République du Sénégal *http://www.jo.gouv.sn/spip.php?article8182.* [CEDEAO, Harmonisation des principes directeurs dans le secteur minier]. Selon cette directive, « 6.6 Les États membres veillent à ce que les détenteurs des droits ou titres miniers prennent les mesures pour empêcher et gérer le déversement de cyanure, de mercure et autres substances similaires, de substances nocives à la santé humaine et à l'environnement, ainsi que les autres risques liés aux activités minières. »

[601] *Ogoni*, *supra* note 33 au para 52.

minière n'entrave pas la jouissance de ce droit[602]. L'État doit enfin prendre des mesures de répression et des mesures pour contrer les agissements de la société minière tendant à empêcher les peuples autochtones de jouir du droit à un environnement de qualité favorable au développement qu'ils choisissent librement, par exemple, lorsque celui-ci n'a pas de valeur sur le marché (économie traditionnelle)[603].

En conclusion, il faut retenir que les normes africaines et internationales exigent des États, pour respecter le droit à un environnement sain favorable au développement des peuples autochtones et la jouissance de leurs richesses naturelles, de prendre des mesures adéquates pour protéger l'environnement et de réprimer les atteintes au milieu de vie. Ces obligations passent notamment par la réalisation des études d'impact environnemental et social qui permettent d'instaurer des mécanismes pour évaluer et diminuer les effets ou risques néfastes des projets miniers sur l'environnement, la santé, la vie culturelle et sociale des peuples autochtones avant, pendant et à la fin des projets.

> « Elles sont bien résumées dans la décision Ogoni où la Commission africaine »
>
> « Exhorte le gouvernement de la République fédérale du Nigeria à assurer la protection de l'environnement, de la santé et des moyens d'existence du peuple Ogoni : […]

a. En s'assurant qu'une évaluation adéquate de l'impact social et écologique des opérations pétrolières soit menée pour tout futur projet d'exploitation pétrolière et que la sécurité de tout projet du genre soit garantie au moyen d'organes de contrôle indépendants de l'industrie pétrolière.

b. En fournissant des informations sur les risques pour la santé et l'environnement, de même qu'un accès effectif aux organes de régulation et de décision par les communautés susceptibles d'être affectées par les opérations pétrolières [...][604] »

---

602 *Ibid* au para 57.

603 Anaya, *Industries extractives et peuples autochtones*, *supra* note 477 au para 44 (voir aussi au para 48). Selon ce rapport, « Dans le contexte des industries extractives, l'obligation de protéger les droits de l'homme qui incombe à l'État suppose nécessairement que celui-ci établisse un cadre réglementaire qui reconnaisse pleinement les droits des peuples autochtones sur leurs terres et les ressources naturelles qui s'y trouvent ainsi que les autres droits auxquels les activités extractives pourraient porter atteinte ; qui prescrit le respect de ces droits par les organes de l'État dans toutes leurs décisions et par les entreprises d'extraction, et qui prévoit des sanctions et des recours effectifs en cas d'atteinte à ces droits par des agents de l'État ou par des entreprises. »

604 *Ogoni*, *supra* note 33 au para 69.

La mise en œuvre de telles obligations est toutefois rendue difficile à cause de la capacité limitée des États africains de contrôler les activités des minières et d'imposer des réglementations spéciales pour faire respecter les principes du développement durable. Les États manquent généralement de ressources techniques, humaines, matérielles et financières pour mener les EIES, même si celles-ci sont confiées à des organismes privés. Ils sont aussi laxistes envers les entreprises minières. Par peur de perdre les recettes minières, le contrôle des normes environnementales n'est pas rigoureux. Cette situation est abordée par l'Union africaine qui affirme que :

> « La mise au point d'un cadre qui intègre convenablement les questions d'environnement à l'évaluation des coûts et avantages d'un projet minier a considérablement évolué durant les vingt dernières années. Cependant, l'application d'instruments normalisés pour évaluer et réguler les effets n'est pas très courante dans de nombreux pays africains. La situation est d'autant plus complexe que l'application des outils de gestion de l'environnement exige des compétences et des moyens techniques et financiers qui ne sont pas toujours disponibles ou fournis par les gouvernements. Ces limites sont encore plus prononcées en ce qui concerne les capacités de suivi et d'évaluation des coûts sociaux, en particulier ceux que subissent les communautés vivant aux alentours des mines. »

> « De nombreux systèmes juridiques nationaux et internationaux comportent des dispositions pour [...] exiger des évaluations des effets avant d'autoriser certaines activités ; établir des normes, notamment pour la qualité de l'air et de l'eau ou fixer des limites pour les rejets dans l'eau ou les émissions dans l'atmosphère ; imposer des conditions pour la fermeture des mines et le versement d'indemnités pour la perturbation des moyens de subsistance, notamment le déplacement loin des terres agricoles [...] Le problème réside dans la capacité des pouvoirs publics à appliquer ces conditions[605]. »

Face à la faiblesse de l'État de droit en Afrique, les minières doivent agir de bonne foi, avec une diligence raisonnable. Les États devraient aussi avoir une obligation légale de prévoir des normes plus contraignantes en matière de protection de l'environnement et de renforcer leur gouvernance.

Par ailleurs, l'État a le devoir en vertu de son obligation en droit international dans la mise en œuvre des droits sociaux, économiques et culturels de faire respecter les mesures de décontamination par les entreprises minières en imposant des sanctions, des mesures de surveillance, etc.[606]

---

[605] Union Africaine, Vision du régime minier de l'Afrique, *supra* note 181 aux pp. 55-8.

[606] R. Alberts, « *Complexities with extractive industries regulation on the African continent* » (2017) 4 2 Extractive Industries and Society, 267 aux pp. 268-69.

2.4. L'obligation de partager les bénéfices et de s'assurer de la répartition équitable des richesses

L'exploitation minière doit se faire au bénéfice de la population locale en s'assurant qu'elle profite et contribue à l'amélioration du bien-être de la population. Pour Lena et Guenest, l'extraction des ressources part du principe que cet investissement contribuera au plus grand bénéfice de la société et doit considérer les impacts importants que subissent les populations :

> « When a government decides to sell licenses and concessions to private or state investors for the exploration and later exploitation of the country's natural resources, this is done on the assumption that this investment will contribute to the greater benefit of society. While the extractive project will bring about benefits, especially in the form of revenue to the state, any large-scale investment also induces costs. Apart from financial expenses that are borne by the investors, costs occur as negative impacts on the lives of those living close to or within the project area. These costs can occur in the shape of environmental damages, health hazards, human rights violations, social effects or others, and tend to be externalized, i.e. not accounted for by the investors. Many of these costs are related to questions of livelihood, for a project can have a negative impact on the quality and availability of land, water, pasture and other resources that form the basis of local livelihood options. Whether to proceed with a designated project or not, should be assessed in light of these impacts.[607] [Notes omises]. »

Dans cette optique, les États doivent s'assurer du partage des revenus miniers en faveur des communautés locales autochtones[608] après avoir pris conscience de « la nécessité de l'amélioration de la justice économique et sociale, y compris pour les communautés, dans le processus de décision relatif à l'exploitation des ressources naturelles[609] ». À ce sujet, l'État doit « veiller à la répartition adéquate des revenus miniers au profit des collectivités locales[610] ».

Ainsi, pour faire profiter les peuples autochtones des avantages et bénéfices tirés de l'exploitation des ressources minières des territoires ancestraux des peuples autochtones, les États doivent adopter des réglementations spéciales dont « des mesures législatives,

---

607 Lena Guesnet and Claudia Frank, « Introduction » dans Guesnet, dir., *Compensation Matters*, *supra* note 359, à la p. 6.

608 CEDEAO, Harmonisation des principes directeurs dans le secteur minier, *supra* note 601 à la p. 45.

609 CEDEAO, Reglement C/REG.3/05/09 portant développement des ressources minérales et organisation du secteur minier de la CEDEAO, 2012, préambule.

610 *Ibid*, préambule.

administratives ou de politique générale[611] ». Ces bénéfices peuvent être monétaires et non monétaires et comprennent le paiement des redevances, le soutien aux entreprises locales autochtones, l'emploi et la formation en tant que fondement de l'autodétermination économique des peuples autochtones, tel que vu au chapitre 3 du titre 1.

Les mesures législatives peuvent concerner la mise en place dans la législation minière d'une clause prévoyant un accord de partage des bénéfices ou d'autres types de contrat financier favorable aux Autochtones, des incitatifs pour l'emploi local et la priorité d'emploi accordée aux autochtones, la formation professionnelle ou encore le soutien aux entreprises autochtones[612].

Les mesures réglementaires ou de politique générale quant à elles se rapportent à la redistribution par l'État des bénéfices du projet minier au niveau national. De plus, l'État doit accorder un avantage matériel à la population affectée par l'exploitation minière qui en a supporté les coûts, plus précisément les communautés autochtones[613]. Le rapporteur spécial recommande à cet égard aux États de considérer les peuples autochtones comme leur partenaire dans l'extraction des ressources et de partager des profits liés à cette exploitation. Selon Anaya :

---

[611] Protocole de Nagoya sur l'accès aux ressources génétiques et le partage juste et équitable des avantages découlant de leur utilisation relatif à la Convention sur la diversité biologique, art. 5.1, en ligne (PDF) : Convention sur la diversité biologique https://www.cbd.int/abs/doc/protocol/nagoya-protocol-fr.pdf [Protocole de Nagoya].
Nous faisons référence à ce protocole ici, car nous pensons qu'il peut servir d'appui dans le domaine de l'exploitation minière. En plus, de par son préambule, qui reconnait « la contribution potentielle de l'accès et du partage des avantages à la conservation et à l'utilisation durable de la diversité biologique, à l'éradication de la pauvreté et à un environnement durable, contribuant ainsi à la réalisation des Objectifs du millénaire pour le développement », nous concluons que ce protocole s'inscrit dans le domaine du développement durable des peuples autochtones.

[612] *Convention 169 OIT*, *supra* note 28, arts 20, 22. *Déclaration sur le droit au développement*, *supra* note 26, art 8 qui prévoit que : « 1. Les États doivent prendre, sur le plan national, toutes les mesures nécessaires pour la réalisation du droit au développement et ils assurent notamment l'égalité des chances de tous dans l'accès aux ressources de base, à l'éducation, aux services de santé, à l'alimentation, au logement, à l'emploi et à une répartition équitable du revenu. Des mesures efficaces doivent être prises pour assurer une participation active des femmes au processus de développement. Il faut procéder à des réformes économiques et sociales appropriées en vue d'éliminer toutes les injustices sociales. » Voir aussi *Déclaration des Nations Unies*, *supra* note 30, art. 21.2. Le protocole de Nagoya fait référence à « l'élaboration, la mise à jour et l'utilisation de clauses contractuelles types sectorielles et intersectorielles pour les conditions convenues d'un commun accord. ». *Protocole de Nagoya*, *supra* note 612, art. 19.1.

[613] Déclaration sur le droit au développement, *supra* note 26, art. 8.

> « S'agissant des projets d'extraction promus par des entreprises extérieures ou des États, d'autres modèles sont à préférer au modèle classique : ce sont les modèles fondés sur des accords en vertu desquels les droits des peuples autochtones sont pleinement protégés puisque ceux-ci sont considérés comme des partenaires à part entière et, à ce titre, participent à la prise de décisions concernant le projet et tirent parti des avantages qu'il génère[614]. »

La redistribution par l'État de la richesse créée par l'exploitation minière permet donc d'assurer une participation significative des peuples autochtones au projet de développement. Ce faisant, le partage des bénéfices doit se faire « entre l'industrie, les gouvernements locaux et centraux et les communautés affectées[615] ». La raison tient au fait que les peuples autochtones :

> « Fournissent l'accès [aux ressources dont l'extraction est prévue sur leur territoire] et renoncent à d'autres possibilités ultérieures de développement de leurs territoires en consentant à l'exécution du projet. Au-delà des avantages accessoires tels que les emplois ou les œuvres de bienfaisance de l'entreprise, il convient d'accorder aux peuples autochtones des avantages financiers directs, car une compensation leur est due en échange de l'accès qu'ils ont fourni à leurs territoires, compte tenu de toutes les incidences négatives que le projet risque d'avoir et qu'ils ont acceptées, mais aussi en raison des importantes richesses sociales créées par ces peuples tout au long de l'histoire et dont ils restent porteurs aujourd'hui. Dans un même temps, tout en étant ainsi habilités à bénéficier des projets d'extraction menés sur leurs territoires, les peuples autochtones devraient avoir la possibilité de participer à la gestion de ces projets, ainsi que d'exercer un contrôle réglementaire, en application de leur droit à l'autodétermination[616]. »

Selon l'Union africaine, l'État doit donner des instructions précises sur les modalités de partage des retombées minières entre l'administration centrale et les administrations locales. Elle encourage à ce titre l'État à prévoir un mécanisme de suivi de l'utilisation des fonds en mettant en place une structure indépendante, mais aussi de préciser le mode de paiement des bénéfices miniers[617].

---

614 Anaya, *Industries extractives et peuples autochtones*, *supra* note 477, au para 75. Voir aussi *Saramaka 1*, *supra* note 197 aux paras 138, 140.

615 Lebuis, *supra* note 184 à la p. 94.

616 Anaya, Industries extractives et peuples autochtones, *supra* note 477 au para 76.

617 Union Africaine, *supra* note 238 à la p. 110. Le document précise que : « La découverte d'une ressource à extraire du sol suscite toujours parmi les communautés locales le sentiment qu'elles ont tout à gagner. Pour désamorcer les possibilités de conflit, les gouvernements à divers niveaux doivent élaborer des directives claires pour répartir les avantages et les richesses entre l'administration centrale et les autorités et les communautés locales. Les droits de propriété et d'autres frais, par exemple, peuvent être prélevés et collectés directement par l'administration locale. Certains pays ont introduit des programmes pour l'allocation de portions des recettes minières de l'administration centrale aux institutions des communautés

En plus de prévoir un mécanisme de répartition des bénéfices miniers au profit des communautés autochtones, l'État a le devoir de veiller à ce que la richesse soit partagée de façon équitable entre les minières et les communautés autochtones. Pour respecter cette obligation, les États devraient prévoir dans leur régime minier des dispositions pour exiger le partage des bénéfices entre les minières et les peuples autochtones. Il ne suffit pas de prévoir des mesures de répartition des profits économiques, l'État doit veiller à ce que les entreprises les respectent comme pour l'exemple de la protection de l'environnement. Les minières appliquent ces dispositions par la signature des accords avec les Autochtones, comme nous le verrons dans le chapitre suivant. L'absence de mécanismes de partage des bénéfices des activités d'exploitation minière devient une violation du droit au développement. Selon la Commission africaine, « l'indisponibilité [...] de bénéfices adéquats [...] indique que l'État défendeur n'a pas pris en compte, tel que cela se doit, les Endorois dans le processus de développement[618] ». Cette absence de bénéfices matériels constitue donc une violation de l'article 22 de la CADHP qui consacre le droit au développement. Pour ainsi respecter le droit au développement de la communauté Endorois, l'État a le devoir de payer « aux Endorois des redevances provenant des activités économiques existantes[619] ». En droit international, le protocole de Nagoya va plus loin d'ailleurs en prévoyant la désignation des « autorités nationales compétentes en matière d'accès et de partage des avantages[620] ». Bien que cette institution existe dans le cadre de la liaison entre l'État et le secrétariat de la Convention, un bureau indépendant ou un arbitre qui fonctionnent selon les principes d'une organisation à but non lucratif, pourrait être impliquée pour superviser l'application effective du partage des bénéfices issus de l'exploitation

minières locales ou, moins couramment, permettre aux administrations à un niveau plus bas de prélever des impôts. Ces systèmes précisent souvent ce qui suit :

Les composantes des recettes publiques sur lesquelles les fonds doivent être alloués, que ce soit les redevances, l'impôt sur les sociétés, les dividendes ou une combinaison de l'une quelconque de ces recettes.

La proportion à allouer.

Le bénéficiaire des fonds, que ce soit les administrations à un niveau plus bas ou des groupes au sein de la communauté, et leurs parts respectives.

Comment les paiements doivent être faits, que ce soit directement par les percepteurs de recettes de la banque centrale ou par l'intermédiaire d'un autre organisme ou institution publique, existante ou à créer à cet effet. »

618 *Endorois*, *supra* note 34 au para 298.

619 *Ibid*, recommandation finale.

620 Protocole de Nagoya, *supra* note 612, art. 13.

minière. À titre d'exemple, on peut citer « le Consensus Building Institute, organisation sans but lucratif spécialisée dans la facilitation du dialogue, la médiation et la négociation[621] » entre les parties impliquées dans l'exploitation minière et dont la Société financière internationale ou d'autres institutions financières font souvent recours. D'ailleurs, en plus de surveiller les entreprises pour le partage des bénéfices, l'État doit s'assurer du bon déroulement du processus. Le mécanisme de partage doit à cet égard être « encadré par le gouvernement afin d'éviter des dérapages (compromission, corruption, vue à court terme, idéologie...)[622] ». Cette obligation de surveillance peut être rencontrée de diverses manières, par exemple en exigeant des minières des garanties préalables à l'octroi des autorisations étatiques (hypothèques, etc.) permettant d'assurer la mise en œuvre réelle du partage prévu.

La dernière obligation qui incombe aux États dans la mise en œuvre du droit au développement des peuples autochtones se rapporte à la composante socioculturelle.

SECTION 3. LES OBLIGATIONS DES ÉTATS EU ÉGARD À LA COMPOSANTE SOCIOCULTURELLE DU DROIT AU DÉVELOPPEMENT

La composante socioculturelle du droit au développement des peuples autochtones se rapporte au respect des choix et des capacités culturelles des peuples autochtones qui permettent de valoriser leur patrimoine culturel, mais aussi la liberté de choix dans la mise en place d'infrastructures et des services sociaux de base conformes à la culture autochtone. Ces infrastructures aident les peuples autochtones à bénéficier des avantages du progrès en matière de santé et contribuent à l'amélioration de leurs conditions de vie. Nous verrons que dans le contexte de l'exploitation minière, il y a une interprétation restrictive de l'obligation de l'État dans la mise en œuvre de la composante socioculturelle du droit au développement du fait que l'État n'est pas impliqué directement dans les activités extractives.

---

[621] *Affaire relative à des usines de pâte à papier*, *supra* note 574, au para 218. Voir aussi le site de l'organisation https://www.cbi.org/who-we-are/.

[622] Chaire en entrepreneuriat minier, UQAT-UQAM, « L'acceptabilité sociale des projets miniers. Commentaires dans le cadre des travaux du chantier sur l'acceptabilité sociale » à la p. 9, en ligne (PDF) : *ministère de l'Énergie et des Ressources naturelles :* https://www.mern.gouv.qc.ca/territoire/memoires/Chaire_entrepreneuriat_minier_UQAT-UQAM.pdf.

Ce faisant, alors que l'obligation d'identifier le patrimoine culturel incombe à l'État en vue d'adopter des mécanismes de protection contre leur destruction par l'activité minière, il doit simplement prévoir dans son droit interne des mesures législatives pour la réalisation des infrastructures socioculturelles qui sont culturellement adaptées.

Nous avons précisé dans la première partie de notre projet que le droit de se développer culturellement correspond au droit pour les peuples autochtones de contrôler et de protéger leur patrimoine culturel, la liberté de déterminer eux-mêmes « les expressions matérielles et immatérielles[623] » de leur mode de vie distinctif. Ce qui comprend la protection « des valeurs matérielles et spirituelles communes[624] » qui englobe, entre autres, la langue, la spiritualité, les religions, les rituels, les cérémonies, etc. Nous avons aussi rappelé que le patrimoine culturel inclue plusieurs éléments. À titre d'exemple, le contrôle sur l'éducation est la condition qui permettait aux peuples autochtones de valoriser et de revivifier leurs propres langues et de transmettre leur héritage culturel. À ce titre, « le rôle des États doit être d'aider les peuples autochtones à pratiquer et exprimer leur culture et leur langue [...] Il est préférable que les États instituent le cadre législatif et institutionnel nécessaire pour protéger et promouvoir les langues et les cultures des peuples autochtones et fournissent à ceux-ci un appui financier et technique[625] ». Ces cadres réglementaires concernent le contrôle en matière d'éducation qui, nous l'avons précisé, est un moyen de valoriser et de préserver la culture et les langues autochtones.

Dans le contexte minier, le mécanisme d'experts sur les peuples autochtones affirme que l'exploitation minière est une menace pour le développement culturel des peuples autochtones. Ce rapport précise que :

> « La mise en valeur non autochtone des terres, territoires et ressources des peuples autochtones a dans de nombreux cas eu un impact négatif sur la culture de ces peuples, en raison notamment de la destruction de lieux et d'espaces où les peuples autochtones la pratiquaient. Dans certains cas, des peuples autochtones ont été déplacés contre leur gré. La culture autochtone est actuellement menacée, notamment par la puissance de culture dominante et l'arrivée sur les territoires autochtones de non-autochtones pour des raisons

---

623 Conseil des droits de l'homme, *Rôle des langues, supra* note 387 à la p. 13.
624 *Ibid.*
625 *Ibid* au para 68.

tenant par exemple à l'exploitation et à l'extraction des ressources et au tourisme[626]. »

En ce sens, les acteurs du développement économique doivent adopter des obligations positives pour protéger et préserver le patrimoine culturel des peuples autochtones. L'exercice du droit de se développer culturellement exige que les États adoptent des « mesures positives prescrites » dans les lois visant à « assurer la survie et le développement permanent de l'identité culturelle[627] » des peuples autochtones. Ces lois sont des instruments qui prévoient les obligations des États en matière de protection du patrimoine culturel.

Dans cette perspective, les obligations des États dans l'application de la composante culturelle du droit au développement des peuples autochtones se rapportent à l'obligation d'identification du patrimoine culturel susceptible d'être affecté par l'activité extractive ainsi que l'obligation d'identification et de démarcation des sites religieux, culturels et sacrés.

Ce patrimoine est très souvent menacé par l'activité minière (exploitation minière, forestière, réalisations d'infrastructures, etc.). Plusieurs cas de conflits surgissent d'ailleurs entre les minières et les peuples autochtones autour de la destruction de leur patrimoine culturel. C'est pourquoi des mesures de sauvegarde s'imposent.

En fait, les impacts de l'exploitation minière sur le patrimoine culturel sont très souvent dramatiques et irréversibles. Plusieurs cas de violences liées au non-respect du patrimoine culturel sont d'actualité et répertoriés par les médias en Afrique et ailleurs. À titre d'exemple, le 3 septembre 2016 une tribu sioux des États-Unis s'est opposée à la construction d'un oléoduc qui mettait en péril les « sites sacrés d'inhumation et de prière. » Estimant que les terres visées « sont les lieux où reposent leurs ancêtres. Les constructions en pierre et les

---

[626] *Ibid* au para 75.

[627] Conseil des droits de l'homme, *Rôle des langues, supra* note 387 au para 64. La commission africaine met aussi l'accent sur l'obligation de l'État dans la réalisation du développement culturel des peuples autochtones qui constitue un élément important des droits de la personne. À ce sujet, elle reconnait « l'obligation de l'État à promouvoir et à protéger les valeurs traditionnelles reconnues par une communauté. Elle comprend donc que la culture désigne cette entité complexe qui comprend le lien spirituelle et physique d'une personne avec les terres, les connaissances, les croyances, l'art, le droit, les mœurs, les coutumes et toutes autres capacités et habitudes ancestrales acquises par l'humanité en tant que membre de la société l'ensemble des activités et produits matériels et spirituels d'un groupe social donné qui le distinguent d'autres groupes similaires, et que l'identité culturelle englobe la religion, la langue et d'autres caractéristiques identitaires d'un groupe. ». (*Endorois*, *supra* note 34 au para 241.)

lieux de prière ne peuvent être remplacés[628] ». En attendant une décision de la Cour fédérale, le Président américain « a [même] ordonné [...] l'arrêt des travaux de construction du pipeline Dakota Access sur des terres fédérales. Il a aussi invité l'entreprise responsable du projet à suspendre ses activités aux alentours[629] ».

Une situation similaire s'est produite au Burkina Faso, où les Autochtones n'ont malheureusement pas obtenu l'appui nécessaire des autorités gouvernementales, comme c'est d'ailleurs fréquemment le cas en Afrique. Dans cette affaire, les populations autochtones ont endommagé les installations de la société True Gold sous prétexte que les activités d'exploration menacent la destruction de la mosquée du village, en janvier 2015. Cela a conduit à l'arrêt des activités de la minière[630]. Comme source du conflit, le gouvernant burkinabé a reconnu à travers le ministère des Mines et de l'Énergie qu'il « est relatif à l'impact de la mine sur le village de Ramatoulaye et surtout la mosquée ». En réponse, les autorités ont nommé un médiateur local pour concilier les positions des deux parties. La crise a recommencé de nouveau six mois plus tard malgré l'intention de la société minière de poursuivre les activités avec le soutien du gouvernement. À propos de ce conflit, la presse rapporte ceci :

> « En réponse à une lettre du ministre des Mines appelant à une relance du dialogue entre la société minière et les populations affectées par la mine, le guide spirituel a exigé le départ une fois de plus, de True Gold de Namissiguima. Le bras de fer entre les populations musulmanes qui craignent que la mine n'engloutisse leur lieu de culte et les industriels miniers de *True Gold* est reparti à nouveau. En témoignent les affrontements entre les populations et les forces de l'ordre, le 28 mai, qui a allongé de fait la liste des victimes. Que ce soit du côté des forces de l'ordre que celui des manifestants, l'on a roulé les brancards ! Les crises de plus en plus récurrentes sur les sites ont fini de montrer que l'éclatement d'une mine d'or, les opportunités de développement mises à part, ouvre la voie à toutes sortes de dérapages conflictuels. Malgré les pertes estimées à des milliards, subies par True Gold à Namissiguima, les patrons de l'entreprise font montre d'une sérénité et d'un courage parfois déconcertants. Preuve dont ils

---

628 AFP, « Aux États-Unis, une tribu sioux combat un projet d'oléoduc » (4 septembre 2016), En ligne : Orange http://actu.orange.fr/monde/etats-unis-une-tribu-sioux-s-oppose-a-un-oleoduc-CNT000000tlxlr/photos/des-manifestants-protestent-contre-la-construction-d-un-oleoduc-le-3-septembre-2016-pres-de-cannon-ball-dans-l-etat-americain-du-dakota-du-nord-57053740b2a32ed67b2451d9247fdebe.html.

629 RDI, « Obama interrompt la construction d'un pipeline après des manifestations autochtones », Radio-Canada (9 septembre 2016), en ligne : http://ici.radio-canada.ca/regions/manitoba/2016/09/09/006-dakota-nord-pipeline-premiere-nation-standing-rock.shtml.

630 Oumar L. Ouedraogo, « Destruction des installations de True Gold : il n'y aura pas d'exploitation sous la mosquée de Ramatoulaye », Lefaso.net (21 janvier 2015), en ligne : http://lefaso.net/spip.php ? Article 62879.

sont déterminés à poursuivre contre vents et marées leurs activités. Pour les exploitants miniers dont les visées mercantilistes ne sont plus un secret, il n'est pas question de céder à une fronde populaire. Du reste, la société dispose d'un permis de construction de la mine, délivré par le gouvernement burkinabè. Un paramètre important, même si la communauté Tidjania n'en mesure pas forcément la portée[631]. »

Malgré ces violences, la réaction de l'État a été l'appel au dialogue et non la responsabilisation de l'entreprise et des garanties pour la protection des sites culturels en question. Il en a été de même en Guinée à Zogota[632].

Ces exemples de conflits montrent bien la violation des droits des Autochtones et la nécessité des mesures de sauvegarde. Les Autochtones voient en leur destruction une atteinte à leurs droits culturels et à leur droit au développement. C'est pourquoi la Commission africaine appelle d'ailleurs à l'identification et à la démarcation des sites sacrés dans le cadre de l'exploitation minière. La Commission a, à ce titre, rappelé que la protection du patrimoine est essentielle au développement des peuples autochtones, puisqu'il constitue un élément déterminant de leur identité culturelle[633].

Partant de là, les *Lignes directrices des Nations Unies* rappellent la nécessité de protéger le patrimoine culturel des peuples autochtones. Selon elle :

> « Les peuples autochtones ont, au fil des générations, acquis un riche ensemble de connaissances sur le monde naturel, la santé, les technologies et techniques, les rites et rituels et d'autres formes d'expression culturelle [...] En outre, le

---

[631] Beyon Romain NEBIE, « Crise minière à Namissiguima : que le bon sens prévale ! », Sidwaya, le quotidien Burkinabé d'information (1er juin 2015), en ligne : http://www.sidwaya.bf/m-6284-crise-miniere-a-namissiguima-que-le-bon-sens-prevale-.html.

[632] L'État Burkinabe a juste appelé la société minière et la communauté locale à s'asseoir autour d'une table de négociation. Il n'a pas rappelé à la minière son obligation de protéger le patrimoine culturel de ces communautés et de prendre des dispositions pour ne pas que l'exploitation minière les affecte. Pour le cas de Zogota en Guinée forestière, il y a eu une répression brutale d'une manifestation des communautés autochtones Guerzé de cette localité. Celles-ci ont dénoncé le « clientélisme » de la société minière Vale dans le recrutement de ses employés, la destruction de leur lieu de culte, la pollution des cours d'eau et la non-implication de la société dans le développement socio-économique. Voir à propos, Heinan Goba, « Zogota : deux ans après le massacre, aucune responsabilité située ! », GuineeActu. Info (5 août 2014), en ligne : http://guineeactu.info/actualite-informations/actualite-informations-generale/4678-zogota-deux-ans-apres-le-massacre-aucune-responsabilite-situee-.html. Voir aussi, « Guinée : Une ONG porte plainte contre Vale pour complicité supposée dans les tueries de Zogota » (12 septembre 2018), en ligne : Business & Human Rights Resource Centre https://www.business-humanrights.org/en/node/176998. Voir aussi Mohamed Moro Sako, « La SAG face à de nouvelles revendications des communautés riveraines », Guineenews (20 novembre 2016), en ligne : http://guineenews.org/siguiri-la-sag-face-a-de-nouvelles revendications communautaires/.

[633] Endorois, *supra* note 34 au para 80.

patrimoine immatériel et les formes d'expression culturelle des autochtones sont menacés, car leur importance dans la production, la préservation, le maintien et la reconstitution du patrimoine culturel immatériel n'est ni reconnue ni suffisamment prise en compte et valorisés dans les stratégies de viabilité. On s'efforce actuellement de garantir la protection des connaissances et du patrimoine immatériel des peuples autochtones et de promouvoir leurs formes d'expression[634]. »

La protection prend la forme d'une mesure de sauvegarde ou de viabilité du patrimoine culturel. Elle est ainsi consacrée par la DNUDPA qui invite les États à prendre « des mesures efficaces pour reconnaitre » et protéger le patrimoine culturel des peuples autochtones[635]. Parmi elles figurent l'identification du patrimoine culturel, l'association des peuples autochtones à sa gestion, l'éducation interculturelle, le soutien à la recherche et la création d'organismes sur la sauvegarde du patrimoine.

Dans cette optique, la mise en place de mesures de sauvegarde est prévue dans la *Convention sur la protection du patrimoine immatériel*. D'après l'article 2.3 de cette dernière convention :

« On entend par "sauvegarde" les mesures visant à assurer la viabilité du patrimoine culturel immatériel, y compris l'identification, la documentation, la recherche, la préservation, la protection, la promotion, la mise en valeur, la transmission, essentiellement par [...] la revitalisation des différents aspects de ce patrimoine[636]. »

Les mesures suivantes sont énoncées comme étant nécessaires à la protection de ce patrimoine.

D'abord, la responsabilité première de sauvegarder le patrimoine culturel incombe à l'État avec la consultation et la collaboration des peuples autochtones. L'article 11 précise qu'il appartient à chaque État parti :

a. de prendre les mesures nécessaires pour assurer la sauvegarde du patrimoine culturel immatériel présent sur son territoire.

b. Parmi les mesures de sauvegarde visées à l'article 2, paragraphe 3, d'identifier et de définir les différents éléments du patrimoine culturel immatériel présents sur son territoire, avec la participation des communautés, des groupes et des organisations non gouvernementales pertinentes.

Cette exigence de la participation et de la consultation des peuples autochtones nous ramène à l'autodétermination politique des peuples

---

634 Lignes directrices, *supra* note 86 à la p. 22.

635 Déclaration des Nations Unies, *supra* note 30, art. 31.2.

636 Convention pour la sauvegarde du patrimoine culturel immatériel, *supra* note 102, art. 2.3.

autochtones et à leur participation aux prises de décision les concernant telle que vue dans la composante politique de leur droit au développement. Nous comprenons dès lors que la consultation des peuples autochtones ne doit pas seulement se limiter à la prise de décision concernant la mise en valeur de leurs terres ou territoire, elle s'applique également à la gestion de leur patrimoine à travers l'identification et la sauvegarde.

Ensuite, comme deuxième moyen de sauvegarder le patrimoine culturel des peuples autochtones, l'État doit répertorier le patrimoine culturel des peuples autochtones. Cette exigence est contenue dans l'article 12.1 de la *Convention sur la protection du patrimoine immatériel* qui précise que pour « assurer l'identification en vue de la sauvegarde, chaque État parti dresse, de façon adaptée à sa situation, un ou plusieurs inventaires du patrimoine culturel immatériel présent sur son territoire. Ces inventaires font l'objet d'une mise à jour régulière ». Il s'agit en d'autres mots d'en faire l'inventaire. Dans le cadre des sites religieux, il est question d'une identification et d'une démarcation pour protéger l'accès à ces sites. Tout comme le droit aux terres, l'État doit permettre aussi de protéger le patrimoine culturel en respectant le droit coutumier qui le régit. Cette mesure rejoint celle se rapportant au droit de contrôle et de gestion de la terre des peuples autochtones conformément à leurs coutumes.

La Commission africaine a même précisé que la démarcation des sites sacrés culturels et religieux des peuples autochtones était indispensable et permettait l'exercice de leur droit au développement. Elle reconnait avec les plaignants que :

> « [...] les sites religieux situés dans la Réserve faunique n'ont pas subi une démarcation et une protection adéquates. L'accès qu'ils y avaient de plein droit pour effecteur des rites religieux tels que la circoncision, les rites matrimoniaux et initiatiques a été complètement spolié. De même, les Endorois sont aujourd'hui incapables d'effectuer ou de participer à leurs rites religieux annuels les plus importants, qui se déroulent lorsque le Lac subit des changements saisonniers[637]. »

Cette absence de démarcation est par conséquent une violation de l'article 8 de la Charte africaine.

De même, dans le cadre des mesures de sauvegarde, l'État doit prendre en compte la protection de ce patrimoine dans ses programmes et plans stratégiques. Il doit aussi mettre en place des institutions de sauvegarde du patrimoine et même soutenir la

[637] *Endorois, supra* note 34 au para 80.

recherche pour une meilleure protection du patrimoine. À ces exigences, l'État doit vulgariser et sensibiliser l'ensemble de la population sur l'importance du patrimoine culturel autochtone selon les dispositions de l'article 13 qui se lit comme suit :

> « En vue d'assurer la sauvegarde, le développement et la mise en valeur du patrimoine culturel immatériel présent sur son territoire, chaque État parti s'efforce :

a. D'adopter une politique générale visant à mettre en valeur la fonction du patrimoine culturel immatériel dans la société et à intégrer la sauvegarde de ce patrimoine dans des programmes de planification.

b. De désigner ou d'établir un ou plusieurs organismes compétents pour la sauvegarde du patrimoine culturel immatériel présent sur son territoire.

c. D'encourager des études scientifiques, techniques et artistiques ainsi que des méthodologies de recherche pour une sauvegarde efficace du patrimoine culturel immatériel, en particulier du patrimoine culturel immatériel en danger.

d. D'adopter les mesures juridiques, techniques, administratives et financières appropriées visant à :

1. Favoriser la création ou le renforcement d'institutions de formation à la gestion du patrimoine culturel immatériel ainsi que la transmission de ce patrimoine à travers les forums et espaces destinés à sa représentation et à son expression.

2. Garantir l'accès au patrimoine culturel immatériel tout en respectant les pratiques coutumières qui régissent l'accès à des aspects spécifiques de ce patrimoine.

3. Établir des institutions de documentation sur le patrimoine culturel immatériel et à en faciliter l'accès[638]. »

En plus de ces mesures, l'éducation et la sensibilisation permettent de protéger le patrimoine culturel. L'article 14 précise à cet égard que l'État assure « la reconnaissance, le respect et la mise en valeur du patrimoine culturel immatériel dans la société, en particulier grâce à :

- Des programmes éducatifs, de sensibilisation et de diffusion d'informations à l'intention du public, notamment des jeunes.
- Des programmes éducatifs et de formation spécifique au sein des communautés et des groupes concernés.
- Des activités de renforcement des capacités en matière de sauvegarde du patrimoine culturel immatériel et en particulier de gestion et de recherche scientifique et :

[638] Convention pour la sauvegarde du patrimoine culturel immatériel, *supra* note 102, art. 13.

a. des moyens non formels de transmission des savoirs.
b. De maintenir le public informé des menaces qui pèsent sur ce patrimoine ainsi que des activités menées en application de la présente Convention.
c. De promouvoir l'éducation à la protection des espaces naturels et des lieux de mémoire dont l'existence est nécessaire à l'expression du patrimoine culturel immatériel.

Enfin, comme dernière mesure de sauvegarde incombant à l'État, les peuples autochtones doivent être associés à la gestion et à la conservation de leur patrimoine culturel, conformément à l'article 15. Ce dernier exhorte les États « d'assurer la plus large participation possible des communautés, des groupes et, le cas échéant, des individus qui créent, entretiennent et transmettent ce patrimoine, et de les impliquer activement dans sa gestion[639] ». Ces mesures rejoignent aussi celles relatives au moyen de protéger le droit aux terres et aux ressources. Concrètement, nous pouvons dire que la composante socioculturelle rejoint les composantes économiques et politiques dans la mesure où les peuples autochtones doivent être consultés pour la gestion de leur patrimoine culturel et que des dispositions doivent être prises pour l'identification, la démarcation des sites culturels tout comme celui du droit aux terres. C'est pourquoi Xanthaki affirme que : « [...] *cultural autonomy is based on rights of control, participation and consultation in conjunction with cultural rights*[640]. »

La combinaison de ces éléments (le contrôle des institutions autochtones, la consultation et le respect des droits culturels) permet donc de protéger le mode de vie distinctif des peuples autochtones. Ce rapprochement peut venir du fait que la terre constitue le fondement politique, économique, social et culturel de la vie des peuples autochtones et essentiels pour leur développement. La protection du droit aux terres permettrait donc l'exercice des autres droits essentiels à leur développement. En ce sens, la Convention 169 de l'OIT précise en son article 5 que « les peuples [autochtones] doivent avoir le droit d'exercer autant que possible un contrôle sur leur développement économique, social et culturel propre[641] », outre celui politique.

En définitive, en accord avec les exigences du droit au développement des peuples autochtones, l'État a l'obligation de délimiter les terres, les sites culturels et religieux dans un souci de

[639] Convention pour la sauvegarde du patrimoine culturel immatériel, *supra* note 102, art. 15.
[640] Xanthaki, *supra* note 41 à la p. 215.
[641] Convention 169 OIT, *supra* note 28, art. 5.

préservation. Si l'État ne délimite pas les terres, c'est une violation du droit au développement. Si l'État n'adopte aucune politique culturelle pour la création d'écoles contrôlée par les communautés autochtones, il viole le droit au développement. La violation de la composante culturelle du droit au développement vient aussi quand il n'y a pas de liberté de choix des peuples autochtones par rapport au mode de vie. À titre d'exemple, dans l'arrêt Kitok[642] le droit à la culture en vertu du droit au développement a été violé quand l'État n'a pas laissé la liberté aux Samis de choisir d'exercer leur droit à l'élevage de rennes et non-éleveurs de rennes. La législation ayant imposé des restrictions à l'exercice de cette activité traditionnelle. La conséquence est que pour la plupart des Samis non-éleveurs de rennes, « la préservation de la culture Samie a été beaucoup plus difficile : la plupart d'entre eux sont aujourd'hui assimilés à la société suédoise, et ne vivent d'ailleurs pas dans la même région que les Samis éleveurs de rennes[643] ». La restriction législative de l'État suédois viole le droit à la participation à la vie culturelle de sa communauté où l'élevage de rennes est une activité culturelle importante[644].

L'État a également l'obligation de mettre en place des structures de participation et d'autonomie qui permettent de prendre des décisions dans les trois composantes du droit au développement et de pendre des décisions dans ces domaines y compris celui culturel. Quand il n'y a pas de participation des peuples autochtones aux processus de prise de décision relative aux mesures culturelles les concernant, il y a violation du droit au développement. Le comité des droits de l'homme a rappelé cette exigence dans l'arrêt *Mahuika* en rappelant que l'exercice du droit à sa propre culture conformément au droit au développement « peut exiger qu'un État parti adopte des mesures juridiques positives de protection, ainsi que des mesures visant à

[642] *L'affaire n°197/1985, Kitok* c. *Suède*, adoptée le 27 juillet 1988, CCPR/C/33/D/197/1985. Voir aussi *Mahuika et consorts* c. *Nouvelle-Zélande*, constatation adoptée le 27 octobre 2000, soixante-dixième session) du Comité des droits de l'Homme du Pacte, au para 6.2. Dans cette affaire L'État viole le droit au développement du fait qu'il n'accorde pas aux Maoris le contrôle sur la pêche ni la liberté de choisir entre « la pêche commerciale et autre type de pêche [...] la nouvelle législation les prive de leur droit de continuer à pêcher comme de coutume si ce n'est dans les limites fixées par la loi et qu'ils doivent renoncer à la pêche commerciale en échange d'une part des quotas de pêche ».

[643] *Ibid* au para 5.3.

[644] *Ibid* aux paras 4.1 et 4.2.

assurer la participation effective des membres des communautés minoritaires aux décisions qui les concernent[645] ».

En conclusion, en ce qui concerne l'obligation de l'État pour les autres composantes du droit au développement des peuples autochtones, étant donné qu'il n'est pas impliqué directement dans l'exploitation minière qui est opérée par les minières, à savoir l'emploi, la formation, la réalisation des infrastructures socioculturelles (et tout comme les autres composantes d'ailleurs), l'État a l'obligation d'adopter des « lois ou règlements qui incorporent les normes internationales relatives aux droits des peuples autochtones[646] » et en assurer l'application. C'est ainsi que dans le cadre de l'emploi et de la formation, l'État à l'obligation de prévoir des mesures pour favoriser l'emploi local et même l'intégration des employés locaux après la fermeture de la mine. Dans cette perspective, selon le droit régional africain, les « États [...] créent un Fonds de développement socio-économique auquel les titulaires de droit et titre miniers et autres parties prenantes ont l'obligation de contribuer pour le développement des activités de conversion de l'après-mine dans les communautés locales affectées[647] ». De plus, les redevances minières versées à l'État peuvent servir à la construction des infrastructures. Selon le professeur Pacifique Manirakiza, « les revenus issus du secteur extractif sont un atout et constituent des moyens indispensables aux États pour construire, par exemple, des hôpitaux et des écoles et les rendre accessibles, pour créer des emplois, pour procurer de l'eau potable ainsi qu'assurer la sécurité alimentaire et sociale de la population et maintenir le développement et l'amélioration des conditions de vie des citoyens[648] ». À cela s'ajoute l'obligation de protéger le patrimoine culturel en adoptant des législations dans ce sens. La promotion de la culture avec le tourisme, la construction des musées et autres infrastructures culturelles, des mesures de soutien à la langue, de vulgarisation de l'histoire des communautés autochtones et l'autodétermination autochtone en matière culturelle devraient notamment figurer parmi les obligations de l'État en matière de protection du patrimoine culturel.

---

[645] Communication n 547/1993, *Mahuika et consorts* c. *Nouvelle-Zélande*, constatation adoptée le 27 octobre 2000, soixante-dixième session du Comité des droits de l'Homme du Pacte, *supra* note 643 au para 9.2

[646] Anaya, Industries extractives et peuples autochtones, *supra* note 477 au para 44.

[647] CEDEAO, Harmonisation des principes directeurs dans le secteur minier, *supra* note 601, art. 6.7.

[648] Manirakiza, « Protection des droits de l'homme », *supra* note 194 aux pp.137-38. »

De ce qui précède, il convient de retenir que le droit au développement impose aux États quatre formes d'obligation : il s'agit de l'obligation de protection, de promotion, de non-violation (respect) et de mise en œuvre. À cet égard, la Charte africaine invite les États à faire en sorte que les communautés locales profitent pleinement de l'exploitation des richesses naturelles afin d'assurer leur développement économique, social et culturel[649]. Cela :

> « Impose l'obligation de la part des États partis de protéger leurs citoyens de l'exploitation de puissances économiques extérieures et de garantir que les groupes et les communautés soient impliqués, directement ou à travers leurs représentants, dans les décisions relatives à la disposition de leurs richesses[650]. »

Nous avons compris, que pour appliquer le droit au développement des peuples autochtones, les États ont le devoir de consulter les peuples autochtones en reconnaissant leurs ordres juridiques traditionnels, de favoriser les conditions du partage équitable des profits et avantages de l'exploitation minière, de respecter l'environnement en commandant des études d'impacts sociaux et environnementaux ou en supervisant étroitement les entreprises pour la réalisation de ces études. Les États ont aussi le devoir de protéger les droits aux terres et aux ressources des peuples autochtones à travers l'identification, la démarcation, la délivrance du titre de propriété sur les terres communales des peuples autochtones. Enfin, les États ont l'obligation d'identifier le patrimoine culturel des peuples autochtones et de démarquer des sites religieux, culturels et sacrés de ces derniers en conformité avec leur droit coutumier. Il en ressort que l'obligation de l'État est beaucoup plus d'ordre légal. C'est à lui de reconnaitre l'autodétermination des peuples autochtones et de les consulter. Il ne peut déléguer l'obligation de reconnaissance des ordres juridiques traditionnels autochtones. L'État a aussi l'obligation de consulter les peuples autochtones et de rechercher leur CPLE quand il prend une décision pour la mise en valeur de leur territoire. Toutefois, l'exploitation minière dans une économie mondialisée est souvent opérée par les intérêts privés et non par l'État lui-même qui agit à titre d'observateur et de créateur de normes. Dans ces circonstances, l'État contrôle les industries extractives pour se

---

[649] *Charte africaine*, *supra* note 31, art. 21.5. Selon cet article « Les États, partis à la présente Charte, s'engagent à éliminer toutes les formes d'exploitation économique étrangère, notamment celle qui est pratiquée par des monopoles internationaux, afin de permettre à la population de chaque pays de bénéficier pleinement des avantages provenant de ses ressources nationales. »

[650] Voir 328/06 Fronts de libération de l'État du Cabinda c. République d'Angola au para 129.

conformer aux normes de protection des droits humains et défendre l'intérêt des peuples autochtones en situation de déséquilibre des pouvoirs. Le respect des composantes socioculturelles repose en partie sur la réalisation des infrastructures pour l'amélioration du bien-être de la communauté autochtone, ce qui revient alors aux minières en vertu de leur responsabilité sociale. À chaque fois que la mise en place d'une composante n'implique pas l'État, ce dernier doit néanmoins superviser les entreprises pour le respect des droits et intérêt des communautés autochtones en raison de son obligation de veiller au respect des droits humains. L'État doit aussi soutenir les initiatives et soutenir les capacités des peuples autochtones pour leur développement.

Dans le chapitre suivant, nous étudierons les obligations des minières dans la mise en œuvre du droit au développement des peuples autochtones.

CHAPITRE II

Les obligations des entreprises minières dans la mise en œuvre du droit au développement des peuples autochtones

Nous avons identifié les composantes du droit au développement des peuples autochtones en ce qui concerne les aspects politiques, économiques et socioculturels. Les obligations de l'État dans la réalisation de ce droit, tel que vu dans le chapitre précédent, notamment la délimitation des terres, la consultation des peuples autochtones, la reconnaissance des ordres juridiques autochtones, la protection de l'environnement. Les sociétés minières ont aussi des obligations à l'égard des populations dont elles exploitent les territoires. À ce propos la responsabilité sociale des entreprises, le principe de développement durable, le *soft Law* et les rapports des organismes internationaux sur les droits de la personne fondent, à l'échelle internationale, les obligations des sociétés minières comme nous le verrons dans les développements qui suivent.

Sur le plan juridique, les sources des obligations des sociétés minières dans la mise en œuvre du droit au développement sont différentes de celle de l'État. Tel que vu dans le chapitre précédent, les obligations des États viennent principalement des conventions internationales et de la jurisprudence. Celles-ci sont complétées par différents rapports des Nations Unies sur les droits humains. Les obligations des entreprises minières dans la mise en œuvre du droit au développement découlent des règles nationales, des normes qu'elles s'imposent et des contrats qui les lient.

En outre, les sociétés minières élaborent des politiques en matière de droits humains en s'inspirant des rapports des Nations Unies sur les droits humains[651]. Les entreprises minières s'engagent à les respecter

[651] Il faut entre autres citer à ce niveau les Principes directeurs de l'ONU relatifs aux Entreprises et aux Droits de l'Homme, en ligne (PDF) : Haut-Commissariat des Nations Unies aux droits de l'homme.

de façon volontaire. Les obligations des entreprises minières découlent également des politiques de sauvegarde des banques de développement qui sont contraignantes pour les entreprises emprunteuses. Les sociétés financières obligent les entreprises qui empruntent à respecter le droit au développement. Enfin, des sociétés minières adhèrent aux initiatives se rapportant à l'exploitation minière industrielle. Elles consistent à insérer des normes de bonnes conduites volontaires ou de « bonnes pratiques » dans des contrats.

Soulignons que les obligations des minières dans l'opérationnalisation du droit au développement des peuples autochtones découlent de l'évolution de la notion même de développement à travers ses différentes approches. Dans le contexte du capitalisme moderne, la recherche du profit prime parmi les objectifs des entreprises qui sont une institution « sociale vouée à la production en vue de la consommation[652] ». La responsabilité sociale acquiert une conception minimaliste qui ne concerne que le volet économique et « la création d'emploi et de biens de consommation[653] ». L'approche structuraliste montre les limites du capitalisme moderne et la nécessité de l'intervention de l'État dans l'économie[654].

Avec la globalisation, l'État impose des stratégies d'action et conditions d'investissement des entreprises auxquelles il cède un certain pouvoir de contrôle sur le secteur minier[655]. À propos de ce transfert de pouvoir, Bonnie Campbell note ceci :

> « Le retrait programmé de l'État du secteur minier a été accompagné dans nombre de pays, particulièrement en Afrique, par la réduction de sa souveraineté, impliquant que l'État cède ses droits sur les ressources, dont les ressources minières à des acteurs privés[656]. »

---

https://www.ohchr.org/documents/publications/guidingprinciplesbusinesshr_fr.pdf.
Voir aussi les Principes volontaires sur la Sécurité et les Droits de l'Homme (PVSDH), en ligne (PDF) : Agence multilatérale de garantie des investissements https://www.miga.org/sites/default/files/archive/Documents/VPSHR_Toolkit_French.pdf

[652] Belém, *supra* note 11 à la p. 94. Voir aussi Corinne Gendron et Jean-Pierre Revéret, « Le développement durable » (2000) Serie F 37 1 9 *Économies et Sociétés* 111 à la p. 114.

[653] *Ibid* à la p. 94. Voir aussi Sorcha MacLeod, « The United Nations, Human Rights and Transnational Corporations : Challenging the International Legal Order » dans Nina Boeger, Rachel Murray et Charlotte Villiers, dir., *Perspectives on Corporate Social Responsibility*, Cheltenham, Edward Elgar, 2008, 64 à la p. 76.

[654] Belém, *supra* note 11 aux pp. 28-9.

[655] Union Africaine, *supra* note 238 à la p. 90. Voir aussi Belém, *supra* note 11 à la p. 96.

[656] Bonnie Campbell et Myriam Laforce, La responsabilité sociale des entreprises dans le secteur minier, réponse aux enjeux de légitimité et de développement en Afrique, Québec, Presses de l'Université du Québec, 2016 à la p. 7 [Bonnie Campbell, la responsabilité sociale

Aussi, le désengagement de l'État dans l'encadrement et le contrôle du secteur minier au profit des entreprises s'est accompagné par un désengagement pour la fourniture des services de base à la population[657]. Or, l'entreprise minière est motivée par la recherche du profit économique au détriment des considérations sociales[658].

Dès lors, des contestations sociales à l'égard des minières surgissent de partout, les communautés locales les considérant comme devant être des « agences de développement[659] » à la place de l'État. Elles s'en prennent par voie de conséquence aux sociétés minières pour revendiquer l'amélioration de leurs conditions socio-économiques au lieu de l'État. Les tensions sociales récurrentes dans la zone minière de Boké et de Siguiri ces derniers temps en Guinée[660] illustrent bien cette réalité. Les acteurs du développement se demandent alors la contribution possible des entreprises minières au

---

des entreprises dans le secteur minier]. Voir aussi Corinne Gendron, Alain Lapointe et Marie-France Turcotte, « Responsabilité sociale et régulation de l'entreprise mondialisée » (2004) 59 1 Relations industrielles 73 aux pp. 74–5.

657 Bonnie Campbell, *Ressources minières en Afrique : Quelle réglementation pour le développement*, Québec, presses de l'Université du Québec, 2010 à la p. 226 [Campbell, *Ressources minières en Afrique]*. Voir aussi Commission pour l'Afrique. « Notre intérêt commun : Rapport de la commission pour l'Afrique », Londres (11 mars 2005) à la p. 156, en ligne (PDF) : *Observatory of Cultural Policies in Africa* http://ocpa.irmo.hr/resources/docs/Commission_for_Africa_Report-fr.pdf.

658 Ivan Tchotourian, Valérie Deshaye et Romy Mac Farlane-Drouin, « Entreprises et responsabilité sociale : évolution ou révolution du droit canadien des affaires ? » (2016) *Les Cahiers de droit* 57, 4, 635 aux pp. 638, 680 [Tchotourian, « Évolution ou révolution »]. Voir aussi Deogratias Safali, *Étude des retombées économiques d'une mine : Cas de Voisey's Bay et du Nunatsiavut,* mémoire de maîtrise en affaires publiques, Université Laval, 2016 [non publiée].

659 Bonnie Campbell, *la responsabilité sociale des entreprises dans le secteur minier, supra note 661* à la p. 4. [Campbell, *Responsabilité sociale*]. Voir aussi Judy N. Muthuri, Wendy Chapple et Jeremy Moon, « An integrated Approach to implementing "Community Participation" in Corporate Community Involvement: Lessons from Magadi Soda Company in Kenya» (2009) 85 *Journal of Business Ethics* 431 à la 440.

660 Paul Moussa Diawara, « Crise sociale à Boké : Mémorandum du CNOSCG », *Guinée 24* (novembre 2008) en ligne *: http://www.guinee24.com/2008/11/08/crise-sociale-a-boke-memorandum-du-cnoscg/.* Pour information CNOSCG, signifie Conseil des Organisations de la Société Civile de Guinée. Il faut noter que la même crise a repris de belles en avril 2017 et septembre 2017. Voir à propos Mamadou Diallo, *«* Violences dans la région de Boké : la sous-préfecture de Sangarédi emboite les pas *», Afriquevision.info* (avril 2017)*, en ligne http://www.afriquevision.info/violences-dans-la-region-de-boke-la-sous-prefecture-de-sangaredi-emboite-les-pas/.* Voir aussi du même site d'information, *« Guinée : en manque de tout, Boké, le nouveau sanctuaire de la violence* » (septembre 2017), en ligne http://www.afriquevision.info/guinee-en-maque-de-tout-boke-le-nouveau-sanctuaire-de-la-violence. Pour les violences dans la région minière de Siguiri, voir : « Vives violences à Siguiri : les malheurs du métal jaune persistent dans le village de Kintinian », Africa Monde (décembre 2015), en ligne : http://africamonde.com/magr1.php?langue=fr&type=rub17&code=calb2619.

développement des communautés locales et la lutte contre la pauvreté[661]. Face à cette situation, les populations locales attendent « de plus en plus des entreprises minières qu'elles préservent leurs moyens d'existence [...] et qu'elles fassent le maximum pour le développement[662] ».

D'une part, les institutions financières internationales mettent de l'avant le besoin d'améliorer les capacités institutionnelles de l'État en vue de réglementer le secteur minier[663]. Dans cette perspective, la nécessité de contrôler les pratiques de l'industrie minière afin de pallier les conséquences « des mesures économiques [libérales] introduites pour attirer les investissements miniers »[664].

À titre d'exemple, le plan d'action pour la mise en œuvre de la directive de la CEDEAO sur l'harmonisation des principes directeurs et des politiques dans le secteur minier parle du besoin de « renforcer les capacités de l'État [...] à exercer efficacement son pouvoir d'orientation et de contrôle des opérations minières[665] ». La consolidation de ces pouvoirs de l'État permettrait de lutter contre la pauvreté dans la société, de protéger l'environnement et de réduire les conflits[666]. Pour le cas spécifique de la Guinée, la Banque Mondiale parle du changement des méthodes de contrôle politique du secteur minier[667].

D'autre part, les critiques adressées à l'industrie extractive suggèrent une transformation profonde « du rôle de l'entreprise dans

---

661 Emmanuelle Champion et Corinne Gendron, « La Responsabilité sociale corporative en débat et en pratique Codes de conduite, normes et certifications » (2003) 16 Les Cahiers de la Chaire de Responsabilité sociale et de développement durable (CRSDD) 5 à la p. 7. Voir aussi Belém, *supra* note 11à la p. 96. Voir aussi John R. Owen, Deanna Kemp, « Mining and community relations: Mapping the internal dimensions of practice » (2014) 1The Extractive Industries and Society 12 à la p. 12. Selon ces auteurs « Debates about mining and development have reached a tipping point. The resources industry claims to have embraced the key tenets of sustainable development (SD) and corporate social responsibility (CSR) and that social aspects are now core to business ».

662 Conférence des Nations Unies sur le commerce et le développement, « Rapport sur l'investissement dans le monde. Sociétés transnationales, industries extractives et développement » (2007) à la p. 103, en ligne (PDF) : Conférence des Nations Unies sur le commerce et le développement <http://unctad.org/fr/Docs/wir2007_fr.pdf>. Voir aussi Roger Merino Acuña, « *The politics of extractive governance : Indigenous peoples and socio-environmental conflicts* » (2015) 2 1 *The Extractive Industries and Society*, 85 à la p. 91.

663 Campbell, Ressources minières en Afrique, *supra* note 658 à la p. 234.

664 *Ibid* à la p. 228.

665 CEDEAO, Harmonisation des principes directeurs dans le secteur minier, *supra* note 601, art. 16.2.

666 Campbell, Ressources minières en Afrique, *supra* note 658 à la p. 228.

667 Banque Mondiale. Guinea: strengthening public expenditure management for poverty reduction and growth-public expenditure review, rapport n°27347-GUI, Washigton, D.C., Banque Mondiale, 10 juin 2004.

la société, dans un contexte de changement de paradigme de développement[668] ». Les dirigeants des minières réfléchissent ainsi à des stratégies pour leur apport au développement des collectivités impactées par leur opération. Le droit international prône alors la « transition de l'industrie minière vers le développement durable » et promeut la responsabilité sociale des entreprises[669], ce qui signifie premièrement que l'exploitation minière doit tenir compte de la dimension humaine du développement et la concilier avec l'activité économique et la protection de l'environnement tel que consacré par le développement durable[670]. Deuxièmement, cela signifie que les industries extractives prennent conscience de la nécessité d'élaborer des bons procédés et stratégies pour favoriser leur acceptabilité par les communautés locales[671]. Elles intègrent ainsi dans leur programme d'intervention des projets à vocation sociale visant à aider au développement en adoptant des codes de conduite volontaire posant ainsi les bases de la responsabilité sociale des entreprises [ci-après « RSE »]. C'est de là que nait le concept de responsabilité sociale des entreprises. Concrètement, la RSE :

> « Est aujourd'hui mobilisée pour définir une gamme très large de pratiques et de politiques d'affaires, pour la plupart autorégulée [...] Elle renvoie à la conduite éthique d'une entreprise, à ses relations communautaires, à ses politiques d'engagement avec les parties prenantes ou à l'acceptabilité sociale de ses projets[672]. »

---

[668] Belém, *supra note 11* à la p. 93. Voir aussi Campbell, *Responsabilité sociale, supra* note 600 à la p. 5.

[669] Tchotourian, « Évolution ou révolution », *supra* note 659 à la p. 678. Voir aussi Matthew Genasci, Sarah Pray, « Extracting Accountability : The Implications of the Resource Curse for CSR Theory and Practice » (2008) 11 1 *Yale Human Rights and Development Journal* 37 à la p. 39.Voir aussi Florent Pestre, *la responsabilité sociale des entreprises multinationales : stratégies et mise en œuvre,* Paris, L'Harmattan, 2013 à la p26.

[670] Barry Carbon, « Sustainable Development and the Evolving Agenda for Environmental Protection in the Mining Industry » (2000) 20 4 *Industry and Environment* 2 à la p. 10. Voir aussi Ciaran O'Faircheallaigh et Saleem Ali *Indigenous Peoples, The Extractive Industries and Corporate Social Responsibility*, Sheffield, Greenleaf Publishing, 2008. Voir aussi Deepankar Sharma et Priya Bhatnagar, « Corporate Social Responsibility of Mining Industries » (2015) 57 *International Journal of Law and Management* 367 à la p. 370. Gavin Bridge, « Contested Terrain: Mining and the Environment » (2004) 29 *Annual Review of Environment and Resources*, 205 à la p. 220. Hevina S. Dashwood, *The Rise of Global Corporate Social Responsibility. Mining and the Spread of Global Norms*, Cambridge, Cambridge University Press, 2012 à la p. 56. Voir aussi Ian B. Lambert, « Mining and Sustainable Development : Considerations for Minerals Supply » (2001) 25 4 Natural *Resources Forum* 275 à la p. 275.

[671] Campbell, *Responsabilité sociale, supra* note 600 à la p. 3. Voir aussi Tchotourian, « Évolution ou révolution », *supra* note 659 à la p. 678.

[672] Campbell, *Responsabilité sociale, supra* note 600 à la p. 1. Voir aussi Bruno Boidin, Nicolas Postel et Sandrine Rousseau, *La responsabilité sociale des entreprises : une*

Autrement dit, la RSE est l'adoption par les entreprises des pratiques permettant l'amélioration des conditions économiques et socioculturelles des populations vivant dans leur zone d'intervention. L'enjeu pour les sociétés est de « reduce conflicts, prevent impacts, and improve profits[673]. »

Par ailleurs, à part l'adoption de mesures d'autorégulation par les sociétés extractives à travers les mécanismes de RSE, les organisations internationales (ou institutions de financement du développement) s'approprient du potentiel du secteur minier au développement des pays africains. Elles comprennent que les capitaux privés, en intégrant le volet humain, sont un moteur de développement[674]. Suivant cette perspective, il apparait que d'autres instruments de régulations générales sur la scène internationale[675] qui

---

perspective institutionnaliste, Villeneuve d'Asca, Presses universitaires du Septentrion, 2009 à la p. 71. Voir aussi Anne Peeters, *RSE : Responsabilité sociale des entreprises, guide pratique*, Liège, Edipro, 2007 aux pp. 29-1. Voir également Frederic Petitbon, Alain Aubert et Christophe Claisse, *renouveler le modèle social de l'entreprise : du business model au modèle social d'entreprise,* Paris, Dunod, 2013.

[673] Robert Goodland, *Responsible Mining: The key to profitable resource development, Defining" Best Practice Responsible Mining* ", Institute for environmental Diplomacy & security, 2012 aux pp. 6-7. [Goodland, *Responsible Mining*] Voir aussi Corinne Gendron, Silvester Ivanaj et John Mcintyre, « Introduction. Corporate Social Responsibility and Attitudes TowardsRegulation of Multinational Companies » (2013) 8 2 *revue de l'organisation responsable* 3 à la p. 11. Voir aussi International Council of Metals and Mining, « *Community Development Toolkit* » (2012) à la p. 12, en ligne (PDF) : *Conseil international des Mines et Métaux*
https://commdev.org/userfiles/ICMM%20community%20development%20toolkit.
PDF.

[674] Gabriel Goyette-Côté « Responsabilité sociale des entreprises dans le secteur minier : quelle contribution pour le développement ? » par Campbell, dir., *La responsabilité sociale des entreprises dans le secteur minier, supra* note 600 à la p. 19.

[675] The Global Compact, « L'entreprise citoyenne dans l'économie mondiale : le Pacte mondial des Nations Unies » aux pp. 1-3, en ligne (PDF) : Organisation des Nations Unies pour le développement industriel
https://www.unido.org/sites/default/files/2010-11/GC_Brochure_French_0.PDF.
Ce pacte « est à la fois un ensemble de politiques et un cadre pratique, à l'intention des entreprises qui ont pris l'engagement du développement durable et de pratiques commerciales responsables ». Les principes directeurs de l'OCDE à l'intention des entreprises multinationales. OCDE, « Principes directeurs de l'OCDE à l'intention des entreprises multinationales : de l'importance d'une conduite responsable des entreprises » à la p. 2, en ligne (PDF) : Organisation de coopération et de développement économique https://www.oecd.org/fr/investissement/mne/MNEguidelines_RBCmatters_FR.pdf. En fait : « Les Principes directeurs sont des recommandations sur la conduite responsable des entreprises que les gouvernements adressent aux entreprises multinationales exerçant leurs activités dans les pays adhérents, ou à partir de ces pays. » Nations Unies, « Principes directeurs relatifs aux entreprises et aux droits de l'homme. Mise en œuvre du cadre de référence « protéger, respecter et réparer » (2011), en ligne (PDF) : Haut-Commissariat des Nations Unies aux droits de l'homme

mentionne la RSE comme outil de développement dans les pays du sud[676]. Celles-ci sont accompagnées par des normes sectorielles[677] qui viennent compléter l'ouverture du secteur extractif à la responsabilité sociale et son rôle dans le développement.

En somme, la liberté de choix et la dérégulation de l'activité extractive qui a accompagné le libéralisme en Afrique ont conduit à des tensions sociales. Outre l'appât de gain, l'entreprise minière qui n'a pas bonne presse, s'est rendue compte que la paix sociale est gage de meilleur rendement. Elle a aussi pris conscience de se servir de la RSE comme outil pour le développement des communautés locales[678] sous la pression des syndicats d'actionnaires. Ces pratiques qui sont des codes de conduite volontaire sont renforcées par des directives des

---

http://www.ohchr.org/Documents/Publications/GuidingPrinciplesBusinessHR_FR.pdf. [Les Principes de Ruggie]. Société financière internationale (IFC), Normes de performance en matière de durabilité environnementale et sociale, Washington, IFC, 2011. En fait, le « Cadre de durabilité de l'IFC présente l'engagement stratégique de la Société pour promouvoir un développement durable, et fait partie intégrante de la démarche suivie par l'institution pour gérer les risques. », à la p. 1. Extractive Industries Review, vers un nouvel équilibre : Rapport final de la Revue des industries extractives, vol 1, Washington, Groupe de la Banque mondiale, 2003. Banque mondiale, « Operational Policy 4.10 : Indigenous Peoples » dans The World Bank Operations Manual, Washington, en ligne (pdf) : La Banque Mondiale https://policies.worldbank.org/sites/ppf3/PPFDocuments/090224b08230184e.pdf. Conférence des Nations Unies sur le commerce et le développement, « Berlin II-Guidelines for Mining and Sustainable Development » (2002), en ligne (PDF) : Commdev http://commdev.org/userfiles/files/903_file_Berlin_II_Guidelines.pdf. « Les Principes de l'Équateur » (2013) à la p. 12, en ligne (PDF) : Equator Principles https://equator-principles.com/wp-content/uploads/2018/01/equator_principles_french_2013.pdf. Les principes de l'Équateur « constituent un référentiel et un cadre pour le développement de politiques internes, procédures et pratiques individuelles en matière environnementale et sociale ». ISO (Organisation internationale de normalisation), Lignes directrices relatives en matière de responsabilité sociétale, 2010, Suisse, L'ISO à la p. viii : « fournit des lignes directrices sur les principes sous-jacents de la responsabilité sociétale, sur l'identification de celle-ci et sur le dialogue avec les parties prenantes, sur les questions centrales et les domaines d'action relatifs à la responsabilité sociétale ainsi que sur les moyens d'intégrer un comportement responsable dans l'organisation ».

[676] Goyette-Côté, *supra* note 675 à la p. 20.

[677] Conseil International des Mines et Métaux, « Guide de bonnes pratiques : Les peuples autochtones et l'exploitation minière » (2010) aux pp. 23-4, en ligne : *Conseil international des Mines et Métaux* www.icmm.com/francais. Pour l'Union Africaine, Vision du régime minier de l'Afrique, *supra* note 239 à la p. 89 : « Il est nécessaire pour les compagnies minières d'adopter la notion de responsabilité sociale des entreprises afin de contribuer à la réalisation d'objectifs de développement plus vastes. Les initiatives de responsabilité sociale des entreprises pouvant être volontaires ou faire l'objet d'une loi, il importe d'ancrer cette responsabilité dans tout cadre directif d'une manière propre à faire ressortir clairement les responsabilités des compagnies minières et des pouvoirs publics. »

[678] Jean-Jacques Rosé, *Responsabilité sociale de l'entreprise : Pour un nouveau contrat social*, Bruxelles, De Boeck, 2006 à la p. 7. Voir aussi Matthew Genasciet Sarah Pray, « Extarcting Accountability: The Implications of the Resource Curse for CSR Theory and Practice » (2014) 11 *Yale Human Rights and Development Journal*.

institutions financières internationales qui insistent sur la vulnérabilité des peuples autochtones et appellent à plus de contribution à la lutte contre la pauvreté. L'adoption de ces codes de conduite est aussi encouragée par le Rapporteur spécial sur les droits des Autochtones qui situe la RSE dans le contexte de la protection des droits humains. Il se réjouit à cet égard que :

> « Un certain nombre de sociétés d'extraction, conscientes des avantages pratiques découlant du respect des droits des peuples autochtones et de la diligence voulue en la matière, ont adopté des politiques conformes aux principes recommandés et que certaines associations industrielles préconisent l'adoption de telles mesures[679]. »

Toutefois, le Rapporteur spécial déplore la prise en compte insuffisante des droits des peuples autochtones dans les stratégies de RSE. Selon lui, les minières se limitent généralement au cadre légal interne de protection des droits humains. Il invite à ce sujet les entreprises à appliquer le principe de diligence raisonnable, à aller au-delà du respect du droit national en intégrant volontairement dans leur stratégie de responsabilité sociale des normes internationales favorables aux peuples autochtones, sans considération de la position des États. Plus encore, les entreprises ne devraient pas, à son avis, se rendre complices de la violation des droits des Autochtones par les États comme on peut le remarquer dans ce passage :

> « [...] la plupart des entreprises adoptent des politiques qui n'accordent pas encore l'importance voulue au respect des normes internationales relatives aux droits autochtones. En outre, même si les entreprises sont de plus en plus conscientes qu'elles doivent respecter les droits des peuples autochtones, mais qu'elles peuvent aussi en tirer des avantages, le Rapporteur spécial continue de trouver préoccupant que de nombreuses entreprises se contentent encore de respecter le droit national et ne prennent pas à titre indépendant des mesures permettant d'exercer la diligence voulue dans le domaine des droits de l'homme. Il faut renforcer d'urgence la prise de conscience des entreprises et leur volonté d'adopter et mettre en œuvre des politiques et des pratiques garantissant le respect des droits des peuples autochtones[680]. »

Dans cette ligne de pensée, le rôle des minières en matière de droits humains selon le Rapporteur spécial (dont le droit au développement) serait alors la non-violation des droits de la personne et le respect du droit national. À cela s'ajoute la collaboration avec les États pour la

---

[679] Anaya, Industries extractives et peuples autochtones, *supra* note 477 au para 57.

[680] *Ibid* au para 3. Ce paragraphe, par exemple, appelle les minières « de s'assurer que leurs actions ne portent pas atteinte aux droits des peuples autochtones ou ne les rendent pas complices d'atteintes à ces droits, en déterminant et en évaluant tous les effets négatifs qu'un projet d'extraction de ressources a ou peut avoir sur les droits de l'homme ».

promotion et la mise en œuvre des droits des peuples autochtones à travers l'élaboration des initiatives volontaires inspirées des bonnes pratiques internationales en matière de protection des droits socio-économiques et culturels. Dans le contexte africain, la Directive minière de la CEDEAO aborde la responsabilité sociale en faisant le lien avec le développement économique et le respect des droits humains. Selon cette directive :

> « Les titulaires de droits et titres miniers opérant dans des États membres conduisent leurs activités minières de façon à respecter le droit des populations à participer et contribuer au développement et à leur permettre de jouir du développement économique, social, culturel et politique durable. »
>
> « [...] Ils sont astreints au respect des droits des communautés locales. En particulier ils sont tenus de respecter les droits des populations et des communautés locales de posséder, d'occuper, de développer, de contrôler, de protéger et d'utiliser leurs terres les autres ressources naturelles et leurs droits de propriété culturels et intellectuelle[681]. »

La Banque africaine de développement (BAD), quant à elle, à travers le mécanisme d'examen indépendant, participe aussi à la RSE en encourageant la contribution des minières au développement communautaire et à la lutte contre la précarité. Enfin, l'Union africaine parle de la RSE comme moyen ou mesure à adopter par l'entreprise minière pour améliorer « sa contribution au développement participatif », ce qui permet à la société de rentabiliser les investissements miniers et d'intégrer la structure économique africaine[682].

---

[681] CEDEAO, Harmonisation des principes directeurs dans le secteur minier, *supra* note 601, art. 15. Selon cet article :
1. Les États membres, les titulaires de droits ou titres miniers et autres entités commerciales impliquées dans l'exploitation minière ont l'impérieux devoir de garantir le respect et de promouvoir les droits de l'homme reconnus sur le plan international y compris les droits des femmes, des enfants et des travailleurs en matière d'activités minières.
2. Les États membres et les titulaires de droit et titre miniers garantissent les droits des communautés locales. Lorsqu'il n'existe aucune disposition relative aux droits de l'homme susvisés, les États membres adopteront une loi appropriée.
3. Les États membres ont l'obligation de prendre les dispositions nécessaires pour la réalisation progressive des droits économiques, sociaux et culturels relatifs aux activités minières et pour renforcer le pouvoir des femmes.
4. Les compagnies minières veillent au respect strict des lois des États membres en matière d'interdiction du port et de l'usage des armes.
5. Les compagnies opérant dans les zones de conflit sont tenues de respecter tous les principaux accords internationaux relatifs aux droits de l'homme et au droit humanitaire international.

[682] Union Africaine, les ressources minérales et le développement de l'Afrique, *supra* note 238 à la p. 113.

En guise de conclusion, il faut noter que l'ensemble des instruments, recommandations et initiatives (politique volontaire, codes de conduite informel ou formel, initiative sectorielle, diligence raisonnable, rapport des Nations Unies sur les droits humains) détermine les obligations des minières en matière de droit au développement des peuples autochtones. En d'autres termes, la mise en œuvre du droit au développement des peuples ne pèse pas sur les entreprises minières, mais plutôt sur les États. En vertu du droit international, il n'y a pas à ce jour de jurisprudence qui vient élargir la responsabilité des entreprises minières. Le droit international est un droit essentiellement conçu par les États. Les traités internationaux ne s'appliquent donc pas aux sociétés transnationales qui ne sont pas des sujets de droit international. Les pays qui ratifient les traités internationaux les incorporent à leur droit interne qui peut alors s'avérer contraignant pour les sociétés minières. Cela ne signifie pas pour autant que les entreprises minières n'ont pas d'obligation dans la protection des droits humains[683]. Elles ont, au contraire, un rôle important à jouer dans le respect du droit au développement. Les entreprises minières peuvent mettre en place elles-mêmes des politiques ou directives auxquelles elles se soumettent pour respecter le droit au développement.

Plus précisément, les obligations des sociétés minières de respecter les droits de la personne sont consacrées par certains rapports de l'ONU sur les droits humains, des mécanismes de responsabilisation imposés par des banques de développement sont souvent mis en place, ainsi que des exigences contractuelles.

En premier lieu, le Rapporteur spécial sur les droits des peuples autochtones appelle les entreprises minières à appliquer la diligence raisonnable en vue de respecter les droits humains et à collaborer avec les États. Les *Principes directeurs relatifs aux entreprises et aux droits de l'homme de l'ONU* approuvés par le Conseil des droits de l'homme précisent à ce sujet que : « Les entreprises devraient respecter les droits de l'homme. Cela signifie qu'elles devraient éviter de porter atteinte aux droits de l'homme d'autrui et remédier aux incidences négatives sur les droits de l'homme dans lesquelles elles ont une part[684] ». Cette obligation de protéger les droits de la personne

[683] Nicolas Cuzacq, « Le respect des droits fondamentaux par les sociétés transnationales, de l'ombre à la lumière » dans François Guy Trébulle et Odile Uzan, dir., *Responsabilité sociale des entreprises : regards croisés droit et gestion*, Paris, Économica, 2011, 196.

[684] Nations Unies, Principes directeurs relatifs aux entreprises et aux droits de l'homme : mise en œuvre du cadre de référence « protéger, respecter et réparer » des Nations Unies, Nations

concerne les droits humains internationalement reconnus et « existe indépendamment des capacités et/ou de la détermination des États de remplir leurs propres obligations en matière de droits de l'homme et ne restreint pas ces dernières[685] ». De plus, une attention particulière doit être portée aux droits des groupes spécifiques, dont les peuples autochtones[686]. Pour respecter leurs obligations, les entreprises doivent appliquer « une procédure de diligence raisonnable en matière de droits de l'homme pour identifier leurs incidences sur les droits de l'homme, prévenir ces incidences et en atténuer les effets, et rendre compte de la manière dont elles y remédient[687] ». Le processus de diligence raisonnable « devrait consister à évaluer les incidences effectives et potentielles sur les droits de l'homme, à regrouper les constatations et à leur donner une suite, à suivre les mesures prises et à faire savoir comment il est remédié à ces incidences[688] ».

Ensuite, la contrainte imposée par les sociétés financières sur leur client emprunteur est une source d'obligation pour ces derniers de respecter le droit au développement des peuples autochtones. Les politiques de sauvegarde des banques de développement sont contraignantes pour les entreprises qui empruntent[689]. Gisèle Belém affirme à propos que :

> « Le cadre offert par la Banque mondiale [et autres institutions financières] se veut substantif et contraignant [...] Aussi les Principes Équateur ont été adoptés par une dizaine d'institutions financières privées, qui s'engagent à ne fournir des

---

Unies 2011, principe 11. Voir aussi Directives et Principes sur les Droits économiques, sociaux, et culturels dans la Charte Africaine des Droits de l'Homme et des Peuples, adoptée le 24 octobre 2011.

685 *Ibid*, principe 11 et 12.

686 *Ibid*, principe 12

687 *Ibid*, principe 15.

688 *Ibid*, principe 17. Selon Anaya, Industries extractives et peuples autochtones, *supra* note 477 au para 54 et 55 : « Appliquer le principe de diligence raisonnable suppose de déterminer avec précision dès les premières étapes de la planification d'un projet d'extraction quels groupes autochtones spécifiques risquent de subir les incidences de ce projet, quels sont leurs droits à l'intérieur et à proximité de la zone du projet et comment ces droits pourraient être affectés [...] Pour une entreprise, exercer la diligence voulue signifie également ne pas contribuer à tout manquement de la part de l'État aux obligations internationales qui lui incombent à l'égard des peuples autochtones ni tirer avantage de tels manquements ».

689 À titre d'exemple, on peut citer les Principes de l'Équateur, *supra* note 676 ; les Normes de performance de la Société Financière internationale (SFI) et ses Notes d'orientation (janvier 2012), en ligne : Société financière internationale www.ifc.org ; Politiques opérationnelles (PO) de la Banque Mondiale (BM), en ligne : Société financière internationale www.ifc.org/ehsguidelines ; Directives environnementales, sanitaires et sécuritaires de la Banque Mondiale (BM), en ligne : Groupe de la Banque africaine de développement www.afdb.org/fr ; Système de sauvegardes intégré (SSI) de la Banque africaine de Développement (BAD) (septembre 2013), en ligne : Groupe de la Banque africaine de développement www.afdb.org/fr.

prêts qu'aux entreprises se conformant aux principes en question. Pour ces institutions, la prise en compte des risques environnementaux et sociaux liés au financement des projets miniers a donné lieu à l'élaboration de lignes directrices basées sur les politiques de sauvegarde et standards promus par la Société financière internationale. Ces principes sont volontairement adoptés par les banques qui s'engagent à mettre en place des politiques internes les respectant. D'un point de vue pratique, ils peuvent servir à exclure les projets non conformes, à établir des jalons pour l'évolution de la performance des projets ou à tenir les clients responsables du respect des standards sociaux et environnementaux[690]. »

À cela, il convient d'ajouter que ces politiques de sauvegarde des banques de développement ont aussi mis en place des procédures pour recevoir les plaintes des communautés locales et prononcer des sanctions[691]. Ces mécanismes quasi judiciaires renforcent l'obligation des clients emprunteurs de la banque à se conformer au respect des droits humains.

Enfin, une source d'obligation des sociétés minières par voie contractuelle est aussi créée à travers l'adhésion de ces dernières aux initiatives se rapportant à l'exploitation minière industrielle. Elle consiste à insérer des normes de bonnes conduites volontaires dans un contrat conclu entre la multinationale et un de ses clients. On peut

---

[690] Belém, *supra* note 11 aux pp. 42-3.

[691] Il faut ajouter qu'au plan international, les banques de développement ont prévu des mécanismes de plaintes qui sont des procédures quasi judiciaires. Selon The Initiative for Responsible Mining Assurance (IRMA), American Bar Association Rule of Law Initiative, Mines & Communautés, promouvoir le développement axé sur les droits humains dans le contexte de l'exploitation minière industrielle en Guinée : un guide pratique à l'intention des organisations de la société civile et des autorités locales, Conakry, 2015 à la p. 274-76 [ABA, promouvoir le développement axé sur les droits humains].

— « Les conditions de recevabilité d'une plainte sont les suivantes :

1. Le projet minier reçoit un appui de la banque de développement.

2. Il y a des impacts environnementaux ou sociaux du projet minier, qui contredisent la mise en œuvre de la politique de sauvegarde de la banque de développement.

3. Vous, en tant que plaignant, êtes ou que vous pourriez être, affecté par les impacts négatifs. Quant à la procédure, les mécanismes de responsabilisation des banques de développement assurent généralement une ou plusieurs des fonctions suivantes :

a. Le contrôle de conformité, c'est-à-dire une enquête fondée sur la plainte, afin de déterminer si la banque de développement a respecté ses politiques de sauvegarde.

b. La résolution de problèmes/le règlement de différends, c'est-à-dire la conception et le soutien d'une médiation afin de régler les questions soulevées dans la plainte avec la mine, les communautés locales et les parties intéressées ; et

c. le conseiller institutionnel, c'est-à-dire les conseils dispensés au Président ou à l'équipe de direction de la banque de développement en matière de questions sociales et environnementales, d'après les plaintes reçues. »

d. Les mécanismes sont entre autres le Panel d'Inspection de la Banque Mondiale, Le Bureau du Médiateur Conseiller pour l'Application des Directives (CAO) de la SFI et Le Mécanisme Indépendant d'Inspection (MII) de la BAD.

prendre l'exemple sur les normes ISO ou le Pacte mondial de l'ONU[692]. En fait, « la norme ISO [...] utilise le concept de normes internationales de comportement afin de faire prévaloir les normes internationales sur le droit national lorsque ce dernier ne protège pas suffisamment les droits de l'homme[693] ». Selon l'ISO, « il convient qu'une organisation respecte les droits de l'homme et reconnaisse à la fois leur importance et leur universalité[694] ». À cet égard, « les organisations ont la responsabilité de respecter tous les droits de l'homme, indépendamment du fait que l'État soit incapable d'assurer son devoir de protection ou non désireux de le faire[695] ». Une société minière qui adhère aux normes ISO est donc obligée de respecter les droits de la personne à « l'égard de sa sphère d'influence qui inclut notamment les filiales, sous-traitants et fournisseurs[696] ». En ce sens, « si le respect de la norme ISO 26000 est intégré dans un contrat conclu entre la multinationale et par exemple l'un de ses clients, la norme acquiert une valeur juridique [en vertu du droit des contrats][697]. »

Parlant de l'obligation des entreprises minières de respecter les droits humains, Ivan Tchorourian affirme que :

> « De nombreux textes ont vu le jour ces dernières années pour aider les entreprises à prendre en compte les aspects économiques, environnementaux et sociétaux de leurs activités. Tous ces textes rappellent que les entreprises doivent respecter les droits de l'homme [...] Bien que critiqué pour leurs efforts insuffisants en matière de responsabilité sociale des entreprises (RSE), notamment dans le domaine des droits de l'homme, le secteur de l'extraction minière témoigne d'intéressantes évolutions dont la jurisprudence est le témoin. Et ces évolutions dépassent le seul secteur minier pour placer toutes les

---

692 Voir à ce sujet Pacte mondial des Nations Unies, « Lignes directrices ISO », en ligne : Pacte mondial www.unglobalcompact.org/languages/french ; organisation de Coopération et de Développement économiques (OCDE), « Principes directeurs pour les entreprises multinationales » (2011), en ligne : OCDE www.oecd.org/fr/daf/inv/mne/ ; Norme internationale pour l'exploitation minière responsable, « Projet 1.0 » (2014), en ligne : IRMA www.responsiblemining.net/irma-standard, Vision du régime minier de l'Afrique de l'Union africaine (2009), en ligne : www.africaminingvision.org/pr1-fr.html ; « 10 principes fondamentaux du rendement en matière de développement durable de l'ICMM » (2003), en ligne : Conseil International des Mines et Métaux www.icmm.com/languages/french.

693 Cuzacq, *supra* note 684 à la p. 204.

694 Lignes directrices ISO, *supra* 693 points 4.8. Voir aussi ISO, Lignes directrices relatives en matière de responsabilité sociétale, *supra* note 220.

695 Lignes directrices ISO, *supra* 693 au point 6.3.2.2.

696 Cuzacq, *supra* note 684 à la p. 204.

697 *Ibid.* à la p. 205.

entreprises sous une contrainte juridique nouvelle : celle des droits de l'homme[698]. »

Parmi ces décisions de justice qui prononcent des sanctions juridiques contre les entreprises minières qui violent les droits humains, on peut citer celles rendues par les tribunaux canadiens[699] et étrangers[700]. Ces nombreuses actions en responsabilité contre les entreprises minières pour violation des droits de la personne ont lieu dans le monde. Contrairement aux juridictions internationales, ce sont surtout les tribunaux nationaux qui reçoivent ces plaintes et touchent les litiges qui en découlent.

---

698 Ivan Tchotourian, Entreprises et responsabilité sociale : la gouvernance en question, Québec, presses de l'Université Laval, 2019 aux pp. 383-84 [Tchotourian, Gouvernance]. Voir aussi Emmanuel Decaux, dir., la responsabilité des entreprises multinationales en matière de droits de l'homme, Nemesis, Bruylant, 2010 ; Katja Sontag, « La justiciabilité des droits de l'homme à l'égard des sociétés transnationales », Droits économiques et droits de l'Homme, Nice, France, 2019, 569 ; Olivier Morel, la responsabilité des entreprises en matière de droits de l'homme, thèse de doctorat en droit public, Université de Strasbourg, 2018.

699 Voir à propos Choc c. Hudbay Minerals Inc. 2013 ONSC 1414 et Chevron Corp. c. Yaiguaje, 2015 CSC 42.

700 Voir à ce sujet la liste établie par l'agence française de notation extrafinancière Vigeo à propos des procès contre les entreprises minières à travers le monde, en ligne : https://www.business-humanrights.org/fr/responsabilité-juridique-des-entreprises/résumés-de-procès/liste-des-résumés-de-procès-disponibles-en-français. Ce sont, entre autres : Le Procès contre Vedanta Resources pour contamination de l'eau en Zambie. Des membres de la communauté locale en Zambie ont poursuivi Vedanta Resources auprès des juridictions du Royaume-Uni à la suite de l'exploitation du cuivre qui a pollué l'eau, contaminé leurs terres et détruit leurs moyens de subsistance. La Cour suprême a déclaré le 10 avril 2019 que cette cause pouvait être jugée au Royaume-Uni. Même si une décision n'a pas encore été rendue, l'examen de cette poursuite judiciaire témoigne de l'obligation des minières de respecter les normes environnementales.
Procès contre Anjin Investments, Marange Resources et Diamond Mining Corporation pour la pollution de l'eau. « En septembre 2012, l'Association de Droit environnemental du Zimbabwe et un groupe de villageois zimbabwéens vivant le long du fleuve Save ont déposé une requête pour qu'une ordonnance de tribunal mette fin à la pollution du fleuve par les compagnies minières pour qu'une ordonnance judiciaire mette fin à la pollution du fleuve par les compagnies minières ».
Procès contre la Société Financière Internationale pour financement d'une centrale au charbon en Inde. « En novembre 2015, des pêcheurs et agriculteurs indiens ont engagé des poursuites contre la Société Financière Internationale (SFI) auprès d'un tribunal fédéral américain en raison des dommages environnementaux causés par la centrale à charbon de Tata Mundra à Gujarat, en Inde, financée par la SFI. En mars 2016, un juge estime que la SFI ne pouvait être poursuivie en justice dans cette affaire. Le 31 octobre 2018, la Cour Suprême américaine a commencé ses auditions dans le cadre de l'appel contestant l'immunité de la SFI sous la loi américaine. Le 27 février 2019, la Cour suprême américaine a jugé que la SFI n'a pas d'immunité contre des poursuites judiciaires devant les tribunaux américains et qu'elle pouvait être poursuivie en justice lorsqu'elle agit en tant qu'acteur privé sur le marché. L'affaire est renvoyée devant un tribunal inférieur ».

Le recours judiciaire est donc un outil mis à la disposition des communautés locales pour faire respecter leurs droits humains par les entreprises minières. Même s'il existe peu de décisions de justice de nos jours à l'encontre des entreprises minières en raison du fonctionnement classique du droit international, « l'existence d'une menace de décision judiciaire est susceptible d'inciter les entreprises à être prudentes relativement aux droits de l'homme par peur du poids de la responsabilité juridique[701]. »

En définitive, retenons que quoique l'obligation première de protéger les droits humains incombe à l'État, les entreprises minières ont aussi une responsabilité de respecter et collaborer avec l'État dans sa mise en œuvre. C'est en ce sens que le Centre de Ressources sur les Entreprises et les Droits de l'Homme affirme que : « même si l'obligation première de protéger reste avec les gouvernements nationaux, les entreprises ont une responsabilité de protéger les droits de l'homme dans leurs activités [...] Cependant, il n'existe pas encore un mécanisme universel et international permettant aux victimes de violations des droits de l'homme de porter plainte contre des entreprises[702] ». Ce sont donc les juridictions nationales qui examinent les recours judiciaires contre les sociétés minières. À cela, ajoutons qu'indépendamment de la nature de la source des obligations des entreprises minières dans la protection des droits humains, celles-ci peuvent être normatives sans toutefois être contraignantes[703]. En ce sens, les sociétés minières ont l'obligation de respecter et de collaborer avec l'État dans la mise en œuvre du droit au développement des peuples autochtones.

Les obligations des sociétés minières dans la réalisation du droit au développement sont d'ordre politique, économique et socioculturel. Elles concernent la tenue d'une consultation (1), la signature d'entente sur la répartition des profits miniers (2), le recrutement et la formation professionnelle (3) ; la protection du milieu et du territoire (4). Celles-ci sont complétées par la réalisation d'infrastructures (5) et la protection du patrimoine culturel des peuples autochtones (6).

---

[701] Tchotourian, Gouvernance, *supra* note 699 à la p. 387

[702] Centre de Ressources sur les Entreprises et les Droits de l'Homme, « Entreprise et droits de l'homme une brève introduction », en ligne : Centre de Ressources sur les Entreprises et les Droits de l'Homme https://www.business-humanrights.org/fr/entreprise-et-droits-de-lhomme-une-brève-introduction.

[703] Voir à propos Robitaille, Normativité des droits économiques, *supra* note 50.

SECTION 1. LES OBLIGATIONS DES ENTREPRISES MINIÈRES AU REGARD DE LA COMPOSANTE POLITIQUE DU DROIT AU DÉVELOPPEMENT DES PEUPLES AUTOCHTONES

La composante politique du droit au développement des peuples autochtones comprend le respect de leurs structures et ordres juridiques internes. Cela nécessite la consultation des peuples autochtones lors de la prise de décision par l'État, mais aussi leur capacité de se gouverner librement. Le respect de l'aspect politique incombe surtout à l'État qui a le devoir de consulter les peuples autochtones en respectant leur droit à l'autodétermination. Toutefois, l'obligation de diligence raisonnable qui incombe aux minières les amène à collaborer avec les États dans la protection et le respect du droit au développement des peuples autochtones. Dans cet ordre d'idées, les sociétés minières ont l'obligation de consultation des peuples autochtones dans le respect de leur droit au développement.

En effet, s'il appartient à l'État de consulter les peuples autochtones pour défendre leurs intérêts face à l'exploitation de leurs territoires, celui-ci peut, déléguer une partie de cette responsabilité aux entreprises minières qui sont en mesure de s'occuper de l'aspect opérationnel de la consultation. Cette délégation n'exclut pas la responsabilité des minières qui doivent agir avec la diligence raisonnable, mener les négociations de bonne foi et respecter les systèmes juridiques des Autochtones. Les mêmes conditions s'appliquent à la consultation menée par l'État. À cet égard, le Rapporteur spécial des Nations Unies sur les droits des peuples autochtones précise que :

> « Les entreprises ayant la responsabilité de respecter les droits de l'homme, les négociations directes entre entreprises et peuples autochtones doivent, pour l'essentiel, respecter les mêmes normes internationales que celles qui régissent les consultations entre l'État et les peuples autochtones, y compris, mais pas seulement les normes relatives aux calendriers, à la collecte et à la communication d'informations concernant les effets et les avantages potentiels, ainsi qu'à la participation des peuples autochtones[704]. »

[704] Anaya, *Industries extractives et peuples autochtones*, *supra* note 477 au para 45. Au Canada, voir aussi l'affaire *Nation haïda*, *supra* note 509 au para 56. Selon cette décision de la Cour suprême du Canada : « Le fait que les tiers n'aient aucune obligation de consulter les peuples autochtones ou de trouver des accommodements à leurs préoccupations ne signifie pas qu'ils ne peuvent jamais être tenus responsables envers ceux-ci. S'ils font preuve de négligence dans des circonstances où ils ont une obligation de diligence envers les peuples autochtones, ou s'ils ne respectent pas les contrats conclus avec les Autochtones ou traitent avec eux d'une manière malhonnête, ils peuvent être tenus légalement responsables ».

Dans cet esprit, en application du principe de diligence raisonnable, la minière peut mener le processus de consultation des peuples autochtones de sa propre initiative, lorsqu'elle constate des manquements de la part de l'État ou de la part d'autres sociétés dont elle hérite les actifs en matière de consultation inadéquate. Il peut aussi s'agir tout simplement de délégation de compétence de consultation de la part de l'État. Selon le Rapporteur spécial des Nations Unies :

> « Pour une entreprise, exercer la diligence voulue signifie également ne pas contribuer à tout manquement de la part de l'État aux obligations internationales qui lui incombent à l'égard des peuples autochtones ni tirer avantage de tels manquements. Ainsi, à titre d'exemple, les sociétés d'extraction devraient éviter d'accepter des permis ou des concessions délivrés par des États lorsque les conditions requises s'agissant des consultations et de l'obtention du consentement n'ont pas été remplies [...] »
>
> « [...] En outre, les sociétés d'extraction devraient agir avec la diligence voulue pour éviter d'acquérir des actifs "sales", tels que les permis précédemment obtenus par d'autres sociétés commerciales aux fins d'activités de prospection et d'extraction de ressources portant atteinte aux droits des peuples autochtones[705]. »

Ceci dit, le processus de consultation des peuples autochtones conduits par les entreprises minières (s'inscrivant dans leur stratégie d'application du principe de diligence raisonnable) exige l'identification des peuples autochtones susceptibles d'être affectés par l'activité minière dès la phase de la planification du projet. Ensuite, il est nécessaire de procéder à l'évaluation et la communication des informations sur les impacts possibles du projet minier durant tout le processus d'extraction[706]. La consultation des peuples autochtones par les minières se passe donc par l'établissement d'un dialogue constant avec ces derniers, en respectant leur ordre juridictionnel, en vue de leur participation au projet, dès le stade de l'exploration. De même, la minière doit élaborer une politique de collaboration ou de concertation avec les peuples autochtones, savoir

---

[705] *Ibid* au para 38.

[706] *Ibid* au para 37. Selon le Rapporteur spécial « Appliquer le principe de diligence raisonnable suppose de déterminer avec précision dès les premières étapes de la planification d'un projet d'extraction quels groupes autochtones spécifiques risquent de subir les incidences de ce projet, quels sont leurs droits à l'intérieur et à proximité de la zone du projet et comment ces droits pourraient être affectés. Il faut agir avec la diligence voulue au stade préliminaire, lorsqu'on détermine la faisabilité d'un projet, avant la réalisation d'une évaluation plus complète de son impact, laquelle intervient pendant les étapes ultérieures de la planification ou de la prise de décisions concernant le projet. »

« les méthodes de dialogue[707] ». En outre, cette politique devra préciser les objectifs de la consultation, les moyens et plan d'action de l'entreprise pour la participation effective des peuples autochtones au projet d'extraction. La politique de collaboration devra enfin aussi mentionner la stratégie d'opérationnalisation de l'ensemble des droits reconnus aux peuples autochtones et pas seulement leur droit au développement[708].

La responsabilité des minières dans le cadre spécifique de la consultation est promue par plusieurs Organisations qui fixent les codes de bonne conduite des firmes opérant dans les territoires autochtones. Citons, à titre d'exemple, la Société Financière Internationale et l'Association internationale des producteurs de pétrole et de gaz (IPECA) qui invitent les minières à obtenir le consentement des peuples autochtones avant toute exploitation de leurs territoires[709]. Il en est de même de la Directive de la Communauté économique des États de l'Afrique de l'Ouest (CEDEAO) relative au secteur minier qui encourage la poursuite de la consultation durant toutes les phases du projet minier. Selon cette directive, « *companies shall obtain free, prior, and informed consent of local communities before exploration begins and prior to each subsequent phase of mining and postmining operations*[710]. » En fait :

> « Les sociétés minières doivent obtenir le consentement libre, préalable et éclairé des communautés locales avant le démarrage de l'exploration et avant le début de chaque phase successive de l'exploration minière ainsi que des opérations après-mine. »
>
> « Tout au long du cycle de l'exploitation minière, les titulaires de droit et titres miniers sont tenus de continuer des consultations et des négociations

---

[707] *Ibid* au para 39.

[708] Anaya, Industries extractives et peuples autochtones, *supra* note 477 au para 39. « Pour que l'application du principe de diligence voulue et le respect des droits des peuples autochtones soient cohérents et effectifs, il faut que les entreprises adoptent des mesures officielles à cette fin. La politique d'une entreprise devrait définir les moyens qu'elle compte employer pour traduire ses orientations sur le plan opérationnel à tous les niveaux de la prise de décisions et quelles mesures elle prendra pour appliquer le principe de diligence voulue et éviter, dans la pratique, de porter atteinte aux droits de l'homme des peuples autochtones ou de se rendre complice de telles atteintes [...] La politique définie devrait également prévoir des méthodes de dialogue avec les peuples autochtones qui soient respectueuses des droits de ces peuples ».

[709] Société financière internationale, Normes de performance, *supra* note 563, principe 7. Voir aussi Extractive Industries Review, *supra* note 676 à la p. 50.

[710] CEDEAO, Harmonisation des principes directeurs dans le secteur minier, *supra* note 601, art. 16.3 prévoit que les « sociétés minières doivent obtenir le consentement libre, préalable et éclairé des communautés locales avant le démarrage de l'exploration et avant le début de chaque phase successive de l'exploration minière ainsi que des opérations après-mine. ».

permanentes sur les importantes décisions affectant les communautés locales[711]. »

Le Conseil international des mines et métaux (CIMM)[712] mentionne également pour ses membres l'obligation de consulter les peuples autochtones conformément à leurs systèmes traditionnels et en divulguant des informations sincères et compréhensibles pour ces derniers. Cela permet aux peuples autochtones de prendre part au processus de consultation en toute connaissance de cause. À cette exigence, le CIMM enjoint les industries affiliées de respecter le droit local, national et international et de rechercher et maintenir les bonnes relations avec les peuples autochtones pendant l'exécution du projet. D'après l'organisation, il faut « veiller à ce que les systèmes adéquats soient en place pour favoriser l'interaction continuelle avec les parties touchées, en s'assurant que les minorités et autres groupes marginalisés aient des moyens d'intervenir équitables et convenables sur le plan culturel[713]. »

La Banque Mondiale va plus loin en conditionnant le financement de ses projets à la consultation des peuples autochtones. Selon cette institution : « la responsabilité de prouver que les peuples autochtones bénéficieraient de l'aide accordée [pour enclencher et soutenir financièrement le processus du CPLE] revenait désormais au personnel et aux dirigeants de la Banque, plutôt qu'au gouvernement emprunteur[714]. »

La mention de la preuve de la consultation est renforcée par une directive de cette Banque qui dispose que l'institution soutiendrait seulement les minières que si ces dernières respectaient les droits

---

[711] *Ibid*, arts 16.3, 16.4.

[712] Conseil International des Mines et Métaux, *supra* note 678, aux pp. 7, 23, 24. Le guide exige aux entreprises affiliées au Conseil international des mines et métaux d'« établir des relations et consulter les peuples autochtones de manière juste, opportune et culturellement correcte pendant toute la durée de vie du projet. » Il mentionne aussi que « Les relations seront fondées sur des informations honnêtes et franches, fournies sous une forme accessible aux peuples autochtones. Elles débuteront lors de la phase la plus précoce des activités minières potentielles, avant même l'exploration sur le terrain. Elles seront, dans la mesure du possible, amorcées par l'intermédiaire des autorités traditionnelles des communautés et se dérouleront dans le respect des structures et des processus traditionnels de prise de décision » (*Ibid* à la p. 109).

[713] Conseil général de l'ICMM, « Principes fondamentaux : les 10 principes fondamentaux en matière de développement durable » principe 9, en ligne (PDF) : *Earthmind* http://earthmind.org/files/redlac10/2Gb-ICMM-Les-10-principes.pdf.

[714] ONU, Rapport sur les travaux de l'Atelier international sur le consentement préalable, libre et éclairé et les peuples autochtones, *supra* note 505 au para 26. Voir aussi Rapport de suivi sur les peuples autochtones et le droit de participer à la prise de décisions, l'accent étant mis sur les industries extractives, Doc off AG NU, 21e sess., Doc NU A/HRC/21/55 (2012) aux paras 21, 26.

humains des peuples autochtones, ce qui comprend leur droit au développement[715].

Dans cet esprit, la consultation des peuples autochtones par les minières est aussi prévue, à l'échelon international, par les normes de l'Organisation internationale de normalisation (ISO) et doit être conforme aux priorités de ces derniers[716]. En ce sens, la communauté autochtone doit être consultée afin de choisir elle-même les investissements qu'elle priorise, car, l'ISO « consulte et accompagne [...] les autochtones, en ce qui concerne les termes et les conditions de développement qui les affectent. Il convient que la consultation intervienne avant le développement et repose sur des informations complètes, précises et accessibles[717] ». La Société Financière internationale[718] va plus loin en exigeant le consentement des peuples autochtones pour certains types de projets. D'abord, selon cette institution, la consultation des peuples autochtones est obligatoire pour toute décision susceptible de les affecter. À cet égard, la consultation doit passer par la communication d'information sur la nature, les impacts possibles du projet minier à l'étape de la planification et pour la suite de la part de la société minière. Les communautés autochtones concernées doivent avoir la latitude de participer de façon active aux discussions, de donner leur avis en toute transparence dans un délai raisonnable et de faire des contre-propositions. Le consentement est requis si l'exploitation minière peut avoir un effet négatif sur les territoires et les ressources naturelles que les peuples autochtones occupent ou utilisent traditionnellement. Ces effets négatifs englobent également les limites à l'exercice des droits territoriaux des Autochtones, car ils comportent « les impacts résultant de la perte d'accès aux actifs ou aux ressources ou de restrictions de l'utilisation des terres résultant des activités du projet[719]. »

---

[715] Extractive Industries Review, *supra* note 676 au para 11.

[716] ISO, *Lignes directrices relatives en matière de responsabilité sociétale, supra* note 220 à la p. viii. L'ISO « fournit des lignes directrices sur les principes sous-jacents de la responsabilité sociétale, sur l'identification de celle-ci et sur le dialogue avec les parties prenantes, sur les questions centrales et les domaines d'action relatifs à la responsabilité sociétale ainsi que sur les moyens d'intégrer un comportement responsable dans l'organisation ».

[717] *Ibid* à la p. 77.

[718] Société financière internationale, *Normes de performance, supra* note 523 à la p. 1. En fait, le « Cadre de durabilité de l'IFC présente l'engagement stratégique de la Société pour promouvoir un développement durable, et fait partie intégrante de la démarche suivie par l'institution pour gérer les risques. »

[719] *Ibid* à la p. 51.

De même, d'après la Banque africaine de développement, « la consultation libre, préalable et informée » des groupes vulnérables, dont font partie les communautés autochtones, est nécessaire et doit connaître une large participation de ces derniers[720]. En fait, la minière devrait prouver que les négociateurs autochtones sont représentatifs de leurs communautés et possèdent la compétence nécessaire pour mener des discussions équilibrées, inclusives et respectueuses des coutumes autochtones. La consultation doit aussi prévoir des audiences publiques qui aident les communautés autochtones à « articuler leurs perceptions et priorités de développement[721]. »

À la lumière de ce qui précède, il convient de noter qu'en intégrant le principe de diligence raisonnable dans leurs activités, nombreux sont les codes de conduite des minières qui les encouragent à consulter les peuples autochtones relativement à l'exploitation de leurs territoires.

Dans la mesure où la responsabilité de la consultation est effectuée par la minière, l'intervention de l'État dans le processus est nécessaire en vue d'établir un cadre de « résolution durable et de prévention des conflits[722]. » Mais cette présence de l'État ne suffit pas toujours à garantir une consultation adéquate. Car, malgré les exigences relatives aux conduites en matière de consultation, savoir le respect du système traditionnel, la diffusion d'information vraie, compréhensible et accessible aux peuples autochtones, la possibilité de faire des contre-propositions et la nécessité d'accorder un délai suffisant aux Autochtones pour une délibération collective, on peut remarquer de nombreux manquements de la part des minières. En effet, les peuples autochtones ne sont généralement pas à l'abri des pressions des promoteurs miniers qui usent de plusieurs astuces pour faire accepter les termes et conditions du projet d'extraction[723]. Cet état de fait est peu dénoncé ou sanctionné par les États qui sont complètement absents des zones minières faisant reposer uniquement le fardeau du développement sur le dos des minières. Du coup, l'État lui-même

---

[720] Groupe de la Banque africaine de développement, Système de Sauvegardes intégré de la Banque africaine de développement, Déclaration de politique et sauvegardes opérationnelles, vol 1, no 1, 2013 aux pp. 30-1.

[721] *Ibid* à la p. 37.

[722] Campbell, *Ressources minières en Afrique*, *supra* note 658 à la p. 243.

[723] Amadou Keita, « Responsabilité sociale des entreprises minières et développement communautaire dans les zones minières au Mali » dans Campbell, dir., *la responsabilité sociale des entreprises dans le secteur minier*, *supra* note 660 à la p. 60.

devient d'ailleurs complice des insuffisances dans le processus de consultation des peuples autochtones.

Dans la prochaine section, nous examinerons les obligations des minières en ce qui a trait à la composante économique du droit au développement des peuples autochtones. Cette dernière s'articule autour de la répartition des profits miniers, l'emploi et la formation locale ainsi que la protection de l'environnement.

SECTION 2. LES OBLIGATIONS DES ENTREPRISES MINIÈRES AU REGARD DE LA COMPOSANTE ÉCONOMIQUE DU DROIT AU DÉVELOPPEMENT DES PEUPLES AUTOCHTONES

La composante économique du droit au développement des peuples autochtones inclut le droit aux terres et aux ressources, le droit à des emplois de qualité, la formation adéquate et culturellement adaptée ainsi que les mesures de paiement de l'utilisation des ressources. Malgré les reproches qui leur sont faits, les projets miniers peuvent être l'occasion pour les peuples autochtones de tirer profit de la mise en valeur de leur territoire et d'assurer leur développement en tenant compte des dynamiques sociales, économiques, politiques et culturelles qui leur sont propres[724]. Le développement communautaire devient ainsi le nouveau sentier du droit minier pour faire bénéficier la communauté locale de l'exploitation des ressources[725]. Pour Kendra E. Dupuy :

> « Community development in mining laws represent a new institutional pathway to try to overcome the so-called resource curse that is, to mitigate the well-documented negative outcomes of resource wealth by improving natural resource management, turning a curse into a blessing. These laws target the distribution of resource revenues and benefits to the sub-national level, mandating the provision of public goods and services that can boost economic growth and improve individual and collective well-being. Because national-level developmental gains from resource wealth hide the inequitable distribution of the costs and benefits of mining, it is critical to study the adoption of new regulatory tools that mandate the targeted creation of positive social and economic gains for those who bear

---

[724] Société financière internationale, *Normes de performance*, *supra* note 523, principe 7. Voir aussi ISO, *Lignes directrices relatives en matière de responsabilité sociétale*, *supra* note 220 à la p. 73. Pour l'ISO, « La contribution d'une organisation au développement d'une communauté peut aider à promouvoir des niveaux plus élevés de bien-être au sein de la communauté. Ce développement au sens large correspond à l'amélioration de la qualité de vie d'une population. »

[725] Kendra E. Dupuy, « *Community development requirements in mining laws* » (2014) 1 *The Extractive Industries and Society* 200 à la p. 201.

the greater costs of mining and that ensure that more people in resource-rich countries actually benefit from their mineral resources[726]. »

Dans cette ligne de pensée, les minières s'acquitteront généralement du devoir de contribuer à l'investissement communautaire à travers un plan de développement local qui prévoit des mesures économiques et socioculturelles en faveur des peuples autochtones. Ces derniers doivent avoir la liberté de choisir eux-mêmes les investissements qu'ils priorisent. Pour l'ISO, à titre d'exemple, « la contribution d'une organisation au développement d'une communauté peut aider à promouvoir des niveaux plus élevés de bien-être au sein de la communauté. Ce développement au sens large correspond à l'amélioration de la qualité de vie d'une population[727] ». Ce faisant, la contribution doit tenir compte des dynamiques sociales, politiques, économiques et culturelles propres à chaque communauté[728].

Ceci étant, les obligations des entreprises minières concernant les composantes économiques sont centrées sur la répartition des bénéfices générés par l'activité minière (1), l'embauche et la formation des peuples autochtones (2) ainsi que la protection du milieu et du territoire autochtone (3). Nous verrons comment chacune de ces exigences est mise en œuvre par les minières.

2.1. La nécessité de conclure des ententes sur la répartition des bénéfices issus de l'exploitation minière et de respecter les engagements

Selon une critique de Bruce Harvey, l'industrie minière ne partage pas adéquatement et de manière durable les bénéfices de la richesse minière. Selon cet auteur, « [...] *the industry's mode of engagement and benefit distribution is not always defensible or "sustainable"*[729]. » C'est sans doute pourquoi le partage des richesses issues de la mise en valeur des territoires autochtones ainsi que la compensation des

[726] *Ibid.* Voir aussi Bruce Harvey, « Social development will not deliver social licence to operate for the extractive sector » (2014) 1 1 *The Extractive Industries and Society* 7 à la p. 10.
[727] ISO, Lignes directrices relatives en matière de responsabilité sociétale, *supra* note 220 à la p. 73.
[728] *Ibid.*
[729] Harvey, *supra* note 727 à la p. 10.

atteintes est un élément important du droit au développement promu par de nombreuses Organisations[730].

Pour rendre opérationnel ce volet, le Rapporteur spécial précise que des :

> « Accords doivent être conclus avec les peuples autochtones aux fins de l'autorisation de projets d'extraction sur leurs territoires. Ils doivent aussi prévoir une répartition équitable des avantages découlant de ces projets dans le cadre d'un véritable partenariat[731]. »

S'agissant de l'État, la mise en œuvre de cette composante implique l'adoption de mesures législatives pour prévoir les modalités d'application de ce droit et s'assurer que les entreprises minières évoluant sur son territoire s'y conforment (tel que vu au chapitre précédent). Pour les entreprises minières, ou les promoteurs, il s'agit de conclure des accords de partage des profits générés visant la participation des autochtones à la gestion de l'activité minière. Le plus souvent, des difficultés surgissent quant à la définition de la collectivité autochtone devant bénéficier de ce partage des retombées financières et la clé de la répartition des bénéfices. À cela s'ajoute la difficulté pour déterminer les modalités du partage équitable des retombées financières : individuel ou collectif, pourcentage ou forfait annuel ? Comment le calculer ? Nous nous proposons d'étudier la question de l'identification communautaire des bénéficiaires du partage des bénéfices avant d'explorer les modèles existants de répartition des profits miniers.

2.1.1. La détermination du peuple autochtone titulaire des bénéfices

La question du partage des profits entre les minières et les peuples autochtones, pose avant tout celle de l'identification de ses bénéficiaires. Il s'agit de préciser comment déterminer la communauté affectée par l'exploitation minière. À cause des impacts

---

[730] Société financière internationale, *Normes de performance*, *supra* note 523 à la p. 51. Cette norme précise que : « Si le client envisage d'implanter le projet, ou d'exploiter de manière commerciale des ressources naturelles sur des terres détenues traditionnellement ou exploitées selon le régime coutumier par des Peuples autochtones, et si l'on peut s'attendre à des impacts négatifs, le client prendra les mesures [...] consistant à [...] assurer le partage juste et équitable des bénéfices liés à l'utilisation des ressources par le projet lorsque le client envisage d'utiliser des ressources naturelles qui sont essentielles à l'identité et aux moyens d'existence des Communautés autochtones affectées et que leur utilisation aggrave le risque lié aux moyens d'existence ». Voir aussi ISO, *Lignes directrices relatives en matière de responsabilité sociétale*, *supra* note 220 à la p. 73.

[731] Anaya, Industries extractives et peuples autochtones, *supra* note 477 au para 75.

dommageables de l'exploitation minière sur le mode de vie, l'environnement et la vie sociale des peuples autochtones, il n'est pas rare que des conflits surgissent pour déterminer les communautés à inclure dans le partage des profits miniers. Selon Guesnet et Frank :

> « One, conflicts arise from grievances caused by direct impacts on communities and their environment, as any extractive project brings about massive changes in land cover and use, as well as in the economic, social and cultural relations of the people concerned. Two, conflicts occur around [...] the distribution of benefits stemming from [...] development projects, around matters of inclusion and exclusion and others[732]. »

En fait, il est difficile de déterminer les communautés habilitées à recevoir les bénéfices miniers. Est-ce seulement les communautés riveraines à la minière ou celles qui subissent aussi les conséquences indirectes ? Pour Ciaran O'Faircheallaigh, le point de vue de l'État et des entreprises (qui ont une définition limitée de la notion en utilisant le critère spatial) permet d'exclure les populations locales ayant subi des impacts sur le plan environnemental ou culturel, mais situé à une longue distance des activités d'exploitation minière.

À son avis :

> « For example, 'affected community' may be defined in spatial terms, as those people residing within a certain distance of a project or whose land falls within the boundaries of a mining lease. Such definitions can be highly arbitrary, excluding for instance people affected by environmental impacts of a project, which can extend considerable distances, by its effects on cultural sites that are of wider significance, or by the social impacts of job-seekers migrating into towns in the region[733]. »

Il suggère à ce propos une nouvelle méthode pour la définition de communauté affectée. Ce critère serait fondé soit sur la configuration sociale soit sur une évaluation de l'impact social.

> « Careful and comprehensive analysis is required to establish the extent and identity of the "impacted community", and methods should be used that afford a

---

[732] Lena Guesnet and Claudia Frank, « Introduction » dans Guesnet, dir., *Compensation* Matters, *supra* note 359 aux pp. 6-7 [Guesnet, « Introduction »]. Voir aussi Deanna Kemp et John R. Owen, « Community relations and mining: Core to business but not "core business" » (2013) 38 4 *Resources Policy* 523 à la p. 202. Pour ces auteurs, la communauté affectée est la population qui est dans « immédiate impact zone. »

[733] Ciaran O'Faircheallaigh « Compensation and benefit-sharing in the mining industry: The role of community development agreements » dans Guesnet, dir., *Compensation Matters*, *supra* note 359 à la p. 14 [O'Faircheallaigh, « Compensation »]. Voir aussi Marcello M. Veiga, Malcolm Scoble et Mary Louise McAlliser, « Mining with communities » (2001) 25 3 *Natural Resources Forum* 191 à la p. 192. Selon ces auteurs, les communautés affectées signifient a « population that is significantly affected by nearby mining operation ».

central role to people and communities who may be affected, for example "social mapping" processes or community-controlled social impact assessments[734]. »

La lecture de l'article 17 de la DNUDPA semble aussi autoriser une interprétation large de la notion de communauté affectée. Cette disposition fait référence à un « dommage résultant de l'exécution de programmes d'exploration et d'exploitation intéressant [les terres autochtones] » (que nous appelons dégradation des terres autochtones) à la suite de l'exploitation minière. Le rapporteur spécial parle lui « des activités industrielles [...] qui se trouvent à l'intérieur ou à proximité des territoires autochtones[735] ». Il ne précise pas par ailleurs la distance qui doit être considérée ni les autres critères qui permettent d'évaluer la proximité. Toutefois le simple fait de faire référence au terme intérieur, c'est-à-dire au cœur ou à côté, laisse entrevoir une définition large de la notion de communauté affectée. Le terme proximité fait référence aux communautés riveraines de l'activité industrielle[736]. L'ISO abonde dans le même sens en optant pour une définition de la notion de communauté affectée en fonction des circonstances et de l'ampleur des retombées sans considération de la localisation[737]. À notre avis, la Société financière internationale (SFI) donne la définition la plus complète. Les communautés autochtones affectées seraient celles dont la survie et les moyens de subsistance traditionnels sont menacés en raison de la limitation de l'utilisation des territoires occasionnés par l'exploitation minière et « les impacts résultant de la perte d'accès aux actifs ou aux ressources[738]. »

À ce sujet, nous pensons que les populations autochtones dont les terres sont directement affectées par l'exploitation sont incluses dans le processus du partage des bénéfices, mais aussi celles qui subissent indirectement les effets néfastes de l'exploitation, même si elles sont éloignées du périmètre industriel. À titre d'exemple, les populations situées en aval d'une rivière contaminée par les déversements miniers peuvent être privées de l'eau potable pour l'agriculture, l'alimentation

[734] O'Faircheallaigh, « Compensation », *supra* note 734 à la p. 15.
[735] Anaya, Industries extractives et peuples autochtones, *supra* note 477 au para 31.
[736] Dictionnaire Larousse, en ligne : http://www.larousse.fr/dictionnaires/francais/proximit%C3%A9/64681.
[737] ISO, *Lignes directrices relatives en matière de responsabilité sociétale*, *supra* note 220 à la p. 73. Selon cette organisation, « [...] le terme "communauté" renvoie à la zone géographique où se situe une implantation résidentielle ou toute autre implantation humaine, à proximité physique des sites ou des zones d'impact de l'organisation. La zone et les membres de la communauté affectés par les impacts induits par une organisation dépendront du contexte et notamment de l'importance et de la nature de ces impacts. »
[738] Société financière internationale, *Normes de performance*, *supra* note 523 à la p. 51.

ou l'usage domestique. Cela est hautement problématique et constitue une atteinte à des droits fondamentaux en matière de santé ou de soutien de l'économie locale, etc. De plus, les Autochtones qui tirent leur subsistance de la pêche, de la chasse ou de cueillette dépendent de la forêt pour survivre. Les activités de déforestation ou de déboisement qui accompagnent les projets d'exploration minière peuvent entrainer l'assèchement des cours d'eau, empêcher la reproduction des espèces aquatiques et perturber l'activité économique[739]. Les communautés autochtones utilisant une zone forestière indispensable pour la préservation de la biodiversité, la reproduction des espèces aquatiques ou la chasse subissent également les conséquences néfastes du projet d'extraction quoique situées à une certaine distance des activités minières. Il faut aussi penser à la construction des chemins d'accès, au transport qui augmente, au bruit, à la pollution sonore en plus de la pollution des sols et de l'air. Enfin, l'exploitation minière peut apporter un bouleversement de tout l'écosystème, de la biodiversité et de l'économie de subsistance. Nous pensons que les modalités du partage des bénéfices et des compensations pour dommages devraient varier en fonction de la propriété des terres et de la proximité des activités minières, quoiqu'il soit difficile d'évaluer certains impacts notamment culturels ou religieux, d'où la nécessité de tenir des consultations élargies. Du coup, des mesures de compensation et de mitigation devraient être prévues pour les communautés qui subissent un impact indirect de la mine.

Partant de là, l'IRMA a tenté de définir les communautés riveraines d'une mine ou affectées par une mine comme étant les :

> « Les communautés de toute taille qui se trouvent sur ou riveraine à la zone du projet d'exploitation minière et aussi celles qui sont suffisamment proches pour que leurs économies, leurs droits ou leurs environnements soient affectés d'une façon significative par les activités de gestion ou les aspects biophysiques du projet minier[740]. »

À notre avis, les éléments suivants doivent contribuer à identifier les communautés à inclure dans le partage des bénéfices entre les minières et les communautés autochtones : la perte des terres arables, la perte des terres non cultivables, l'impact direct ou indirect sur

---

[739] Pour des exemples de l'impact de l'exploration minière sur les activités économiques, voir : Nigel Bankes et Cheryl Sharvit, *Aboriginal Title and Free Entry Mining Regimes in Northern Canada 1998 2,* Northern Minerals Program Working Paper, Ottawa, Canadian Arctic Resources Committee aux pp. 6-12.

[740] ABA, promouvoir le développement axé sur les droits humains, *supra* note 692 à la p. 22.

l'environnement, les dommages sur le plan social (les communautés victimes de l'exode de leur population vers les zones minières et qui créent une pénurie de main-d'œuvre active pour exercer les activités économiques traditionnelles, à titre d'exemple), la limitation de l'exercice des droits religieux et culturel[741]. Nous sommes ainsi favorables à une extension de la notion de communauté affectée par l'impact de l'exploitation minière. Nous pensons à cet égard, que les communautés affectées sont celles dont l'exploitation minière perturbe directement ou indirectement le mode de vie sociale, économique, culturelle, le milieu de vie et le territoire et menace leurs moyens de subsistance, rappelant que les communautés doivent avoir la capacité de prendre la parole pour faire part de ces risques.

Il importe de s'attarder sur certaines modalités de partage des bénéfices entre les sociétés extractives et les communautés autochtones qui sont préconisées afin de respecter le droit au développement.

2.1.2. L'analyse de deux modèles de partage des bénéfices issus de l'exploitation minière entre les entreprises et les peuples autochtones : identifier les meilleures pratiques

Le partage des bénéfices permet de réduire la dépendance des populations autochtones à la mine et de se projeter dans l'avenir en gérant les conséquences de la fermeture, mais en prévoyant d'autres activités génératrices de revenus. Il permet aussi de financer la reconversion professionnelle et le financement d'autres moyens de subsistance pour les populations autochtones. Concrètement, donc « les bénéfices doivent [...] aider à la diversification économique, afin de prévenir les effets de la baisse des cours des métaux et de la fermeture, prévue ou non, de la mine[742]. » S'agissant des mécanismes de partage de bénéfices, ils peuvent se faire à travers la signature d'ententes qui prévoient le versement sous forme monétaire d'une

---

[741] Nous sommes d'avis avec le point de vue de Lena Guest qui parle de compensation et de partage des bénéfices. Guesnet, « Introduction », *supra* note 733 à la p. 7.

[742] Chaire en entrepreneuriat minier, UQAT-UQAM, « L'acceptabilité sociale des projets miniers. Commentaires dans le cadre des travaux du chantier sur l'acceptabilité sociale » à la p. 9, en ligne (PDF) : *Ministère de l'Énergie et des Ressources naturelles* <https://www.mern.gouv.qc.ca/territoire/memoires/Chaire_entrepreneuriat_minier_UQAT-UQAM.pdf>. Voir aussi Goodland, *Responsible Mining*, *supra* note 674 aux pp. 14-5. Pour l'auteur, « Investing part of the mining revenue to finance mine closure and restoration, community retraining as mine jobs dry up, and creation of alternative sources of livelihood is standard. World experience shows that, most unfortunately, compensation to impacted peoples and to their government is almost always marginal at best ».

partie de la richesse créée par la mine ou de redevance minière[743]. Selon le Rapporteur spécial sur les droits autochtones :

> « [...] la tendance est à conclure des accords aux termes desquels les peuples autochtones ont la garantie de percevoir un pourcentage des bénéfices réalisés par l'entreprise d'extraction et d'autres flux de revenus et peuvent participer à la prise de décisions concernant certains aspects de la gestion. Dans certains cas, les peuples autochtones concernés détiennent une participation minoritaire dans l'activité extractive, ce qui leur donne le droit de participer à l'adoption des décisions de gestion et de tirer profit du projet [...] Dans la plupart des cas, il faut aider les peuples autochtones à acquérir les capacités financières et de gestion nécessaire lorsqu'ils acceptent de telles possibilités[744]. »

De là, nous comprenons que la minière a l'obligation de signer un accord de partage avec les peuples autochtones. Ces accords ont une dénomination diverse et peuvent être des conventions de développement local, des accords de développement communautaire, des plans de développement local ou tout simplement des stratégies communautaires de l'entreprise. Ciaran O'Faircheallaigh fait mention, à titre d'exemple, de « Community Development Agrements » qui garantit un partage effectif des profits miniers. Selon lui « *A central issue for all CDAs involves the distribution of financial benefits that accrue under an agreement*[745]. » Goodland adopte le terme Impact-Compensation Contract qui se fait à travers un transfert financier[746]. Partant de là, les conditions qui encadrent les accords de partage des bénéfices sont de trois ordres.

D'abord, les mécanismes de partage des bénéfices et avantages des projets miniers avec les peuples autochtones doivent respecter leur système juridique et politique traditionnel et être culturellement adaptés. En d'autres termes, ces mécanismes « doivent viser à répondre aux objectifs et préférences des Peuples autochtones, notamment en améliorant leurs niveaux de vie et leurs moyens de subsistance de manière appropriée au plan culturel, et à promouvoir la viabilité à long terme des ressources naturelles dont elles dépendent[747] ». De plus, lorsque c'est l'État dans lequel opère

---

[743] En raison de la diversification du mode de partage des bénéfices, l'Association minière du Québec préfère utiliser l'appellation « Mécanismes de partage des retombées et avantages ». Association minière du Québec, *Chantier sur l'acceptabilité sociale : Mémoire présenté au ministère de l'Énergie et des Ressources naturelles*, juin 2015 à la p. 10.
[744] Anaya, Industries extractives et peuples autochtones, *supra* note 477 au para 77. Voir aussi Goodland, Responsible Mining, *supra* note 674 à la p. 31. Voir aussi ISO, Lignes directrices relatives en matière de responsabilité sociétale, *supra* note 220 à la p. 80.
[745] O'Faircheallaigh, « Compensation », *supra* note 734 à la p. 15.
[746] Goodland, Responsible Mining, *supra* note 674 à la p. 31.
[747] Société financière internationale, Normes de performance, *supra* note 523 à la p. 52.

l'entreprise emprunteuse qui a en charge les peuples autochtones, la collaboration de l'entreprise est requise avec l'institution gouvernementale qui s'occupe des questions autochtones pour mettre en œuvre cette disposition. Toutefois, l'entreprise ne peut pas passer outre les recommandations ou volontés de l'organisme pour aider les peuples autochtones[748].

Ensuite, à l'exigence du respect du droit coutumier autochtone, les modalités de paiement des bénéfices doivent être précisées clairement dans l'accord. Cela signifie que le processus de négociation de ces accords de répartition des profits doit être transparent, démocratique, équitable et impliquer toute la communauté autochtone, pas seulement les élites ou les chefs, comme on peut le remarquer dans ce passage :

« *There may be a poor "fit" between the allocation of benefits and the burden of impacts, because of illicit appropriation of revenues meant to benefit affected community members, or the failure of an affected group's leaders to share benefits intended for all of its members. Transparency in processes used to negotiate CDAs and allocate and manage the benefits they generate is crucial in minimizing such problems. Decision-making processes and institutional arrangements that are clear, simple and readily accessible to community members (both in a physical and cultural sense) are especially important*[749]. »

Toutefois, la clé de la répartition des bénéfices n'est généralement pas précisée et est laissée à la discrétion des minières et des gouvernements[750]. Parfois un montant forfaitaire est prévu par les

---

748 *Ibid.* Il est précisé que « Lorsque la gestion des questions relatives aux Peuples autochtones dans le cadre du projet est de la responsabilité du gouvernement, le client collaborera avec l'organisme gouvernemental responsable, dans la mesure possible et permise par cet organisme, pour obtenir des résultats conformes aux objectifs de la présente Norme de performance. De plus, lorsque la capacité du gouvernement est limitée, le client jouera un rôle actif au cours de la planification, de la mise en œuvre et du suivi des activités, dans la mesure permise par l'organisme gouvernemental. »

749 O'Faircheallaigh, « Compensation », *supra* note 734 à la p. 15. Voir aussi Aaron Ausland et Gerhard Tonn, « Partnering for Local Development : An Independent Assessment of a Unique Corporate Social Responsibility and Community Relations Strategy, case study » (2010) à la p. 8, en ligne (pdf): Corporate Diplomacy http://www.corporatediplomacy.com/wp-content/uploads/2014/05/PVDC-Partnering-for-Local-Development-Case-Study.pdf. Voir aussi Goodland, Responsible Mining, *supra* note 674 aux pp. 5-9. Voir aussi Jon Altman, « Indigenous Rights, Mining Corporations, and the Australian State » par S. Sawyer et E.T. Gomez, The Politics of Resource Extraction: Indigenous Peoples, Multinational Corporations, and the State Basingstoke, UK, Palgrave Macmillan, 2012 aux pp. 46-74.

750 Tel est l'avis, par exemple, de l'Association minière du Québec. Association minière du Québec, Chantier sur l'acceptabilité sociale : Mémoire présenté au ministère de l'Énergie et des Ressources naturelles, juin 2015 à la p. 10.

codes miniers. Sur ce dernier point, il faut reconnaitre qu'il est difficile de prévoir et de calculer le montant à verser aux communautés autochtones, car les gouvernements ne font pas très souvent des investigations poussées pour déterminer le volume et la valeur de la ressource extraite. Les minières sont, quant à elles, informées sur la valeur des minerais. De plus, le montant du bénéfice versé doit tenir compte des coûts sociaux et environnementaux de l'activité minière[751]. À ce propos, l'International Institute for Environment and Development (IIED) prévoit néanmoins que par voie démocratique, la part du bénéfice qui doit revenir à la communauté autochtone doit être mentionnée de façon explicite dans un premier accord entre l'État et les sociétés minières. Sur la base de ces informations, les minières signent à leur tour des accords avec les peuples autochtones[752].

À notre avis, le bénéfice doit être suffisamment élevé pour permettre à la communauté autochtone de réinvestir dans d'autres projets entrainant l'autodétermination économique et permettant de lutter efficacement contre la pauvreté. Le bénéfice versé à la communauté autochtone ira croissant en fonction de l'augmentation des profits de l'entreprise, suivant en cela, le cours de la matière première exploitée. De plus, nous pensons que les codes de conduite volontaire des minières devraient prévoir des exigences quant à la proportion de bénéfice qui doit être versée à la communauté

---

751 Goodland, Responsible Mining, *supra* note 674 aux pp. 14-5. Pour lui, « *Full cost allocation means that all the internal and external costs and benefits, including social and ecological, of alternative decisions concerning the use of natural and social capital should be identified and allocated.* »

752 International Institute for Environment and Development (IIED) and World Business Council for Sustainable Development (WBCSD), « Breaking New Ground: Mines, Minéraux et Développement Durable » (2002) à la p. 8, en ligne (pdf) : iied http://pubs.iied.org/pdfs/G00771.pdf. Voir aussi Aaron Ausland et Gerhard Tonn, « Partnering for Local Development : An Independent Assessment of a Unique Corporate Social Responsibility and Community Relations Strategy, case study » (2010) à la p. 8, en ligne (pdf): CorporateDiplomacy http://www.corporatediplomacy.com/wp-content/uploads/2014/05/PVDC-Partnering-for-Local-Development-Case-Study.pdf.
Pour ces auteurs « *Community members consistently expressed expectations that the mining operation would bring economic and social development to their communities. The key driver of this expectation is the stipulation in the Special Lease Agreement that 5% of the total payments received by the central government from the mining operation must be distributed back to the various communities in the vicinity of the project. There are high expectations that this money will be invested in their communities to generate both economic growth and social service improvement.* » Voir également Jon Altman, « *Indigenous Rights, Mining Corporations, and the Australian State* », dans Suzana Sawyer et Edmond Terence Gomez, dir., The Politics of Resource Extraction, International Political Economy Series, London, Palgrave Macmillan, 2012, 46 aux pp. 50-3.

autochtone. Les codes de conduite issus de la RSE prescrivent des conditions et émettent des directives pour la tenue des études d'impact environnemental, comme nous le verrons dans la troisième partie de ce chapitre ainsi que la consultation. Ils devraient aussi fixer un minimum de pourcentage à redistribuer aux communautés autochtones en fonction de la taille et des profits réalisés par la minière et confirmés par audit indépendant.

Ceci étant dit, en plus du respect des coutumes autochtones pour le système de partage des bénéfices et la définition des conditions de versement du profit, les peuples autochtones doivent enfin avoir la liberté de décider de l'utilisation des fonds alloués au terme du partage des bénéfices. En effet, suivant leurs préoccupations et leurs aspirations, il est important de donner aux communautés autochtones la possibilité de choisir les investissements qu'ils préfèrent à partir de compensations monétaires reçues de la minière. À notre avis, il peut s'agir, de réaliser des projets prioritaires, comme créer des bourses d'études, créer des coopératives, prévoir des activités à la suite de la fermeture de la mine, démarrer une entreprise, créer des banques pour faciliter l'accès au microcrédit ou prêt, soutenir les coopératives féminines ou coopératives maraîchères, acheter des tracteurs ou autres outils agricoles, des semences ou tout simplement investir dans une source de revenus collective, construire des marchés ou d'autres infrastructures communautaires, recruter des enseignants et agents de santé, développer le tourisme ou d'autres activités culturelles rentables, etc.

Le deuxième mode de partage des bénéfices passe par la cogestion qui permet de donner une action minoritaire aux peuples autochtones dans les actifs des compagnies minières. Cette cogestion peut aussi prendre la forme de création et soutien à l'entrepreneuriat autochtone ainsi que la préférence locale en matière de fourniture et de distribution des biens et services[753]. En cas de cogestion, il faut que la minière s'engage à former les peuples autochtones pour renforcer leur

[753] ISO, Lignes directrices relatives en matière de responsabilité sociétale, *supra* note 220 à la p. 37. Selon cette directive « La création de richesse et de revenu [peut passer] par le soutien à la création d'entreprises, le développement des fournisseurs locaux et d'emploi de membres de la communauté ainsi que d'efforts plus importants pour renforcer les ressources économiques et les relations sociales qui facilitent le bien-être socio-économique ou génèrent des avantages pour la communauté. » Voir aussi International Institute for Environment and Development, *supra* note 753 à la p. 6. L'IIED mentionne qu'« il faut s'assurer que les collectivités profiteront des retombées longtemps après la fin des projets miniers. Pour bonifier les ressources humaines et financières et procurer des avantages aux collectivités locales, il faut appuyer les entreprises locales, adopter des politiques d'achat préférentiel auprès des fournisseurs et des distributeurs locaux [...] »

compétence en matière de gestion financière et profiter pleinement de la richesse minière. Autrement dit, soutenir la création d'entreprises autochtones diversifiées et assurer la formation sur les techniques d'affaires afin de favoriser la prospérité des entreprises locales[754]. L'ISO parle à ce sujet de « création de richesse et de revenu » comprenant le soutien à la diversification économique, la priorisation des « fournisseurs locaux de produits et services » et le soutien de l'expansion de ces fournisseurs[755]. En d'autres termes, il s'agit de l'aide à l'entrepreneuriat local. Il faut prévoir aussi des mesures spéciales pour les personnes dont le métier est compromis par l'arrivée de la mine (mines artisanales, paysannes, etc.). L'objectif est ici de lutter contre la pauvreté et la précarité en contribuant au développement de la communauté autochtone.

En conclusion, on retient que la notion de communauté affectée par l'exploitation minière à inclure dans le partage des bénéfices doit être large, même si certaines communautés n'auront droit qu'à des mesures de compensation ou de mitigation. Les bénéfices sont versés à travers un accord conclu en toute transparence et à l'issue d'un processus démocratique local entre les minières et les peuples autochtones. La conclusion de l'accord devrait être supervisée par un tiers indépendant en raison du déséquilibre des pouvoirs entre les minières et les communautés autochtones. Aussi, la communauté autochtone doit avoir la liberté de choix quant à l'utilisation des fonds alloués. Le bénéfice peut également prendre la forme d'une cogestion et du soutien aux entreprises autochtones. Dans ce dernier cas, la minière doit soutenir la communauté autochtone pour rentabiliser sa participation à la gestion minière. Toutefois, quel que soit le mode de partage des bénéfices privilégié par la communauté autochtone, c'est à elle de décider de sa priorité. Dans ce contexte, il est souhaitable que la communauté prépare ses conditions en amont[756].

La deuxième obligation au titre des composantes économiques qui pèse sur les entreprises minières est l'emploi et la formation locale. Les dispositions qui ont trait à l'emploi et la formation impliquent le recrutement local, la formation professionnelle, le renforcement des capacités des communautés autochtones et le développement des compétences ainsi que l'amélioration des conditions de travail.

---

[754] *Ibid* à la p. 38.

[755] ISO, Lignes directrices relatives en matière de responsabilité sociétale, *supra* note 220 à la p. 80.

[756] Carla F. Fredericks, « Operationalizing Free, Prior and Informed Consent », (2017) 80 2 Alb L Rev 429 aux pp. 447-52.

2.2. Les obligations relatives à l'emploi et la formation des peuples autochtones

La création d'emploi et la formation constituent deux moyens de contribuer au développement de la communauté autochtone promu par la RSE. Selon Natalia Yakovleva :

> « Most companies understand that employees tend to engage in behavior that is recognized and rewarded and avoid behavior that is penalized. The system of recruiting, hiring, promoting, compensating and publicly honoring employees all can be designed to promote corporate social responsibility[757]. »

Suivant cette perspective, le CIMM soutient que ses membres doivent :

> « Garantir une rémunération et des conditions de travail équitables à tous les employés, et ne pas recourir à des pratiques de travail forcé ou obligatoire ni à des travailleurs juvéniles ; favoriser l'engagement constructif des employés en ce qui concerne des questions d'intérêt commun ; mettre en œuvre des politiques et des pratiques conçues afin d'éliminer tous les aspects de harcèlement et discrimination dans nos activités[758]. »

On doit ajouter à cela, les normes qui découlent, par exemple, du *Pacte mondial des Nations Unies* en matière d'« élimination de toute discrimination en matière d'emploi et de profession[759] » lesquelles font écho aux discriminations historiques dont ont été victimes les communautés autochtones. Pour l'ISO, l'apport de la minière au développement local comprend aussi « la création d'emploi en élargissant et en diversifiant ses activités économiques et le développement technologique[760] ». Il reste que ces emplois et le milieu de travail doivent être exempts de discrimination comme le rappelle le Pacte.

Dans cet ordre d'idées, les normes internationales invitent à prioriser les peuples autochtones dans l'emploi et le renforcement des capacités[761] en vue de « contribuer à la réduction de la pauvreté et à la promotion du développement socio-économique[762] ». Partant de là, l'ISO appelle des entreprises à investir directement dans la création

---

[757] Natalia Yakovleva, Corporate Social Responsibility in the Mining Industries, Hamsphire, Ashgate 2005 à la p. 18. Voir aussi à la p. 47.

[758] Conseil international des Mines et des Métaux (ICMM), « Les 10 principes fondamentaux du rendement en matière de développement durable » (2003) principe 3, en ligne (PDF) : Earthmind http://earthmind.org/files/redlac10/2Gb-ICMM-Les-10-principes.pdf.

[759] Pacte mondial des Nations Unies, *supra* note 693, principe 6.

[760] ISO, Lignes directrices relatives en matière de responsabilité sociétale, *supra* note 220 à la p. 73.

[761] *Ibid* à la p. 78.

[762] *Ibid* à la p. 73.

d'emplois et pour adapter les choix technologiques qui favorisent la création d'emploi ; pour analyser les opportunités de perfectionnement professionnel des membres de la communauté autochtone ; pour analyser la possibilité de contribuer « à des programmes d'apprentissage, des programmes axés [sur les populations autochtones], des programmes de formation permanente et des programmes de reconnaissance et de certification des compétences », ce qui permet de répondre parallèlement aux besoins de l'entreprise[763].

Par ailleurs, dans le code de l'UEMOA, on ne retrouve aucune exigence par rapport à l'emploi local, au partage des bénéfices, à la protection du patrimoine culturel et au soutien à l'entrepreneuriat local puisque les sociétés minières choisissent librement leurs « fournisseurs [...] sous-traitant ainsi que [...] partenaires ». La priorité est néanmoins accordée aux entreprises locales si cela avantage les minières et, en cas de recrutement et à compétences égales, les États membres doivent favoriser les travailleurs de la zone économique de l'UEMOA[764]. Ce code est ainsi plus favorable aux investisseurs miniers qui sont avantagés par des incitatifs fiscaux non négligeables.

Ceci dit, dans certains cas, le recrutement de la main-d'œuvre locale, la formation et l'entrepreneuriat local se concrétisent par la signature d'une entente de prestations communautaires. C'est généralement la pratique en Australie, tel qu'expliqué par Lowe et Nichola :

> « [...] the Community Benefit Agreement, a contractual agreement between a community coalition and commercial developer that specifies labor and employment standards for the project. Though this agreement, a commercial developer typically agrees to local hiring and wage-setting goals and uses their influence to also shape employment strategies of building contractors and retail and commercial tenants[765]. »

---

[763] *Ibid* à la p. 79.

[764] UEMOA, Code minier communautaire, Règlement n° 18/2003/CM/UEMOA du 23 décembre 2003, arts 14, 16. [Code minier] L'article 14 est ainsi libellé : « Art.14. Les États membres garantissent aux titulaires de titres miniers le libre choix des fournisseurs, des sous-traitants ainsi que des partenaires. Toutefois, les titulaires de titres miniers, leurs fournisseurs et leurs sous-traitants utilisent autant que possible des services et matières d'origine communautaire, les produits fabriqués ou vendus dans l'Union dans la mesure où ces services et produits sont disponibles à des conditions compétitives de prix, qualité, garantie et délai de livraison. »

[765] Nichola Loww and Brian J. Morton, « Developing Standards: The Role of Community Benefits Agreements in Enhancing Job Quality, Community Development » (2008) 39 2 Journal of the Community Development Society 23 à la p. 24.

L'accord contractuel permet aussi de soutenir le développement des compétences, la formation professionnelle, la formation alternative pour trouver un travail après la fermeture de la mine et l'amélioration des conditions de travail.

> « Motivated by these questions, activists and development practitioners have supported a number of innovative job creation and career development initiatives in recent years. Early efforts focused on more standard human capital goals and, specifically, training provisions targeting inter-city workers with the goal of preparing them for alternative, higher-paying service sector employment in financial or information technology customer relations. Others have expanded beyond vocational training support to create workforce partnerships between community-based organizations and business establishments. These partnerships not only increase the supply of qualified inner-city workers but also employer awareness of and demand for this workforce [...][766] »

Dans cet esprit, nombreuses sont les compagnies minières qui ont développé des programmes d'emploi des communautés autochtones en Australie, dans l'espoir que l'emploi permettra d'améliorer les conditions socio-économiques des peuples autochtones. En fait :

> « Several mining companies and government agencies have [...] developed indigenous employment policies programmes [...] »

> « Mining companies and operations stand to benefit in several ways. The inclusion of local Aboriginal people in the mining workforce can help to alleviate the negatives associated with long-distance commuting and recruitment form a generally urban-based Australian mining workforce[767]. »

Il importe de signaler que ces plans de recrutement de la main-d'œuvre autochtone et de formation sont contenus dans les documents confidentiels appelés « employment provisions in Indigenous Land Use Agreements (ILUAs)[768] » négociés entre la minière et le gouvernement. Par l'insertion des dispositions relatives au recrutement des peuples autochtones et à la formation, le gouvernement et les minières entendent lutter contre la pauvreté autochtone en Australie comme on peut le remarquer dans ce passage :

> « One of the reasons why indigenous employment is often placed on the ILUA negotiation table is the hope that mining operations, which can be significant

[766] *Ibid.*
[767] Tanuja Barker, « Indigenous employment outcomes in the Australian mining industry » dans Ciaran O'Faircheallaigh and Saleem Ali, Earth Matters, dir., Indigenous peoples, The Extractive Industries and Corporate Social Responsibility, Royaume-Uni, Greenleaf publishing, 2008, 143 à la p. 144. À cela, nous ajoutons que certaines entreprises embauchent « un agent de liaison autochtone » qui siège au département des Ressources humaines. Il facilite le recrutement et l'insertion des membres des communautés autochtones.
[768] *Ibid* à la p. 145.

economic drivers in remote regions, can improve the socioeconomic conditions of Aboriginal peoples[769]. »

À part les programmes pour l'emploi, il y a une nécessité d'adaptation culturelle du travail des Autochtones à la mine. En fait, en raison des horaires de travail et des exigences, beaucoup de travailleurs autochtones abandonnent l'exercice de leurs activités traditionnelles, ce qui peut être une menace à la conservation des pratiques culturelles. Selon Barker, l'emploi à la mine rend difficile la poursuite d'activités traditionnelles. C'est pourquoi le travail à la mine pour la main-d'œuvre autochtone doit être flexible afin de permettre l'exercice de certaines pratiques culturelles. Concilier activité traditionnelle et charge de travail à la mine serait donc nécessaire pour la préservation de la culture autochtone. En ce sens, « *the adoption of culturally appropriate employment practices would improve the retention of local Aboriginal employees at the mine*[770]. »

L'International Institute for Environment and Development (IIED) parle aussi de l'emploi local. Selon l'Institut, pour faire bénéficier les communautés locales des richesses de la mine, il est essentiel de :

> « appuyer les entreprises locales, adopter des politiques d'achat préférentiel auprès des fournisseurs et des distributeurs locaux, fournir de l'emploi aux habitants de la région et leur offrir des occasions de formation, et s'occuper des travailleurs qui perdent leur emploi. Ces mesures n'auront cependant qu'un succès mitigé si les entreprises ne les mettent en œuvre qu'au moment où elles s'apprêtent à fermer leurs portes[771]. »

Bref, l'emploi et la formation sont au cœur de la lutte contre la pauvreté dans les collectivités autochtones minières. À titre d'exemple, en réponse à leur contribution au développement des communautés autochtones, certaines minières préparent des plans de développement local[772]. C'est le cas, par exemple, de la minière Rio-Tinto[773]. Pour Tanuja Barker :

> « Company-based initiatives to increase indigenous employment, especially those of larger organizations such as Newmont, Rio Tinto and Zinifez have also developed in parallel to, or in some cases preceded, these developments at the industry level. Several companies have set indigenous employment targets and

[769] *Ibid* à la p. 146.
[770] *Ibid* à la p. 151.
[771] International Institute for Environment and Development, *supra* note 753 à la p. 8.
[772] Barker, *supra* note 768 à la p. 148.
[773] Rio Tinto, « Politique du Contenu local du projet intégré minier et d'infrastructures de Simandou », 24 novembre 2015 [Rio Tinto, « Politique du Contenu local »]. Nous prenons l'exemple sur Rio Tinto parce qu'elle était une minière présente en Guinée jusqu'en 2017. Elle a inspiré d'autres entreprises de la place dans l'application de la RSE.

developed structured training and employment programs to prepare and progress indigenous applicants through the mining workforce. These can include pre-employment training programs, training programs to develop skills, on-the-job training through traineeships and apprenticeships, career progression and tertiary education support for indigenous student[774]. »

En outre, le développement des compétences permet de diversifier l'activité économique, de favoriser l'avancement des employés autochtones et de soutenir la création d'entreprises locales. À ce sujet, les compétences acquises à la mine peuvent être mises au service de toute la communauté autochtone. Le corps médical, par exemple, peut aider la cause de la communauté autochtone et améliorer ses conditions de vie. On peut aussi aligner le travail à la mine avec les besoins de la communauté autochtone selon la doctrine qui note ceci :

« Mining contractors and service providers have the ability to contribute substantially to the skill development of indigenous workers, especially through joint ventures and Aboriginal-owned enterprises[775]. »

« The ability to apply mine-related skills to the local economy is vital to sustain community benefits beyond the mine life, especially for operations with relatively short life-spans. Broadening indigenous employment mining programs to align with local community and regional development aspirations, as well as business imperatives, could be one way to achieve sustainable benefits[776]. »

« Surrounding communities are likely to benefit from mine-related skills when these skills align with community needs. The ability to apply mine-related skills to the local economy is vital to sustain community benefits beyond the mine life, especillay for operations with relatively short life-spans. Broadening indigenous employment mining programmes to align with local community and regional development aspirations, as well as business imperatives, could be one way to achieve sustainable benefits. Likewise, diversifying the skill sets of indigenous mineworkers can, in turn, expand their job prospects beyond a mine and minimise the work-related impacts associated with mine closures and mine-dependent communities[777]. »

Par ailleurs, à part pourvoir l'emploi et la formation des communautés autochtones, soit le développement des compétences, il faut se demander si la nature des emplois occupés par les travailleurs autochtones constitue véritablement un emploi décent. D'après l'Organisation internationale du travail (OIT) :

« Le travail décent [...] regroupe l'accès à un travail productif et convenablement rémunéré, la sécurité sur le lieu de travail et la protection sociale pour les familles, de meilleures perspectives de développement personnel

---

[774] Barker, *supra* note 768 à la p. 148.
[775] Barker, *supra* note 768 à la p. 154.
[776] *Ibid* à la p. 155.
[777] *Ibid.*

> et d'insertion sociale, la liberté pour les individus d'exprimer leurs revendications, de s'organiser et de participer aux décisions qui affectent leur vie, et l'égalité des chances et de traitement pour tous, hommes et femmes[778]. »

Or, on remarque qu'en raison du manque de qualification en général, les Autochtones occupent des emplois de gardiennage, de conciergerie, de cuisinier, de jardinier ou autres emplois non qualifiés pour des projets temporaires[779]. Les Autochtones occupent très souvent des positions intermédiaires et rarement des postes de commandement. Pour Tanuja Barker, « [...] *indigenous employment remains skewed towards entry-level and semi-skilled positions, with the majority occupying truck driver or plant operator roles*[780] *". Par voie de conséquence, les salaires et avantages sociaux des travailleurs locaux restent précaires et sont différents du traitement « des expatriés ou des travailleurs étrangers, spécialement ceux en provenance du pays d'immatriculation de la compagnie extractive*[781] ». Cette situation peut mener les travailleurs locaux à tenir des grèves et des manifestations violemment réprimées.

Partant de ce constat, un certain nombre de questions se posent. Est-ce que les emplois à la mine permettent de valoriser le potentiel des employés autochtones ? Faut-il privilégier la formation professionnelle autochtone avant même l'implantation des mines ? En d'autres termes, les minières doivent-elles prendre de l'avance pour la formation des Autochtones avant même l'ouverture des mines, soit à la phase de la prospection minière, évaluer les besoins en formation de la main-d'œuvre locale et anticiper de ce fait le recrutement ? Barker montre la nécessité de développer les compétences et la formation des membres de la communauté autochtone en amont tout en doutant de l'effet de ces mesures sur les communautés.

> « Skill development can be a significant outcome of mining employment [...] Information about the range of skills that are developed as a result of mine work is scarce, though it is clear that the direction and degree of impact on skills development depends on numerous factors, including prior education and skills, previous work experience, opportunities for career development and duration of employment within the industry [...][782] »

En somme, il convient de noter que les compétences développées à la mine peuvent être diversifiées et adaptées au besoin de la

[778] Organisation internationale du travail, « Travail décent », en ligne : Organisation internationale du travail HTTP : //www.oit.org/global/topics/decent-work/lang-fr/index.htm.
[779] Barker, *supra* note 768 à la p. 153.
[780] Barker, *supra* note 768 à la p. 153.
[781] Manirakiza, « Protection des droits de l'homme », *supra* note 194 à la p. 125.
[782] Barker, *supra* note 768 à la p. 152.

communauté autochtone elle-même. Le financement d'autres activités économiques non liées à la mine permet de réduire le chômage à la fermeture de celle-ci. À ce propos, la CEDEAO note « l'obligation pour les sociétés minières de contribuer pour le développement des activités de conversion de l'après-mine dans les communautés locales affectées[783] » à travers un fonds de développement socio-économique. La question du quota d'employés locaux n'est toutefois pas définie tout comme celle du mécanisme de partage des profits. Il serait donc essentiel de consulter la communauté autochtone pour fixer les modalités du recrutement local et la clé du partage du bénéfice minier.

La protection du milieu et du territoire est la dernière obligation qui incombe à l'entreprise minière au titre du droit au développement des peuples autochtones.

2.3. La protection du milieu et du territoire

La protection de l'environnement est un élément déterminant dans le droit au développement des peuples autochtones. Elle sous-tend la culture, la langue, la religion, etc. Elle garantit le droit à la nourriture et assure ainsi la sécurité alimentaire, permet de sécuriser les moyens d'existence des communautés en protégeant l'accès à leurs sources de subsistance traditionnelle, mais aussi la santé des communautés autochtones riveraines de l'exploitation minière. C'est pourquoi presque tous les codes de conduite des minières, contrairement au partage des bénéfices et à l'emploi qui n'est traité qu'en partie, font de la protection du milieu et du territoire autochtone une des obligations des entreprises minières. Parlant de l'enjeu de la protection de l'environnement pour les minières, l'ISO précise que « la responsabilité environnementale est un préalable à la survie et à la prospérité des êtres humains. C'est donc un aspect important de la responsabilité sociétale[784] ».

---

[783] CEDEAO, Harmonisation des principes directeurs dans le secteur minier, *supra* note 601, art. 6.

[784] ISO, *Lignes directrices relatives en matière de responsabilité sociétale*, *supra* note 220 à la p. 50. Voir aussi International Institute for Environment and Development, *supra* note 753 à la p. 8, qui mentionne qu'« en améliorant le rendement environnemental, on veut maintenir le capital naturel essentiel, améliorer les écosystèmes dans la mesure du possible et faire contribuer la richesse en minéraux à la durabilité nette de l'environnement. Le problème est de bien cerner où, à court et à moyen terme, il faut investir pour avoir les meilleures chances d'atteindre ces objectifs ». Voir aussi agence de la démocratie, des droits de l'homme et du travai, Washington, D.C, Fiche documentaire, *Principes volontaires sur la sécurité et les droits de l'homme*, 2001 à la p. 1. *Principes directeurs de l'OCDE à l'intention des entreprises multinationales, supra* note 676 au para 61. Ce paragraphe précise que : « une

Devant pareil constat, la protection de l'environnement concerne plusieurs volets. D'abord, la majorité des codes de conduite invitent à l'intégration et la promotion des principes de développement durable dans leur plan environnemental[785]. Cela comprend le principe de précaution, celui de prévention, mais aussi du pollueur-payeur, tel que rapporté dans le chapitre 1. L'Organisation pour la coopération et le développement économique (OCDE) encourage, par exemple, à mettre en place des plans d'urgence pour gérer les dommages environnementaux causés par l'activité minière[786]. Elle insiste de ce fait sur le principe de prévention et de précaution en parlant de la manipulation avec précaution des substances dangereuses ; de faire un suivi et une évaluation régulière de l'exécution des plans de développement durable de l'entreprise[787]. Dans cet ordre d'idées, l'exigence d'adopter les principes de développement durable dans l'ICMM va plus loin et s'applique aux entreprises sous-traitants et fournisseurs sur invitation des membres[788]. Ainsi, l'application du principe de développement durable par les entreprises minières se

---

saine gestion de l'environnement est un volet essentiel du développement durable et elle est considérée de plus en plus comme une responsabilité et une opportunité pour les entreprises ».

785 *Ibid* aux pp. 50-1. Pour l'International Institute for Environment and Development, *supra* note 753 à la p. 4. « L'un des principaux défis du monde moderne est d'arriver à concilier l'activité économique avec le respect de l'environnement, les préoccupations sociales et de bons systèmes de gouvernance. Cette intégration a pour but de parvenir à ce que l'on appelle "le développement durable". Le secteur des minéraux devrait donc avoir pour objectif de maximiser sa contribution au bien-être des générations actuelles en répartissant équitablement les coûts et les retombées sans pour autant compromettre la capacité des générations futures de combler leurs besoins. Le secteur doit adopter de vastes mesures (visant toute la chaîne des minéraux) progressistes et se fixer des objectifs à court et à long terme. Il doit donc :

- Se doter d'un solide cadre de développement durable fondé sur un ensemble de grands principes acceptés de tous.
- Bien comprendre les principaux problèmes et obstacles auxquels il est confronté à divers niveaux et dans diverses régions et les mesures qu'il devra prendre pour les surmonter, et bien délimiter les rôles et les responsabilités des intervenants.
- Mettre sur pied, pour relever ces défis, un processus qui respecte les droits et les intérêts de toutes les parties intéressées, qui établit les priorités et qui permet que les mesures qui s'imposent soient prises au niveau approprié.
- Disposer d'un ensemble intégré d'institutions et d'instruments stratégiques pour assurer le respect de normes minimales de même que la prise de mesures volontaires responsables.
- Instaurer des mesures vérifiables pour évaluer ses progrès et favoriser l'amélioration continue ». Pour approfondir la question du lien entre l'exploitation minière et l'environnement des peuples autochtones, voir à propos Roger Merino Acuna, « The politics of extractive governance: Indigenous peoples and socio-environmental conflicts » (2015) 2 1 *The Extractive Industries and Society* 85.

786 Les principes directeurs de l'OCDE à l'intention des entreprises multinationales, *supra* note 676, principe VI.

787 *Ibid.*

788 Conseil international des Mines et des Métaux, *supra* note 759, principe 2.

passe par l'adoption de mécanisme « d'ordre fiscal, éducatif ou institutionnel » ou réglementaire intégrant ces principes[789]. Ces dispositifs doivent être :

> « Efficaces ; réalisables sur le plan administratif ; rentables et favorables à l'innovation et à l'amélioration ; transparents ; acceptables et crédibles pour les parties intéressées ; fiables et reproduisibles dans différents groupes et régions ; équitables au chapitre de la répartition des coûts et des retombées[790]. »

Pour la directive minière de la Communauté économique des États de l'Afrique de l'Ouest (CEDEAO), dont la Guinée est membre, les sociétés extractives devraient respecter et promouvoir les normes nationales et internationales en matière de protection de l'environnement, dans le but de contribuer au développement durable[791].

En partant de là, l'obligation des minières de protéger le milieu et territoire pour assurer le droit au développement des peuples autochtones comprend l'obligation de réaliser des études d'impacts sociaux et environnementaux des projets ainsi que la restauration des moyens d'existence des communautés autochtones.

2.3.1. La réalisation des études d'impacts sociaux et environnementaux

La responsabilité de réaliser des EIES est partagée entre l'État et les entreprises minières[792]. Soit l'entreprise minière participe aux EIES menées par l'État, soit ce dernier délègue le volet opérationnel à l'entreprise (comme dans l'exemple de la consultation).

L'obligation pour les entreprises minières de réaliser les études d'impacts sociaux et environnementaux doit être accompagnée par l'évaluation des retombées sociales des projets sur les communautés autochtones[793]. Les EIES constituent à ce titre un instrument utile à la prise de décision ultérieure, mais n'est pas un outil décisionnel en soi-même. Elles sont prévues par la plupart des codes de conduite. À titre d'exemple, les lignes directrices de l'Équateur qui regroupent les établissements financiers emprunteurs donnent des directives pour que les projets financés respectent « la gestion responsable de

---

789 International Institute for Environment and Development, *supra* note 753 aux pp. 4-5.

790 *Ibid.*

791 CEDEAO, Harmonisation des principes directeurs dans le secteur minier, *supra* note 601, arts 6.3, 6.4, 6.5.

792 Voir à ce propos le chapitre 1.

793 Les principes directeurs de l'OCDE à l'intention des entreprises multinationales, *supra* note 676, principe VI.

l'environnement et le développement socialement responsable[794]. » Elles posent ainsi aux entreprises comme condition de financement des projets, la réalisation des études d'impacts sociaux et environnementaux. Dans cette optique, les établissements financiers affiliés aux principes de l'Équateur enjoignent aux entreprises emprunteuses de réaliser des EIES et d'élaborer un plan de gestion environnemental. Ces mesures permettent en bout de ligne de protéger la santé et la sécurité de ces derniers[795]. À ces instruments, s'ajoutent les directives environnementales, sanitaires et sécuritaires générales du Groupe de la Banque Mondiale. Elles recommandent aux entreprises de prendre en compte les préoccupations économiques, environnementales et sanitaires des communautés locales dans leur plan d'action[796]. Ce faisant, le nouveau Cadre environnemental et social de la Banque mondiale préconise l'adoption de mesures pour réduire les impacts sur l'environnement, la santé et la sécurité des peuples autochtones. Un panel d'inspection est mis en place pour contrôler les mesures de sauvegarde[797]. Ce cadre fait partie des mesures de sauvegarde de la Banque Mondiale qui comprennent aussi une protection du droit à la terre, le respect de l'autodétermination, la consultation des peuples autochtones et une exigence d'évaluation environnementale préalable de tous les projets soumis à la Banque Mondiale[798]. La Banque africaine de Développement (BAD)

---

[794] Les principes de l'Équateur, *supra* note 676 à la p. 3.

[795] *Ibid* aux pp. 24-5.

[796] World Bank Group, « Directives environnementales, sanitaires et sécuritaires générales (EHS) » (2007), en ligne : Banque mondiale http://documents.banquemondiale.org/curated/fr/344041468039530729/text/E30830v50Annexe070HT0FR.txt.

[797] Groupe de la Banque Mondiale, « Le nouveau Cadre environnemental et social de la Banque mondiale », Fiche d'information (2016) à la p. 1, en ligne (PDF) : Banque mondiale http://pubdocs.worldbank.org/en/410361470749928626/safeguards-fact-sheet-2016-French2.pdf. « Les Directives environnementales, sanitaires et sécuritaires (Directives EHS) sont des documents de références techniques qui présentent des exemples de bonnes pratiques internationales, de portée générale ou concernant une branche d'activité particulière [les bonnes pratiques sont] les pratiques que l'on peut raisonnablement attendre de professionnels qualifiés et chevronnés faisant preuve de compétence professionnelle, de diligence, de prudence et de prévoyance dans le cadre de la poursuite d'activités du même type dans des circonstances identiques ou similaires partout dans le monde. Les circonstances que des professionnels qualifiés et chevronnés peuvent rencontrer lorsqu'ils évaluent toute la gamme des techniques de prévention de la pollution et de dépollution applicables dans le cadre d'un projet peuvent inclure, sans toutefois s'y limiter, divers degrés de dégradation environnementale et de capacité d'assimilation de l'environnement ainsi que différents niveaux de faisabilité financière et technique. »

[798] Banque mondiale, « Manuel opérationnel de la banque mondiale, Politiques opérationnelles (PO 4.01) » (1999), aux pp. 1-7, en ligne (PDF) : *Banque mondiale*

recommande aussi aux clients ou aux emprunteurs de prendre des dispositions pour réduire l'impact des projets sur l'environnement des communautés vulnérables. Elle recommande d'intégrer pendant les EIES des mesures spéciales dans le plan de gestion environnementale et sociale ainsi que le plan de développement communautaire pour diminuer les impacts des projets sur les peuples autochtones et les actions à entreprendre pour lutter au maximum contre la pauvreté[799]. La Société financière internationale oblige également les minières à élaborer un plan de développement communautaire lorsque l'exploitation minière touche les peuples autochtones[800]. Suivant cette logique, la société minière devra identifier les risques des projets miniers sur le plan social et environnemental pour les peuples autochtones en vue d'adopter des mesures de correction[801]. Le code de l'UEMOA (Union économique et monétaire ouest-africaine) précise, quant à lui, que les sociétés détenant des droits miniers ont l'obligation de procéder à des études d'impact environnemental durant

---

http://siteresources.worldbank.org/OPSMANUAL/Resources/OP401French.pdf._Voir aussi Coalition for Human rights in development, *La révision des mesures de sauvegarde de la Banque mondiale : une procédure critique pour l'Afrique* à la p. 3, en ligne : http://rightsindevelopment.org/wp-content/uploads/2015/08/Safeguards-General-4-pgr-FR-Dec-2015.pdf. Cette coalition critique le projet de réforme des mesures de sauvegarde qui auraient un impact négatif sur l'environnement qui donne la prépondérance aux lois nationales plutôt qu'aux mesures de sauvegarde. « Le projet de nouveau cadre de mesures de sauvegarde soulève de vives préoccupations. Malgré certaines améliorations dans sa portée, il élimine une partie significative de la force exécutoire des mesures de sauvegarde actuelles. Par exemple, la divulgation des évaluations environnementales et des plans de réinstallation détaillés ne seraient plus requis avant l'approbation de projets. La proposition permettrait en outre à la Banque mondiale et aux pays emprunteurs d'invoquer les lois et règlements nationaux plutôt que les mesures de sauvegarde, sans indication claire quant aux cas dans lesquels cela est approprié et quant à la manière d'assurer un niveau minimum de protection, en particulier lorsque les lois d'un emprunteur ne respectent pas les obligations en matière de droits humains. »

[799] Groupe de la Banque africaine de développement, *supra* note 721, encadré 2. « Les groupes vulnérables sont identifiés dans le contexte de l'analyse économique et sociale de l'impact du projet. La procédure de l'EIES identifie les interventions nécessaires pour réaliser la plus forte réduction possible de la pauvreté pour les personnes et les groupes affectés, grâce à des mesures spécifiques conçues pour répondre à leurs besoins. Ces mesures différentiées sont incorporées dans les instruments pertinents de diminution d'impact le plan de gestion environnementale et sociale, le plan de réinstallation et/ou le plan de développement communautaire. Dans la procédure de l'EIES, la Banque développera et utilisera des critères pour dépister les impacts négatifs des projets qu'elle finance et pour identifier les personnes affectées négativement, y compris, le cas échéant, les peuples autochtones. La Banque renforcera le dialogue initié avec les institutions continentales lors du forum qu'elle a organisé en février 2013, afin d'explorer les opportunités pour améliorer la connaissance et la compréhension de ce qu'est un groupe de peuples autochtones en Afrique et les façons de les aider à s'intégrer et à bénéficier du développement économique. »

[800] Société financière internationale, Normes de performance, *supra* note 523 à la p. 49.

[801] *Ibid* à la p. 51.

la phase d'exploitation seulement, mais de prévoir des mesures de surveillance et de réhabilitation de l'environnement[802].

Somme toute, la société extractive dans le cadre des EIES doit divulguer l'information environnementale de manière transparente et donner la liberté aux communautés autochtones concernées de décider collectivement de l'implantation du projet en en mesurant les avantages et inconvénients[803]. L'entreprise doit également procéder à une consultation des communautés locales à propos des stratégies adoptées par elle pour protéger l'environnement, la santé et la sécurité des Autochtones. La minière doit en plus diffuser les renseignements sur les modalités d'application des plans environnementaux et permettre la participation du public à toutes les phases décisionnelles du projet[804]. Il convient de noter que si les études d'impacts sociaux et environnementaux permettent de minimiser l'impact des projets sur les communautés autochtones et sont devenues incontournables dans le cadre de la responsabilité sociale des entreprises, leur application soulève un certain nombre de défis. D'après l'International Institute for Environment and Development (IIED), des données sociales et économiques influencent désormais l'efficacité des EISE. Elles sont liées, entre autres, à l'organisation de l'entreprise, les rôles et responsabilités de chaque acteur impliqué dans l'exploitation minière et les ressources disponibles. En effet :

> « Dans un système de gestion de l'environnement, l'EIE devrait intégrer les responsabilités environnementales aux pratiques de gestion courantes : il s'agit de modifier la structure organisationnelle, les responsabilités, les procédures, les processus et les ressources. Le système de gestion de l'environnement fournit aux dirigeants de l'entreprise et à l'organisme de réglementation une méthode qu'ils peuvent appliquer à toutes les étapes du cycle de vie du projet pour contrôler le rendement de ce dernier[805]. »

Après les études d'impacts sociaux et environnementaux, la deuxième obligation qui incombe à la minière en matière de protection du milieu et du territoire au titre du droit au développement des

---

[802] Code minier communautaire, *supra* note 765, art. 18.

[803] International Institute for Environment and Development, *supra* note 753 aux pp. 4-5 et 9. La communauté doit elle-même décider de l'implantation du projet même s'il cause des « dommages mineurs à l'environnement en échange d'importantes retombées socio-économiques ou s'ils vont sacrifier des objectifs socio-économiques à un net avantage sur le plan de l'environnement ».

[804] Les principes directeurs de l'OCDE à l'intention des entreprises multinationales, *supra* note 676, principe VI.

[805] International Institute for Environment and Development, *supra* note 753 à la p. 9.

peuples autochtones est la restauration des moyens d'existence des communautés autochtones.

2.3.2. La réhabilitation des sites miniers

En droit régional africain, la réhabilitation des sites miniers en vue de la protection du milieu et du territoire autochtone passe par la décontamination des terres polluées, le reboisement ou toute autre initiative visant à préserver l'autosuffisance alimentaire des peuples autochtones. Le code de l'UEMOA prévoit, à titre d'exemple, l'adoption des mesures pour la réhabilitation de l'environnement[806]. Il en est de même de la directive minière de la CEDEAO qui prévoit l'adoption d'un plan de réhabilitation avant même le démarrage des activités minières et un plan après la fermeture de la mine. Ce plan est soumis à une révision périodique et des évaluations périodiques de la performance environnementale de l'entreprise sont envisagées[807]. C'est en ce sens que la Commission africaine a ordonné à la société Shell de procéder « à un nettoyage total des terres et rivières polluées/endommagées par les opérations liées à l'exploitation pétrolière » et de verser des compensations adéquates aux communautés autochtones affectées. La Commission africaine a aussi fait mention de l'obligation de l'État de superviser les opérations de décontamination.

En droit international, le CIMM fait référence à l'obligation des sociétés minières de remettre en l'état le site minier et plus précisément des terres impactées par l'activité industrielle et de décontaminer les zones polluées. Le Conseil invite également à ne pas épuiser les sources de subsistances des communautés autochtones et de gérer de manière rationnelle leurs moyens d'existence pour assurer leur survit après la fermeture de la mine[808].

---

[806] Code minier communautaire, *supra* note 765, art. 18.

[807] CEDEAO, *Harmonisation des principes directeurs dans le secteur minier, supra* note 601, arts 6.4, 6.5. Selon ces dispositions : « 6.4. Avant le début des opérations, les détenteurs des droits ou titres miniers doivent élaborer pour mise en œuvre des plans de réhabilitation et de fermeture des sites miniers ainsi que des plans pour l'après-mine. »
Ces plans sont soumis à l'autorité compétente pour approbation. Cette estimation est soumise à des revues périodiques.
6. 5 des audits périodiques de l'environnement seront menés pour s'assurer de la performance environnementale des opérations minières et de l'efficacité des organismes chargés de la réglementation des mines ».

[808] Conseil international des Mines et des Métaux, *supra* note 759. Il faut noter qu'il s'agit même d'une obligation au Québec.

De son côté, Goodland suggère de prévoir une caution pour couvrir les problèmes environnementaux, la décontamination ou la restauration du site minier. Pour lui :

« *Insurance and performance bonds, mechanisms to foster compliance with contractual obligations and to improve the quality of results, should become standard in mining [...] Bonds are in widespread use in the construction industries and elsewhere. The challenge is setting the insurance and bonds high enough to cover accidents and non compliance adequately and for far enough into the future. Often, after mine closure, a mining corporation may declare bankruptcy or be taken over by another company. If, some decades after a mine closes, a toxic waste lagoon ruptures, liability may not be clear. Reclamation bonds are designed to finance clean-up and restoration*[809]. »

La réhabilitation des sites miniers peut aussi en vertu des obligations de respect du développement durable par l'entreprise minière, se faire à travers les EIES. Celles-ci doivent prévoir dès au départ des mesures pour la fermeture des mines.

À la lumière de ce qui précède, il convient de noter que les obligations des minières en ce qui concerne la protection du milieu et du territoire des peuples autochtones exigent d'inclure et de promouvoir les principes de développement durable au plan de gestion de l'entreprise. L'adoption de cette pratique de développement durable concerne toutes les phases d'activités de l'entreprise de l'ouverture à la fermeture de la mine. Cette exigence comprend l'incorporation des techniques de production non polluante, la gestion rationnelle des ressources et la préservation des moyens de subsistance traditionnelle des peuples autochtones. Elle doit aussi prévoir des dispositions quant à la fermeture de la mine, savoir des mesures pour la réhabilitation et la décontamination des zones polluées[810]. Par exemple, s'il ne s'agit

---

[809] Goodland, *Responsible Mining, supra* note 674 à la p. 13.

[810] R. Alberta, J.A. Wessels, A. Morrison-Saundersc, M.P. McHenryd, A. Rita Sequeirac, H. Mteghae et D. Doepel, « Complexities with extractive industries regulation on the African continent: What has "best practice" legislation delivered in South Africa ? » (2017) 4 *The Extractive Industries and Society* 267 à la p. 268. Pour ces auteurs « With respect to timing, mine closure planning should commence early in the development planning phase and be continuous throughout the mining life cycle and closure phase [...] Early commencement of mine closure planning in the context of mining regulation coincides with other regulatory controls for development planning in, for example, environmental protection legislation. Consequently, mine closure planning should be integrated with other assessment and approval processes ; such as social or environmental impact assessments where appropriate ». « As mineral commodity prices can be volatile, mining companies, governments, and local communities are vulnerable to unexpected/unplanned mine closure. Therefore, legislation

pas encore d'une obligation à l'échelle internationale, nous pensons que l'État devrait imposer l'obligation aux entreprises minières de prévoir une caution pour la décontamination et la réhabilitation des sites miniers.

Il convient aussi de faire des études d'impact environnemental et entamer des discussions sur la gestion des impacts sociaux du projet sur les peuples autochtones.

La prochaine section portera sur les obligations des entreprises minières découlant de la composante socioculturelle du droit au développement des peuples autochtones.

SECTION 3. LES OBLIGATIONS DES MINIÈRES AU REGARD DE LA COMPOSANTE SOCIOCULTURELLE DU DROIT AU DÉVELOPPEMENT

Les obligations qui découlent de la composante socioculturelle du droit au développement se rapportent à la mise sur pied des infrastructures socioculturelles et à la protection du patrimoine culturel au sens large. Il convient de rappeler que l'engagement social des compagnies minières en Afrique est marginal. La recherche du profit économique prime sur les considérations socioculturelles comme en témoigne M.P. McHenry. Pour lui :

> « Traditionally, multinational companies in the extractive industries in sub-saharian Africa have been resistant to deepening their engagement with local or national economies. Host governments are mostly interested in taxes and royalties and tend to let other opportunities to maximize net benefits pass by[811]. »

En partant de ce constat, les entreprises minières incluent progressivement dans leur code de conduite des dispositions pour l'amélioration des conditions socioculturelles des communautés autochtones. Elles ont le devoir de diligence raisonnable en ce sens.

3.1. La réalisation des infrastructures socioculturelles

Dans le contexte de l'exploitation minière, la construction des infrastructures permettrait aux peuples autochtones d'améliorer leurs conditions de vie. Partant de là, « il est attendu que les exploitations

---

should ideally incorporate mine closure measures into business feasibility studies at the design stage that demonstrate adequacy of financial resources to meet closure requirements ».

811 M.P. McHenry, DG. Doepel et K.C. Urama, « Making extractive industries-led growth inclusive : An introduction » (2007) 4 2 *The Extractive industries and Society* 235 à la p. 236.

minières [...] apportent des avantages à la communauté et améliorent les conditions de santé de sa population[812] ». Pourtant, dans le contexte de l'exploitation minière, les entreprises :

> « Privilégient nettement les bénéfices économiques tels que les compensations financières, les contrats et les emplois plutôt que la santé et le bien-être des communautés. En d'autres termes, les bénéfices économiques prévalent au détriment des investissements dans des programmes sociaux et des programmes de santé[813]. »

Dans ce contexte, pour accroitre leur contribution au développement participatif, les minières devraient « faire face à des défis tels que ceux ayant trait [...] aux insuffisances sur le plan de l'infrastructure[814]. » Ainsi, dans le cadre de leur obligation de mise en œuvre du droit au développement, elles sont de plus en plus conscientes que le volet social est à tenir en compte pour assurer leur rentabilité. Selon le rapport du Groupe d'études international sur les régimes miniers en Afrique de l'Union africaine, qui aborde les défis du secteur minier en Afrique, la réalisation des infrastructures sociales est indispensable pour l'acceptabilité des projets miniers sur le continent[815].

> « Les compagnies minières admettent à présent qu'il est inacceptable pour la rentabilité que les communautés dans lesquelles elles exercent leurs activités vivent sans des services de base tels que l'approvisionnement en eau, les soins de santé, l'électricité et l'assainissement. Ces communautés manquent souvent d'infrastructures sociales telles que les écoles, les dispensaires, les hôpitaux et les cliniques, sans compter que leurs routes et leur infrastructure restante pour les transports sont en général médiocres. Une mine offre la possibilité d'améliorer les conditions dans ces communautés. Si la communauté où se trouve la mine ne tire pas parti de l'investissement et de l'infrastructure liés à la mine, elle restera une enclave. La mine et ses richesses sont notoires et il y a une forte tentation dans ces zones locales dépourvues de partager ces richesses[816]. »

D'autres codes de conduite volontaire des minières abordent dans le même sens le besoin de l'amélioration des infrastructures sociales dans leur zone d'intervention. Le CIMM, par exemple, insiste sur la nécessité de s'impliquer pour le développement social et économique des communautés minières autochtones en cherchant des occasions de lutter contre la pauvreté. Parmi ces occasions, elle identifie la

---

[812] Knotsch, *supra* note 463 à la p. 65.
[813] Knotsch, *supra* note 463 à la p. 65. McHenry, *supra* note 812 à la p. 236.
[814] Union Africaine, les ressources minérales et le développement de l'Afrique, *supra* note 238 à la p. 113.
[815] *Ibid* à la p. 95.
[816] *Ibid.*

conception des programmes dans le domaine de la santé communautaire et de l'éducation pouvant être mis en place grâce à une collaboration avec l'État et les organismes non gouvernementaux comme moyens d'éradiquer la pauvreté autochtone. L'investissement social devient en ce sens la priorité du CIMM.

De même, l'ISO encourage les minières à soutenir l'éducation à tous les niveaux ; à prendre des initiatives pour perfectionner l'éducation, à construire des infrastructures éducatives, à lutter contre l'analphabétisme, sensibiliser à la scolarisation des enfants, à appuyer l'apprentissage autochtone en particulier et à vulgariser les droits de la personne[817]. L'organisation demande à cet égard aux sociétés extractives d'intervenir dans le développement local :

> « en procédant à des investissements dans la société de création de richesses et de revenus, en lançant des initiatives de développement économique local, en élargissant les programmes d'éducation et de développement des capacités, en promouvant et en préservant la culture et les arts et en assurant et/ou promouvant des services de santé collectifs. Le développement de la communauté peut comporter le renforcement institutionnel de la communauté, de ses groupes et forums collectifs, des programmes sociaux culturels et environnementaux ainsi que des réseaux locaux impliquant de nombreuses institutions[818]. »

Dans cette perspective, l'ISO demande de sécuriser les opérations minières en réduisant les impacts sur la santé, de faire de la promotion, de la prévention « des menaces sur la santé ; participer à des campagnes publiques de santé », et de construire des infrastructures sanitaires[819]. Pour appuyer la réalisation des infrastructures sanitaires et éducatives, l'ISO encourage ainsi les minières à construire des infrastructures sanitaires, c'est-à-dire « améliorer l'accès aux services de santé[820] » ; faire des campagnes de sensibilisation sur la santé publique, contribuer à l'éducation à la santé publique de la population et la prévention des maladies et « assurer l'accès aux médicaments et à la vaccination et en encourageant les styles de vie sains[821] ». Pour ce faire, « l'organisation envisage d'apporter une aide pour faciliter un accès universel et durable aux services essentiels de santé et à l'eau propre ainsi qu'à des installations sanitaires appropriées, comme moyen de prévenir

[817] ISO, Lignes directrices relatives en matière de responsabilité sociétale, *supra* note 220 à la p. 78.
[818] *Ibid* à la p. 73.
[819] *Ibid* à la p. 82.
[820] *Ibid.*
[821] *Ibid.*

les maladies »[822]. En application de cette directive, les actions de la plupart des minières en Guinée se limitent très souvent aux dons de médicaments. À notre avis, la construction de centres de santé, d'hôpitaux ou d'autres structures sanitaires, la formation du personnel de santé communautaire devraient faire partie intégrante des obligations des minières dans le régime minier guinéen afin d'assurer le respect du droit au développement des peuples autochtones[823].

Après l'ISO, le règlement portant sur le développement des ressources minérales et organisation du secteur minier de la CEDEAO, préconise aussi de faire la promotion et le développement des infrastructures locales[824].

Par ailleurs, une partie de la doctrine qui traite des obligations des minières dans l'application du droit au développement fait mention de la signature d'ententes de nature contractuelle pour pourvoir les services de santé et d'éducation « *health care and educational service providers*[825]. » On réfère alors à la pratique en Australie qui consiste en la signature des documents confidentiels sur l'emploi des peuples autochtones, « employment provisions in Indigenous Land Use Agreements (ILUAs[826]) ». Ces instruments englobent aussi des dispositions sur la construction d'Infrastructures afin d'offrir des services de santé, des logements sociaux et d'autres infrastructures socioculturelles[827]. Ils sont donc utiles dans la mesure où ils répondent

---

822 *Ibid.*

823 Paul Moussa Diawara, « Crise sociale à Boké : Mémorandum du CNOSCG », Guinée 24 (novembre 2008) en ligne : HTTP //www.guinee24.com/2008/11/08/crise-sociale-a-boke-memorandum-du-cnoscg/. Pour information CNOSCG, signifie Conseil des Organisations de la Société Civile de Guinée. Voir aussi Mamadou Diallo, « Violences dans la région de Boké : la sous-préfecture de Sangarédi emboite les pas », Afriquevision.info (avril 2017), en ligne : « http://www.afriquevision.info/violences-dans-la-region-de-boke-la-sous-prefecture-de-sangaredi-emboite-les-pas/ ». Voir également du même site d'information, « Guinée : en manque de tout, Boké, le nouveau sanctuaire de la violence », Afriquevision.info (septembre 2017) en ligne : http://www.afriquevision.info/guinee-en-maque-de-tout-boke-le-nouveau-sanctuaire-de-la-violence/. Voir enfin, « Vives violences à Siguiri : les malheurs du métal jaune persistent dans le village de Kintinian », Africa Monde (décembre 2015), en ligne : http://africamonde.com/magr1.php?langue=fr&type=rub17&code=calb2619.

824 CEDEAO, Harmonisation des principes directeurs dans le secteur minier, *supra* note 601 à la p. 44.

825 Lowe, Nichola and Brian J. Morton, « Developing Standards: The Role of Community Benefits Agreements in Enhancing Job Quality, Community Development » (2008) 39 2 J of the Community Development Society 23 à la p. 24. Voir auss iHevina S. Dashwood, *The Rise of Global Social Responsibility: Mining and the Spread of Global Norms*, Cambridge, Cambridge University Press, 2014 aux pp. 18-1, 36-1, 162-65.

826 Barker, *supra* note 768 à la p. 145.

827 *Ibid* à la p. 147. Selon l'auteur, « These trends are likely to result in greater pressure for such things as education, employment, health services, and housing and related infrastructure development ». Voir aussi Ciaran O'Faircheallaigh, *Corporate-Aboriginal Agreements on*

aux exigences du droit international plus régional qui prévoient l'amélioration de la qualité de vie des peuples autochtones à travers la mise en place des infrastructures socioculturelles adéquates.

S'agissant particulièrement des infrastructures en eau, Ryan Admiraal et autres notent que l'activité minière a un grand besoin en eau, ce qui exerce généralement une pression considérable sur les ressources hydriques disponibles, mais accroit aussi les risques de pollution[828]. Or, l'accès à l'eau potable est généralement difficile dans les collectivités rurales minières en Afrique[829]. Les auteurs pensent à ce sujet que l'amélioration de la desserte en eau potable, l'hygiène et l'assainissement (se basant sur le rapport de l'Organisation mondiale de la Santé) permettrait de lutter contre les maladies tropicales. Au-delà, l'accès à ces services serait un moyen de lutter contre la pauvreté dans les collectivités locales en Afrique. C'est pourquoi, selon eux, l'investissement dans le secteur de l'eau, l'hygiène et l'assainissement devait être une priorité pour les minières et un aspect central du droit au développement comme on peut le remarquer dans ce passage :

> « Investment in water infrastructure for local and other impacted communities is an important consideration for mining companies [...] It is also an important consideration when mining activities lead to resettlements. Investment in water infrastructure can occur directly from mining companies as part of corporate social responsibility projects integrated in local social and economic planning [...] »
>
> « [...] Both as a means of preserving reputation and as a recognition of access to clean water being a basic human right [...], mining companies should have a vested interest that clean water is effectively delivered to communities they impact, and it would be anticipated that investments in potable water supply delivery would engender goodwill with these communities[830]. »

Ainsi, dans le cadre de leur responsabilité sociale, les minières peuvent elles-mêmes réaliser des infrastructures en eau, assurer l'assainissement ou collaborer avec l'État pour la fourniture de ces

---

Mineral Development: The Wider Implications of Contractual Arrangements, Paper delivered to the Rethinking Extractive Industries Conference, Toronto, York University, 5 7 March 2009, à la p. 3, en ligne (pdf) : *SemanticScholar* https://pdfs.semanticscholar.org/f446/54415fee71874cfd274208575e0e5efd66d7.pdf [O'Faircheallaigh, *Corporate-Aboriginal Agreements*].

[828] Ryan Admiraal, Ana Rita Sequeira, Mark P. McHenry etDavid Doepel, «Maximizing the impact of mining investment in water infrastructure for local communities » (2017) 4 2 *The Extractive industries and Society* 240 à la p. 241.

[829] Groupe international de Travail pour les Peuples autochtones (GITPA), *Peuples autochtones d'Afrique et Objectifs du millénaire pour le développement*, Paris, L'Harmattan, 2007 à la p. 28.

[830] Admiraal, *supra* note 830 à la p. 242.

services (à travers la redevance minière perçue par l'État lui-même). Pour ces auteurs,

> « Investment in water infrastructure can occur directly from mining companies [...] or through negotiations with the government where a portion of mining royalties is earmarked for investment in water infrastructure for local communities or communities affected by associated infrastructure projects. Although the private sector may consider investing if it is possible to supply water profitably, securing private investment may still require some form of investment on the part of mining companies or the government[831]. »

Par ailleurs, même si l'idée de collaboration avec l'État pour la réalisation des infrastructures dans les zones minières est soutenue par ces auteurs, il convient de remarquer que les États sont très souvent absents des zones minières et ne s'acquittent de leurs obligations de mettre en œuvre les droits sociaux économiques (y compris le droit au développement) qu'en fonction de leurs moyens[832]. En l'absence de règles contraignantes venant de l'État, la RSE invite les entreprises à réaliser des infrastructures sociales durables.

Quant à la démarche pour la fourniture de l'eau potable et son assainissement, la communauté autochtone doit être consultée pour déterminer ses priorités. Par exemple, le choix de l'emplacement des points d'eau doit revenir aux communautés qui en dépendent. La question de l'entretien et de la gestion des infrastructures peuvent également faire partie des choix qui relèvent de la communauté. Comme le précisent Ryan Admiraal et al. :

> « On the other hand, rural and urban water committees still play an important role in the consultation stage, advocating for the community interests in regard to the location of the water points, prices, and regulations. In some places, it is also common for the water committee to be responsible for creating mechanisms that ensure the maintenance of the infrastructure and daily operation[833]. »

Concrètement, donc les auteurs proposent un guide pour l'implantation des infrastructures en matière d'approvisionnement en eau potable et d'assainissement des eaux. La démarche inclut les éléments suivants :

> « [...] Compile available water sources, existing supply, and local capacity; Understand local preferences for water supply and management; Enhance governance, ongoing local capacity, and adaptive management; Ensure the water

[831] *Ibid* aux pp. 240-50. Voir aussi Goodland, Responsible Mining, *supra* note 674 à la p. 10.
[832] Roman, *supra* note 45 aux pp. 9-10
[833] Admiraal, *supra* note 830 à la p. 242.

market is stimulated; and ensure future planning for appropriate water supply, expansion, and repair[834].

En conclusion, il convient de retenir que l'obligation de réalisation des infrastructures socioculturelles par les minières est peu abordée par la doctrine et la jurisprudence. Les obligations des minières concernent surtout la protection de l'environnement ainsi que la consultation des communautés autochtones. Le partage des bénéfices issus de l'exploitation, l'emploi et la réalisation des infrastructures sont abordés dans le plan de développement communautaire de l'entreprise. Celui-ci permet l'amélioration des conditions de vie sociale et économique de la population, savoir la lutte contre la pauvreté.

On peut comprendre par là que la protection de l'environnement et la consultation dérivent de l'application des principes du développement durable et de celui de diligence raisonnable. À cela s'ajoute la protection du patrimoine culturel que nous verrons dans la partie suivante. Les autres aspects relèveraient davantage du principe de la responsabilité sociale des entreprises. D'ailleurs, pour la mise en application des dispositions liées à la réalisation des infrastructures socioculturelles, la doctrine préconise la collaboration avec l'État. En fait, il est recommandé aux minières de négocier avec l'État pour fournir les services de base à la communauté locale, après avoir fait leur part dans l'investissement communautaire. Cette idée d'association tient peut-être au fait que l'insuffisance dans la fourniture des services de base dans les collectivités minières entraine souvent des contestations sociales qui mènent au blocage des activités de la société. L'État doit encourager les minières pour la construction des infrastructures de base étant donné, qu'en pratique lui-même se décharge de cette responsabilité.

La dernière obligation qui incombe à l'entreprise minière dans l'opérationnalisation du droit au développement des peuples autochtones est la protection du patrimoine culturel autochtone. Cela fera l'objet de la prochaine section.

3.2. La protection du patrimoine culturel autochtone

La protection du patrimoine culturel autochtone est souvent liée à celle du milieu et du territoire. En incluant un volet culturel, les études d'impacts sociaux et environnementaux contribuent à identifier et à

834 *Ibid.*

répertorier les endroits ayant une importance culturelle pour les peuples autochtones et de prévoir les plans de sauvegarde.

Les principes de l'Équateur[835] exigent de réaliser des études d'impacts sociaux environnementaux pour protéger le patrimoine culturel. Son application est plus rigoureuse quand il s'agit des peuples autochtones. Les principes de l'Équateur « constituent un référentiel et un cadre pour le développement de politiques internes, procédures et pratiques individuelles en matière environnementale et sociale[836] ». En fait, le bailleur doit faire appel à un consultant environnemental et social indépendant qui va vérifier les résultats des EIES « pour les projets présentant des risques d'impacts potentiels élevés, y compris, sans limitation [...] des impacts adverses sur les populations autochtones [...] et les impacts importants sur le patrimoine culturel[837] ». En plus de ces conditions liées aux prêts, les promoteurs industriels doivent élaborer un plan de gestion environnemental qui tient compte des répercussions des investissements miniers sur la spécificité culturelle et les us et coutumes des peuples autochtones[838].

Les lignes directrices Akwe : Kon[839] abonde dans le même sens. Le document fait référence à l'obligation pour les sociétés minières de réaliser des « études d'impacts culturels, environnementaux et sociaux d'aménagements proposés ou susceptibles d'avoir un impact sur des sites sacrés et sur des terres ou des eaux occupées ou utilisées

[835] Les principes de l'Équateur sont un cadre de référence en matière de responsabilité sociale des entreprises utilisées par des grandes banques internationales. Ils se basent sur les standards environnementaux et sociétaux édictés par le groupe de la Banque Mondiale. L'adoption des Principes de l'Équateur par les Établissements financiers a pour objectif de s'assurer que les projets financés « soient développés d'une manière socialement responsable reflétant des pratiques saines en matière de gestion de l'environnement. Nous reconnaissons l'importance du changement climatique, de la biodiversité et des droits de l'homme et considérons que les impacts négatifs sur les écosystèmes, les communautés et le climat doivent être évités dans la mesure du possible. Si ces impacts sont inévitables, ils doivent être minimisés, atténués et/ou compensés. » Il faut préciser que 78 institutions financières provenant de 33 pays ont adopté les principes de l'Équateur à la fin d'avril 2013. Principes de l'Équateur, *supra* note 676 à la p. 3.

[836] Principes de l'Équateur, *supra* note 676 à la p. 12.

[837] *Ibid*, principe 7.

[838] *Ibid* à la p. 24.

[839] Convention sur la diversité biologique, « Akwé : Kon, Lignes directrices facultatives pour la conduite d'études sur les impacts culturels, environnementaux et sociaux des projets d'aménagement ou des aménagements susceptibles d'avoir un impact sur des sites sacrés et sur des terres ou des eaux occupées ou utilisées traditionnellement par des communautés autochtones et locales », Secrétariat de la Convention sur la diversité biologique à la p. 3, en ligne (PDF) : Convention sur la diversité biologique https://www.cbd.int/doc/publications/akwe-brochure-fr.pdf. [Lignes directrices Akwé : Kon].

traditionnellement par des communautés autochtones et locales[840] ». [Nous soulignons].

De plus, la Société financière internationale (SFI) met l'accent sur les impacts négatifs possibles de l'exploitation minière sur la spécificité culturelle des peuples autochtones et leurs faiblesses à défendre leurs droits et intérêts face aux géants miniers[841]. En ce sens, elle émet des exigences à l'égard des minières qui doivent évaluer les impacts des projets sur les peuples autochtones du point de vue culturel et élaborer des plans de corrections, s'il y a lieu. La SFI va même plus loin dans la protection du patrimoine culturel autochtone puisqu'elle préconise l'obligation d'obtenir le consentement des peuples autochtones « lorsqu'un projet risque d'avoir un impact considérable sur le patrimoine culturel essentiel qui est indispensable pour l'identité et/ou aux aspects culturels, cérémoniaux ou spirituels de la vie des Peuples autochtones, ces impacts devront être évités en priorité[842] ». À cela s'ajoutent, notamment les obligations de mitiger les dégâts, de les réparer et de respecter la loi. Dans les directives de la Banque africaine de Développement (BAD), les EIES prennent également en charge la protection du patrimoine culturel autochtone. L'entreprise doit déterminer le patrimoine menacé par l'exploitation avec l'aide d'un expert qui évaluera les répercussions éventuelles sur les patrimoines autochtones. Les peuples autochtones sont consultés pour prendre des dispositions se rapportant à la gestion du patrimoine culturel. Celles-ci comprennent « la prévention, la protection complète du site et l'atténuation sélective, y compris la documentation de sauvetage[843] ». La priorité est de conserver le patrimoine en l'état qui ne peut être détruit qu'à condition que les avantages du projet

---

840 *Ibid.*

841 Société financière internationale, *Normes de performance*, *supra* note 523, principe 7. Selon la SFI, « les Peuples autochtones, en tant que groupes sociaux avec des identités différentes de celles des groupes dominants au sein des sociétés nationales, font souvent partie des segments de la population les plus marginalisés et les plus vulnérables. Leur statut économique, social et juridique entrave souvent leur capacité à défendre leurs intérêts et leurs droits sur les terres et les ressources naturelles et culturelles, et peut limiter leur capacité à participer au développement et à en tirer avantage. Les Peuples autochtones sont particulièrement affectés si leurs terres et leurs ressources sont transformées, empiétées par des personnes extérieures ou significativement dégradées. Leurs langues, cultures, religions, croyances spirituelles et institutions peuvent aussi être menacées. Par conséquent, les Peuples autochtones peuvent être plus vulnérables aux impacts négatifs associés à un projet que dans le cas des communautés non autochtones. Cette vulnérabilité peut inclure la perte d'identité, de culture et de moyens d'existence basés sur les ressources naturelles et peut aussi inclure l'appauvrissement et l'occurrence de maladies. »

842 *Ibid* à la p. 51.

843 Groupe de la Banque africaine de développement, *supra* note 721 à la p. 30.

couvrent ou dépassent largement la perte du patrimoine dont la destruction répond aux normes nationales et internationales[844]. La directive minière de la CEDEAO fait également mention de l'obligation pour les minières de protéger l'utilisation des terres et des ressources par les communautés locales, ce qui comprend le patrimoine culturel et de préserver leurs droits de propriété culturelle[845].

L'ISO, quant à elle, fait référence au respect des droits des peuples autochtones identifiés comme étant des groupes vulnérables « lorsqu'elle applique ses décisions et poursuit ses activités[846] ». Elle encourage les minières à protéger et à promouvoir les pratiques culturelles, les traditions et les cultures autochtones, c'est-à-dire le mode de vie, les coutumes et cultures autochtones. À cela, s'ajoute l'obligation de sauvegarde du patrimoine culturel autochtone[847]. Cela veut dire concrètement que l'exploitation minière ne doit pas avoir pour effet de détruire ou d'endommager le patrimoine culturel matériel des communautés locales. Le patrimoine culturel immatériel peut aussi être affecté simplement à la suite d'une visite inappropriée des sites. Pour ce faire, la société minière a l'obligation d'évaluer les impacts culturels de ses activités. Après cette évaluation, s'il s'avère que l'exploitation minière risque d'avoir des impacts sur les sites culturels, la société peut remplacer ou déplacer le site du projet. Le choix du site alternatif pour le projet minier doit se faire après une consultation de la communauté autochtone.

En outre, le CIMM inclut en son principe 3 le respect de la culture et du patrimoine des peuples autochtones[848]. Selon le CIMM « les gisements miniers sont souvent localisés dans des terres étroitement associées à certains peuples autochtones, du fait de

---

[844] *Ibid* aux pp. 30–1. La disposition est la suivante : « Quand un projet est susceptible d'affecter le patrimoine culturel ou son accès, l'emprunteur ou le client consultera les communautés qui l'utilisent ou qui l'ont utilisée de mémoire vivante, et les organismes nationaux ou locaux pertinents de réglementation qui sont chargés de protéger le patrimoine culturel, et puisera dans les connaissances autochtones pour déterminer son importance et incorporer les opinions de ces communautés dans le processus de prise de décision. Son but est d'évaluer la situation, présenter et décider de mesures financières et non financières d'indemnisation acceptables, avec les collectivités. Les conclusions seront rendues publiques, sauf si une telle divulgation pourrait compromettre ou menacer la sécurité ou l'intégrité du patrimoine culturel en question. »

[845] CEDEAO, Harmonisation des principes directeurs dans le secteur minier, *supra* note 601, art. 16.2.

[846] ISO, Lignes directrices relatives en matière de responsabilité sociétale, *supra* note 220 à la p. 35.

[847] *Ibid* à la p. 78.

[848] Conseil international des Mines et des Métaux, *supra* note 759, principe 3.

revendication, de tradition ou de propriété. Cette association crée des obligations particulières pour les entreprises [...][849] » C'est pourquoi l'entreprise minière doit, en face d'un projet minier, « comprendre les groupes autochtones affectés, leur culture, leurs structures d'organisation et de prise de décision, leurs réclamations et leurs droits à la terre, leurs valeurs, leurs préoccupations et leur histoire, y compris leurs expériences passées en matière de processus décisionnels dirigés par l'État, d'exploitation minière ou d'autres projets de développement [850]. » La consultation des peuples permet d'élaborer un plan de protection de leur patrimoine culturel. Enfin, l'International Institute for Environment and Development (IIED) s'intéresse au renforcement de l'autonomie culturelle et la protection du patrimoine naturel essentiel des communautés locales[851]. Il mentionne même de consulter les peuples autochtones en vue d'obtenir leur accord pour des décisions touchant à leur héritage culturel, comme on peut le remarquer dans ce passage :

> « Toutes sortes d'utilisations abusives, y compris l'exploitation minière, ont hypothéqué les terres autochtones, et beaucoup soutiendront que cette époque n'est pas révolue. Les terres autochtones sont souvent utilisées sans le consentement de leurs habitants. Les entreprises doivent se comporter comme si elles devaient demander la permission d'accéder aux terres, même quand la loi ne les y oblige pas, et leurs processus décisionnels doivent respecter le patrimoine culturel des peuples autochtones[852]. »

Nous remarquons donc que les études d'impacts sociaux, environnementaux tiennent également en compte l'aspect culturel dans le cadre de l'exploitation minière. Le patrimoine culturel des peuples autochtones est essentiel à la survie culturelle autant qu'un environnement sain qui garantit une bonne santé et une sécurité alimentaire durable. Les obligations de protéger l'environnement, le mode de vie et le patrimoine culturel sont donc interdépendantes. Le manquement à une des obligations identifiées constituera une violation du droit au développement. La consultation des peuples autochtones afin de déterminer leur priorité quant au choix des plans

---

849 CIMM, « autochtone », en ligne : Conseil International des Mines et Métaux https://www.icmm.com/fr/societe-et-economie/l-exploitation-miniere-et-les-communautes/peuples-autochtones.

850 Chaire de recherche et d'intervention en écoconseil, UQAC, « L'industrie minière et le développement durable » (2013) à la p. 40, en ligne (PDF) : Sept-Îles http://ville.sept-iles.qc.ca/CLIENTS/1-villesi/docs/upload/sys_docs/20130110_RevueMines_ChaireEcoConseil_Jan2013.PDF.

851 International Institute for Environment and Development, *supra* note 753 à la p. 4.

852 *Ibid* à la p. 6.

d'aménagement culturel et de gestion de l'environnement est nécessaire. Il s'agit là de respecter leur droit au développement où la liberté de choix est centrale. Par ailleurs, pour protéger le patrimoine culturel des peuples autochtones, les entreprises minières doivent aussi aider au financement des programmes pour la sauvegarde du patrimoine. Comme exemple d'implication des minières dans la gestion du patrimoine, le Guide de Rio Tinto rappelle dans sa stratégie qu'elle travaille « à gérer le patrimoine culturel en dialoguant avec les communautés concernées et les parties prenantes[853] ». Pour ce faire, la minière identifie en collaboration avec les communautés locales « les lieux, objets et pratiques d'importance culturelle[854]. »

Les entreprises ont aussi la responsabilité de commander des études consacrées uniquement au patrimoine culturel des peuples autochtones. C'est ce qu'a fait, par exemple Rio Tinto en Guinée, en commandant avec l'historien Djibril Tamsir Niane une étude sur l'héritage culturel de la ville de Beyla, avant de se retirer du projet minier. Cette implication cadre avec la politique de Rio Tinto sur la gestion du patrimoine culturel. Selon cette politique que nous jugeons utile de reproduire ici, pour Rio Tinto :

> « Le patrimoine culturel est un élément fondamental de l'identité de nos communautés d'accueil ainsi que de chaque paysage ou territoire sur lequel nous voulons faire de l'exploration, de l'aménagement ou de l'exploitation. Notre mode d'engagement auprès des communautés et des parties prenantes afin de protéger et de gérer leur patrimoine influence grandement la qualité de nos relations, l'efficacité de notre engagement communautaire élargi et la durabilité ainsi que l'héritage de nos établissements [...] Les programmes sur le patrimoine culturel contribuent au développement économique, à la stabilité sociale et à la protection de l'environnement. Rio Tinto s'est engagé à faire en sorte que ses activités liées au patrimoine culturel contribuent à combler les aspirations et les désirs plus vastes de la communauté et à réaliser les objectifs d'affaires, conformément aux Objectifs du Millénaire pour le développement des Nations Unies figurant dans l'objectif mondial de Rio Tinto en matière de relations avec les communautés. La reconnaissance de la culture est également essentielle à la mise en œuvre de la plupart de nos programmes communautaires. Le souci de bien gérer les impacts sur le patrimoine culturel constitue par conséquent une préoccupation importante dans les projets de développement et d'exploitation de Rio Tinto. Étant donné la valeur du patrimoine culturel pour les communautés et pour les gouvernements et divers autre organisme, la bonne gestion du patrimoine peut apporter les possibilités et avantages suivants :

---

[853] Rio Tinto, « Pourquoi le patrimoine culturel importe-t-il ? Guide pratique pour intégrer la gestion du patrimoine culturel dans le travail auprès des communautés chez Rio Tinto » à la p. 16, en ligne (PDF) : Rio Tinto http://www.riotinto.com/documents/Why_cultural_heritage_matters_French.pdf.

[854] *Ibid.*

- Montrer notre respect pour les valeurs d'une communauté.

- Contribuer à établir de solides relations avec les communautés et les parties prenantes et à réaliser le développement durable.

- Apporter à la communauté des avantages économiques et sociaux futurs.

- Réduire les menaces pour l'entreprise sous forme de retards de projet, de poursuites juridiques et de coûts de la conformité.

- Accélérer l'accès aux terres et l'obtention des approbations, améliorer la négociation des accords, réduire les coûts de négociation et de compensation.

- Rehausser la réputation de Rio Tinto et de chacune de ses entités[855]. »

Cela dit, nous comprenons que les minières doivent apporter leur soutien à la protection du patrimoine culturel par diverses manières dont l'identification des sites culturels et à la réalisation des études. Il faut retenir que sur la portée des obligations de protéger le patrimoine culturel, c'est l'État qui en est tenu responsable. À défaut de l'obligation de l'État d'identifier et de répertorier, de conserver et de mettre en valeur le patrimoine culturel, la société minière doit appliquer la diligence raisonnable en matière de protection des droits humains. À ce sujet, la société doit évaluer les impacts de ses activités sur le patrimoine culturel des peuples autochtones. Elle doit répertorier les sites culturels et distinguer à cet égard le patrimoine culturel reproductible qui peut être remplacé, déplacé, reproduit et le patrimoine culturel non reproductible. La société doit également identifier un patrimoine dit « essentiel lorsque ce patrimoine relève d'une importance nationale, par exemple, parce qu'il est le lieu de déroulement d'un événement de l'histoire tel que l'initiation des enfants ou parce qu'il est un objet que possédaient les ancêtres de l'ensemble des communautés locales[856] ». En fonction de la nature du patrimoine, après consultation avec les communautés autochtones, le site minier doit soit être déplacé, soit la communauté élabore des règles pour encadrer l'accès au patrimoine pendant l'exploitation. La société minière doit également s'investir dans la préservation du patrimoine culturel immatériel tel que « les expressions (des chants, des danses, des récits historiques), connaissances et savoir-faire ainsi que les instruments, objets, artefacts et espaces culturels qui leur sont associés que les communautés, les groupes et, le cas échéant, les

[855] *Ibid* aux pp. 15–6.

[856] ABA, promouvoir le développement axé sur les droits humains, *supra* note 741 aux pp. 217-18.

individus reconnaissent comme faisant partie de leur patrimoine culturel[857]. »

Dans la prochaine section, nous étudierons le modèle des ententes sur les répercussions et les avantages (ERA). Ces ententes vont au-delà de l'aspect économique et socioculturel du droit au développement des peuples autochtones.

3.3. La conclusion des ententes sur les répercussions et les avantages : une pratique non obligatoire conforme au droit au développement ?

On peut déjà voir une pratique intéressante en matière de respect des composantes économiques et socioculturelles du droit au développement des peuples autochtones par les entreprises minières. Les ERA vont au-delà de la composante économique et socioculturelle du droit au développement des peuples autochtones. Le défaut des ERA est le non-respect de la composante politique du droit au développement.

Dans certains États, par exemple au Canada et en Australie, une pratique qui semble se conformer au droit au développement s'est développée depuis les années 1990. Il s'agit des Ententes sur les répercussions et les avantages (ERA) (Impact and benefit agreement en anglais). Comme pour une partie du droit minier africain, ces modèles inspirent la situation guinéenne. Un des défis au Canada est la question de la mise en œuvre des ERA.

En effet, les ERA permettent d'aller au-delà de la composante socioculturelle du droit au développement. Elles sont un modèle qui en apparence reflète le droit au développement en raison des mesures qu'elles contiennent concernant la composante économique et socioculturelle du droit au développement. En revanche, elles ne semblent pas respecter la composante politique du droit au développement. Malgré tout, nous pensons que la négociation des ERA constitue, à notre avis, une avancée dans la prise en compte de l'avis des peuples autochtones relativement à la mise en valeur de leur territoire ancestral. Les « ERA donnent certaines assurances et des bénéfices tangibles aux communautés locales qui font face à des projets de développement majeurs[858]. »

---

[857] *Ibid* à la p. 215

[858] Geneviève Motard, « Les dimensions collectives des ententes sur les répercussions et les avantages : bémol sur le discours du contrat privé », 2019 60-2 C de D 395 [Motard, « Dimensions collectives des ententes »].

Selon nous, les ERA sont un exemple concret d'application des obligations des sociétés minières en matière de mise en œuvre du droit au développement des peuples autochtones, du moins en ce qui concerne les composantes économiques et socioculturelles. Bien qu'imparfaites, elles rencontrent, à notre avis et en partie du moins, les obligations des sociétés minières dans la mise en œuvre du droit au développement des peuples autochtones. Ces accords contribuent à faire bénéficier les peuples autochtones de l'exploitation minérale de leurs territoires[859]. Ces accords, généralement confidentiels, comprennent des mesures pour la consultation et l'accommodement des peuples autochtones dans le cadre du développement minier. Ils prévoient aussi et notamment des dispositions sur l'emploi, la formation et des mesures d'atténuation des impacts environnementaux et culturels.

[859] Myriam Laforce, Ugo Lapointe et Véronique Lebuis, « Mining Sector Regulation in Québec and Canada: Is a Redefinition of Asymmetrical Relations Possible? » (2009) 84 Studies in Political Economy 47 à la p. 65. Voir aussi Veryan Haysom, « Aboriginal Interests and Resource Development: Reflections on the Voisey's Bay Inuit Impacts and Benefits Agreement » dans Dwight Dorey et Joseph Magnet, dir., Legal Aspects of Aboriginal Business Development, Markham, LexisNexis Butterworth, 2005 à la p. 291. Jean-Paul Lacasse, « Impacts and Benefits Agreements on Aboriginal Title Lands » dans Dwight Dorey et Joseph Magnet, dir., Legal Aspects of Aboriginal Business Development, Markham, LexisNexis Butterworth, 2005 à la p. 311. Il convient de préciser ici que les règles de négociation des ERA au Canada se différencient de celles de l'Australie. Au Canada, aucune loi n'encadre la négociation des ERA à l'exception de certains accords de revendications territoriales. Voir à ce sujet Martin Papillon, « Vers un nouveau partenariat ? Rapport sur la participation des communautés autochtones aux activités de mise en valeur des ressources naturelles hors Québec, Étude réalisée dans le cadre du plan d'acquisition de connaissances additionnelles de l'évaluation environnementale stratégique globale sur les hydrocarbures au Québec, Chantier société, GSOC02 » (1er septembre 2015) aux pp. 18-19, en ligne (PDF) : *Centre de recherche interdisciplinaire sur la diversité et la démocratie* https://cridaq.uqam.ca/wp-content/uploads/2019/03/GSOC02.pdf>. Martin Papillon affirme à propos que : « si dans la majorité des cas les ERA sont des ententes volontaires qui opèrent hors de la règlementation gouvernementale, elles sont dans certains cas mandatées par la Loi ou un traité. C'est notamment le cas au Nunavut et dans les territoires conventionnés au Yukon et dans les Territoires du Nord-Ouest. L'émission des permis est alors conditionnelle à la négociation d'une telle entente ». En Australie, le « Duty to Negotiate » est réglementé par le *Native Title Act 1993*. *Native Title Act 1993, No. 110, 1993* aux pp. 114 à 163, en ligne : *Federal Register of Legislation* https://www.legislation.gov.au/Details/C2019C00054.

3.3.1. La portée des ERA

En raison de l'expansion de ces modes en Occident et qui influe sur la situation normative en Afrique, nous pensons qu'il est important d'en comprendre ici la nature.

Les ERA sont un instrument permettant, à notre avis, de respecter le droit au développement des peuples autochtones. La professeure Thériault en donne la définition suivante :

> « Les ERA ont essentiellement pour objet d'atténuer les répercussions des projets de développement minier sur les collectivités autochtones et leur environnement, d'instaurer des rapports formels entre les Autochtones et l'industrie et d'aménager la participation des Autochtones à l'économie des mines, notamment par la voie de programmes de formation, de garanties d'emplois, de préférence dans l'octroi des contrats et de compensations financières [...] [860] »

En clair, elles sont un des moyens permettant d'intégrer la responsabilité sociale des entreprises dans le plan d'action de ces dernières. À ce titre, les ERA contribuent au « développement économique et communautaire » des régions minières autochtones[861].

Suivant ce point de vue, les ERA prévoient des clauses pour le respect des composantes économiques et socioculturelles du droit au développement des peuples autochtones. En revanche, les ERA ne semblent pas rencontrer les exigences de la composante politique du droit au développement.

S'agissant de la composante politique, les ERA permettent une reconnaissance implicite de l'autonomie des peuples autochtones. Selon Bonnie Campbell :

> « [...] la signature d'ententes de type ERA joue un rôle dans l'affirmation des populations impliquées dans les négociations, qui se voient ainsi reconnaitre, par les entreprises, une forme d'autorité en tant qu'occupants du territoire. Et c'est également là, que réside [...] le véritable potentiel de telles ententes, sur le plan notamment de l'autonomie et de l'autodétermination des communautés signataires[862]. »

---

[860] Sophie Thériault, « Repenser les fondements du régime minier québécois au regard de l'obligation de la Couronne de consulter et d'accommoder les peuples autochtones » (2010) 6 2RDPDD 217 à la p. 242 [Thériault, « Repenser les fondements du régime minier québécois »]. Voir aussi Tarje I. Wanvik, « Governance transformed into Corporate Social Responsibility (CSR) : New governance innovations in the Canadian oil sands» (2016) 3 The Extractive Industries and Society 517 aux pp. 522-23.

[861] *Ibid* à la p. 243. Voir aussi Ben Bradshaw and Caitlin Mc Elry, « Company, community agreements in the mining sector » par Celine Louch et Tessa Hebb, socially responsible investment in the 21st century: does it make a difference for society? Emerald (R-U), Bingley, 2014, 7173 à la p. 181.

[862] Campbell, Ressources minières en Afrique, *supra* note 658 à la p. 260.

Cette reconnaissance limitée, indirecte et informelle de l'autorité des communautés autochtones offre la possibilité à ces dernières « d'influencer le projet » notamment en mobilisant les institutions représentatives des groupes autochtones, bien que ce ne soit pas toujours le cas[863].

Les ERA contiennent aussi des mesures pour la composante économique du droit au développement des peuples autochtones. Les avantages économiques peuvent varier substantiellement d'une ERA à l'autre, mais :

> « Elles ont en commun de prévoir la participation des Autochtones aux profits et aux redevances découlant de l'exploitation de la mine, la reconnaissance d'une préférence aux Autochtones et à leurs entreprises relativement à l'accès à l'emploi et à l'octroi de contrats, la mise en place de programmes de formation de la main-d'œuvre et l'adaptation des conditions de travail aux besoins, aux valeurs et à la culture des Autochtones[864]. »

---

[863] Mattieu Côté-Demers avec la collaboration de Mathieu Champagne, Karine Casault et Fatoumata Kaba, Processus de dialogue avec les communautés : Le cas de la mine Renard, Montréal, Transtaïga services-conseils et C Bleue, 2018 à la p. 35. Selon cet auteur : les ERA permettent « également d'établir une relation formelle entre les signataires afin de réduire les impacts négatifs du développement et d'augmenter les effets positifs pour les communautés. Les ERA peuvent ainsi être considérées comme un outil de réduction des impacts négatifs d'un projet, de partage des bénéfices pour les communautés affectées, de participation autochtone au processus de prise de décision, d'intégration de leurs savoirs traditionnels et d'instauration de systèmes de surveillance des performances des acteurs impliqués. Elles incluent habituellement des paiements sous forme de redevances ou d'un montant fixe, une étude d'impact environnemental […] la mise en place de comités de suivi des impacts du projet, des emplois, des programmes de formation et des contrats pour les compagnies locales. Dans certains cas, les ERA peuvent également inclure des mesures permettant de promouvoir le développement social et culturel de la communauté. » Au p 23.

[864] Thériault, « Repenser les fondements du régime minier québécois », *supra* note 862 à la p. 243. Voir aussi Tarje I. Wanvik, *« Governance transformed into Corporate Social Responsibility (CSR): New governance innovations in the Canadian oil sands »*, (2016) 3 The Extractive Industries and Society 517 à la p. 523. Selon cet auteur « On signing an IBA, an Aboriginal group accepts restrictions to the exercise of their traditional rights and Aboriginal title. They provide industry with access to their lands and give their support to the resource development project. In return, they accept a "package of measures" that include economic benefits and the minimization of negative impacts on the environment and people. Additionally, most IBAs contain provisions to ensure consent and co-operation from the Aboriginal community, and confidentiality and non-compliance clauses argues that Aboriginal peoples find these agreements appealing because they lend legitimacy to Aboriginal claims to land and. Most communities recognize that the regulatory process is biased in favour of development, and communities seek economic and contracting benefits because "*the choices they are faced with are either having development proceed and receiving some benefit from it, or having development proceed and receiving no benefit at all from it*" ». Voir également Realité minière, « Quel est le rôle des sociétés minières dans la consultation des Autochtones ? », en ligne : http://www.miningfacts.org/Collectivites/Quel-est-le-role-des-societes-minieres-dans-la-consultation-des-autochtones/. Voir aussi Steven A. Kennett, A Guide to Impact and Benefits Agreements, Calgary, Canadian Institute of

Suivant ce point de vue, la première composante économique est le partage des bénéfices et richesses issues de l'exploitation minière. Ce partage comprend la redistribution des profits et autres bénéfices économiques de la mine, l'association des dirigeants autochtones au poste de direction ou de prise de décision, l'équité et la compensation financière[865]. Selon Sousa :

> « IBAs may include clauses ensuring that local communities receive other economic benefits from the mine, apart from employment. These benefits commonly include royalties, profit shares or fixed cash amounts that are linked to specific events in the lifetime of the mine. They may also include equity interests in the project, with possible representation of First Nation parties on the company's board of directors [...][866] »

Ainsi, le bénéfice partagé peut servir au financement de nombreuses activités économiques dans la communauté et prévoir des plans de reconversion professionnelle à la fermeture de la mine[867]. En plus du partage des bénéfices, l'emploi constitue une partie importante des ERA. En effet, en raison de leur éducation différente et de la reconnaissance généralement limitées de leurs compétences, lesquelles ne conviennent pas à l'économie minière, les peuples autochtones ont des difficultés à obtenir des emplois qualifiés à la mine. À travers les ERA, la minière prépare un plan d'emploi qui inclut plusieurs éléments, dont la préférence locale, la formation professionnelle, l'avancement, la lutte contre la discrimination, l'aide à la reconversion professionnelle après la fermeture de la mine[868]. De plus, les ERA

Resources Law, 1999. Myriam Laforce, Ugo Lapointe et Véronique Lebuis, « Mining Sector Regulation in Québec and Canada : Is a Redefinition of Asymmetrical Relations Possible ? » (2009) 84 Studies in Political Economy 47 à la p. 65. Voir aussi Courtney Fidler, « Increasing the Sustainability of a Resource Development: Aboriginal Engagement and Negotiated Agreements », Environment, Development and Sustainability (2009), en ligne : http://www.springerlink.com/content/102874/?p=7d11affe50654b938bcf9f68d32adba5&pi=0 . Haysom, *supra* note 861 à la p. 291.

[865] Sosa, *supra* note 522 aux pp. 13, 14, 20.

[866] *Ibid* aux pp. 13-4.

[867] O'Faircheallaigh, Corporate-Aboriginal Agreements, *supra* note 829 à la p. 3. Selon cet auteur, « In the longer term, income streams from mining create the potential for Aboriginal groups to establish capital funds that will generate income into the future and indeed long after mining has ceased ».

[868] Sosa, *supra* note 522 aux pp. 10-2. D'après cet auteur « Provisions regarding the employment of First Nations in a mining project are usually a central focus of IBAs. Entry into the mining workforce is often difficult for aboriginal people because of differing educational backgrounds, lack of experience in the sector, the presence of cultural barriers and discrimination at the workplace and the imposition of work schedules that are unfamiliar to aboriginal people (for example, the fly-in, fly-out system). As a result, IBAs often incorporate complex employment provisions that may include some of the following :

favorisent les opportunités d'affaires, le développement des compétences et le soutien à l'entrepreneuriat autochtone. Selon O'Faircheallaigh, les ERA « *can also offer preferential access to employment and training and business development opportunities for members of Aboriginal group or for Aboriginal corporations*[869]. » Le développement économique et les opportunités professionnelles dans les ERA favorisent également la création d'emploi. Ce volet comprend le soutien à l'entrepreneuriat autochtone et le développement des opportunités d'investissement autochtone, la priorisation des entreprises locales dans la fourniture des biens et services à la mine ou encore la formation à la création d'entreprises autochtone[870].

En plus des mesures d'accès à l'emploi et le développement des compétences, des dispositions portant sur la protection de

---

1. A hiring policy that gives preference to First Nation job candidates and sets targets or quotas for First Nation employment in the project [...]

2. Other strategies to maximize aboriginal participation in employment, such as the creation of programs to keep First Nations informed about job opportunities in the project and the skills required for those jobs, about available training opportunities, etc.

3. Provisions to ensure that aboriginal people are the least affected in the case of a lay-off by, for example, giving priority to aboriginal status over seniority.

4. Provisions that help remove the cultural hurdles to aboriginal participation in the workplace [...]

5. A clear definition of the procedures for employee evaluation and advancement, as well as labour relations and employee discipline rules, with the purpose of avoiding discrimination against Aboriginal people by superiors. In some instances, this information has been translated into aboriginal language.

6. Training and apprenticeship programs for Aboriginal people, educational programs in primary and secondary schools regarding the mining industry, and scholarships that allow local people to study careers related to the mining industry [...]

7. Specific formulae for calculating Aboriginal participation in the workplace and a requirement that the company collect and publish the information necessary to calculate Aboriginal participation.

8. A provision ensuring that subsidised transportation is provided from the communities to the work site [...] »

[869] O'Faircheallaigh, *Corporate-Aboriginal Agreements*, *supra* note 829 à la p. 4.

[870] Sosa, *supra* note 522 aux pp. 12-3. D'après ces auteurs, « This section of an IBA promotes the establishment and development of aboriginal businesses that can supply the mining company with necessary goods and services. Agreements often include a clause obliging the mining company to give priority to Aboriginal businesses when awarding contracts. This may include the setting of specific target such as the provision of a certain percentage of the mine's needed goods and services by Aboriginal businesses. IBAs may specify the formula to be used for calculating Aboriginal content in tenders. The achievement of Aboriginal-content targets can be facilitated by requiring that the company inform Aboriginal organisations about contract opportunities before publicly advertising them. Failing the identification of an appropriate Aboriginal business, the IBA may require that the non-Aboriginal business wining the contract employ as many Aboriginal people as possible. The company can also be asked to give a detailed written explanation to those First Nation bidders that are unsuccessful in securing contracts ».

l'environnement, l'accès à la terre et les moyens de subsistance économique autochtone sont généralement comprises dans les ERA. Cet aspect comprend la mise en place d'un comité de suivi des études d'impacts sociaux et environnementaux.

Somme toute, les ERA donnent aussi la possibilité à la communauté autochtone d'élaborer ses propres normes en matière de protection de l'environnement et de l'intégrer au plan environnemental de la minière. Ce plan peut également inclure la protection de la faune, des ressources naturelles, du mode de subsistance traditionnelle et des sites ayant une importance culturelle pour les peuples autochtones[871].

À la lumière de ces développements, nous comprenons que les ERA sont un outil assurant, sur papier du moins, la participation des peuples autochtones au projet minier, un moyen de partager la richesse générée par la mine, de créer des emplois locaux à la mine ainsi que de protéger l'environnement dont dépendent les peuples autochtones.

Enfin, les obligations qui s'imposent aux minières, au terme de la composante socioculturelle du droit au développement concernent aussi la mise en place d'infrastructures sociales et la protection du patrimoine culturel, toutes les deux liées au bien-être des Autochtones.

À cet égard, les ERA conclues au Canada et en Australie, par exemple, contiennent des dispositions qui ont trait à la mise sur pied d'infrastructures sociales dans les collectivités minières[872]. La construction des infrastructures socioculturelles vise à améliorer les conditions de vie et lutter contre la pauvreté en milieu autochtone. Ces infrastructures peuvent être accompagnées par des programmes sociaux (à l'aide sociale et l'aide aux personnes plus vulnérables telles que les femmes, les enfants ou les personnes handicapées). Les ERA peuvent aussi inclure des dispositions visant à minimiser les impacts sociaux et culturels potentiellement négatifs des projets miniers[873].

---

[871] *Ibid* à la p. 14. Voir aussi O'Faircheallaigh, *Corporate-Aboriginal Agreements*, *supra* note 829 à la p. 6. Selon cet auteur, « Using legal and procedural rights and political strategies, Aboriginal groups may be able to influence the terms of contractual and regulatory instruments negotiated between the state and the developer, for instance by helping to shape the conditions attached to environmental approvals and mining leases ».

[872] *Ibid* à la p. 3. Selon l'auteur « Binding agreements between mining companies and Aboriginal communities offer opportunities to share in the economic benefits generated by resource extraction. For instance, they can offer Aboriginal groups access to an income stream in the form of royalty or other payments. This can assist in meeting a community's short-term and often urgent need to fund services such as housing, health and education and to augment Aboriginal incomes that are usually well below the national average ».

[873] Sosa, *supra* note 522 aux pp. 16-7. Pour l'auteure, « Mining projects can have huge social and cultural impacts on local communities [...]

Ainsi, à la réalisation des infrastructures, s'ajoutent la promotion et la protection des cultures autochtones. En effet, les ERA prévoient aussi des clauses pour réduire l'impact social et culturel des mines sur les collectivités autochtones. Ceci comprend la protection du mode de vie culturelle des Autochtones, la protection des sites culturels et sacrés[874]. À ce sujet, O'Faircheallaigh ajoute que le développement du tourisme peut constituer un moyen de valoriser et protéger le patrimoine autochtone en évoquant l'exemple du projet de Cape York en Australie[875].

En résumé, il faut retenir que la pratique des ERA découle principalement de la RSE dans le secteur minier. À notre avis, elles permettent d'associer les peuples autochtones à l'exploitation minière de leurs terres et favorisent l'acceptabilité des projets. Les ERA contiennent des dispositions relatives à la participation, l'emploi et la formation, la protection de l'environnement, le partage des bénéfices ainsi que la réalisation des infrastructures socioculturelles. Toutefois, ces accords présentent des lacunes qu'il est nécessaire de mettre en exergue dans la section suivante.

As a result, IBAs may include provisions to minimize the potentially negative social and cultural impacts of mining projects. These provisions vary and can be wide-ranging. They may include a general prohibition on the accessing of Aboriginal lands, hunting grounds, and burial and sacred sites by non-Aboriginals. Moreover, an IBA may place positive obligations on a company to develop social programs such as counseling services in order to help Aboriginal communities deal with stress, financial and infrastructural support for community projects or recreational programs, and special provisions to protect social groups at risk, such as women and children.

Social impact assessments and anthropological or social baseline studies provide key information to develop social programs and to protect the interests of the community [...]

IBAs may include the development of programs and/or committees to monitor the social and cultural impacts of a mine ».

[874] *Ibid.*

[875] O'Faircheallaigh, *Corporate–Aboriginal Agreements, supra* note 829 à la p. 4. Pour l'auteur, « Another major benefit of agreements is that they can provide opportunities to be involved proactively, and on an ongoing basis, in managing the cultural, social, and environmental impacts of resource extraction. These opportunities might include a key and possibly leading role in defining, identifying and protecting Aboriginal cultural heritage; participation in joint company-Aboriginal environmental management regime ; and involvement in decisions regarding project expansions and project closure. For instance under the Cape York agreement mentioned earlier, Aboriginal traditional owners are funded to operate a cultural heritage protection system intended to avoid damage to sites of significance; receive annual payments to help support a ranger program designed to control impacts associated with the activities of mining town residents and tourists; have an opportunity to comment on all applications for environmental permits; and must be consulted by the mine operator regarding implementation of its environmental management system and any major project changes that may have a significant impact on the environment. »

3.3.2. Les critiques des ERA

Malgré le fait que les ERA sont des ententes qui poursuivent l'objectif d'atténuer les problèmes causés par le développement minier (au Canada et en Australie notamment) en ce sens qu'elles constituent « one way to address many of the social, environmental and cultural impacts of mining projects and to ensure that local communities benefit from these projects[876] », certaines critiques lui sont adressées. Par exemple, l'absence de l'État dans la négociation, le déséquilibre des pouvoirs entre les minières et les communautés autochtones, l'absence de consentement éclairé, la non-implication des dirigeants traditionnels dans la négociation, les défis liés à leur mise en œuvre ainsi que le caractère confidentiel des accords sont des critiques fréquemment soulevées à leur endroit[877]. Il n'existe pas non plus de guide pour la négociation des ERA[878]. Pour Rodon et Papillon, les ERA sont centrées sur les incitatifs économiques, sont élitistes (représentants politiques, avocats) et confidentielles, ce qui exclut tout débat contradictoire permettant la délibération démocratique entre les membres des communautés concernées[879]. De plus, on ne peut pas dire que la capacité de choisir le type de développement que les communautés souhaitent est respectée par ces ententes. Les ERA constituent une mesure « défensive » plutôt qu'une gestion proactive du territoire[880].

---

[876] Sosa, *supra* note 522 à la p. 21.

[877] Sophie Thériault, « Repenser les fondements du régime minier », *supra* note 862 à la p. 244. Voir aussi Papillon, « Proponent-Indigenous agreements », *supra* note 490 aux pp. 220-21. Voir également Bradshaw, *supra* note 863 à la p. 176. Voir aussi Ciaran O'Faircheallaigh, « Understanding corporate-Aboriginal agreements on mineral development. À conceptuel framework » dans C. O'Faircheallaigh et S. H. Ali, dir., Earth Matters. Indigenous Peoples, the Extractive Industries and Corporate Social Responsibility, Sheffield, Greenleaf Publishing Limited, 2008, 43 à la p. 45. Voir particulièrement sur les critiques contre le caractère confidentiel des ERA Tarje I. Wanvik, « *Governance transformed into Corporate Social Responsibility (CSR): New governance innovations in the Canadian oil sands* » (2016) 3 The Extractive Industries and Society 517 à la p. 523.

[878] Sosa, *supra* note 522 à la p. 9.

[879] Papillon, « Proponent-Indigenous agreements », *supra* note 490 à la p. 217.

[880] De plus, une étude empirique démontre que les ERA ne sont pas un mécanisme efficace pour obtenir le consentement des communautés autochtones. D'après Côté-Demers, *supra note* 865 à la p. 31 : « Les acteurs négociant une ERA se préoccupent davantage de l'échange d'un consentement pour des mesures compensatoires que du partage de l'information en échange d'un consentement. Les communautés qui s'engagent dans le processus de négociation d'une ERA, se confinent généralement à une logique économique qui limite le débat à un rapport « coût-bénéfice » et qui ne permet pas de contester les impacts socioculturels sur le long terme, les effets cumulatifs sur l'environnement ou le processus d'acceptation des projets appliqués par l'entreprise. Ainsi, les ERA sont conçues pour acquérir l'acceptabilité sociale et assurer le succès du projet plutôt que la prise en

Mais encore, la contribution de l'exploitation minière au développement de la communauté autochtone dépend largement de la capacité économique, financière et humaine des communautés à négocier un accord équitable. Or, les collectivités autochtones n'ont pas toujours l'expertise nécessaire pour bien évaluer le contenu des accords[881]. Selon Sosa et Keenan :

> « [...] the contribution of commercial mining operations to community development depends on the type of agreement that is negotiated, how it is drafted, whether it is conceived with a long-term vision and how it is linked to development policy. This, in turn, depends on the legal protection, government support, financial resources, and access to expertise and information that Aboriginal communities are afforded[882]. »

Partant de là, des ressources humaines, matérielles et financières doivent être mises à la disposition des communautés autochtones, à leur demande pour leur permettre d'avoir recours à l'expertise pendant la consultation et les études d'impact environnemental. Deuxièmement, citant Catherine Coumans[883], Bonnie Campbell rappelle les trois aspects fondamentaux dans le rapport des peuples autochtones avec les sociétés extractives qui leur permettent de bénéficier du développement minier. Il s'agit de la :

> « Satisfaction des attentes concernant une consultation appropriée à propos des projets extractifs ; des mécanismes pour pouvoir rejeter un projet extractif ; et des processus par lesquels il est possible de négocier des ententes contraignantes légalement qui prévoient les conditions en vertu desquelles un projet peut aller de l'avant[884]. »

Elle part de ces éléments pour trouver une limite supplémentaire aux ERA, soit l'absence de mécanismes efficaces de règlements des différends et de dialogue permanent. Selon Campbell, les deux premières conditions évoquées ci-haut sont satisfaites à travers notamment la consultation, la définition des conditions d'acceptation ou du rejet du projet par les communautés. Le troisième problème est que les ERA comprennent souvent des obligations de moyens, ce qui pose la question des garanties nécessaires à la mise en œuvre de

---

considération des intérêts autochtones. Cet élément comporte de réelles conséquences quant à la validité du consentement obtenu à travers les ERA.

[881] Sosa, *supra* note 522 à la p. 20.

[882] *Ibid* à la p. 21.

[883] Catherine Coumans, « *Realising solidarity: Indigenous peoples and NGOs in the contested terrains of mining and corporate accountability* » dans C. O'Faircheallaigh et S. H. Ali, dir., Earth Matters. Indigenous Peoples, the Extractive Industries and Corporate Social Responsibility, *supra* note 879 à la p. 45.

[884] Campbell, Ressources minières en Afrique, *supra* note 658 à la p. 260.

l'accord. Un autre véritable problème est que certaines clauses prévoient carrément l'interdiction de faire appel aux structures gouvernementales dans la mesure où cette intervention retarderait le projet ou le reporterait tout simplement[885], surtout la participation aux consultations publiques. Cela empêche donc la mobilisation des médias en faveur des communautés autochtones et des alliés politiques durant le processus de négociation et nuit à tout débat contradictoire. Il est déconseillé, par exemple, aux communautés autochtones d'accepter la clause de confidentialité et de renonciation dans la négociation des ERA[886]. De telles clauses sont parfois demandées par les communautés, car au Canada, elles craignent que les deniers ainsi reçus nuisent aux transferts gouvernementaux qu'elles reçoivent[887]. De plus, dans les ERA, les mécanismes de règlements des différends sont faibles en raison de l'absence de l'État qui joue principalement « un rôle de facilitateur de procédures, tout en demeurant "sélectivement absent[888]." Or, des institutions de gouvernance des ressources favorisant le développement durable doivent être mises sur pied avant l'avènement d'une croissance axée sur les ressources. Et là où ce développement est déjà sur les rails [...] de telles institutions devraient à tout le moins pouvoir naitre des conflits sociaux qui se manifestent en leur absence[889]. » Autrement dit, des structures de gestion pérennes des ressources minières qui prévoient des modes de résolution des conflits et de l'encadrement minier doivent être instaurées au préalable. Dans cette optique, une telle institution « demeure certainement en beaucoup d'endroits un chantier politique qu'il est urgent de mettre en œuvre[890]. »

Cela veut dire concrètement que :

---

[885] Ciaran O'Faircheallaigh, « Understanding corporate-Aboriginal agreements on mineral development. A conceptuel framework », dans C. O'Faircheallaigh et S. H. Ali, dir., Earth Matters. *Indigenous Peoples, the Extractive Industries and Corporate Social Responsibility*, *supra* note 879 à la p. 74. Voir aussi Campbell, Ressources minières en Afrique, *supra* note 658 à la p. 260 [O'Faircheallaigh, « Understanding corporate-Aboriginal agreements »].

[886] O'Faircheallaigh, « Understanding corporate-Aboriginal agreements », *supra* note 887 à la p. 74. Pour l'auteur « Confidentiality provisions can severely constrain the capacity of Aboriginal groups to communicate with the media and with other political groups. The requirement to support a project combined with confidentiality provisions can also significantly constrain an Aboriginal's group ability to lobby or otherwise place political pressure on a government in relation with this project (by delaying or halting a project, or by shaming) ».

[887] Côté-Demers, *supra* note 865 aux pp. 31-4.

[888] Campbell, Ressources minières en Afrique, *supra* note 658 à la p. 262.

[889] *Ibid* à la p. 263.

[890] *Ibid.*

> « La volonté de plus en plus affirmée par les communautés locales de décider elles-mêmes si l'activité minière est souhaitable ou non sur leurs terres entre dans les faits en contradiction avec l'absence de mécanismes institutionnels permettant à cette participation influente d'être exercée concrètement[891]. »

Il est donc nécessaire que les « ERA soient assorties de mécanismes de dialogue continu qui permettent d'adapter les conditions de régulation locale des projets au fil des ans et des événements[892]. » L'association de tous les acteurs impliqués dans l'exploitation minière, y compris des autorités publiques et politiques, des entreprises, des ONG nationale et internationale en appui à la communauté autochtone serait donc souhaitable. Cela aidera à un dialogue constant qui va au-delà de la gestion des avantages et des répercussions de la mine. En d'autres termes, le dialogue multipartite « entreprise-communauté », le dialogue entre « gouvernements et entreprises et entre gouvernements et communautés » est nécessaire pour réguler le développement minier[893]. Au centre de tout ce processus, l'intervention des « pouvoirs publics et politiques, desquels dépend une véritable ouverture dans la structure de pouvoir en place » pour la réglementation des investissements miniers est indispensable pour la « résolution durable et de prévention des conflits[894]. »

En clair, le caractère confidentiel des ERA, l'absence de l'État qui ne joue pas son rôle de défenseur des droits et intérêts des peuples autochtones face au géant minier, le manque de moyens humains, matériels, financiers des groupes autochtones pour négocier un accord équitable, l'absence de mécanisme qui doit régir les ERA une fois institutionnalisée (car elles sont généralement négociées et signées avant le démarrage des activités minières), sont aussi des critiques qui lui sont adressées.

En plus de ces lacunes, les ERA font face à d'autres critiques. Cette fois, elles concernent la composante politique du droit au développement des peuples autochtones, savoir le droit à l'autodétermination et le droit au CPLE. En effet, vu les rapports de force inégaux entre les sociétés minières et les peuples autochtones lors de la négociation des ERA, il est difficile pour ces derniers de

---

891 *Ibid* à la p. 262.

892 *Ibid* à la p. 241.

893 Campbell, Ressources minières en Afrique, *supra* note 658, aux pp. 241-42.

894 *Ibid* à la p. 243. Voir aussi à propos d'autres limites des ÉRATO'Faircheallaigh, Corporate-Aboriginal Agreements, *supra* note 829 aux pp. 14-5. De façon plus générale, voir Motard, « Dimensions collectives des ententes », *supra* note 860.

donner librement leur consentement. Pour Martin Papillon, dans le contexte des ERA :

> « Il est difficile ici de parler de consentement préalable, libre et éclairé [...] Un important rapport de force s'exerce en effet entre les promoteurs et les communautés autochtones au moment de la négociation. Ces dernières n'ont pas toujours l'expertise et la capacité pour mener à bien des négociations aussi complexes. De plus, en l'absence de règles juridiques claires à ce sujet, la possibilité pour le promoteur de passer outre le consentement autochtone, tout en prétextant avoir consulté de manière adéquate, demeure bien réelle. En pratique, les communautés peuvent difficilement dire non à ces ententes qui constituent souvent le seul moyen leur permettant d'influencer un tant soit peu la teneur du projet, mais aussi d'en bénéficier. Il est dès lors difficile de parler de consentement véritablement libre. »

On peut également s'interroger sur le caractère éclairé du consentement ainsi obtenu puisque ces ententes sont souvent négociées de manière concomitante à, et même parfois, avant la mise en place d'un processus d'évaluation des effets environnementaux et sociaux des projets. Les représentant(e)s autochtones signataires des ERA, qui sont souvent les élus(e) du conseil de bande deviennent, dès lors, parties prenantes au projet et ont intérêt à ce qu'il se réalise, quitte à passer rapidement sur les effets potentiels de celui-ci[895].

Enfin, les ERA ne semblent pas respecter le droit à l'autodétermination des peuples autochtones. Les négociations ne sont pas inclusives et ne sont pas représentatives de l'ensemble de la communauté autochtone. Les peuples autochtones n'ont généralement pas la latitude de designer les dirigeants traditionnels qui les représenteront pour négocier les ERA. Comme résultat, les ERA sont conclues le plus souvent par les conseils de bande ayant autorité sur la terre de réserve (et les consultants et les avocats qu'ils mandatent) et excluent les chefs traditionnels, qui, eux ont autorité selon les systèmes de gouvernance en cause sur les territoires traditionnels. Or, dans certains cas, ces derniers ont plus de légitimité aux yeux de la communauté locale qui voient au conseil de bande une marque du colonialisme[896].

---

[895] Martin Papillon, « Le consentement préalable, libre et éclairé : un nouveau paradigme » (1er mars 2016), en ligne : Ligue des droits et libertés https://liguedesdroits.ca/le-consentement-prealable-libre-et-eclaire-un-nouveau-paradigme/. [Papilllon, « Consentement préalable »] Voir aussi, Ken J. Caine et Naomi Krogman, « Powerful or Just Plain Power Full? A Power Analysis of Impact and Benefit Agreements in Canada's North », (2010) 1 Organization & Environment 23 aux pp. 76-98.

[896] Voir à propos Dayna Nadine Scott, « Extraction Contracting : The Struggle for Control of Indigenous Lands», (2020) 119 South Atlantic Quarterly 2, p.269-299, aux pp. 277 à 292. Voir à propos Dayna Nadine Scott, « Extraction Contracting : The Struggle for Control of

À la lumière de ce qui précède, il convient de noter que les ERA sont en phase d'être une pratique courante dans le secteur minier au Canada et en Australie. Elles constituent un outil qui permet, sur papier du moins, le respect du droit au développement des peuples autochtones en ce qui concerne ses composantes économiques et socioculturelles. Comme l'explique M. Papillon, « les ERA constituent une avancée importante en ce qui a trait à l'inclusion des peuples autochtones dans la définition des modalités du développement économique sur leurs terres ancestrales[897] ». Malgré ces écueils, ce modèle est en voie de s'implanter sur le continent africain, comme il sera vu dans le cas de la Guinée.

En améliorant le modèle, nous estimons que les ERA pourraient aider au respect de la liberté de choisir le type de développement économique, social et culturel de la communauté autochtone.

Indigenous Lands », South Atlantic Quarterly (2020) 119 South Atlantic Quarterly 2, p. 269-299, aux pp. 277 à 292. Voir aussi Martin Papillon, « La réconciliation ne peut être fondée uniquement sur des impératifs économiques, elle doit s'inscrire dans un véritable partage de l'autorité sur le territoire. » (24 février 2020), en ligne : Options politiques https://policyoptions.irpp.org/magazines/february-2020/quelles-lecons-tirer-du-conflit-sur-le-gazoduc-coastal-gaslink/>. Voir du même auteur, « Canada : un conflit illustre le besoin de concilier loi et droit autochtone » (29 février 2020), en ligne : L'Obs. https://www.nouvelobs.com/societe/20200229.AFP3855/canada-un-conflit-illustre-le-besoin-de-concilier-loi-et-droit-autochtone.html.

[897] Papillon, « Consentement préalable », *supra* note 897.

CONCLUSION DE LA PARTIE II

Les rapports sur les droits humains qui appellent les minières à la diligence raisonnable, au respect du droit interne et international en matière de protection des droits des peuples autochtones ainsi qu'à la collaboration avec les États pour la promotion des droits socio-économiques et culturels des peuples autochtones, fondent les obligations des entreprises minières dans la mise en œuvre du droit au développement. La diligence raisonnable signifie que l'entreprise minière doit adopter des politiques conformes au respect des droits humains et faire preuve de vigilance dans leur application. Elles ne doivent pas se contenter de respecter le droit national et doivent pendre de façon indépendante des mesures permettant de « s'assurer que leurs actions ne portent pas atteinte aux droits des peuples autochtones ». Le respect des droits humains amène les entreprises minières à appliquer les normes contenues dans les instruments internationaux de protection des droits humains même s'ils ne sont pas prévus par le droit national de l'État où ces entreprises opèrent. La faiblesse du droit étatique ne doit pas servir de prétexte aux sociétés minières pour ne pas mettre en œuvre les droits de la personne. En outre, l'entreprise minière ne doit pas se rendre complice de la violation des droits humains par l'État et ne pas tirer avantage des manquements de ce dernier dans ses obligations internationales en matière de protection des droits humains. Quant à la collaboration de la société minière avec l'État dans la mise en œuvre du droit au développement, elle revient à reconnaitre le rôle que peut jouer cette dernière dans la réalisation et la promotion des droits humains[898].

À part les rapports sur les droits humains, les entreprises minières peuvent mettre en place des cadres réglementaires qui guident leurs actions en matière de protection des droits humains. Les politiques de

[898] Anaya, Industries extractives et peuples autochtones, *supra* note 477 aux pp 16-7. Voir aussi Ivan Tchotourian, Devoir de prudence et diligence des administrateurs et RSE, Montréal, Yvon Blais, 2014 aux pp. 42-70.

sauvegarde des institutions financières imposent également des contraintes aux entreprises en matière de respect des droits humains.

Les obligations des minières se rapportent à la consultation des peuples autochtones dans le respect de leur droit à l'autonomie, à la signature d'ententes pour la répartition des bénéfices issus de l'exploitation minière, à la réalisation des infrastructures socio-économiques et culturelles, à l'emploi, à la formation et au soutien à l'entrepreneuriat local. À cela, le développement durable fonde les obligations des sociétés minières en matière de protection de l'environnement, de protection du patrimoine culturel, de l'offre l'emploi et de formation. À titre d'exemple, il doit y avoir des emplois prévus pour les peuples autochtones. L'emploi autochtone devrait être une priorité et non une préférence. Aussi, le seuil doit être établi en fonction de la nature de l'emploi, de la main-d'œuvre disponible. On doit établir au départ une préférence et une priorité après avoir établi les besoins de l'entreprise conformes au droit au développement et financer la formation professionnelle pour la main-d'œuvre locale. On établit la préférence et la priorité par rapport au nombre d'emplois disponibles et la disponibilité de la main-d'œuvre. En l'absence de qualification, les Autochtones doivent avoir la priorité sur les emplois non qualifiés et une formation pour occuper progressivement les emplois qualifiés. De plus, la société minière doit prévoir un plan pour l'aide à la reconversion professionnelle après la fermeture de la mine. Mais ce sont là des obligations de moyen de l'entreprise minière. L'État doit, quant à lui, adopter des règles contraignantes obligeant les entreprises minières à assurer l'emploi local. Du coup, il y a violation du droit au développement lorsque la société minière ne donne pas la préférence aux membres des communautés autochtones, ne respecte pas le nombre de quotas et refuse de mettre en place un système de formation professionnelle. Un autre exemple d'obligation de la société minière en matière de protection de l'environnement et du territoire est la réalisation des EIES incluant un volet culturel, la réhabilitation des sites miniers permettant la restauration des moyens d'existence des communautés autochtones et l'investissement dans la recherche environnementale.

L'obligation de respecter, de promouvoir, de mettre en œuvre et de protéger les droits de la personne doit amener les États à respecter l'autorité décisionnelle des peuples autochtones en menant une consultation adéquate conforme au droit à l'autodétermination des peuples autochtones et à superviser les minières en cas de consultation déléguée. En plus, l'État doit appliquer les principes du développement durable à travers les études d'impact social et environnemental, encadrer les entreprises pour les EIES, prévoir des mesures législatives et réglementaires pour le partage des profits miniers, sanctionner les agissements des entreprises en cas de violation du droit au développement.

Les États, dans la mise en œuvre du droit au développement des peuples autochtones, doivent respecter les structures et ordres juridiques autochtones en tenant une consultation conforme aux systèmes traditionnels autochtones ; prévoir des mesures en droit interne pour la protection de l'environnement ; prévoir des mesures pour le partage des bénéfices issus de l'activité minière entre les communautés autochtones et les sociétés minières ; adopter des règles contraignantes pour l'emploi et la formation ; assister et accompagner les peuples autochtones qui le demandent pour défendre leurs intérêts dans les négociations entre les peuples autochtones et les minières ; superviser les entreprises en cas de délégation de la consultation et de réalisation des études d'impact social et environnemental. Enfin, l'État doit sanctionner les agissements des minières et prévoir des voies de recours effectives accessibles aux peuples autochtones en cas de violation de leur droit au développement.

Le cœur et la spécificité du droit au développement étant la liberté de choisir, ces mesures doivent être élaborées soit en collaboration et en concertation avec les peuples autochtones soit être des mesures proactives, c'est-à-dire émanant de la propre initiative des peuples autochtones. L'aspect politique transcende les autres dimensions étant donné que l'autodétermination est le point de départ pour l'application des autres droits. En ce sens, la consultation doit être au cœur de toutes les mesures à prendre afin que les priorités des peuples autochtones soient au centre des projets de développement.

À cela, il faut rappeler le caractère interdépendant et cumulatif du droit au développement. Les composantes sont interliées, la violation d'un des aspects diminue ou se répercute sur l'exercice d'un autre volet. À titre d'exemple, l'absence de toute mesure environnementale est une atteinte au droit au développement, même si l'État a adopté des mesures sociopolitiques et économiques respectueuses du droit au développement. Dans ce cas de figure, l'absence étatique de mesure environnementale peut entrainer la destruction du milieu et du territoire des peuples autochtones, la destruction de leurs moyens de subsistance. Or, il est manifeste que cela est de nature à entrainer l'insécurité alimentaire, à forcer le déplacement des peuples autochtones et à entraver l'accès à leur site culturel. Il en ira de même si l'État prévoit des mesures, mais ne les rend pas effectives par des moyens concrets. En effet, l'État a l'obligation de protéger, de respecter, de ne pas violer, de promouvoir, de mettre en œuvre le droit au développement.

En conclusion, il convient de retenir que le droit au développement est un droit complexe aux multiples facettes. Ses trois composantes, politique, socioculturelle et économique, entrainent des obligations pour les États, mais aussi pour les entreprises. Dans la dernière partie de cet ouvrage, nous présenterons une étude de cas afin d'illustrer la manière dont l'État guinéen s'acquitte de ses obligations internationales et régionales à l'égard des peuples autochtones. Plus précisément, nous analyserons le code minier guinéen, lequel pose les fondements légaux de l'exploitation minière dans cet État.

PARTIE III

L'analyse du Code minier guinéen au regard des obligations qui incombent aux entreprises minières et à l'État

Dans le premier titre de notre ouvrage, nous avons identifié les composantes du droit au développement des peuples autochtones qui sont d'ordre politique, économique et socioculturel. Nous avons fait remarquer que ces différents aspects du droit au développement sont interdépendants et cumulatifs. Si l'un est bafoué, il y a une répercussion sur la jouissance des autres volets de ce droit. En d'autres termes, la violation d'une composante du droit au développement empiète sur la réalisation de l'autre. Nous avons aussi démontré que, malgré l'interdépendance entre les composantes du droit au développement, la dimension politique transcende sur les autres volets : l'autodétermination est la base même de l'exercice des autres aspects. La consultation des peuples autochtones doit accompagner toute décision étatique qui les concerne, la liberté de choix étant au cœur du droit au développement. À partir de ces composantes, nous avons, dans le titre 2, caractérisé les obligations des États et des entreprises minières dans la mise en œuvre du droit au développement. Dans ce dernier titre, nous interrogeons l'application des obligations des États et des minières dans le régime minier guinéen. Nous entendons par régime minier l'ensemble de la législation et politique publique se rapportant à la régulation et à la gestion du secteur minier guinéen (codes, constitution, lois organiques, décrets, règlements, politiques publiques, etc.). Le Titre 3 poursuit conséquemment l'objectif d'analyser la conformité du cadre juridique guinéen de l'exploitation minière aux normes régionales et internationales en matière de droit au développement des peuples autochtones.

En effet, nous avons posé l'hypothèse que le code minier guinéen porte atteinte au droit au développement des peuples autochtones du fait qu'il contient des mesures insuffisantes protégeant la vie politique, culturelle et économique propre aux peuples autochtones de la Guinée. Mais avant l'évaluation du régime minier guinéen au regard des standards du droit au développement, nous proposons une mise en contexte sur la situation générale de l'autochtonie en Afrique et en Guinée. En partant des critères de l'autochtonie définis par la Commission et la Cour africaine des droits de l'homme et des peuples, nous identifierons les peuples autochtones de la Guinée afin de savoir qui sont les titulaires du droit au développement dans ce pays. Ce portrait général de l'autochtonie en Guinée sera suivi d'une description de l'évolution de la législation minière.

CHAPITRE I

Une mise en contexte sur la situation de l'autochtonie et de l'exploitation minière en Guinée

La description de la situation générale de l'autochtonie en Afrique et en Guinée permet de comprendre qui sont les peuples autochtones de la Guinée. Nous ferons par la suite un résumé de l'évolution de la législation minière en Guinée afin de comprendre l'objectif des différentes réformes minières.

SECTION 1. UN PORTRAIT GÉNÉRAL DE L'AUTOCHTONIE EN AFRIQUE ET EN GUINÉE

En Afrique (y compris en Guinée), la question de l'autochtonie se pose de manière différente que dans les Amériques. Elle pose un problème de définition, de catégorisation, de stabilité politique de l'État de droit, de démocratie et de reconnaissance identitaire des peuples autochtones en Afrique. La définition étymologique du terme autochtone est difficilement applicable à l'Afrique. L'historique de la définition du terme autochtone laisse entrevoir que sa définition première ou étymologique ne répond pas aux réalités de l'Afrique. Historiquement, la question de l'autochtonie s'est posée au moment de l'expansion coloniale, par exemple dans les Amériques. C'est pourquoi la définition du mot « autochtone » se rapporte aux premiers habitants d'une région donnée avant sa conquête, sa colonisation et son occupation par les pays européens ou occidentaux[899]. S'exprimant

[899] Jean-Claude Fritz et Myriam Fritz-Legendre, « Les mutations de la question indigène de "l'indigène" à "l'autochtone" : mise en perspective historique » dans Jean-Claude Fritz, dir., la nouvelle question indigène, peuples autochtones et ordre mondial, Paris, l'Harmattan, 2005 à la p. 37. Voir aussi Luis Rodriguez-Pinero, Indigenous Peoples, Postcolonialisme, and International Law, Oxford, Oxford University Press, 2005 aux pp. 4-8.

sur la définition du concept autochtone, Isabelle Schulte-Tenchoff écrit :

> « [...] la problématique autochtone est intimement liée à celle de l'expansionnisme et du colonialisme européen, voire occidental [...] autochtone signifie « qui est issu du sol même où il habite, qui est censé n'y être pas venu par immigration » ; et indigène, au sens courant, « qui appartient à un groupe ethnique existant dans un pays avant sa colonisation[900]. »

Ce critère historique se retrouve dans la plupart des instruments, ce qui en fait d'ailleurs un élément déterminant de la définition du mot peuple autochtone. Le rapport Cobo parle de populations « liées par une continuité historique avec les sociétés antérieures à l'invasion coloniale[901] » et l'article 1^{er}b) de la Convention 169 de l'OIT[902], définit les Autochtones comme les descendants des populations qui vivaient dans un pays avant sa conquête' sa colonisation ou l'établissement des frontières étatiques contemporaines. En tenant compte de l'histoire de la colonisation de l'Afrique, qui est différente des autres continents, du fait que sa colonisation n'a pas donné lieu au « transfert du pouvoir des métropoles à celui des colons d'origine européenne installés sur place »[903], le terme autochtone demeure controversé en Afrique. En ce sens, l'usage du terme autochtone devient controversé en Afrique et lui convient difficilement. Cet enjeu est bien expliqué par Norbert Rouland comme on peut le remarquer dans ce passage :

> « [...] le silence des États africains sur les [populations autochtones] est énigmatique [...] Les États africains sont fermement déterminés à éviter toute consécration juridique de revendications qu'ils jugent dangereuses pour leur unité territoriale, et répriment avec rigueur les activités des groupes qui pourraient les exprimer. »
>
> « Mais il y a des causes plus profondes, de nature historique, rendant difficile l'utilisation de nos grilles de lecture habituelle [...] Mais il se pourrait que la notion d'autochtonie lui soit difficilement applicable. Dans les États du Premier Monde, la distinction entre autochtones et société dominante est relativement claire : il y a des peuples fondateurs, et les Européens. Mais en Afrique, cultures et peuplements sont beaucoup plus imbriqués [...] Il existe donc un

---

900 Isabelle Schulte-Tenckoff, la question des peuples autochtones, Bruxelles, Bruylant, 1997 aux pp. 17-18. Voir aussi S James Anaya, « The evolution of the concept of indigenous peoples and its contemporary dimensions » dans Solomon Dersso, dir., Perspectives on the rights of minorities and indigenous peoples in Africa, Pretoria, Pretoria University Law Press, 2010, 23 aux pp. 27-31.
901 Cité dans Rouland, *supra* note 161 à la p. 438.
902 Convention 169 OIT, *supra* note 28.
903 Fritz, *supra* note 901.

particularisme africain qui nécessiterait sans doute une réorganisation des outils conceptuels que nous utiliserons dans cet ouvrage[904]. »

En retenant, dès lors, une approche restrictive, le terme autochtone ne viserait pas l'Afrique, puisque « tous les Africains sont autochtones chez eux », ils étaient tous présents avant la domination coloniale et continuent d'y être. On pourrait donner dans ce cas raison aux États africains qui refusent de reconnaitre l'existence des peuples autochtones. À cette difficulté, s'ajoutent celle de la diversité ethnique de l'Afrique et la portée des droits revendiqués par les peuples autochtones en Afrique.

Premièrement, les pays africains sont des États multiculturels, où on remarque une diversité ènrichissante de groupes ethniques, dont les uns sont dominants et les autres marginalisés[905]. À cause de cette multiplicité ethnique, « la question des similitudes et des différences entre peuples autochtones, peuples tribaux, minorités ethniques, minorités autochtones n'en reste pas moins sujette à controverses[906]. » En ce sens, il est difficile de faire la distinction entre peuples autochtones, peuple tribal, minorités ou groupes ethniques qui semblent tous être réunis sous le label « ethnique » en Afrique[907]. Cette difficulté de catégorisation devient un facteur juridique du refus de reconnaissance du droit des peuples autochtones et conduit les États africains à opter pour une politique juridique de construction de l'État-nation[908]. Partant de là, les États africains déclarent que « la

---

904 Rouland, *supra* note 161 aux pp. 14-5.

905 Rapport du groupe de travail d'experts de la Commission africaine des droits de l'homme et des peuples sur les populations/communautés autochtones, IWGIA, 2005 à la p. 113. Voir aussi Kealeboga N Bojosi, « The African Commission Working Group of Experts on the Rights of Indigenous Communities /Populations: Some reflections on its work so far » par Solomon Dersso, *Perspectives on the rights of minorities and indigenous peoples in Africa*, Pretoria, Pretoria University Law Press, 2010 95 à la p. 121-23.

906 Isabelle Schulte-Tenckoff, *la question des peuples autochtones*, Bruxelles, Bruylant, 1997 à la p. 17.

907 *Ibid* à la p. 145. Voir aussi Willem Van Genugten et Camilo Perez-Bustillo, « The emerging international architecture of indigenous rights: the interaction between global, regional and national dimensions » (2003) Intl J on Minority and Group Rights 11 aux pp. 379 à 409 à la p. 402.

908 Gonidec, *supra note* 405, par 43. Voir aussi Dominique Darbon, « Décoloniser le droit de la décolonisation : les malentendus de la modernité dans la construction institutionnelle des Afriques » dans Centre international de la common law en français, *Études offertes à Jacques Vanderlinden, étudier et enseigner le droit : hier, aujourd'hui et demain*, Bruylant, Yvon Blais, 2006 aux pp. 207 à 242 à la p. 214 et 215. Voir également, Jacques Vanderlinden, « *Quo vaditis Iura Africana ?* » (1997) 8 Jahrbuch fur afrikanisches Recht 173 à la p. 171. Selon Vanderlinden, « Nulle part, sauf peut-être en Océanie, cette colonisation [la colonisation juridique des continents par l'Europe] n'a été, en apparence du moins, aussi profonde qu'en Afrique ».

protection des droits des peuples autochtones accorderait des droits spéciaux à certains groupes ethniques en plus des droits reconnus à tous les autres groupes dans un pays[909] ». La Commission de l'Union africaine a déterminé des critères précis applicables aux peuples autochtones d'Afrique et à leur situation particulière[910]. Il s'agit, en premier lieu du critère historique. L'approche historique n'est pas fondée sur la base de la pénétration coloniale, mais sur la migration des peuples africains dans le temps, sur l'antériorité de l'occupation d'un territoire, les premiers peuples[911]. Plus précisément, selon l'approche historique, est autochtone un peuple qui revendique avoir occupé en premier le territoire (à savoir l'antériorité par rapport à la Société Générale à laquelle il appartient) et dont la législation nie les droits ancestraux et culturels.

En plus de cette approche historique, les critères de la marginalisation et de l'attachement à la terre et aux ressources naturelles, de l'auto-identification et de la reconnaissance par l'État ou

---

909 Rapport du groupe de travail d'experts de la Commission africaine des droits de l'homme et des peuples sur les populations/communautés autochtones, IWGIA, 2005à la p. 98.

910 Voir à propos : Union africaine, Rapport du groupe de travail d'experts de la Commission africaine des droits de l'homme et des peuples sur les populations/communautés autochtones, IWGIA, 2005 aux pp. 99-100. D'après cette étude « Les caractéristiques globales des groupes s'identifiant comme peuples autochtones sont que leurs cultures et leurs modes de vie diffèrent considérablement de ceux de la société dominante et que leurs cultures sont menacées, au point de l'extinction dans certains cas. Une caractéristique clé pour la plupart d'entre eux est que la survie de leurs modes de vie particuliers dépend de la reconnaissance de leurs droits et de l'accès à leurs terres et à leurs ressources naturelles traditionnelles. Ils souffrent de la discrimination dans la mesure où ils sont considérés comme étant moins développés et moins avancés que les autres groupes plus dominants de la société. Ils vivent souvent dans des zones inaccessibles, souvent géographiquement isolées et ils souffrent de diverses formes de marginalisation tant politique que sociale. Ils font souvent l'objet de domination et d'exploitation à l'intérieur des structures politiques et économiques qui sont communément conçues pour refléter les intérêts et les activités de la majorité nationale ». [La commission ajoute, que] « Le principe d'auto-identification est un critère clé de la définition des peuples autochtones » (Union Africaine, Commission Africaine des Droits de l'Homme et des Peuples, *Peuples autochtones d'Afrique : peuples oubliés ?* IWGIA, 2006 à la p. 33).

911 La Commission africaine dans l'arrêt Endorois (276/03 : Centre for Minority Rights Development (Kenya) and Minority Rights Group (on behalf of Endorois Welfare Council) / Kenya au para 151), précise ce qui suit. Il existe « un consensus autour de certains aspects objectifs [et selon lequel] un groupe d'individus [ayant] une tradition historique commune, une identité raciale ou ethnique, une homogénéité culturelle, une unité linguistique, des affinités religieuses et idéologiques, une liaison territoriale, et une vie économique ou d'autres liens, identités et affinités dont ils jouissent collectivement [...] ou souffre collectivement de la dénégation de ces droits [devrait être considéré comme « un peuple » [autochtone] ». Voir aussi African Commission on Human and People's Rights v Republic of Kenya: Application no. 006/2012, Judgment, 26 May 2017, aux para.105 à 113.

d'autres groupes ethniques[912] sont retenus par la Commission africaine pour définir et identifier les peuples autochtones d'Afrique.

Dans cette perspective, les populations nomades, les chasseurs-cueilleurs, les peuples de la forêt, les populations dont le mode de vie n'est pas régulé par l'économie mondiale et capitaliste (l'économie de consommation) ou qui connaissent une domination des groupes privilégiés peuvent être considérés comme des Autochtones.

La dépendance à la terre et aux ressources naturelles signifie que le peuple autochtone tient l'essentiel de sa subsistance de la terre de ses ancêtres qui, du coup, révèle un caractère sacré pour eux. Aussi, les pratiques culturelles, religieuses, et les traditions sont liées aux territoires traditionnels de ces peuples qui possèdent leurs propres systèmes juridiques[913].

La marginalisation réfère notamment au fait que les peuples autochtones subissent de la discrimination, de la domination voire de l'oppression de la part des groupes dominants ou majoritaires. Il s'agit de la marginalisation au sein de la société qui se caractérise par leur manque ou l'absence de représentation aux instances de décisions et dans les lieux de pouvoir ; de la marginalisation de leurs cultures et modes de vie en tant que peuples distincts[914]. Quant à l'auto-identification, elle signifie que, malgré les stéréotypes négatifs et la moquerie dont font l'objet les peuples autochtones, ils acceptent leur différence culturelle, leur mode de vie et tiennent à préserver leur culture[915].

---

912 Union Africaine, Rapport sur les populations/communautés, *supra* note 32 aux pp. 99 à 100. Voir aussi African Commission on Human and People's Rights v Republic of Kenya : Application no 006/2012, Judgment, 26 May 2017 au para. 107. Selon la Cour, « From the foregoing, the Court deduces that for the identification and understanding of the concept of indigenous populations, the relevant factors to consider are the presence of priority in time with respect to the occupation and use of a specific territory; a voluntary perpetuation of cultural distinctiveness, which may include aspects of language, social organization, religion and spiritual values, modes of production, laws and institutions; self-identification as well as recognition by other groups, or by State authorities that they are a distinct collectivity; and an experience of subjugation, marginalization, dispossession, exclusion or discrimination, whether or not these conditions persist. ».

913 Arrêt *Endorois*, *supra* note 34 aux para 154, 156 et 161. Ce critère est qualifié de « relation sacrée [des peuples autochtones] avec leurs terres » et de conception communautaire de la propriété ou l'usage d'« exercer le droit à la propriété de manière collective ».

914 Arrêt *Endorois*, *supra* note 34 au para 245. La commission note concernant les peuples autochtones que « leurs moyens d'existence et leurs cultures ont subi des discriminations traditionnelles et que leur manque de reconnaissance et de valorisation juridiques reflète leur marginalisation sociale, politique et économique ».

915 Arrêt *Endorois*, *supra* note 34 au para 157. « La Commission africaine est consciente du fait que, de nos jours, plusieurs autochtones demeurent exclus de la société et souvent, même frustrés de leurs droits en tant que citoyens à part entière de l'état. Néanmoins, la plupart de

À partir de ces indices, les identités autochtones en Guinée peuvent être présentées succinctememt comme suit. La Guinée est divisée en quatre régions naturelles présentant chacune des caractéristiques propres sur le plan géographique[916]. La Guinée est riche d'une grande diversité ethnique et culturelle[917]. En tenant compte des critères énoncés par l'Union africaine, certains des groupes ethniques qui la composent peuvent revendiquer le statut de peuples autochtones, même s'ils ne sont pas tous officiellement reconnus comme tels[918].

D'abord dans la région du Fouta Djallon, vivent les Djallonkés, peuples traditionnellement des cultivateurs-chasseurs[919] sur le plan politique, les Djallonkés sont « organisés en petites communautés villageoises et ont particulièrement développé le travail du fer[920]. » De ce fait, ils n'ont pas de structures politiques centralisées, mais plutôt communautaires et décentralisées.

Ensuite viennent les Coniaguis dont le mode de vie traditionnel est basé essentiellement sur l'agriculture du mil, de l'arachide et du sorgho[921]. Ce groupe ethnique est le seul en Guinée ayant une

---

ces communautés sont déterminées à préserver, développer, et léguer aux générations à venir le territoire de leurs ancêtres et leur identité ethnique. Elle accepte les arguments selon lesquels l'existence continue des communautés autochtones en tant que "peuples" est intimement liée à la possibilité pour eux d'influencer leur propre destin et de vivre conformément à leurs modèles culturels, à leurs institutions sociales et à leurs systèmes religieux. » Voir aussi Rapport du groupe de travail d'experts de la commission africaine des droits de l'homme et des peuples sur les populations/communautés autochtones, présenté en vertu de la « Résolution sur les droits des populations/communautés autochtones en Afrique », adoptée par la Commission africaine des Droits de l'Homme et des Peuples lors de sa 28ème sess. ordinaire à la p. 19.

916 Jean Suret Canal, *La République de Guinée*, Paris, Éditions sociales, 1970. Voir aussi Muriel Devey Malu Malu, *La Guinée*, Paris, Karthala, 2009. Les régions naturelles ayant une originalité dans le relief, le climat, les sols et les paysages sont la Basse-Guinée, la Moyenne-Guinée ou Fouta-Djallon, la haute Guinée et la Guinée forestière.

917 Il y a à peu près 21 groupes ethniques en Guinée. Sur l'ethnologie de la Guinée, voir à ce sujet Sékou Kaba, L'Aménagement linguistique en Afrique au lendemain des indépendances : l'expérience de la Guinée (Rétrospective et perspectives), thèse de doctorat en linguistique, Université Laval, 2011 [non publié].

918 Il existe une liste de peuples autochtones répertoriés par l'Union africaine. Ce sont entre autres, les Touaregs, les pygmées, les massai, les San d'Afrique du Sud, les Himbas de Namibie et les Peuls, etc. Voir à cet effet : Union Africaine, *Peuples autochtones d'Afrique*, *supra* note 270, aux pp. 10-11. Voir aussi Union Africaine, *Rapport du groupe de travail d'experts de la Commission africaine des droits de l'homme et des peuples sur les populations/communautés autochtones*, IWGIA, 2005.

919 Suret, *supra* note 918 aux pp. 30-31.

920 Camara Sonah Mady, *Ethnologie de Guinée*, manuel de cours, Institut supérieur de formation à distance de Conakry, 2008 à la p. 18.

921 *Ibid* à la p. 19 et 21. Deux autres groupes autochtones sont apparentés aux Coniaguis. Il s'agit des Bassaris et des Badiarankés. Ils sont tous regroupés sous l'appellation de « Tenda ». Voir aussi Alassane Bah, *Projet de préservation de l'héritage culturel des groupes ethniques en voie de disparition en Guinée*, Guineenews.org (7 décembre 2021), en ligne : « Projet de

organisation sociale clanique et matrilinéaire[922]. Leur organisation politique se limite au clan et au village.

Les Bagas et les Nalous habitent, quant à eux, le littoral atlantique. Leur position géographique proche de la mer a influencé leur mode de vie. Ainsi la pêche artisanale, l'agriculture du riz et des agrumes sont leurs principales activités économiques. L'organisation sociale et politique est centralisée, mais la société ne connaît pas de stratification[923].

En Guinée, vivent aussi les Malinkés qui étaient anciennement des chasseurs-cueilleurs, mais aussi des paysans, commerçants, orpailleurs et artisans[924]. Ils vivent dans la zone de la savane et des plateaux mandingues depuis le moyen-âge. La société maninka issue de l'organisation sociale du grand Empire du Mali du 13e siècle a mis en place un pouvoir politique hautement centralisé et stratifié. La stratification est fondée sur une distinction entre les esclaves et les hommes libres, lesquels sont composés de porteurs de carquois[925], dont les « tribus d'agriculteurs et de guerriers » et les familles de marabouts, ces dernières ne portant pas de carquois. Sur la base de la division sociale du travail, une autre stratification distingue le peuple malinké en hommes de castes et sans castes. Cette organisation en fait une des caractéristiques de la société malinké. La gérontocratie reste le mode d'exercice du pouvoir.

Enfin, les Tomas et les Guerzés vivent en Guinée forestière. Leur subsistance est principalement basée sur la culture extensive du riz, des tubercules, la chasse, la pêche, le tissage, la forge. Ces groupes comprennent aussi des artisans qui confectionnent des nattes, des paniers et de la poterie[926]. Sur le plan politique, les Tomas sont organisés en confédération tribale comprenant six tribus ayant à leur tête un chef aidé d'un conseil de notable. Un élément fondamental de leur culture distinctive est l'initiation à la forêt sacrée[927]. Quant aux

---

préservation de l'héritage culturel des groupes ethniques en voie de disparition en Guinée. Guinéenews© (guineenews.org) ».

922 Suret, *supra* note 918 à la p. 64.

923 Sonah Mady, *supra* note 922 à la p. 5.

924 *Ibib* à la p. 26.

925 Carquois signifie étui à flèches selon le Petit Larousse. Les porteurs de carquois sont une catégorie de classe sociale regroupant les tribus d'agriculteurs et de guerrier Camara, Keïta, Kourouma, Conde et Sako.

926 Sonah Mady, *supra* note 922 à la p. 33.

927 *Ibid* aux pp. 36-37.

Guerzés, ils forment une entité socio-économique vaste ayant pour base le village régi par la gérontocratie[928].

Malgré les énormes potentialités minières du pays[929], ces groupes autochtones ainsi que d'ailleurs, l'ensemble de la population guinéenne vivent dans une situation de pauvreté générale.

SECTION 2. LA GENÈSE ET L'ÉVOLUTION DU RÉGIME MINIER DE LA GUINÉE

La Guinée a engagé des réformes de sa législation minière depuis 2011 (tel qu'amendée en 2013) pour redynamiser le secteur minier et lutter contre la corruption. Ces réformes visaient principalement à prendre en compte les préoccupations de développement local et la protection de l'environnement ainsi qu'à adopter des mesures d'incitation fiscales[930].

En effet, depuis l'indépendance du pays jusqu'en 2011, les entreprises se sont installées en Guinée en composant avec un vide juridique en ce qui concerne l'obligation de développement communautaire. À l'indépendance, les sociétés Friguia (1958) et la CBG (1963) ont été les premières à s'installer en Guinée. Les conventions minières à cette époque prévoient les conditions de travail (santé, sécurité, la fourniture de logement, infrastructures, eau et service) pour les travailleurs de la mine et leurs familles uniquement[931]. La Guinée adopte son premier code minier en 1985 pour libéraliser le secteur minier et amorcer le retrait de l'État au profit des investissements privés. La RSE se manifeste alors dans l'obligation d'employer en priorités les Guinéens, le partage des infrastructures de communication. Plus précisément, « l'utilisation

---

[928] *Ibid* à la p. 33. Il n'y a pas de statistique officielle concernant la démographie des peuples autochtones en Guinée et leurs revenus. Nous estimons leur nombre à environ 20 pour 100 de la population.

[929] Voir à propos l'Introduction. Voir aussi Youssouf Boundou Sylla, « dossier les miniers en Guinée pour faire des profits pas pour la développer : L'État démissionnaire ? », *Guineenews* (9 juillet 2020), en ligne : https://www.guineenews.org/dossier-les-miniers-en-guinee-pour-faire-des-profits-pas-pour-la-developper-letat-demissionnaire/.

[930] Voir à ce propos le site de la Société guinéenne du patrimoine minier (SOGUIPAMI). En ligne : https://soguipami.info/presentation-soguipami/. Voir aussi VisionGuinée, « Amendements au code minier : un régime fiscal plus souple… (COMMUNIQUE) », *VisionGuinee. Info* (10 avril 2013), en ligne : http://www.visionguinee.info/2013/04/10/amendements-au-code-minier-un-regime-fiscal-plus-souple-communique/.

[931] Campbell, *les enjeux de la Bauxite : La Guinée face aux multinationales de l'Aluminium*, Montréal, Les presses de l'Université de Montréal, 1983 à la p. 85.

partagée des infrastructures de communication avec la communauté locale, afin que celles-ci contribuent au développement régional et local[932]. » C'est à cette époque, soit au milieu des années 1980, que s'installent les grandes entreprises dans le secteur aurifère et du diamant, en l'occurrence la SAG, la SMD, SEMAFO et AREDOR. Il s'agit de la Société Ashanty Gold de Siguiri (SAG), de l'Entreprise de production de diamants (AREDOR) et de la Société Minière de Dinguiraye (SMD). SEMAFO est une entreprise canadienne d'exploration et de production de l'or en Afrique de l'Ouest. À cette époque-là, la loi ne prévoit pas d'obligation quant à la protection de l'environnement et ne prévoit pas d'obligations de développement local. Un nouveau code minier est adopté en 1995. Des considérations environnementales et sociales dans les opérations de l'entreprise ainsi que la nécessité de préférer les entreprises guinéennes dans la fourniture de biens et services[933] (article 18) font leur apparition dans le langage minier. L'obligation de contribution au développement local est quant à elle toujours absente dans le code minier guinéen. Les sociétés minières évoluant dans le pays depuis l'indépendance jusqu'en 2011 n'ont aucune responsabilité en matière de développement communautaire. Or, la plupart des minières se sont implantées à cette période.

La Guinée s'est dotée d'un troisième code minier en 2011, qui a été amendé en 2013, et qui est celui actuellement en vigueur. Ce dernier prévoit clairement des dispositions sur le développement communautaire, l'emploi, la protection de l'environnement (en particulier l'obligation d'effectuer des EIES dans son article 142) et la nécessité de réaliser des infrastructures.

La réforme minière de 2011 (tel qu'amendé en 2013) met en place un régime fiscal plus souple. Le ministre des Mines de l'époque, Mohamed Lamine Fofana, a déclaré dans son discours :

> « Nous mettons en place un régime fiscal plus souple pour favoriser les investissements gagnants. C'est aussi le signe que la Guinée sait s'adapter à la conjoncture mondiale. Notre industrie minière va gagner en attractivité et en compétitivité, et pourra jouer pleinement son rôle de moteur du développement économique de la Guinée[934]. »

---

[932] *Code minier*, *supra* note 765, articles 66, 126 et 127.

[933] *Ibid*, arts 16, 17 et 18.

[934] Communiqué du Bureau de presse de la Présidence de la République de Guinée, « Code minier : Un régime fiscal plus souple pour renforcer l'attractivité et la compétitivité de la Guinée », *Kaloum presse* (10 avril 2013), en ligne : http://kaloumpresse.com/2013/04/10/kaloumpressecom-122/.

À ce sujet, les incitations fiscales concernent les principaux points suivants :

— La réduction de l'impôt sur les bénéfices industriels et commerciaux qui passe de 35 % à 30 % « afin d'aligner le régime fiscal guinéen sur celui des pays de la sous-région. » (Article 176.)
— La réduction des taxes minières sur la bauxite qui sont fixées à 4 $ US au lieu de 11-13 $ précédemment et la réduction des redevances minières : Les redevances minières sur la bauxite qui passent de 0,55 % à 0,15 % du prix de la tonne d'aluminium LME pour la bauxite exportée brute de Guinée (articles 161 à 163).
— La réduction du seuil d'investissement minimum nécessaire pour obtenir une concession minière qui passe de 1 milliard $ US à 500 millions $ US pour des substances autres que la bauxite (article 37).
— La participation de l'État au capital des entreprises minières et des projets miniers (article 150).
— L'exonération de la TVA pour les biens importés nécessaires à l'installation de la mine (article 176).
— L'exonération des droits de douane pour les sociétés minières pendant les phases de recherche et de construction (article 171).
— La période de stabilisation du régime fiscal et douanier a été allongée de 10 à 15 ans (article 182).
— La création des mesures d'incitations financières à la transformation (article 139).
— La définition du régime de sous-traitance (article 181).
— L'exonération, pour toutes les sociétés, de droits de douane pendant les phases de recherche et de construction ((articles 171-A, 172, 174, 174-1, 178, 179 et 180).

Selon la Société guinéenne de gestion du patrimoine minier (SOGUIPAMI) plusieurs sociétés minières évoluent en Guinée, les unes depuis l'indépendance, les autres depuis plus récemment. Aux compagnies russes installées dans le pays depuis le lendemain de l'indépendance en 1958, se sont donc ajouté récemment des multinationales brésiliennes et des compagnies chinoises[935]. De

[935] Les sociétés minières évoluant en Guinée sont des multinationales. Il y a 8 sociétés en exploitation dans le domaine de la bauxite, de l'or, du diamant et du fer. Les sociétés minières ayant présentement des permis d'exploitation et des concessions minières sont : la Société Ashanti Goldfield (SAG), la Société Minière de Boké (SMB), Alufer Guinée SA (Bel-Air —

nouveaux contrats de prospection sont octroyés à des compagnies, vu l'immense potentialité minière du pays[936]. Tenant compte de ces potentialités minières, les discours et politiques gouvernementaux comptent ainsi sur le secteur minier pour faire croitre l'économie de la Guinée et créer des emplois pour lutter contre la pauvreté. Il convient toutefois de souligner la faible contribution de l'industrie minière au développement des communautés locales et autochtones qui subissent les impacts négatifs de l'exploitation minière. Selon une étude récente du PNUD parue en 2016 :

> « On peut constater que dans toutes les régions minières [de la Guinée], le développement […] des mines industrielles […] participe […] à une dégradation rapide et significative des conditions de vie de la majorité de la population. En effet, le contexte de concurrence entre l'activité minière d'une part, l'agriculture et l'élevage de l'autre est au centre des enjeux de développement durable. On constate que l'insécurité alimentaire est en hausse constante dans les zones minières, où une âpre concurrence domine entre le secteur agricole et minier autour de périmètres traditionnellement réservés à l'agriculture et à l'élevage. La dégradation de l'environnement participe à détériorer les conditions d'accès aux ressources de base pour la majorité des populations dans des territoires à dominante agricole (accès à l'eau, au sol, à la faune et flore, à un air de qualité, etc.). Les retombées directes du secteur minier s'avèrent donc le plus souvent aller à l'encontre d'un développement durable du pays[937]. »

Dans le prochain chapitre, nous étudierons la question de la conformité du régime minier guinéen au regard du droit au développement des peuples autochtones. Nous verrons que le régime

---

ALUFER), Compagnie des Bauxites de Guinée (CBG), Alliance Mining Commodities (AMC), Société de Bauxite de Guinée (SBG), ForwardAfricaResources (FAR), MANAGEM SA (Wegaminig) (MANAGEM). Voir à propos le site du ministère des Mines et de la Géologie de la République de Guinée, en ligne : http://www.contratsminiersguinee.org/. Pour une description globale du secteur économique en Guinée y compris le secteur minier, voir Nations Unies, Commission économique pour l'Afrique, Profil de pays 2015 : Guinée, Nations Unies. Voir aussi Kemoko Toure, Mémoires provisoires : 1. Mes années passées à la tête de la Compagnie des Bauxites de Guinée-CBG, Union européenne, Les Éditions continentales, 2016, aux pp. 17-21.

936 Voir à ce propos le site de la Société guinéenne du patrimoine minier (SOGUIPAMI), en ligne : https://soguipami.info/projets/.

937 Programme des Nations Unies pour le Développement, La Responsabilité sociétale des entreprises (RSE) dans le secteur minier en Guinée. État des lieux et perspectives Étude de base, Programme des Nations Unies pour le Développement (PNUD), 2016 à la p. 17 [PNUD, Responsabilité sociétale des entreprises (RSE) dans le secteur minier en Guinée. État des lieux et perspectives]. Voir aussi Nations Unies, Commission économique pour l'Afrique, « Profil de Pays 2015 : Guinée » à la p. 1, en ligne (PDF) : Commission économique pour l'Afrique https://www.uneca.org/sites/default/files/images/ORIA/CP/guinea.pdf. Selon ce rapport : « En dépit de son énorme potentiel en ressources agricoles, minières et énergétiques, la Guinée reste confrontée à des défis majeurs en ce qui concerne l'accès aux services sociaux de base. Le pays affiche l'une des incidences de pauvreté la plus élevée au monde, avec un niveau de 55,7 %1 en 2012 contre 53,0 en 2007 ».

minier guinéen protège inadéquatement le territoire et la culture face à l'implantation des mines et que les mesures qui concernent la réalisation des infrastructures sont aussi insuffisantes. À cela, s'ajoutent d'autres insuffisances comme celle du partage des bénéfices issus de l'exploitation minière. En outre, les dispositions se rapportant au respect de la composante politique du droit au développement des peuples autochtones sont lacunaires. Il sera aussi question des avancées réalisées par la réforme du régime minier guinéen au regard de la protection de l'environnement et des préférences en matière d'emploi.

CHAPITRE II

L'analyse du régime minier guinéen au regard des obligations des États dans la mise en œuvre du droit au développement des peuples autochtones

Dans ce chapitre, nous analyserons les règles du régime minier guinéen à la lumière des composantes du droit au développement et des obligations qui en découlent pour l'État. Nous avons remarqué dans la partie 2 de notre étude que les obligations des États consistent à respecter, à protéger contre les violations et à promouvoir le droit au développement des peuples autochtones. Une analyse du régime minier guinéen révèle des manquements de l'État à cet égard.

SECTION 1. L'ABSENCE DE MESURES RESPECTANT LA COMPOSANTE POLITIQUE DU DROIT AU DÉVELOPPEMENT

Il incombe à l'État de respecter, soit de ne pas porter atteinte à la tenue d'une CPLE respectueuse des institutions politiques traditionnelles autochtones. En Guinée, la consultation des peuples autochtones se concrétise dans le contexte des EIES, lesquelles se limitent à la transmission d'informations publique. Elle est aussi exigée en matière de réinstallation des peuples autochtones affectés par les projets miniers. En outre, la consultation ainsi tenue ne respecte pas le processus décisionnel interne des peuples autochtones, car les structures politiques traditionnelles autochtones ne sont tout simplement pas reconnues.

1.1. Les exigences relatives à la consultation et à l'obtention du consentement des peuples autochtones

Dans le code minier guinéen, aucune exigence relative à la consultation des communautés autochtones n'est mentionnée. Les modalités de la participation de la communauté autochtone au projet minier ne sont pas non plus définies. De plus, les exigences relatives à la recherche et à l'obtention du consentement des communautés locales et autochtones sont absentes comme nous le verrons.

Dès le départ, il est possible de constater qu'aucune obligation du gouvernement de consulter les peuples autochtones n'est prévue dans le régime minier guinéen et qu'il n'existe encore moins d'obligation pour les entreprises minières. Dans la pratique, l'État ne consulte pas non plus. Seuls « le promoteur, le pétitionnaire ou le consultant chargé de l'étude EI [étude d'impact environnemental] et social[938] » doit informer le public sur les effets du projet sur leur milieu de vie, ce qui signifie que c'est dans le cadre de ces évaluations pour les projets de première classe[939] que la consultation des communautés locales[940] ont lieu (1.1.1) ainsi que dans le contexte de réinstallation des populations autochtones à la suite de leur déplacement face à l'implantation d'une mine (1.2.1).

1.1.1. Une obligation de consultation réduite à l'information publique dans le cadre des études d'impacts environnementaux et sociaux

Le code minier guinéen ne fait aucune référence à l'obligation de consultation des peuples autochtones. Ce sont les dispositions se rapportant à la protection de l'environnement en matière d'études d'impacts environnementaux et sociaux (EIES) qui comblent de

[938] Décret D/2014/014/PRG/SGG portant adoption d'une directive de réalisation d'une étude d'impact environnementale et social des opérations minières, point 3.6 à la p. 25 [Décret portant adoption d'une directive de réalisation d'une étude d'impact environnementale].

[939] La consultation partiellement codifiée par le biais de l'évaluation environnementale ne concerne qu'un certain type de projets, dits de première classe en Guinée. Comme définition de ces projets, d'après l'article 4 de l'annexe du *Décret n°199/PRG/SGG/89 du 18 novembre 1989 portant codification des études d'impact sur l'environnement*, la liste des travaux, ouvrages et aménagements soumis à la présentation d'une Étude d'Impact sur l'Environnement, dits installations classées de première classe est la suivante : « Extraction de matériaux : travaux d'exploitation des carrières. Mines : concession et exploitation minières. Stockage souterrain des déchets industriels. »

[940] Code de l'environnement : Ordonnance n° 045/PRG/87 du 28 mai 1987, portant code de l'environnement, modifiée par l'ordonnance de 1989 Codes sur la protection et la mise en valeur de l'environnement, arts 68, 69 et 73 [Code de l'environnement].

manière insuffisante cette lacune puisque la notion de consultation publique dont la teneur et la portée diffèrent grandement de la procédure, du but et de l'objectif de la consultation énoncés par les instruments en matière de droit au développement des peuples autochtones.

D'ailleurs, tous les types d'opérations minières ne sont pas soumis aux EIES dont le processus exige une « consultation publique[941]. » La consultation en matière de protection de l'environnement est aussi insuffisante, car elle s'apparente à une simple information sur le projet.

De plus, les études d'impact sont un « instrument de planification qui aide le promoteur à concevoir un projet plus respectueux du milieu réceptif, sans remettre en cause sa faisabilité technique et économique[942] ». À ce sujet, l'étude d'impact loin d'une consultation vise à analyser « l'état initial du site [de l'activité minière envisagée] et de son environnement naturel et humain[943]. » Or, la consultation dans le cadre de l'évaluation environnementale est différente de la consultation se rapportant au droit au développement dont les étapes comprennent l'information, la consultation, l'accommodement et le consentement préalable, libre et éclairé (CPLE). À ces insuffisances, il convient d'ajouter que l'exploration minière et d'autres phases du projet minier sont exclues de la consultation qui s'applique aux EIES.

En fait, dans le Décret : *D/2014/014/PRG/SGG portant adoption d'une directive de réalisation d'une étude d'impact environnementale et social des opérations minières*, on tient pour acquis que l'exploration minière n'a pas d'incidences sur le territoire, ce qui est inexact juridiquement et empiriquement[944]. Cette disposition permet à

---

[941] La consultation partiellement codifiée par le biais de l'évaluation environnementale ne concerne qu'un certain type de projets, dits de première classe en Guinée. Comme définition de ces projets, d'après l'article 4 de l'annexe du Décret n°199/PRG/SGG/89 du 18 novembre 1989 portant codification des études d'impact sur l'environnement, la liste des travaux, ouvrages et aménagements soumis à la présentation d'une Étude d'Impact sur l'Environnement, dits installations classées de première classe est la suivante : « Extraction de matériaux : travaux d'exploitation des carrières. Mines : concession et exploitation minières. Stockage souterrain des déchets industriels. »

[942] Décret D/2014/014/PRG/SGG, *supra* note 940 à la p. 19.

[943] Code de l'environnement, *supra* note 942, art. 1.

[944] Ecojustice, « Pour que le Québec ait meilleure mine : Réforme en profondeur de la Loi sur les mines du Québec » aux pp. 16-7, en ligne (PDF) : Coalition pour que le Québec ait meilleure mine !
Http://www.quebecmeilleuremine.org/sites/default/files/RapportEcojustice&Coalition.pdf.
D'après ce rapport, l'exploration minière a des incidences majeures sur le territoire. Citons l'impact de l'utilisation des équipements lourds, la réalisation des infrastructures, le décapage des sols, la destruction de la biodiversité, le creusage des tranchées, le déboisement, la

plusieurs opérations minières d'échapper au processus de consultation publique lors de l'évaluation environnementale en Guinée. Or, tel que vu dans le titre 1 de notre projet de recherche, la consultation est une composante du droit au développement et s'applique pour tout projet ayant des impacts sur des territoires traditionnels des peuples autochtones. Ces exigences ne sont pas intégrées dans le droit minier guinéen.

D'abord, on tient pour acquis dans ce décret[945] que les travaux de reconnaissance, qui correspondent à la première phase de l'exploration minière, n'ont pas d'incidence sur l'environnement. Car, selon le décret, « le potentiel impactant est objectivement très réduit[946]. » Une consultation publique n'est donc pas nécessaire dans le cadre de l'évaluation environnementale à cette étape, la protection de l'environnement se résume « à un engagement écrit de la part de l'investisseur de réparer tout dégât éventuel causé à l'environnement[947]. » Ce simple engagement écrit s'applique aussi à l'autorisation de recherche de carrière et au titulaire du titre minier, où on considère que l'incidence sur l'environnement reste aussi limitée[948]. Pourtant, cette phase suppose l'utilisation d'équipements lourds et la construction de routes et de pistes d'accès, entre autres[949].

---

destruction du couvert végétal, le rejet de déchets domestiques, la modification de l'environnement physique et humain par l'installation des campements. Voir aussi Nigel Bankes et Cheryl Sharvit, Aboriginal Title and Free Entry Mining Regimes in Northern Canada, Northern Minerals Program Working Paper no. 2, Ottawa, Canadian Arctic Resources Committee, 1998 aux pp. 6, 12.

945 Décret portant adoption d'une directive de réalisation d'une étude d'impact environnemental, *supra* note 940.

946 *Ibid*, art. 1.1.

947 *Ibid.*

948 La recherche de carrière est selon l'article 12 du Code minier, *supra* note 765 :
« Sont considérées comme carrières, les gîtes de matériaux de construction, de matériaux pour l'industrie céramique, de matériaux d'amendement, de sel gemme, et d'autres substances analogues, à l'exception des phosphates, nitrates, sels alcalins, et autres sels associés dans les mêmes gisements. Les tourbières sont également classées parmi les carrières.
Article 13 : Mines
Sont considérés comme mines, les gîtes de toutes substances minérales non classées dans les carrières, à l'exception des hydrocarbures liquides ou gazeux.
Ces substances minérales sont appelées substances minières et sont divisées en catégories distinctes :
- Catégorie 1 : bauxite et fer.
- Catégorie 2 : substances précieuses : or, platinoïdes, diamants, gemmes.
- Catégorie 3 : substances métalliques : métaux de base et métaux mineurs.
- Catégorie 4 : substances non métalliques ;
- Catégorie 5 : substances radioactives : uranium, thorium et leurs dérivés.
- Catégorie 6 : eaux minérales et thermales. »

949 Décret portant adoption d'une directive de réalisation d'une étude d'impact environnemental, *supra* note 940, art. 1.5.

Ensuite, le permis de recherche industrielle est, lui aussi, considéré par le décret comme une phase de l'exploration minière. L'intégration des préoccupations environnementales se limite également à « l'élaboration d'une Notice d'Impact sur l'Environnement[950]. » Il en est de même de l'autorisation d'exploitation de carrière temporaire où « le potentiel impactant » est considéré comme étant « objectivement réduit[951]. » En d'autres termes, l'impact de l'exploitation de carrière temporaire est considéré minime par le décret. Elle est soumise à cet égard à la production d'une simple notice d'impact sur l'environnement[952]. On fait référence pourtant au décapage du site. La troisième catégorie d'opération soumise à l'élaboration de Notice d'Impact sur l'environnement est le permis de recherche semi-industrielle[953]. Or, la notice publique « consiste à informer la communauté riveraine du projet envisagé par l'étude, et ce, trente (30) jours avant le démarrage de l'étude[954]. »

La consultation doit intervenir avant même l'octroi de tout titre minier même dans le contexte de l'exploration minière qui a des incidences possibles sur le territoire, les ressources (eau et faune) et l'identité culturelle autochtone. La consultation des peuples autochtones n'est donc pas une exigence du régime minier guinéen avant l'exploration minière et l'octroi d'un permis de recherche industrielle et semi-industrielle.

En revanche, pour le permis d'exploitation industrielle, la concession minière, l'autorisation d'exploitation de carrière permanente, le permis d'exploitation semi-industrielle[955], la réalisation d'une étude d'impact environnemental est obligatoire.

---

[950] *Ibid,* art. 1.2.

[951] *Ibid,* art. 1.1, 4. Selon cette disposition « 1.1 la prise en compte de l'environnement exige l'élaboration d'une Notice d'impact sur l'environnement qui tiendra compte de la nature des substances à prospecter et de la catégorie des travaux à effectuer ». « 4 Le contenu de l'étude d'impact requise du pétitionnaire ou du maître de l'ouvrage doit être en relation avec l'importance des travaux et aménagements projetés et avec leurs incidences prévisibles directement ou indirectement sur l'environnement. » Une notice d'impact sur l'environnement est une étude d'impact environnemental simplifiée. Le ministre de l'Environnement peut, par arrêté, rendre obligatoire la présentation par le pétitionnaire ou le maître de l'ouvrage d'une notice d'impact sur l'environnement.

[952] *Ibid,* art. 1.6.

[953] *Ibid,* art. 1.10.

[954] Ministère de l'Environnement, des Eaux et forêts, *Guide général de réalisation des études d'impact environnemental et social,* Bureau guinéen d'Études et d'Évaluation environnementale, Conakry, 2013 à la p. 11.

[955] *Décret portant adoption d'une directive de réalisation d'une étude d'impact*, *supra* note 947, arts 1.3, 1.4, 1.7, 1.11. Ces termes sont définis de manière suivante par l'article 1er du code minier et associé à leur éventuel titre minier :

Au regard de ces dispositions, la consultation dans le régime minier guinéen prend plus la forme, l'exigence d'une information publique et une participation publique. Elle se limite donc à la phase de l'information publique. Or, dans les parties 1 et 2 de notre ouvrage, nous avons défini la consultation dont le contenu varie. Elle se tient sur une échelle allant de l'information, aux discussions pour avoir l'avis des peuples autochtones, la participation aux prises de décisions, des contre-propositions, l'accommodement et l'obligation d'obtenir le consentement.

En poursuivant l'analyse du décret D/2014/014/PRG/SGG portant adoption d'une directive de réalisation d'une étude d'impact environnemental et social des opérations minières, quant aux définitions et la portée du terme « consultation publique », il ressort d'abord, à l'article 2.3.1, qu'on attire l'attention du promoteur minier sur l'importance de prendre en compte l'intérêt des riverains du projet minier. Cela est formulé comme un conseil ou une recommandation, mais non comme une obligation. Le décret précise que « les promoteurs ont intérêt à prendre en compte les préoccupations des populations environnantes[956]. » C'est dans les étapes de la procédure des EIES que le mot consultation publique apparait. Un seul paragraphe traite de cette composante[957]. La consultation publique est alors définie comme une étape visant à divulguer de l'information sur le projet :

> « Le promoteur ou son consultant doit faire une communication avant, pendant, et après les études d'impact. Cette procédure doit comprendre une phase

---

Carrière : gîte de matériaux de construction, de matériaux pour l'industrie céramique, de matériaux d'amendement, de sel gemme, et d'autres substances analogues, à l'exception des phosphates, nitrates, sels alcalins, et autres sels associés dans les mêmes Gisements. Les tourbières sont également classées parmi les carrières.

Exploitation industrielle : toute exploitation dont les activités consistent à extraire et concentrer des Substances minières et à récupérer les produits marchands par des méthodes et procédés modernes et mécanisés.

Exploitation semi-industrielle : toute exploitation minière de petite taille, permanente, fondée sur la justification de l'existence d'un Gisement, utilisant selon les règles de l'art, des procédés semi-industriels et dont la production annuelle en régime de croisière n'excède pas un certain tonnage du produit commercialisable (minerai concentré ou métal) fixée par substance et par la réglementation minière.

Concession minière : Titre minier, portant sur un périmètre délimité par des coordonnées géographiques, octroyé par décret du Président de la République autorisant son titulaire à exploiter, sans limitation de profondeur, un domaine public ayant fait l'objet de découverte de Gisement dont l'évidence est dûment établie par une étude de faisabilité et dont l'exploitation nécessite des travaux et des investissements d'une importance particulière.

[956] Décret portant adoption d'une directive de réalisation d'une étude d'impact environnemental, *supra* note 940, art. 2.3.1.

[957] *Ibid,* art. 3.1.

> d'information que constitue la consultation publique. Elle consiste à informer les communautés riveraines du projet envisagé par tous les moyens disponible et langues de communication accessibles aux populations concernées par l'étude, et ce, trente (30) jours ouvrables avant le démarrage de l'étude. La consultation publique doit se faire en collaboration avec les autorités locales dont le site du projet relève du ressort territorial[958]. »

Devant pareil constat, la lecture de l'article appelle à trois observations principales : (1) la consultation publique se résume à l'information publique sur le projet minier ; (2) les notions de participation et de consentement sont absentes puisqu'aucune exigence quant à la possibilité de contre-propositions et de discussion sur le projet n'est mentionnée ; (3) aucune obligation de prendre en compte l'avis des communautés autochtones n'est imposée. Cela signifie que le décret ne prévoit pas d'obligation de considérer des mesures d'accommodement en cas de désaccord entre les points de vue autochtones et ceux des promoteurs miniers. Enfin, un délai très court est accordé pour divulguer l'information au public, soit seulement 30 jours avant le début des EIES.

Par ailleurs, l'article 3.6 du décret reprend les mêmes termes que l'article 3.1 suscité. Concrètement, la consultation se résume donc à une simple information. La participation et le CPLE ne sont pas exigés. De plus, le décret n'impose aucune obligation de répondre aux préoccupations des communautés locales. L'article 3.6 du décret précise tout simplement que : « Les recommandations issues des séances de consultations sont reportées dans un procès-verbal cosigné par les autorités locales concernées et dûment établi par un Commissaire enquêteur recruté par le ministère de l'Environnement et à la charge du promoteur[959] ».

Il n'est pas indiqué que ces recommandations doivent être mises en œuvre ni qu'un représentant de l'État veillera à leur suivi et en contrôlera la conformité. Cette insuffisance fait dire à Traore et al. qu'« aucune mention explicite n'est faite à l'obligation de réaliser un plan d'engagement des parties prenantes (PEPP) dans le cadre des études d'impact[960]. » De son côté, Lansana Kourouma, dans le rapport sur l'évaluation des impacts du projet d'exploitation des gisements de bauxite menée par la CBG, mentionne « un manque de communication de la part de la CBG avec la population dans la zone

[958] *Ibid.*

[959] Décret portant adoption d'une directive de réalisation d'une étude d'impact environnemental, *supra* note 940, art. 3.6.

[960] PNUD, Responsabilité sociétale des entreprises (RSE) dans le secteur minier en Guinée. État des lieux et perspectives, *supra* note 939 à la p. 98.

d'étude. Toutes les personnes rencontrées dans les différents villages ciblés pour cette étude affirment qu'ils n'ont pas été officiellement informés du projet de la CBG »[961]. Il montre dans son étude que la population locale n'a pas été impliquée de manière active dans le processus d'EIES. L'auteur ajoute à ce titre que « la participation des acteurs sociaux peut être estimée médiocre dans cette étude. La démarche d'identification des enjeux issus des préoccupations des acteurs n'est pas clairement présentée[962]. »

En l'absence de toute obligation de consultation imposée par l'État aux minières dans le régime minier guinéen, il n'y a pas de cadre formel de discussion entre la société minière et les communautés locales autochtones. Celles-ci n'ont droit à aucune information sur les opérations minières et leurs préoccupations ne sont, dès lors, pas de prises en compte. Or, nous avons vu qu'en vertu du droit au développement, la procédure de consultation doit se tenir tout au long du processus minier. Cette consultation en continu offre l'avantage de favoriser la prise en compte des intérêts des communautés locales. De plus, par l'évaluation des impacts du projet lors de la consultation[963], la société minière favorise l'établissement d'un dialogue constant en restant à l'écoute de la communauté locale et en répondant de « manière appropriée » aux demandes et revendications de celles-ci. À cet égard, la consultation devient le meilleur outil pour « promouvoir et fournir les moyens nécessaires pour un dialogue concret avec les communautés pendant tout le cycle du projet pour couvrir les questions qui pourraient toucher ces dites communautés [...][964] »

De ce qui précède, nous constatons que l'absence de toute exigence en matière de consultation des communautés autochtones dans le régime minier en Guinée porte atteinte au droit au développement de ces communautés.

L'analyse du Centre du Commerce international pour le développement (CECIDE) se rapportant à l'exemple du projet minier de Dinguiraye illustre cette violation qui découle de l'absence d'exigence en matière de consultation dans la législation minière guinéenne. Dans un rapport sur les activités minières de Crew

[961] Lansana Kourouma, Évaluation des impacts environnementaux du projet d'exploitation des gisements de bauxite de N'Dangara et de Boundou Waadé en Guinée, Québec, Institut de l'énergie et de l'environnement de la Francophonie (IEPF), Fiche technique MOGED, 2007 à la p. 5.

[962] *Ibid* à la p. 7.

[963] Société financière internationale, Normes de performance, *supra* note 523, norme no 1.

[964] *Ibid*, norme n° 2.

Gold/SMD à Lero et Sigurini[965], le CECIDE dénonce la violation du droit au développement des communautés autochtones malinkés en raison de l'absence de consultation et d'information, la dégradation de l'environnement, l'enlèvement « des terres [que les communautés autochtones] ont historiquement utilisées, et ce pour donner la place à la compagnie pour l'exploration et la planification[966] ». Le tout, continue le rapport, aurait conduit à l'insécurité alimentaire dans la zone[967]. Le CECIDE rapporte que :

> « Les populations riveraines aux installations de la SMD n'ont jamais été appelées à participer dans la prise de décisions relatives aux opérations minières dans leurs communautés bien que cette activité industrielle affecte gravement leur vie. De plus, elles ne reçoivent presque aucune information relative aux opérations de la SMD[968]. »

Cette remarque formulée à propos de Lero est valable pour la plupart des projets miniers en Guinée, où en l'absence de toute obligation de consulter imposée aux sociétés extractives et de l'État dans le code minier, les populations autochtones ne sont ni informées des activités minières ni associées à la négociation des contrats ni associées aux avantages qui en découlent[969]. Or, pour respecter le droit au développement des peuples autochtones, l'obligation de consultation devrait être inscrite dans le régime minier guinéen.

---

[965] Il s'agit de la Société minière de Dinguiraye (SMD)

[966] CECIDE (Centre du Commerce international pour le développement), Global Rights, Mémorandum : Effets des opérations de la Société minière de Dinguiraye /Crew Gold sur la jouissance des droits sociaux économiques des communautés de Léro et de Siguirini, Conakry, 2010 à la p. 8 [CECIDE, Effets des opérations de la Société minière de Dinguiraye sur la jouissance des droits sociaux économiques des communautés de Léro]. Voir aussi Ibrahima Soumah, Avenir de l'Industrie minière en Guinée, Paris, l'Harmattan, 2007 aux pp. 207–8 [Soumah, Avenir de l'Industrie].

[967] *Ibid* à la p. 8. Il faut noter que « les informations scientifiques et techniques sur les pratiques industrielles de la compagnie et les impacts sur l'environnement ont été obtenues de M. Mark Logsdon, un expert géochimiste américain avec plus de 30 ans d'expérience dans le secteur minier. »

[968] *Ibid* à la p. 7. Voir aussi Organisation internationale de la Francophonie, Georges Lanmafankpotin, Pierre André, Karim Samoura, Louis Côté, René Beaudet et Michel Bernier, « La participation publique dans l'évaluation environnementale en Afrique francophone », *Québec, Institut de la Francophonie pour le développement durable*, 2013 aux pp. 20-4.

[969] Pierre Benabidès, Plan de gestion environnementale et sociale : Obligations et performance pour un développement durable, essai présenté au Centre universitaire de formation en environnement en vue de l'obtention du grade de maître en environnement, Université de Sherbrooke, 2011 [non publié] aux pp. 39-40. D'après cet auteur : « La consultation du public dans les pays en développement est généralement de type passif, à savoir qu'elle s'apparente plus à une simple diffusion d'information qu'à un échange entre les participants. » Il ajoute que « dans les pays en développement, certaines catégories de populations [vulnérables] que sont les peuples autochtones, les minorités ethniques […] sont marginalisées et oubliées dans le processus de participation publique. »

Pour résumer, il convient de noter que, dans le régime minier guinéen, la consultation est partiellement codifiée par le biais de l'évaluation environnementale et ne concerne qu'un certain type de projets, dits de première classe. La consultation s'effectue donc au moyen de l'évaluation environnementale et elle se limite à diffuser l'information publique en excluant les mesures de participation et de consentement préalable, libre et éclairé. Elle ne respecte pas non plus les structures traditionnelles autochtones.

Le régime minier, en Guinée, prévoit par ailleurs une mise sur pied des mesures de consultation dans le cas spécifique de la réinstallation des peuples autochtones.

1.1.2. La consultation en matière de réinstallation des peuples autochtones à la suite de leur déplacement d'un site minier

En plus de la codification du droit à la consultation dans le cadre de l'évaluation environnementale, la législation minière guinéenne prévoit des mesures de consultation en matière de réinstallation des communautés autochtones. Nous rappellerons ce que prévoit le droit au développement en matière de réinstallation des peuples autochtones et mettrons en exergue ce qu'en dit le code minier pour vérifier sa conformité aux normes internationales et régionales.

Le droit au développement interdit tout déplacement des peuples autochtones de leurs terres ancestrales. Cette restriction tient compte de l'attachement des peuples autochtones à la terre et aux ressources naturelles. Tel que précisé dans la partie 1, en tant que peuples vivant en collectivité, les peuples autochtones dépendent de la terre et des ressources naturelles. Il va sans dire que leur survie dépend largement de la sécurisation du droit d'accès à la terre. C'est pourquoi la norme en droit international est l'interdiction de l'éloignement des peuples autochtones de leurs terres ancestrales. D'après l'article 16.1 de la Convention 169 de l'OIT « les peuples intéressés ne doivent pas être déplacés des terres qu'ils occupent[970] ». La politique opérationnelle de la Banque mondiale suggère aussi d'examiner, de considérer et de concevoir tous les scénarios possibles pour éviter d'éloigner les peuples autochtones de leurs terres traditionnelles comme on peut le constater dans ce passage :

> « L'expérience de la Banque montre que la réinstallation de populations autochtones disposant de modes de production traditionnels fondés sur la terre

[970] Convention 169 OIT, *supra* note 28, art. 16.1. Voir aussi Déclaration des Nations Unies, *supra* note 30, art. 10.

est particulièrement complexe et peut avoir des impacts négatifs significatifs sur leur identité et survie culturelles. Pour cette raison, la Banque s'assure que l'Emprunteur a étudié toutes les alternatives réalisables dans la conception du projet permettant d'éviter le déplacement physique de ces groupes[971]. »

Lorsque le déplacement des peuples autochtones de leurs terres ne peut être évité, leur réinstallation est subordonnée à un certain nombre de conditions. La condition préalable de la réinstallation est la tenue d'une consultation approfondie des peuples autochtones et l'obligation d'obtenir leur consentement préalable, libre et éclairé. Ensuite, l'État doit prévoir des mesures de réparation consécutives à la réinstallation des peuples autochtones[972]. La première mesure de réparation concerne une compensation en terres de qualité et de statut juridiques équivalents aux terres détenues par les peuples autochtones avant leur déplacement[973]. Les terres octroyées doivent permettre à la communauté autochtone réinstallée de subvenir non seulement au besoin du présent, mais aussi le plan de compensation doit prévoir suffisamment de terres pour assurer la croissance démographique de la communauté. Autrement dit, le plan de réinstallation doit prévoir des terres supplémentaires pour permettre aux peuples autochtones d'« assurer leur développement futur[974] ». Le cadre de la réinstallation doit également être conforme aux choix culturels des peuples autochtones. En outre, la politique de réinstallation doit être compatible avec le mode de vie de ces derniers et assurer des moyens de subsistance adéquats. Les titres de propriété ou la preuve d'une occupation coutumière de la terre par les communautés autochtones ne doivent pas être exigés pour bénéficier des mesures de compensation[975]. Enfin, la politique de réinstallation doit intégrer des

---

[971] Banque mondiale, Manuel opérationnel de la banque mondiale, Politiques opérationnelles (PO 4.12), annexe A, 2001 au point 9, 20 [Banque mondiale, politique opérationnelle (PO 4.12)].

[972] *Déclaration des Nations Unies, supra* note 30, arts 20.2, 28. « Article 28 1. Les peuples autochtones ont droit à réparation, par le biais, notamment, de la restitution ou, lorsque cela n'est pas possible, d'une indemnisation juste, correcte et équitable pour les terres, territoires et ressources qu'ils possédaient traditionnellement ou occupaient ou utilisaient et qui ont été confisqués, pris, occupés, exploités ou dégradés sans leur consentement préalable, donné librement et en connaissance de cause. 2. Sauf si les peuples concernés en décident librement d'une autre façon, l'indemnisation se fait sous forme de terres, de territoires et de ressources équivalents par leur qualité, leur étendue et leur régime juridique, ou d'une indemnité pécuniaire ou de toute autre réparation appropriée. » Voir à propos Xanthaki, *supra* note 41 à la p. 267. Voir aussi Guesnet, *Compensation Matters*, *supra* note 359 à la p. 12.

[973] *Convention 169 OIT*, *supra* note 28, arts 16.2, 3.

[974] *Ibid*, art. 16.4.

[975] Banque mondiale, *politique opérationnelle* (PO 4.12), *supra* note 973, au point 15.c. Selon ce document, « les personnes déplacées qui n'ont ni droit formel ni titres susceptibles d'être

mesures de compensation pour les pertes imputables au projet minier et offrir la liberté de choix quant à une indemnisation en nature ou en espèces. Un accord sur une indemnisation juste et équitable doit également être signé en guise de garantie. Les conditions de la réinstallation sont ainsi résumées par la Convention 169 de l'OIT de la manière suivante :

1. « Lorsque le déplacement et la réinstallation desdits peuples sont jugés nécessaires à titre exceptionnel, ils ne doivent avoir lieu qu'avec leur consentement, donné librement et en toute connaissance de cause. Lorsque ce consentement ne peut être obtenu, ils ne doivent avoir lieu qu'à l'issue de procédures appropriées établies par la législation nationale et comprenant, s'il y a lieu, des enquêtes publiques où les peuples intéressés aient la possibilité d'être représentés de façon efficace. »

2. « Chaque fois que possible, ces peuples doivent avoir le droit de retourner sur leurs terres traditionnelles, dès que les raisons qui ont motivé leur déplacement et leur réinstallation cessent d'exister. »

3. « Dans le cas où un tel retour n'est pas possible, ainsi que déterminé par un accord ou, en l'absence d'un tel accord, au moyen de procédures appropriées, ces peuples doivent recevoir, dans toute la mesure possible, des terres de qualité et de statut juridique au moins égaux à ceux des terres qu'ils occupaient antérieurement et leur permettant de subvenir à leurs besoins du moment et d'assurer leur développement futur. Lorsque les peuples intéressés expriment une préférence pour une indemnisation en espèces ou en nature, ils doivent être ainsi indemnisés, sous réserve des garanties appropriées. »

4. « Les personnes ainsi déplacées et réinstallées doivent être entièrement indemnisées de toute perte ou de tout dommage subi par elles de ce fait[976]. »

Pour conclure, retenons que le droit au développement interdit toute affectation des terres autochtones. Si le déplacement ne peut être évité, la réinstallation doit se faire aux frais de la société d'exploitation suivant une procédure déterminée par le gouvernement à la suite d'une consultation des peuples autochtones qui respecte leurs priorités culturelles et qui privilégie le retour sur leurs terres ancestrales dès que possible.

En comparant les dispositions des normes internationales avec le droit minier guinéen, on constate ce qui suit. Le code minier pour

---

reconnus sur les terres qu'elles occupent » sont éligibles à l'aide à la réinstallation, c'est-à-dire les mesures de compensation.

[976] Convention 169 OIT, *supra* note 28, art. 16.2.3. 4.

l'examen d'une demande d'attribution de concession minière et de permis d'exploitation, exige du promoteur minier « un Plan de réinstallation des populations affectées par le projet et les mesures d'atténuation des impacts négatifs et d'optimisation des impacts positifs[977] ». Cette même disposition fait référence à l'obligation d'effectuer des études d'impacts environnementaux et sociaux dans le cadre des projets miniers. Dans cette optique, un permis d'exploitation ou de concession minière est assujetti à la production d'un plan de gestion environnemental et social, d'un plan hygiène, santé et sécurité et d'un plan de réinstallation des populations déplacées. En outre :

> « Le Plan de Réinstallation des Populations victimes des déplacements forcés causés par les Activités minières doit, en plus de l'aspect infrastructurel, intégrer la compensation des pertes de revenu et de moyens de subsistance à la suite de ces déplacements. Cette installation ainsi que les compensations y afférentes seront assurés aux frais de la société titulaire du Titre minier ou de l'Autorisation suivant une procédure déterminée par le Gouvernement qui intégrerait les principes [...] de consultation de la Communauté locale[978]. »

À cet égard, la communauté concernée doit être consultée pour la détermination et l'élaboration des mesures de compensation et de relocalisation. Or le droit international exige le consentement des peuples autochtones en matière de réinstallation de ces derniers et des mesures de compensation adéquates.

Le code minier ne mentionne pas non plus que le « Plan de Réinstallation des Populations affectées par le projet » incluant la « compensation des pertes de revenu et de moyens de subsistance » doit être adapté culturellement. Ce volet est absent dans le régime minier guinéen ainsi que l'obligation de signature d'un accord sur une indemnisation juste et équitable qui respecte les priorités culturelles des peuples autochtones.

Le régime minier guinéen est aussi lacunaire à un autre égard, puisqu'il ne reconnait aucunement les ordres juridiques autochtones.

1.2. L'absence de toute reconnaissance des ordres juridiques autochtones

En plus de l'absence de mesure sur la participation, le consentement préalable libre et éclairé dans le régime minier guinéen, aucune mesure ne fait mention du respect des coutumes et structures

[977] Code minier, *supra* note 765, arts 30 II, 37 II.

[978] *Code minier*, *supra* note 765, art. 143.

politiques des communautés autochtones pendant les étapes de la consultation. Le décret institutionnalisant les études d'impact mentionne simplement que « la consultation publique doit se faire en collaboration avec les autorités locales dont le site du projet relève du ressort territorial[979] ». Il s'agit là d'autorités déconcentrées dont le découpage territorial est connu et dont le pouvoir émane de l'État. Il s'agit donc, en quelque sorte, d'un découpage administratif, caractérisé par une forme de déconcentration qui fait référence à l'autorité locale dans le droit administratif guinéen. Or, des autorités politiques traditionnelles existent à l'échelle des communautés locales autochtones. Elles sont régies par une organisation sociale et des systèmes juridiques différents du droit étatique. Les communautés autochtones sont gouvernées par des structures politiques traditionnelles qui avaient leur mode de gouvernance particulier avant l'arrivée du colon français et qui continuent à exister aujourd'hui en marge du droit formel.

À titre d'exemple, il faut souligner que les communautés autochtones malinkés de la Haute-Guinée sont issues de l'organisation de l'empire du Mandingue. Cet empire médiéval était organisé selon la coutume mandingue fondée sur une division sociale du travail, régie par la charte de Kouroukanfouga. Cette charte régissait également le mariage et la succession[980]. Quant à l'organisation administrative, la région était divisée en plusieurs clans communément appelés cantons. Chaque clan avait à sa tête une autorité locale qui est un commandant militaire assisté de marabouts qui disposait d'une autonomie de gestion des affaires économiques, sociales et culturelles. De nos jours, le conseil des sages de la région de la haute Guinée, regroupant différents clans et ayant à sa tête le « sotikèmo », est chargé de préserver les coutumes et traditions du peuple mandingue et d'assumer l'héritage de l'empire[981]. Chaque village a donc ses propres institutions politiques traditionnelles reproduites à l'image de celui de l'Empire du Mandingue. Cependant, l'institution politique assurant l'éducation de la société mandingue et valorisant son mode de vie

[979] Décret portant adoption d'une directive de réalisation d'une étude d'impact environnemental, *supra* note 940, art. 3.1.

[980] Kanté Solomana, *Poèmes et lois de Kourounkanfouga en 1236*, traduit du N'ko par la Commission Hadoc, composée de M. Moussa Keita, M. Richard Toé, M. Adama K Traoré. Voir aussi Djibril Tamsir Niane, *Soundjata ou l'épopée mandingue*, Paris, Présence africaine, 1960.

[981] Le « sotikèmo » est le chef choisi sur la base des coutumes de la société mandingue. Le plus souvent c'est le plus âgé de la famille héritière princière du Mandingue.

traditionnel et sa coutume n'est pas reconnue formellement par l'État, fut-il consultatif.

Ensuite, la chefferie traditionnelle en Moyenne-Guinée, où vivent les communautés autochtones Djallonkés et Koniagui, perpétuent l'organisation sociale et politique du royaume théocratique du Fouta Djallon dont elle est issue. Le royaume théocratique du Fouta Djallon était un État fédéral composé de neuf provinces ou diwés, l'équivalent des communes, ainsi que de l'assemblée des Karamoko ayant à sa tête un Almamy[982]. En plus, la validité des actes de l'Almamy était subordonnée au contrôle du Conseil des Anciens qui donnait également son avis sur toutes les questions d'intérêt national ou d'ordre provincial[983]. Il faut noter que l'État fédéral du Fouta était régi par une constitution intégrant les règles de l'islam et les coutumes peules qui n'étaient pas contraires à l'islam et une hiérarchisation de la société. Il comprenait également un système judiciaire fondé sur le coran et les hadiths où les marabouts faisaient office de juges installés auprès de l'Almamy et des chefs lieu où les familles héritières du royaume théocratique règnent toujours[984]. Les marabouts sont toujours aussi influents et constituent un organe collégial qui appuie le conseil des sages dans sa prise de décision. Ils s'assurent aussi du respect de l'héritage du royaume théocratique dans les communautés autochtones.

Enfin, en Basse-Guinée et en Guinée forestière, la chefferie traditionnelle existe également chez les peuples autochtones Baga et Guerzé et est organisée selon celle du Royaume du Rio-Pongo et celui de ZegbelaTogba à laquelle elle ressemblait à l'époque précoloniale ou avant la conquête coloniale[985].

Ceci étant, en marge du droit formel, nous comprenons que les systèmes de gouvernance traditionnels des différents groupes

---

[982] El Theirno Mamoudou Bah, *Histoire du Fouta-Djalon, des origines au XXe siècle*, Société africaine d'Édition et de Communication, Conakry, L'Harmattan Guinée, 1998 à la p. 53. Il faut noter que l'Almamy est un chef religieux qui a une connaissance suffisante du coran et des principes de l'islam. Il est choisi parmi les patriarches peuls. Voir aussi Gonidec, *supra* note 405, p. 43. Voir également Monique de Lestrange, *Les Coniagui et les Bassaris (Guinée française)*, Monographies ethnologiques africaines, Paris, L'Harmattan, 2006.

[983] Gonidec, *supra* note 405 à la p. 58. Pour aller plus loin voir André Arcin, *l'histoire de la Guinée française, rivière du sud Fouta Djalo-Region du sud du Soudan*, Paris, Librairie maritime et coloniale, 1911.

[984] Mamoudou Bah, *supra* note 984 aux pp. 55-7.

[985] Alassane Conde, *la décentralisation en Guinée : une opération réussie*, Paris, L'Harmattan, 2003 à la p. 28. Voir aussi Ramon Sarro, « Entre migrations et autochtonie : les récits d'origine Baga » dans Gerard Gaillard, dir., Migrations anciennes et peuplements actuels des Côtes guinéennes (2000) *Cahier Lillois d'économie et de sociologie* 413 aux pp. 443-47.

autochtones de la Guinée restent en vigueur et prennent en considération l'histoire et les coutumes de ces groupes. C'est ce qui fait dire à Muriel Davey Malu Malu que « chacun des groupes [autochtones] a conservé une langue vivante et des comportements propres en référence à sa tradition[986] ». De leur côté, Étienne Le Roy, Kéfing Konde et Camille Kuyu Mwissa, affirment qu'il y a en « évidence un foisonnement des ordres juridiques autochtones en Guinée ». Car, la République de Guinée, est un véritable creuset où foisonne une multitude de groupes autochtones régis par diverses coutumes et ayant à sa tête des chefs traditionnels, dont la légitimité n'est pas reconnue par l'État[987].

Dans chacune des communautés autochtones où la chefferie traditionnelle existe, elle influence grandement la population dans ses prises de décision, mais reste marginalisée par le droit étatique actuel. Dès lors, cette marginalisation des chefs traditionnels pose le problème de l'autodétermination des communautés autochtones. Ainsi, pour favoriser le droit au développement des communautés autochtones, l'État devrait reconnaitre formellement leurs dirigeants traditionnels. Les peuples autochtones de la Guinée devraient donc avoir le pouvoir de valoriser leurs institutions traditionnelles de gouvernance en plus de promouvoir leur culture. Tenant compte de ces considérations, la participation des chefs coutumiers au processus formel de consultation serait ici bien adaptée, étant donné que ce sont ces autorités qui émanent directement des communautés autochtones. Dans cet ordre d'idées, il est permis de croire que la reconnaissance des chefs coutumiers par l'État guinéen et leur association au processus de consultation dans la mise en œuvre de leurs territoires serait un moyen de respecter leur droit au développement.

En somme, il faut noter que l'absence de référence au respect des coutumes des communautés autochtones et aux acteurs traditionnels dans le processus de consultation est une atteinte supplémentaire à leur droit au développement.

Dans la section suivante, nous analyserons la législation minière guinéenne au regard de la composante économique du droit au développement des peuples autochtones.

---

[986] Malu Malu, *supra* note 918 à la p. 62. Voir aussi Étienne Roy, « Pourquoi, en Afrique, "le droit" refuse-t-il toujours le pluralisme que le communautarisme induit ? » dans Geneviève Motard, Emmanuelle Piccoli et Christoph Eberhard, dir., *Pluralismes juridiques et interculturalités, Anthropologie et sociétés*, vol 2, n° 40, 2016 25 à la p. 34.

[987] Kéfing Konde, Camille Kuyu Mwissa et Étienne Le Roy, « Demandes de justice et accès au droit en Guinée » (2002) 2 51-52 Dr et soc 383 aux pp. 389-90.

SECTION 2. DES MESURES LACUNAIRES QUANT À LA COMPOSANTE ÉCONOMIQUE DU DROIT AU DÉVELOPPEMENT DES PEUPLES AUTOCHTONES

Le régime minier guinéen renferme des mesures insuffisantes concernant la protection de la composante économique du droit au développement des peuples autochtones. À titre de rappel, l'obligation de l'État dans la mise en œuvre de la composante économique du droit au développement des peuples autochtones inclut la sécurisation du droit aux terres et aux ressources, le suivi du respect des normes environnementales ainsi que l'adoption des mesures de paiement de l'utilisation des ressources. Les projets miniers sont donc l'occasion pour les peuples autochtones de tirer profit de la valorisation de leur territoire et d'assurer leur développement économique et social en tenant compte des dynamiques sociales, économiques, politiques et culturelles qui leur sont propres[988].

L'analyse de la législation minière guinéenne au regard de l'obligation de protection du territoire par l'État révèle une certaine insuffisance en la matière. Il en est de même du partage des bénéfices issus de l'exploitation des ressources où un fonds de développement local insuffisant est prévu. Par ailleurs, l'obligation de l'État de veiller à l'application des dispositions se rapportant à la protection du milieu pose problème dans la pratique.

Il convient de noter que le régime minier actuel est l'héritage d'une longue politique qui ne prenait pas en compte les préoccupations de développement local. Depuis l'indépendance du pays jusqu'en 2011, les entreprises se sont installées en l'absence d'une obligation imposée par l'État en matière de développement communautaire. Le code minier actuel prévoit clairement des dispositions sur le développement communautaire, la protection de l'environnement, le partage des avantages issus de la mine. D'autres volets de la composante économique telle que la garantie du droit aux terres et aux ressources sont toutefois absents. Nous analyserons, dans cette section, le contenu de ce nouveau code minier en vigueur au regard des obligations des États et des entreprises minières dans

[988] Société financière internationale, *Normes de performance*, *supra* note 523, principe 7. Voir aussi ISO, *Lignes directrices relatives en matière de responsabilité sociétale, supra* note 220 à la p. 73. Pour l'ISO, « La contribution d'une organisation au développement d'une communauté peut aider à promouvoir des niveaux plus élevés de bien-être au sein de la communauté. Ce développement au sens large correspond à l'amélioration de la qualité de vie d'une population. »

l'opérationnalisation des composantes économiques du droit au développement des peuples autochtones.

2.1. Une ambigüité juridique quant à la protection du territoire et des ressources

La terre est le fondement de la culture des communautés autochtones en Guinée et un élément essentiel notamment à leur subsistance et à leur économie. Les projets miniers diminuent la disponibilité et modifient le territoire et les ressources que les communautés locales autochtones utilisent traditionnellement. L'exploitation minière affecte le territoire et les ressources notamment par la destruction du milieu de vie, la pollution des cours d'eau, la déforestation, l'empiétement sur les terres agricoles et les zones de pâturages, la destruction des sources d'eau, l'écoulement des substances toxiques et la déforestation qui perturbent les activités de subsistance et l'abandon de l'économie traditionnelle qui s'ensuit, etc. C'est pourquoi l'État a l'obligation de sécuriser le droit aux terres et aux ressources des peuples autochtones en reconnaissant, entre autres, la propriété coutumière des Autochtones sur leurs terres et en adoptant des mesures pour délimiter ces terres.

De plus, nous constatons dans le régime minier guinéen une absence de mesure pour garantir le titre de propriété (2.1.1.) et l'absence de protection efficace contre les déplacements forcés des peuples autochtones (2.1.2.).

2.1.1. L'absence de mesure pour garantir le titre de propriété

L'accès et la propriété des terres autochtones en Guinée sont régis par le droit coutumier autochtone. Le code minier ne reconnait pas le régime foncier autochtone ni encore moins le code foncier et domanial qui complètent les dispositions du code minier. Les conséquences sont l'insécurité et le déplacement forcé des communautés autochtones lorsqu'est envisagée l'installation d'une mine.

Il convient de remarquer que les communautés autochtones en Guinée sont régies par le droit coutumier en matière d'accès à la terre et de propriété. En quelques mots, ce régime fonctionne comme suit. Chaque groupe autochtone a un « mode d'appropriation, de répartition et d'exploitation des terres et des ressources naturelles. [À ce titre, le régime foncier autochtone fonctionne culturellement] « Sur un ou plusieurs systèmes d'autorités multiformes, spécialisés et interdépendants[989] ». Ces systèmes sont encadrés par des structures politiques traditionnelles. Parlant de l'organisation sociale et du système de gestion coutumière de la terre en Guinée par les communautés autochtones, Henry de Decker affirme que, dans une communauté traditionnelle, le système de gestion de la terre est collectif (global). Autrement dit, « l'autorité y est exercée de manière globale, voire sacrée [...] Car la tradition est essentiellement normative pour l'action collective. À ce titre, tout développement implique la mise en contact d'un système culturel orienté vers la tradition[990] ». Tenant compte de l'importance du droit coutumier foncier en Guinée, un rapport dans le contexte de la réalisation du barrage Fomi note que « le contexte foncier actuel de la Guinée est marqué par la cohabitation entre droits fonciers coutumiers et droits fonciers modernes. Dans les communautés locales autochtones, ce sont les normes coutumières et les autorités traditionnelles qui encadrent la gestion de l'accès à la terre et la propriété collective[991]". Nous remarquons à travers ces développements que « la problématique des droits fonciers coutumiers est d'actualité » en Guinée, en ce sens que l'économie marchande a une forte pression sur les terres autochtones[992]. Les terres autochtones font l'objet de grandes convoitises par des promoteurs miniers. La question qui se pose alors est celle de savoir quelle est l'autorité des droits coutumiers face à l'implantation d'une mine ? Il convient de noter à ce propos que les titres miniers ont la prépondérance sur les droits fonciers des communautés autochtones, car le code minier ne protège pas les droits coutumiers fonciers.

En fait, le code minier guinéen ne reconnait pas le droit coutumier d'accès à la terre qui prédomine dans les communautés autochtones. D'ailleurs aucune mesure législative n'assure la protection des terres autochtones. La législation minière ne reconnait pas le droit de propriété coutumière foncière aux communautés autochtones, elle n'accorde pas de garantie sur les terres que les communautés

---

[989] Diop, *supra* note 288 à la p. 159.

[990] Henry de Decker, Nation et développement communautaire en Guinée et au Sénégal, Paris, Mouton, 1967 à la p. 15.

[991] Peter Hochet, Guinée : Sécurisation foncière des terres agricoles pour les populations affectées par le barrage de Fomi, Analyse des connaissances, des outils et des capacités, version finale après validations locale et nationale, mars 2015, Global Water Initiative Afrique de l'Ouest aux pp. 10-1. Voir aussi Moustapha Diop, Julien M. Kodom, Kader Sidibé, Sidiki Kourouma et Saliou Cherif Diallo, Connaissances, outils et capacités pour la sécurisation foncière des populations affectées par le barrage de Fomi, Global Water Initiative Afrique de l'Ouest, mars 2015 à la p. 51.

[992] Diop, *supra* note 288 aux pp. 28-3.

autochtones utilisent traditionnellement. Pour cause, les terres qui relèvent du droit coutumier ne sont généralement pas immatriculées et relèvent du domaine de l'État. Or, les sites miniers se situent sur des zones où les terres ne sont pas immatriculées et donc non grevées de titre foncier.

Le code minier reconnait seulement la propriété individuelle en son article 123. Selon cet article, « le droit minier n'éteint pas le droit de propriété. Aucun droit de recherche ou d'exploitation ne vaut sans le consentement du propriétaire foncier, de ses ayant droits, en ce qui concerne les activités impliquant la surface ou ayant un effet sur celle-ci[993] ».

Or, la protection du droit de propriété privée, mais non de la propriété coutumière autochtone, est une discrimination basée sur la race. Dans l'affaire « *Communauté Mayagna (Sumo) AwasTingni* c. *Nicaragua*[994]", la Cour interaméricaine des droits de l'homme reconnait le droit de propriété des communautés autochtones, le droit à l'égalité, l'obligation de l'État de protéger toutes les formes de propriétés tant individuelles que collectives. La Cour affirme que les peuples autochtones ont souffert de problèmes de discrimination dans de nombreux pays. La Cour a admis que le droit de propriété de la communauté autochtone Mayagna découle de la présence historique continue de cette communauté sur les terres revendiquées. Par conséquent l'absence de protection légale du régime communautaire de ce peuple autochtone sur leurs terres est de la discrimination. Selon la Cour interaméricaine des droits de l'homme :

> « traditional patterns of use and occupation of territory by the indigenous communities of the Atlantic Coast of Nicaragua generate customary law property systems, they are property rights created by indigenous customary law norms and

---

[993] Code minier, *supra* note 765, art. 123.

[994] Tingni, *supra* note 305. Il convient de rappeler ici que les références au système interaméricain pour traiter d'une problématique en Afrique et en Guinée découlent des articles 60 et 61 de la CADHP. La Charte encourage à se référer davantage aux sources sous régionales hors Afrique dans ses articles 60 et 61 pour appliquer le droit. Cette formule, si elle semble présenter certains avantages dans la mesure où elle permet de suivre l'évolution du droit au plan international, constitue une faiblesse pour certains auteurs de doctrine en cas de conflit entre ces instruments et le contenu de la Charte qui reflète les valeurs africaines. Dès lors, cette référence, […] means that adjudication in respect to even United and sub-regional human rights instruments will fall within the jurisdiction of the African Human Rights Court, provided that such treaties have been ratified by the states concerned. […] However, if cases could be brought to the African Human Rights Court on the ground that, for example, United Nations treaties have been violated, with no reference to the African Charter, this will lead to jurisprudential chaos, and it will undermine the unique nature of the African Charter ». (Christof Heyns, The African Regional Human Rights System: The African Charter » (2004) 108 Penn. St L. Rev. 679 ; à la p. 694).

practices which must be protected, and they qualify as property rights protected by article 21 of the Convention. Non-recognition of the equality of property rights based on indigenous tradition is contrary to the principle of non-discrimination set forth in article 1(1) of the Convention [...][995] »

Nous remarquons donc que le code minier ne protège pas les droits fonciers coutumiers qui régissent les communautés autochtones. En l'absence de reconnaissance de la propriété coutumière, les populations autochtones restent sans protection adéquate. Elles n'ont ainsi ni le contrôle ni de droit sur leurs terres ancestrales, malgré leur dépendance particulière à la terre et aux ressources.

En Guinée, aucune autre loi[996] ne protège à leur tour la propriété coutumière autochtone. En droit guinéen, le code foncier et domanial en ses articles 1 et 2, accorde à « l'État, aux personnes physiques ou morales, tous les droits de propriété foncière[997] », ce qui exclut la protection de la propriété coutumière autochtone. Cette insuffisance est soulevée dans le rapport sur la réalisation du barrage de Fomi qui note que : « Le code foncier et domanial, qui régit l'attribution et l'affectation des terres en Guinée, ne réglemente pour l'essentiel que le foncier bâti ou non bâti en milieu urbain et prend très peu en

---

[995] *Ibid* au para 140 b).

[996] Code foncier et domanial en République de Guinée, *supra* note 93. Un autre texte réglementaire, à savoir le Décret D/2001/037/PRG/SGG du 17 mai 2001, portant adoption de la politique foncière en milieu rural, République de Guinée, Journal officiel de la République, no 13 et 14 des 10 et 25 juillet 2001, complète le code foncier et domanial en matière de gestion foncière en Guinée. Il faut rappeler que le principe en Guinée est que les terres appartiennent à l'État. Selon les articles 6 et 12 principalement de ce décret, les occupations et les exploitations du domaine public pour un intérêt d'ordre collectif, peuvent faire une demande d'autorisation d'occupation ou d'exploitation à l'autorité compétente. L'acte d'autorisation est accordé à titre temporaire et révocable par l'autorité compétente. Autrement dit un acte est délivré pour permettre l'usage sous certaines conditions de l'occupation du domaine public, mais n'accorde pas le droit de propriété ni de possession des terres (article 111). L'article 39 parle de la reconnaissance de la propriété d'un immeuble en cas d'occupation paisible et personnelle par les personnes physiques ou morales. Toutefois on ne parle pas de l'occupation collective des terres qui s'applique à la situation des peuples autochtones. Il n'y a donc pas de reconnaissance de la propriété de terres ancestrales. Les articles 40 et 119 parlent de la non-reconnaissance de la propriété en cas d'absence d'occupation et dans le cas d'un bien vacant. Il reste que ces articles parlent de propriété d'immeuble et non de propriété foncière.

[997] Diop, *supra* note 288 à la p. 28. Ces articles sont ainsi libellés « Article 1. L'État, ainsi que les autres personnes physiques et morales privées peuvent être titulaires du droit de propriété sur le sol et les immeubles qu'il porte, et l'exercer selon les règles du Code civil et celles du présent Code. Article 2 : Le droit de propriété confère à son titulaire la jouissance et la libre disposition des biens qui en sont l'objet, de la manière la plus absolue. Il s'exerce dans le respect des limitations imposées par l'intérêt général ou celles prévues par les dispositions légales. »

compte [...] les spécificités des problèmes fonciers en milieu rural[998] ».

L'analyse du droit coutumier permet de conclure que le droit foncier guinéen se caractérise par l'existence des droits coutumiers autochtones qui sont prépondérants et le droit étatique qui exclut toute reconnaissance des fonciers autochtones. Le code minier, le code foncier et domanial ainsi que ses textes d'application accordent exclusivement les droits de propriété à l'État, aux personnes morales ou protège tout simplement la propriété individuelle. Or, les peuples autochtones vivent en collectivité et ce type de protection s'avère inadéquate pour préserver leur spécificité culturelle. C'est en ce sens qu'une étude révèle que :

> « Les populations locales autochtones réglementent l'accès, l'usage, la possession et la propriété de la terre en Guinée à travers leurs propres normes coutumières. Toutefois, elles ne peuvent se prévaloir d'un droit de propriété légalement reconnu, car leur droit de propriété n'est pas formellement attesté par une déclaration auprès des autorités administratives. Autrement dit, elles ne sont pas dotées de titre de propriété comme l'exigent les actes et les institutions du Code foncier et domanial. Or, les terres de ces populations locales sont de plus en plus convoitées par des acteurs qui sont politiquement et économiquement puissants[999] ».

En plus de ces insuffisances concernant les droits fonciers, il faut ajouter l'absence de protection efficace contre les déplacements forcés des peuples autochtones.

2.1.2. L'absence de protection efficace contre les déplacements forcés des peuples autochtones

En plus de l'absence de reconnaissance de la tenure foncière autochtone, il faut ajouter des lacunes dans la législation guinéenne concernant la définition de la notion d'intérêt général, motif permettant le déplacement forcé des populations et les indemnisations qui devraient s'en suivre. Le code minier prévoit en son article 54 que :

> « Il ne peut être porté atteinte au droit de propriété que lorsque l'intérêt général l'exige. Cette atteinte peut constituer en une expropriation pour cause d'utilité publique (39) à une Réglementation du droit de propriété dans un but d'urbanisme, d'aménagement rural, de recherche ou d'exploitation minière, de

[998] Kodom, *supra* note 993 à la p. 51.
[999] Hochet, *supra* note 993 aux pp. 10-1. Voir aussi Kodom, *supra note* 993 à la p. 51.

sauvegarde de l'environnement (40) et en l'édiction de servitudes d'utilité publique.[1000] »(41)

Suivant cette disposition, l'exploitation minière relève de l'intérêt général (ou de l'utilité publique ou d'intérêt public) et sert souvent de prétexte pour délocaliser les communautés locales de leur territoire traditionnel[1001]. La notion d'intérêt public n'est pourtant ni définie dans le code minier ni par le code foncier et domanial et encore moins le code civil guinéen[1002]. La notion d'intérêt public renvoie, en droit administratif, à la réalisation d'un projet qui vise la poursuite d'une action publique[1003]. Il s'agit des projets dans les domaines suivants : « hygiène, assainissement, urbanisme, développement des logements, remembrement, protection du patrimoine naturel, historique, protection de l'environnement, prévention des risques majeurs[1004] ».

Dans la décision Endorois, la Commission africaine a donné une définition de la notion d'intérêt public et son application concrète dans le contexte du droit à la terre des peuples autochtones. D'abord, la Commission a évalué si un empiètement pour utilité publique « est en effet si utile qu'il dépasse les droits des autochtones à la terre de leurs ancêtres[1005] ». En réponse, la Commission conclut que « le critère

---

[1000] Code minier, *supra* note 765, article 54. Il faut noter ici que le droit de propriété n'est pas utilisé au sens traditionnel du terme. Les populations autochtones quoique ne détenant pas un titre foncier, se considèrent comme des propriétaires coutumiers. Bien que l'État ne reconnaisse pas la possession coutumière, ces populations considèrent que leurs terres ancestrales leur appartiennent. Elles défendent cette hypothèse en se basant sur l'interprétation de l'article 14 de la Charte africaine des droits de l'homme et des peuples. La Cour africaine a précisé dans l'arrêt Ogiek que « les droits qui peuvent être reconnus aux populations ou aux communautés autochtones sur leurs terres ancestrales sont variables, et n'emportent pas nécessairement le droit de propriété dans son acception classique incluant le droit d'en disposer (abusus) sans exclure le droit de propriété au sens classique du terme, cette disposition met davantage l'accent sur les droits de possession, d'occupation, d'utilisation et d'exploitation des terres. » (au para 127).

[1001] Makanera Alhassane Kake, Le droit administratif guinéen, manuel de cours, Université Général Lansana Conté de Sonfonia, avril 2018 à la p. 87.

[1002] D'après le code foncier et domanial (Code foncier et domanial en République de Guinée, *supra* note 93.) en son article 54 : « Il ne peut être porté atteinte au droit de propriété que lorsque l'intérêt général l'exige. Cette atteinte peut constituer en une expropriation pour cause d'utilité publique, à une réglementation du droit de propriété dans un but d'urbanisme, d'aménagement rural, de recherche ou d'exploitation minière, de sauvegarde de l'environnement et en l'édiction de servitudes d'utilité publique. ». Le Code civil (Loi L/004/AN/1983 du 16 février 1983 portant Code civil) prévoit à son tour en son article 825 que : « Nul ne peut être contraint de céder sa propriété, si ce n'est pour cause d'utilité public et moyennant une juste et préalable indemnité. »

[1003] Code de l'expropriation pour cause d'utilité publique, édition : 25/08/2018, art. 121.2.

[1004] Agathe Van Lang, Geneviève Gondouin et Véronique Inserguet-Brisset, Dictionnaire de droit administratif, 4e éd, Paris, Armand Colin, 2005 à la p. 331. Voir aussi Gérard Cornu, Vocabulaire juridique, Paris, PUF, 2018 aux pp. 44, 1058.

[1005] Endorois, *supra* note 34 au para 211.

d'utilité publique » se trouve à un seuil supérieur en cas d'empiètement des terres autochtones, plutôt qu'une propriété individuelle. À ce sujet, poursuit la Commission, en droit des peuples autochtones, l'intérêt public revêt un autre sens plus rigoureux et découle uniquement « de l'intérêt le plus urgent et le plus absolu de l'État » en ce sens que la propriété autochtone des terres « est liée aux Droits de l'homme les plus importants et les plus fondamentaux, y compris le droit à la vie, à la nourriture, à l'autodétermination, à l'habitat et le droit d'exister en tant que peuple[1006] ». Ces éléments, rappelons-le, constituent des composantes essentielles du droit au développement des peuples autochtones.

En ce sens, la Commission africaine conclut qu'en matière d'expulsion des peuples autochtones, « […] la raison des limitations doit être strictement proportionnelle et absolument nécessaire par rapport aux avantages y afférents ». C'est pourquoi :

> « La perturbation et le déplacement des Endorois des terres qu'ils considèrent comme leur appartenant et la négation de leurs droits à la propriété sur leurs terres ancestrales sont disproportionnés pour n'importe quel besoin public justifiant [l'octroi de concessions minières sur les terres querellées[1007].] »

La règle est l'interdiction de déplacer les peuples autochtones[1008]. Dès lors, l'exploitation minière ne constitue pas une utilité publique, un besoin public ou un intérêt communautaire général. Car, la Commission africaine a évalué qu'un empiètement sur les terres traditionnelles autochtones pour l'intérêt public n'était pas plus utile que les droits des Autochtones à la propriété (dans le cadre de l'octroi d'une concession minière).

Cela étant, en plus de l'imprécision de la définition de la notion d'utilité publique, les étapes de la procédure administrative de déclaration d'intérêt général (ou d'utilité publique) ne sont pas non plus définies dans le code minier guinéen. Cela veut dire concrètement qu'aucune norme et directive précisant la procédure de déplacement des communautés autochtones dans le cadre des projets miniers n'est indiquée dans le régime minier guinéen, surtout les conditions dans lesquelles ce déplacement peut avoir lieu[1009]. Cela porte non

---

[1006] *Ibid.*

[1007] *Ibid* aux paras 99, 214.

[1008] Voir à propos les articles 8.1 et 10 de la Déclaration des Nations Unies, *supra* note 30.

[1009] La même problématique est vécue par la plupart des peuples autochtones d'Afrique. Voir à propos arrêt des Ogiek, *supra* note 34 au para 131. « La Cour conclut qu'en expulsant les Ogiek de leurs terres ancestrales contre leur gré, sans consultation préalable et sans respecter les conditions d'une expulsion pour cause d'utilité publique, l'État défendeur a violé leurs

seulement atteinte à la dignité des peuples autochtones, mais aussi à leur droit au développement.

En l'absence de précision quant à la marche à suivre pour la déclaration d'utilité publique[1010], les terres ancestrales des communautés autochtones n'ont pas de protection juridique et les communautés autochtones sont exposées à une dépossession territoriale. Le code foncier et domanial mentionne tout simplement la tenue d'une enquête publique et d'une enquête parcellaire avant la déclaration d'utilité publique[1011]. Selon les dispositions de cette loi :

> « **Article 57** : L'utilité publique est déclarée après enquête publique : soit par Décret ; soit expressément, dans l'acte déclaratif d'utilité publique qui autorise les travaux d'intérêt public projetés [...] »
>
> « **Article 59** : Le Décret déclaratif d'utilité publique [...] [doit] être précédé [...] d'une enquête parcellaire. »

Pourtant, le code foncier et domanial ne précise pas ce que comprenne une enquête publique et une enquête parcellaire. En d'autres termes, la description des étapes, des conditions de la procédure de l'enquête publique et parcellaire qui interviennent dans le contexte du déplacement forcé ne sont pas définies dans le droit guinéen. Sans précision de la notion d'intérêt général, les communautés autochtones en Guinée sont exposées à une dépossession territoriale. Comme dans le cas des Endorois, elles peuvent être déplacées à tout moment au nom de l'intérêt public sans consultation préalable. Cette insuffisance de la législation guinéenne est d'ailleurs soulevée par la minière Rio Tinto qui note que : « le cadre juridique guinéen ne définit pas actuellement les détails de l'enquête publique ou de l'enquête parcellaire [...][1012] » qui précèdent la déclaration d'utilité publique.

En conséquence, les failles dans la protection du droit à la terre des peuples autochtones dans le régime minier ouvrent la porte à de nombreuses violations de leurs droits fonciers par les minières. Les sociétés minières procèdent sans même l'intervention de l'État à un déplacement forcé des communautés autochtones avec une

---

droits à la terre tels [...] qu'ils sont garantis dans l'article 14 de la Charte, lu à la lumière de la Déclaration des Nations Unies sur les droits des peuples autochtones.]

[1010] Tel que prévu à l'article 125 du Code minier cité ci-haut (Code minier, *supra* note 765).

[1011] Code foncier et domanial en République de Guinée, *supra* note 93, arts 57, 58 et 59. "Article 57 : L'utilité publique est déclarée après enquête publique : soit par Décret ; sois expressément, dans l'acte déclaratif d'utilité publique qui autorise les travaux d'intérêt public projetés".

[1012] Rio Tinto, "Législation, normes et cadre administratif" à la p. 1.C-9, en ligne (PDF) : *Rio Tinto* <http://www.riotinto.com/documents/P_An01C_CadreLegal_FR.pdf>.

négociation directe, mais douteuse, avec celles-ci[1013]. Autrement dit, comme l'exprime l'auteur Amadou Keita :

> « Les négociations pour l'accès au territoire [et la réinstallation des communautés locales autochtones] sont pour la plupart du temps conduites de manière volontaire par les représentants des sociétés minières concernées, sans encadrement particulier du processus d'un point de vue légal ou réglementaire[1014]. »

Les communautés locales reçoivent une compensation après des négociations dans lesquelles elles sont désavantagées, à la suite de leur expulsion et réinstallation. L'État n'intervient à aucune étape pour protéger les droits des communautés autochtones. Ce fut d'ailleurs le cas avec la Société minière SAG à Siguiri où les communautés autochtones malinkés ont été déplacées sans même l'ombre d'un décret d'utilité publique[1015]. La procédure de compensation n'a pas non plus respecté les règles du droit national, international et régional.

[1013] CECIDE (Centre de Commerce international pour le Développement), MDT (les mêmes droits pour tous), *Réinstallation involontaire pour l'extension d'une mine d'or à Kintinian : Rapport d'étude de terrain à Kintinian en Guinée,* janvier 2017 à la p. 21 [CECIDE, *Réinstallation involontaire pour l'extension d'une mine d'or*].

[1014] A. Keita, *supra* note 724 à la p. 69.

[1015] CECIDE, *Réinstallation involontaire pour l'extension d'une mine d'or, supra* note 1015 à la p. 21. La même situation est dénoncée pour la réalisation du barrage de Fomi en Haute-Guinée où un rapport d'étude dénonce l'absence de décret présidentiel de déclaration d'utilité publique du projet qui devrait donner lieu à au déplacement forcé des populations locales, malgré le caractère majeur du projet. Kodom, *supra* note 993 aux pp. 12, 55.
D'après ce rapport : « La construction du barrage de Fomi est un enjeu capital de développement local [...] Les enjeux de la construction du barrage de Fomi dépassent largement le territoire de la Guinée et la simple production d'électricité. Ils impliquent les États membres de l'Autorité du Bassin du Niger (ABN) en particulier le territoire du Mali. Le projet doit contribuer à la réalisation du plan d'action de développement durable (PADD) du bassin du Niger :
- Satisfaire les besoins primordiaux en eau potable et l'alimentation du cheptel.
- Garantir le bon état écologique du cours.
- Développer l'agriculture dans les périodes de décrues.
- Développer la pêche, la navigation et accroître la production hydroélectrique.

[...] Mais la construction du barrage Fomi provoquerait nécessairement des bouleversements importants du milieu et des transformations profondes des modes de vie des populations riveraines. Le déplacement et la réinstallation des populations affectées, sur d'autres terres que celles qu'elles occupaient traditionnellement ou historiquement, soulève directement la question du respect et de garantie du droit des propriétaires fonciers coutumiers et des usagers coutumiers non-propriétaires. La question de sécurisation foncière reste donc au cœur de cette étude. Les aspects sociaux et la question de développement local sont restés pendant très longtemps en dehors des préoccupations des bailleurs de fonds et des pouvoirs publics, alors que les expériences dramatiques ont longtemps marqué l'histoire de construction des grands barrages à travers le monde. » « Eu égard à l'envergure nationale et régionale du projet Fomi, la Déclaration d'utilité publique devra être un décret du Président de la République. »] Il faut rappeler que la DUP n'a pas encore été faite dans le cadre du projet Fomi.

Le code minier guinéen prévoit à ce propos en son article 125.3 que :

> « Le Plan de Réinstallation des Populations victimes des déplacements forcés causés par les Activités minières doit, en plus de l'aspect infrastructurel, intégrer la compensation des pertes de revenu et de moyens de subsistance à la suite de ces déplacements. Cette installation ainsi que les compensations y afférentes seront assurés aux frais de la société titulaire du Titre minier ou de l'Autorisation suivant une procédure déterminée par le Gouvernement qui intégrerait les principes [...] de participation et de consultation de la Communauté locale. »

En pratique, dans le contexte d'un déplacement forcé, aucune procédure n'est déterminée par le gouvernement ni même un décret pour cause d'utilité publique n'est émis. Les minières procèdent par négociation directe avec les communautés locales autochtones pour procéder à leur expulsion et la signature des accords de réinstallation qui ne respectent pas les conditions de consultation prévues dans le code minier. Dans le cas de Siguiri, à titre d'exemple, le CECIDE rapporte qu'aucun décret d'utilité publique n'a autorisé l'expulsion des communautés autochtones malinkés de leurs terres traditionnelles face à l'extension des activités minières de la SAG[1016]. De plus, la réinstallation des communautés autochtones a eu lieu sur un autre site qui ne leur garantissait pas les modes de vie, selon le rapport du CECIDE. Par exemple, les maisons en tôle construites pour abriter les communautés autochtones déplacées restent toujours inoccupées. Ces communautés trouvent que les maisons ne sont pas adaptées au climat de la savane et sont loin de leur modèle d'habitat traditionnel. En outre, la réinstallation a eu lieu loin du territoire de chasse ancestral des communautés autochtones malinkés rendant l'accès difficile au gibier[1017]. Des lopins de terre ont été offerts à ces communautés qui sont des chasseurs, en vue d'en faire des agriculteurs. Cette situation rend difficile la survie de ces communautés autochtones et réduit considérablement leur bien-être.

Or, dans une situation semblable où les Endorois ont été expulsés de leurs terres ancestrales et réinstallés sur les terres semi-arides, la Commission africaine a soutenu que leur droit au développement a été violé du fait que : « Les Endorois ont vu l'ensemble de choix et capacités qui leur étaient offerts se réduire depuis leur expulsion de la Réserve faunique [...] en raison du manque d'accès au Lac, aux sels

---

[1016] *Ibid.*

[1017] Soumah, *Avenir de l'Industrie*, *supra* note 968 à la p. 146.

minéraux et à leurs pâturages habituels, le bétail des Endorois a été décimé »[1018].

De même, le droit au développement a été violé à la suite de « l'incapacité de l'État Défendeur à impliquer de manière adéquate les Endorois dans le processus de développement, couplé au défaut d'assurer l'amélioration permanente du bien-être de la communauté Endorois »[1019]. Par comparaison, on peut affirmer que le droit au développement étant la liberté d'action, les communautés autochtones malinkés ont subi une violation dans cette situation précise. Malgré la violation des droits fonciers des communautés autochtones de Siguiri et le non-respect de la procédure minimale en matière de déplacement forcé qui exigent « la compensation des pertes de revenus et de moyens de subsistance à la suite de ces déplacements »[1020], l'État guinéen n'a pas pris de mesures de sanction à l'endroit de la minière. Pire, comme le cas des Ogoni au Nigeria, l'État s'est rendu complice de la répression des communautés autochtones par une « présence massive des forces de sécurité guinéenne, y compris les bérets rouges sur les concessions de la SAG qui ont procédé aux opérations de déguerpissement »[1021].

En soutenant ces opérations de déguerpissement des communautés autochtones de leurs terres ancestrales pour permettre l'extension des travaux de la société minière sans décret d'utilité publique ni mesure

---

[1018] *Endorois, supra* note 34 au para 125.

[1019] *Ibid* au para 126.

[1020] *Code minier, supra* note 765, article 142.3.

[1021] CECIDE, *Réinstallation involontaire pour l'extension d'une mine d'or, supra* note 1015 à la p. 33. La même situation s'est produite à Zogota où d'ailleurs une ONG a porté plainte contre l'État pour complicité d'assassinat et non-protection des droits de la population locale. L'ONG même droit pour tous (MDT) a dénoncé la complicité de l'État guinéen notamment des forces de l'ordre dans le massacre de plusieurs manifestants des communautés autochtones Guerzé qui protestaient contre la destruction de leur environnement, la pollution de leur cours d'eau, la perte des terres agricoles, leur déplacement des zones agricoles, la non-contribution de la Société Vale au développement local de leur collectivité (Zogoto), etc. L'ONG estime à ce propos que l'État a failli à son devoir de protéger les droits humains, d'enquêter et de sanctionner les auteurs. Pour elle, *« La compagnie [*Vale-BSG ressource] *a aidé à planifier l'action des forces de sécurité. Les preuves que nous détenions démontrent que l'attaque contre les habitants de Zogota a commencé immédiatement après la réunion entre la hiérarchie de la compagnie, les représentants du gouvernement et les commandants des forces de sécurité. L'entreprise a fourni une assistance logistique importante aux forces de défense et de sécurité pour la commission des crimes. Selon plusieurs témoignages concordants, l'entreprise aurait ravitaillé en combustible des véhicules des forces de sécurité dans les heures avant l'attaque. La compagnie s'est engagée à fournir des véhicules pour arrêter les responsables des manifestations, la compagnie a continué à collaborer avec les forces de sécurité après le massacre. »* Ibrahima Kindi Barry, « Tueries de Zogota : 6 ans après, MDT n'oublie pas », *LeDjely.com* (12 septembre 2018), en ligne : http://www.ledjely.com/tueries-de-zogota-6-ans-apres-mdt-noublie-pas/.

d'information en faveur de ces communautés, l'État guinéen a failli à son obligation de protéger et de promouvoir le droit au développement. Il a lui-même enfreint le droit au développement par ses actions militaires[1022].

Concrètement, en l'absence de disposition protégeant le territoire ancestral des communautés autochtones, celles-ci n'ont pas de sécurité juridique en matière foncière. Elles sont très souvent délocalisées de leurs terres, sans qu'aucune mesure assurant leur moyen de subsistance ne soit prise, et ce, afin de mettre en place des projets miniers[1023]. C'est ce qui fait dire au GWI que « [...] Les réglementations foncières en Guinée comportent beaucoup de lacunes tant en matière de mise en œuvre des mécanismes » de délocalisation ainsi que des « modalités de compensation des populations qui sont affectées par le processus »[1024]. Le rapport 2018 de Human Rights Watch va également dans le même sens. Ce rapport intitulé « Quels bénéfices en tirons-nous ? » dénonce la destruction des moyens de subsistance des communautés locales situées à proximité des sites d'exploitation, la perte des terres agricoles, l'expulsion des terres ancestrales sans indemnisation ou versement d'argent pour compenser les pertes, mais aussi la pollution de l'environnement. Cette situation est favorisée par la non-sécurisation des droits fonciers coutumiers et l'imprécision du droit guinéen concernant la définition de la notion d'intérêt général. À cet égard, le rapport précise que :

> « Bien que le développement florissant du secteur de la bauxite apporte au gouvernement un revenu fiscal dont il a grand besoin, des milliers d'emplois et des bénéfices aux sociétés minières et à leurs actionnaires, il a également de lourdes conséquences sur les droits humains des communautés rurales vivant à proximité des activités liées à l'exploitation du minerai. Les sociétés minières

---

[1022] Dans l'arrêt Endorois, *supra* note 34 au para 134 par exemple, la Commission africaine a conclu que « Les autorités kényanes ont violé le droit au développement des Endorois en engageant des actions de coercition et d'intimidation qui sont venues abroger le droit des membres de la communauté d'assurer leur participation effective et de donner librement leur consentement [et en proférant des menaces à l'endroit des membres de la communauté] lorsqu'ils avaient soulevé des objections sur la question de la délivrance de concessions minières. »

[1023] Selon Dr Kaké Makanera Alhassane, enseignant-chercheur à la Faculté de droit de l'Université Général Lansana Conté de Sonfonia, l'exploitation minière n'a pas d'impact positif sur la vie des populations locales autochtones. Plus précisément dans la région de Boké, il affirme qu'en plus de du déplacement forcé des paysans de leurs terres, de la destruction de l'environnement, « l'exploitation minière n'a entrainé que la pauvreté, la délinquance, la drogue, la prostitution. » Interview réalisée par Amadou Kendessa Diallo, *Guineenews* (10 août 2018), en ligne : https://www.guineenews.org/dr-makanera-a-boke-lexploitation-miniere-na-entraine-que-la-pauvrete-la-delinquance-la-drogue-et-la-prostitution/.

[1024] Kodom, *supra* note 993 à la p. 51.

profitent de la protection ambigüe des droits fonciers ruraux par la législation guinéenne pour [expulser] des terres agricoles ancestrales sans offrir d'indemnisation adéquate, ou en versant des paiements financiers qui ne compensent pas le profit que les communautés en tiraient. Les dégâts causés aux sources d'eau et attribués par les populations locales à l'exploitation minière, ainsi que la demande provoquée par l'afflux de migrants vers les zones minières, réduisent l'accès à l'eau dont les communautés dépendent pour boire, se laver ou cuisiner. »[1025]

Dans ce contexte, en tenant compte de l'insuffisance de la protection des droits fonciers des communautés autochtones, le CECIDE parle de la nécessité d'« assurer un cadre juridique clair et respectueux des droits coutumiers en matière de compensation [...] En outre, l'État doit engager une réforme du Code foncier afin de mieux protéger les droits fonciers[1026].

À propos de la protection du droit de propriété dans le régime minier guinéen, l'Association du Barreau américain (ABA) rapporte que :

« Vu les lacunes dans les réglementations foncières, que les Commissions foncières ne sont pas mises en place dans toute la Guinée, qu'il n'y a pas encore un décret pour la mise en œuvre des protections du droit de la propriété dans le "*Code minier*", ni un manuel d'opération réglementaire, il est difficile non seulement pour les populations locales de comprendre le droit foncier, mais aussi difficile pour les agents de l'État ainsi que les sociétés minières de [...] mettre en œuvre [la protection du droit de propriété][1027]. »

Cet état des faits constitue aussi une incapacité de l'État d'adopter un cadre juridique capable d'assurer la protection du droit au développement des communautés locales et autochtones.

De plus, la conséquence de l'incertitude juridique à propos des droits fonciers des peuples autochtones est l'insécurité alimentaire due à la perte des terres agricoles au profit des activités minières.

Dans la prochaine section, nous analyserons les limites du contrôle de l'État sur les entreprises minières en matière de respect des normes se rapportant à la protection du milieu et du territoire.

1025 Human Rights Watch, Quels bénéfices en tirons-nous ? » : Impact de l'exploitation de la bauxite sur les droits humains en Guinée, Human Rights Watch, 2018 à la p. 3 [HRW, Impact de l'exploitation de la bauxite].

1026 CECIDE, Réinstallation involontaire pour l'extension d'une mine d'or, *supra* note 1015 à la p. 34.

1027 ABA, promouvoir le développement axé sur les droits humains, *supra* note 741 à la p. 186.

2.2. Les limites du contrôle de l'État sur les entreprises minières en matière de respect des normes relatives à la protection du milieu et du territoire

Nous avons mentionné dans la partie 2 de l'ouvrage que l'État a l'obligation de protéger, de promouvoir et de mettre en œuvre le droit au développement des peuples autochtones. Il a, à ce titre, l'obligation de prévoir dans son droit interne des mesures quant à la protection de l'environnement par les sociétés minières. Étant donné que l'État n'est pas impliqué directement dans les opérations d'extraction, sa responsabilité est donc de s'assurer que les minières tiennent des EIES permettant de respecter les principes du développement durable, mais aussi de superviser les entreprises pour qu'elles appliquent les normes environnementales. Une telle obligation est d'ailleurs rappelée dans la constitution guinéenne. En effet, la constitution guinéenne en ses articles 16 et 21.3 prévoit le droit pour le peuple à la protection de l'environnement. L'État a, à ce titre, le devoir de protéger l'environnement. Ces articles sont ainsi libellés :

> « 16. Toute personne a droit à un environnement sain et durable et a le devoir de le défendre. L'État veille à la protection de l'environnement. »
>
> « 23.1. Le peuple de Guinée [...] a droit à la préservation de son patrimoine, de sa culture et de son environnement[1028]. »

L'obligation de l'État de faire respecter les dispositions environnementales présente une certaine limite due essentiellement à des lacunes dans des textes et à la faible capacité de l'État. Plus précisément, les processus de recrutement du cabinet d'expertise pour les études d'impact environnementaux et sociaux (EIES) et le contrôle de l'État, c'est-à-dire la surveillance, le suivi environnemental des EIES et le contrôle du Plan de gestion environnementale nous semblent insuffisants.

Premièrement, la limite à l'obligation de l'État de s'assurer du respect de l'application des dispositions se rapportant à l'environnement concerne le processus de recrutement du cabinet d'expertise pour les EIES, de surveillance et du suivi environnemental des EIES par l'État.

En effet, l'article 3 du *Décret n° 199/PRG/SGG/89 du 18 novembre 1989* portant *Codification des études d'impact sur l'environnement*[1029]

[1028] Constitution de la République de Guinée, *supra* note 91, arts 16, 21.3. Voir aussi Code de l'environnement, *supra* note 942, arts 5, 9, 10.

donne la liberté aux promoteurs miniers de recruter un cabinet d'études chargé de la réalisation des EIES, sans aucune intervention ni supervision d'un organisme étatique[1030]. Ni le ministère de l'Environnement ni celui des Mines, par exemple, ne contrôle les cabinets en charge des EIES mandatés par la minière. Exceptionnellement, le ministre chargé de l'environnement « peut, par arrêté » mandater une personne publique pour mener l'étude d'impact[1031]. À cela, aucune contre-expertise des EIES n'est prévue par les textes de loi. La supervision et le suivi environnemental des EIES incombent au promoteur minier. De plus, « le projet défini par le promoteur devra démontrer qu'il respectera les normes environnementales nationales »[1032]. Or, « il n'existe pas de guides ou directives des évaluations environnementales qui soient basés sur des méthodes scientifiques reconnues et le principe de contre-expertise des évaluations environnementales n'est pas institué »[1033]. Toutefois, le rapport de l'étude d'impact doit être approuvé par le ministère des Mines et même si celui-ci n'exige aucune contre-expertise indépendante.

Deuxièmement, il y a lieu de se questionner sur la capacité et les moyens dont dispose l'État pour faire appliquer les normes environnementales. Selon Amadou Keita :

> « À l'expérience, la question environnementale s'est révélée une préoccupation permanente tant des services étatiques que des autorités des collectivités et, surtout, des communautés vivant dans les zones minières. Il s'avère que les

---

1029 Décret no 199/PRG/SGG/89 du 18 novembre 1989 portant codification des études d'impact sur l'environnement élaboré conformément à l'article 83 du Code de l'environnement.

1030 Voir aussi Décret portant adoption d'une directive de réalisation d'une étude d'impact environnemental, *supra* note 940, art. 3.3.

1031 *Décret* portant *codification des études d'impact sur l'environnement,* art. 3. « Art. 3. Conformément à l'article 82 de l'ordonnance n° 045/PRG/87 du 28 mai 1987, portant Code de l'environnement, la réalisation de l'étude d'impact requise au présent décret incombe au pétitionnaire ou maître de l'ouvrage qui prendra toutes dispositions appropriées pour recruter la personne chargée d'exécuter pour son propre compte une telle étude. Par exception à cette règle, le ministre chargé de l'Environnement peut, par arrêté, charger une personne publique de faire l'étude d'impact aux frais du pétitionnaire ou maître de l'ouvrage.
Toutefois, le coût de l'étude doit être compatible avec l'importance du projet ».

1032 Décret portant adoption d'une directive de réalisation d'une étude d'impact environnemental, *supra* note 947, art. 2.3.2.

1033 Ministère de l'Énergie et de l'Hydraulique, République de Guinée, *Projet eau et assainissement en milieu urbain en Guinée, Cadre de gestion environnementale et sociale*, Rapport final 2017, World Bank Reports à la p. 58.

services de l'État chargés du contrôle du respect des normes environnementales ne sont pas outillés pour faire ce travail[1034]. »

La revendication constante des populations autochtones riveraines des zones minières sur la pollution de l'eau, l'assèchement des cours d'eau, la destruction de la biodiversité dénote de la faiblesse de l'application rigoureuse des normes environnementales ainsi que des failles dans le contrôle des autres obligations des minières contenues dans le régime minier guinéen. À titre d'exemple, le rapport du CECIDE dans son volet environnemental sur les opérations minières de la Société minière de Dinguiraye (SMD) dénote de l'ampleur de la dégradation de l'environnement dans les communautés autochtones minières. La destruction de l'environnement est due principalement à la pollution des sources d'eau. Cela amène l'ONG CECIDE à douter de la capacité de « l'État guinéen, à faire appliquer par ses partenaires miniers, les mesures nationales de contrôle de l'impact environnemental et social des projets miniers en cours et futurs dans le pays ». Selon ce rapport :

> « Les populations rurales dépendent des sources naturelles d'eau et des méthodes rudimentaires d'approvisionnement pour satisfaire leurs besoins. Toutefois, les communautés riveraines aux sites d'exploitation de l'or se lamentent aujourd'hui des impacts de ces activités sur l'environnement naturel duquel elles dépendent. Dans chacune des deux (2) localités consultées par notre équipe, la population accède difficilement à l'eau potable à cause d'une réduction significative de sa disponibilité et accessibilité depuis l'arrivée de la Crew Gold /SMD dans la localité. Les sources d'eau utilisées autrefois par les autochtones des villages pour la consommation, la cuisine, et les travaux domestiques sont en voie de disparition pour certains et d'autres complètement asséchés. En plus, ces travaux sont systématiquement exécutés sans informer les habitants, et sans leur offrir la possibilité de participer dans un processus de dialogue qui leur permettrait d'exprimer leur point de vue et leurs attentes. »
>
> « À part la diminution des sources d'eau, on constate la « Proximité géographique des [autochtones] aux puits ouverts et au lac de cyanure » et « une

[1034] A. Keita, *supra* note 724 à la p. 63. Voir aussi : Frédéric Thomas, « Les ressources minières et le développement de l'Afrique : défis et perspectives » (2013) 20 *Alternatives Sud* 137 à la p. 142. Cette étude mentionne que « l'insuffisance de la gestion et de la réglementation concernant les impacts nuisibles des mines sur l'environnement, la société et les droits humains a attisé les attitudes critiques et, dans certains cas, hostiles des communautés minières à l'égard de l'industrie et du gouvernement ». Voir aussi HRW, *Impact de l'exploitation de la bauxite*, *supra* note 1027 à la p. 3. Selon ce rapport, « les contraintes de ressources restaient un obstacle majeur quand il s'agissait, pour le gouvernement, de mener un suivi efficace des opérations minières ».

déficience majeure dans la gestion de la mine qui porte sur l'accès au lac de cyanure[1035]. »

Cette remarque est également formulée par un observateur qui affirme que :

> « D'une manière générale, l'exploitation minière en Guinée s'effectue à ciel ouvert. Cette technique, qui nécessite souvent le déplacement de la végétation native des zones (coupe rase ou brûlage de la végétation, l'enlèvement des morts-terrains avec un taux de découverte important), reste une technique destructive du point de vue environnemental. Elle entraine non seulement la modification des paysages, des pollutions de l'atmosphère, des eaux et des sols. Ainsi, de par cette technique, les principaux risques de l'activité minière guinéenne peuvent se subdiviser de la façon suivante : […] *Sur le plan environnemental :* En Guinée, les écosystèmes et les ressources sont affectés par un processus de dégradation imputable surtout aux facteurs anthropiques et aux variabilités climatiques. Cette dégradation est particulièrement remarquable au niveau des sites miniers […], des zones agricoles et autour des grandes agglomérations. Toutes ces pressions font que depuis 1965, le couvert végétal se réduit d'environ 140 000 ha par an, soit un rythme entre 0,5 de 2,1 % par an selon les régions et les types de formations végétales, avec 4,2 % par an pour la mangrove »[1036].

[1035] CECIDE, Effets des opérations de la Société minière de Dinguiraye sur la jouissance des droits sociaux économiques des communautés de Léro et de Siguirini, *supra* note 968 aux pp. 4, 7, 12. Voir aussi Aly Badara Camara, « Boffa : accusée d'avoir détruit les têtes de source, Alufer lance la construction de 4 forages à Kolisokho », Guinéenews (6 juin 2018), en ligne : https://www.guineenews.org/boffa-accusee-davoir-detruit-les-tetes-de-source-alufer-lance-la-construction-de-4-forages-a-kolisokho/.Voir également Jean Marc Leger, « Les bonnes pratiques internationales dans le monde de la gestion environnementale et sociale et l'expérience canadienne » dans Institut de la Francophonie pour le développement durable (2015) 99 Liaisons Énergie francophonie 48 à la p. 48. Pour l'auteur : « Le développement minier comporte […] des risques opérationnels inhérents qui peuvent avoir des impacts sur l'environnement et les collectivités. Selon les modes d'exploitation, les modifications susceptibles de se manifester peuvent porter atteinte à la qualité de l'air, la quantité et la qualité de l'eau de surface ou souterraine, ou encore générer des nuisances sonores et visuelles. À une échelle locale, les perturbations peuvent causer un stress sur les habitats vivants, les populations animales résidentes ou migratrices et, de manière cumulative, intervenir sur les processus naturels qui assurent le maintien des services écologiques. »

[1036] Sory Sow, « Exploration minière et développement durable en Guinée : impacts du cadre réglementaire », Colloque du Secrétariat international francophone pour l'évaluation environnementale (SIFÉE), Lomé (2013) : évaluation environnementale comme outil de prévention et de gestion de catastrophe à la p. 12, en ligne (PDF) : https://www.sifee.org/static/uploaded/Files/ressources/actes-des-colloques/lome/session-3-3/SOW_TEXTE.pdf. Voir aussi Laouratou Diallo, « Développement durable et responsabilité sociétale de l'entreprise en République de Guinée : enquête auprès des entreprises du secteur minier » (2014) aux pp. 7, 24, en ligne (PDF) : *RSE et PED* https://www.rse-et-ped.info/wp-content/uploads/2015/04/DEVELOPPEMENT-ET-RSE-DANS-LE-SECTEUR-MINIER-GUINEEN-Laouratou-Diallo-2014.pdf. D'après cette auteure : « Les pratiques environnementales des entreprises sont relatives aux campagnes de reboisement effectuées dans les zones affectées par le développement de leurs activités, et à la gestion des déchets et résidus émanant de l'exploitation et/ou de la transformation des minerais […] les efforts

En fait, le suivi et la surveillance des EIES incombent en Guinée au Bureau Guinéen d'Études et d'évaluation environnementale (BGEEE) et le Comité technique d'analyse environnementale (CTAE). Ces services doivent s'assurer que les lois de protection de l'environnement sont respectées par la minière. En l'absence des moyens matériels conséquents, cette surveillance est inadéquate.

De plus, c'est le BGEEE qui mandate à son tour les Comités préfectoraux de suivi des plans de gestion environnementale et sociale (CPSGES) pour la supervision et le contrôle sur le terrain de la mise en œuvre des plans de gestion environnementaux par les minières à la suite de la validation par le gouvernement des EIES des projets miniers. En d'autres termes, ces comités veillent au respect de l'application des directives sur la protection de l'environnement.

L'arrêté du ministère de l'Environnement créant ces comités précise que le budget de fonctionnement du comité est « à la charge du promoteur, budgété dans le Plan de Gestion environnementale et sociale ». Or, ces comités sont censés être indépendants pour contrôler l'application effective des standards se rapportant à la protection de l'environnement. Manifestement, cela ouvre la porte à un conflit d'intérêts. À part cette insuffisance, « à l'heure actuelle, il n'existe aucune donnée disponible démontrant l'effectivité des CPSES dans les différentes régions minières en Guinée »[1037]. Ainsi, « par

---

déployés pour l'intégration des dimensions du développement durable à leurs valeurs, missions et visions paraissent relativement timides. [...] Peu d'efforts ont été déployés [par les compagnies minières] pour l'intégration effective des principes du développement durable et de la responsabilité sociale de l'entreprise à leurs pratiques managériales. Ces entreprises conservent à l'évidence leur modèle économique dominant loin d'intégrer les principes et valeurs du développement durable ». Voir également Manirakiza, « Protection des droits de l'homme », *supra* note 194 à la p. 119. L'auteur cite un rapport du Programme des Nations Unies pour l'environnement (PNUE) 2008. *Rapport annuel 2008*. Nairobi, Kenya : PNUE, selon lequel : « L'industrie extractive est également associée à la déforestation, à l'érosion, à la dégradation des sols et à la rupture de l'écosystème. En Guinée-Conakry, l'extraction du minerai de bauxite de Sangaredi dans des puits à ciel ouvert nécessite la suppression de la végétation et de la couche arable. De même, d'après le Programme des Nations Unies pour l'environnement (2008), le raffinage de l'alumine produit une "boue rouge" hautement caustique qui a des effets nocifs sur la qualité des eaux superficielles et souterraines ».

[1037] PNUD, *Responsabilité sociétale des entreprises (RSE) dans le secteur minier en Guinée. État des lieux et perspectives, supra* note 939 à la p. 103. Voir aussi Alhassane Bah, « Respect des obligations légales : ce rapport qui accable les sociétés minières... », *Guineenews* (15 décembre 2018), en ligne : https://www.guineenews.org/respect-des-obligations-legales-ce-rapport-qui-accable-les-societes-minieres/. Le rapport de l'ONG mentionne que certaines sociétés minières démarrent leurs activités sans même réaliser les EIES et dans l'indifférence totale des comités préfectoraux de suivi des plans de gestion environnementale et sociale (CPSGES). D'après le rapport : « Au niveau de l'environnement, plusieurs impacts négatifs ont été relevés sur le terrain par les enquêteurs. Le rapport révèle qu'à Macenta, la société SAVCAMCO n'a pas réalisé de notice d'impact environnemental avant le début des travaux,

manque de formation et d'accompagnement adéquat, "ces comités" n'ont pu se déployer sur la base d'un plan d'action conséquent »[1038].

En partant de ces considérations se pose la question de l'effectivité des dispositions du code minier se rapportant à la protection de l'environnement. Le fonctionnement des structures de contrôle et de suivi étant tributaire du financement accordé par la société minière elle-même dont elles sont censées réglementer et encadrer l'activité. On pourrait dire à ce propos que l'État a failli à son obligation de veiller à l'application du droit au développement. Autrement dit, l'État a failli à son obligation de superviser les entreprises dans l'application du droit au développement lié à son obligation de donner effet au droit de la personne.

D'ailleurs, les insuffisances dans l'application de la législation minière en matière de protection de l'environnement sont soulevées par l'État lui-même dans son document sur le Plan national de développement économique et social (PNDES). En effet, l'État mentionne, parmi les défis critiques majeurs du développement : « la réduction de l'empreinte environnementale des activités minières par l'application effective des dispositions en vigueur [...] l'amélioration de la qualité du cadre de vie et le renforcement des capacités techniques et institutionnelles du pays en matière de protection de l'environnement »[1039]. À cela, s'ajoute le défi de :

> « Porter le taux d'exécution des PGES des industries extractives et la proportion des industries ayant un système adéquat de gestion des déchets industriels à 75 % à l'horizon 2020 ; le renforcement, la vulgarisation et l'application de la

---

une chose que le code a pourtant prévue. Et « les communautés dénoncent la pression exercée sur certaines forêts communautaires, la non-réhabilitation des sites, l'aménagement d'une laverie et la pollution d'une rivière, sans que les services préfectoraux de protection de l'environnement ne soient intervenus. »

[1038] Lacina Pakoun, CECIDE, « Au cœur des conflits miniers en République de Guinée, Étude diagnostique des conflits dans les zones d'impact des mines industrielles », Rapport d'étude, PNUD et chambre des Mines de Guinée, Conakry, août 2015 à la p. 51. Voir aussi Pierre Benabidès, *Plan de gestion environnementale et sociale : Obligations et performance pour un développement durable*, essai présenté au Centre universitaire de formation en environnement en vue de l'obtention du grade de maître en environnement, Université de Sherbrooke, 2011 [non publié] aux pp. 37, 55. D'après cet auteur : « Les mesures de surveillance et de suivi des PGES permettent de favoriser l'amélioration continue des projets en matière environnementale et sociale. Pourtant, deux problèmes majeurs viennent enrayer leur mise sur pied réelle. Il s'agit du manque de ressources humaines et financières, et du manque d'obligations dans certains cas. [...] [C'est pourquoi], les ressources humaines, financières et technologiques doivent être mobilisées pour mettre en œuvre les différentes mesures élaborées [pour le développement durable] et obtenir des résultats efficaces ».

[1039] République de Guinée, ministère du Plan et de la Coopération Internationale, *Plan National de Développement Économique et Social 2016-2020,* vol 1, février 2017, point 331 à la p. 75. [Plan national de Développement]

> règlementation des activités industrielles polluantes ; la promotion de la restauration des terres et ressources forestières dégradées par les industries minières. »[1040]

Il est donc nécessaire pour l'État de contrôler et de mener des enquêtes pour mieux appliquer la protection de l'environnement par les sociétés extractives. Pire, l'État guinéen lui-même viole ses obligations de respecter le droit au développement en autorisant le démarrage des opérations de certaines sociétés minières sans étude d'impact environnemental préalable pour, dit-on, des considérations économiques ou impératifs financiers. Car :

> « Les recherches de Human Rights Watch indiquent que les efforts du gouvernement guinéen pour attirer les investissements dans le secteur minier l'ont amené à approuver des EIES qui ne respectent pas les meilleures pratiques de l'industrie. Dans le cas du projet de SMB, par exemple, trois responsables gouvernementaux ont déclaré à Human Rights Watch qu'en dépit des inquiétudes sur la qualité des premières EIES du consortium (pour la mine de Kaboe, le port de Katougouma et la route minière qui relie la mine et le port), le désir de la Guinée d'investir dans le secteur de la bauxite était tel que les documents ont été approuvés quand présentés en avril 2015 [...] Le gouvernement a aussi permis au consortium de SMB de dévier du processus normal d'approbation en démarrant la construction d'infrastructures majeures, y compris ses deux ports et les routes minières qui les servent, avant que les EIES ne soient achevées et plusieurs mois avant qu'elles aient été examinées et approuvées par le gouvernement. »[1041]

En résumé, nous constatons que malgré la consécration de la protection de l'environnement dans le régime minier guinéen, il y a une insuffisance manifeste dans l'application des normes environnementales. Cette insuffisance est due à la faiblesse du suivi des EIES par le BGEES, ce qui découle du manque de moyens humains, matériels et financiers. Le renforcement des capacités des institutions chargées de l'application des lois environnementales permettrait ainsi d'assurer, un des aspects du droit au développement des communautés autochtones. En ce sens, le soutien dont a droit l'État en vertu des obligations de collaboration de la minière, contribue à réduire les lacunes du régime minier guinéen.

[1040] *Ibid*, au point 331 à la p. 103. Voir aussi HRW, *Impact de l'exploitation de la bauxite*, *supra* note 1027 à la p. 139. Le rapport précise que : « Des responsables locaux chargés de l'environnement et des organisations de la société civile ont souligné que l'absence de sanctions quand les pratiques des sociétés violent les droits des communautés était l'un des facteurs clés menant à la poursuite de ces violations. »

[1041] HRW, Impact de l'exploitation de la bauxite, supra note 1027 aux pp. 129-30.

2.3. Le déséquilibre de la répartition des richesses découlant des dispositions du code minier : un fonds de développement local insuffisant

Le code minier de 2011, amendé en 2013, prévoit à son article 130, un Fonds de développement local ainsi que l'obligation pour la minière de signer une convention de développement local avec la communauté locale affectée, concernée ou touchée par les activités minières. Selon les dispositions de cet article, que nous jugeons nécessaire de reproduire ici :

« Tout titulaire d'un titre d'exploitation doit contracter une Convention de Développement avec la communauté locale résidant sur ou à proximité immédiate de son titre d'exploitation ou de sa concession minière. Les modalités d'élaboration de ces conventions sont définies par arrêté conjoint des ministres en charge des mines et de la décentralisation. » (alinéa 1)

« L'objet de cette convention est de créer les conditions favorisant une gestion efficace et transparente de la contribution au développement local payé par le titulaire du titre d'exploitation, et qui tienne compte du renforcement des capacités des communautés locales à la planification et à la mise en œuvre de leur programme de développement communautaire. »

« Le montant de la contribution du titulaire d'un titre d'exploitation au développement de la communauté locale est fixé à zéro virgule cinq pour cent (0,5 %) du chiffre d'affaires de la société réalisé sur le titre minier de la zone pour les substances minières de catégorie 1 et à un pour cent (1 %) pour les autres substances minières. » (alinéa 2)

« Il est créé un Fonds de Développement local (FDL) qui sera alimenté par cette contribution du titulaire du titre minier dès la première année d'exploitation. »

« Les modalités d'utilisation de cette contribution et les règles de fonctionnement et de gestion du Fonds de Développement local sont définies par un Décret du Président de la République. » (alinéa 5)

La convention de développement local et le Fonds de développement local sont à leur tour définis de la manière suivante par le code minier :

« Convention de Développement local : convention entre le titulaire d'un titre d'exploitation et les communautés environnantes incluant notamment les dispositions relatives à la santé et la formation des populations locales et la mise en œuvre de projets à vocation économique et sociale. »

« Fonds de Développement local (FDL) : Fonds alimenté par la contribution au développement local destiné au financement des projets communautaires dans le cadre de la mise en œuvre de la Convention de Développement local. »

L'article 130 du code minier appelle à quelques critiques dont font partie le montant dérisoire du fonds de développement local et les modalités d'élaboration de la convention de développement local.

Premièrement, le code minier réfère à la « communauté locale » comme bénéficiaire du fonds de développement local. Il n'y a aucune définition de cette notion en droit administratif guinéen[1042]. Le code minier ne précise pas si ces fonds reviennent à la communauté locale autochtone ou administrative. En droit administratif guinéen, l'expression porte à confusion et peut désigner autant les collectivités locales déconcentrées que celles décentralisées. Ce caractère flou peut être utile ici dans la mesure où tant les communautés locales autochtones qu'administratives peuvent revendiquer le statut de « communautés locales ».

Il reste qu'en droit administratif, les communautés locales (CL) déconcentrées sont les sous-préfectures, tandis que les districts et les CL décentralisés sont les CRD (communauté rurale de développement) et les communes[1043]. Or ce sont les communautés villageoises, qui sont des démembrements dans les faits des CRD, qui abritent généralement les zones minières. En d'autres termes, ce sont les collectivités villageoises que vivent les communautés traditionnelles autochtones abritant généralement les projets miniers[1044]. Quant à la gestion du FODEL, elle est de la responsabilité des Collectivités locales. Toutefois, le Comité préfectoral du développement est l'organe en charge du suivi et de l'évaluation (article 7 et 10 du *Décret D/2017/285/PRG/SGG portant modalités de constitution et de gestion du Fonds de Développement local [FODEL]).* En pratique, le mécanisme de fonctionnement du Fodel est peu connu par les acteurs locaux, ce qui les empêche souvent d'exercer pleinement leur droit.

Les communautés locales affectées par le projet sont donc marginalisées dans le partage des fonds destinés pour le développement local dans la plupart des cas. Pour preuve, dans l'ancien code minier (1995), c'est le conseil préfectoral qui gérait la taxe minière qui faisait office de la contribution de la minière au développement de la communauté locale. La plupart des sociétés

---

[1042] Berete Mohamed, Droit administratif avec référence aux institutions guinéennes, recueil de cours, Faculté de droit, Université de Sonfonia, Conakry, 2017 à la p. 48. L'article 1 du Décret D/2017/285/PRG/SGG portant modalités de constitution et de gestion du Fonds de Développement local (FODEL) utilise quant à lui l'expression « Collectivités locales ». En ligne : « https://mines.gov.gn/cadre-juridique-reglementaire ».

[1043] Constitution de la République de Guinée, *supra* note 91, arts 134, 137.

[1044] Mohamed, *supra* note 1044 à la p. 51.

minières qui fonctionnent encore sous l'ancien régime minier prévoient que la taxe de développement locale sera versée « aux budgets préfectoraux »[1045]. À titre d'exemple, c'est le conseil préfectoral de développement de Siguiri qui a en charge de mettre en œuvre les projets « s'appuyant sur les taxes de développement payées par la SAG et la SMD »[1046]. Le comité était d'ailleurs dirigé par le préfet lui-même, soit une autorité déconcentrée. La dépendance est renforcée par le pouvoir de tutelle qui exerce les autorités déconcentrées sur les autorités décentralisées.

En plus de cette première confusion quant au titulaire du Fonds de développement local, il est difficile de déterminer quelles sont les communautés locales concernées par la signature du Fonds de développement local. Le code minier, rappelons-le, mentionne que le titulaire de permis d'exploitation minière doit signer une convention de développement avec « la communauté locale résidante sur ou à proximité immédiate » du site minier[1047]. Or nous avons précisé que la définition de la notion de communauté affectée était plus large et englobait celles qui sont à une distance éloignée du site d'exploitation, mais que les activités minières perturbaient. L'un des exemples est la contamination de l'eau de l'embouchure du bassin hydrographique. Par ailleurs, la disposition (article 130.1 du code minier) ne précise pas la portée de l'accord ni s'il doit être individuel ou collectif englobant chacune des communautés locales affectées par l'exploitation minière.

Deuxièmement, les modalités de négociation et de mise en œuvre des conventions de développement local sont vagues et imprécises. L'article 130 du code minier prévoit que les conditions d'adoption des conventions de développement local sont déterminées par voie réglementaire. « *Le décret portant adoption d'un modèle de convention type* » précise que la convention minière est négociée entre l'État et les sociétés minières. La place des communautés locales autochtones dans ce processus n'est pas définie. De plus, l'obligation de conclure l'entente s'applique uniquement aux sociétés bénéficiaires d'une concession minière. Les titulaires d'un permis d'exploitation négocient la convention sur une base volontaire. Pourtant, d'après

---

1045 Vale Columbia Center on Sustainable International Investment, Société AngloGold Ashanti de Guinée (SAG), *Fonds et Accords de Développement Communautaire en Guinée suivant le nouveau Code minier*, Columbia University, juin 2013 à la p. 10.

1046 *Ibid* à la p. 12.

1047 Code minier, *supra* note 765, art. 130.1. Voir aussi Décret D/2017/285/PRG/SGG portant modalités de constitution et de gestion du Fonds de Développement local (FODEL), article 1, en ligne : « https://mines.gov.gn/cadre-juridique-reglementaire ».

l'article 28 du code minier, ce type de permis « confère à son titulaire [...] le droit exclusif de reconnaissance, de recherches, d'exploitation et la libre disposition des substances minières pour lesquelles il est délivré. » À notre avis, le décret devrait préciser clairement les modalités d'association des communautés locales au mécanisme de conclusion des conventions minières[1048]. En outre, l'exigence de négociation d'une entente de développement local devrait s'appliquer aux entreprises titulaires de permis d'exploitation dans la mesure où elles ont un droit exclusif d'utiliser les substances minières y relatives. Ces manquements pourraient rendre inefficaces les dispositions du code minier sur la convention de développement local.

Par ailleurs, en analysant d'autres dispositions financières du code minier sur la répartition des recettes à l'échelle nationale, on comprend qu'à part l'insuffisance du fonds de développement local, les redevances minières perçues par l'État vont généralement aux collectivités locales déconcentrées. En fait, 15 % de « la taxe minière, les droits fixes, la taxe sur les substances de carrières »[1049] versés par les minières au budget national de l'État viennent en appui au budget de l'ensemble des collectivités locales du pays. Toutefois, il convient de noter qu'en pratique, la répartition de ces fonds pose un problème. D'après l'Association du Barreau américain (ABA) :

Sans cadre approprié de gestion des impacts et répartition des bénéfices, la plupart des bénéfices de l'exploitation minière industrielle s'enregistrent au niveau national, alors que les impacts négatifs les plus sévères s'enregistrent au niveau local[1050].

En plus de ces lacunes, le mode de contrôle des fonds de développement local n'est pas précisé. Cette clarification est pourtant nécessaire afin de favoriser une gestion efficiente du fonds de développement local. En d'autres termes, le code minier ne précise pas des « mécanismes d'évaluation [...] pour mesurer l'impact des projets de développement financés par le FDL [fonds de

---

[1048] *Ibid*, art. 130.1, 130.5. Voir aussi *Décret D/2014/015/PRG/SGG portant adoption d'un modèle de convention type, en ligne :* « https://mines.gov.gn/cadre-juridique-reglementaire».

[1049] *Ibid*, art. 165.

[1050] ABA, *promouvoir le développement axé sur les droits humains, supra* note 741 à la p. 145. Voir aussi le rapport de l'ITIE révèle qui les sociétés minières contribuent généralement à hauteur de 0,2 pour cent à la taxe locale. Moore Stephens, « République de Guinée : Initiative pour la transparence dans les industries extractives ITIE Guinée, Rapport ITIE 2016 » (juin 2018) aux pp. 159-70, en ligne (PDF) : *Initiative pour la transparence dans les industries extractives en Guinée* https://www.itie-guinee.org/wp-content/uploads/2018/06/ITIE-Guinée-2016-version-finale-rapport-ITIE-2016-29-06-18.pdf. Voir également Sophie Thériault, « Justice environnementale », *supra* note 212.

développement local] »[1051]. Cela signifie que les modes de contrôle des retombées réelles des projets de développement communautaire mis en place à partir du Fonds de développement local ne sont pas prévus dans le code minier. Le droit minier n'est pas conforme à cet égard à l'obligation de l'État de contrôler et de veiller à l'application du droit au développement en raison des lacunes suivantes. L'État ne prévoit pas un mode de suivi de l'application des projets de développement communautaire financé par le FDL. L'État ne défend pas non plus l'intérêt des communautés autochtones, ce, en vertu de son obligation de promouvoir le droit au développement des communautés autochtones en droit international. Il manque également dans le régime minier guinéen des dispositions qui prévoient l'implication des autorités locales traditionnelles dans l'identification des projets communautaires devant être réalisés à partir du FDL. À cette insuffisance s'ajoute le vide juridique sur la composition de la structure de négociation qui doit être représentative de tous les secteurs d'activités et en respectant les systèmes de gouvernance traditionnelle des peuples autochtones.

En conclusion, il faut noter qu'il subsiste des lacunes et un vide juridique non négligeable dans le code minier par rapport au partage des bénéfices issus de l'exploitation des ressources. Le montant de la contribution au développement local est dérisoire et ne peut avoir un impact significatif sur le développement des communautés autochtones. En plus, le code minier utilise l'expression « communauté locale » comme titulaire de ce fonds. Cette désignation porte à confusion, car l'expression n'a pas de définition légale en droit administratif guinéen. De plus, on note l'absence de mécanismes de surveillance nécessaire et le soutien aux communautés dans la négociation de ces conventions. Ces insuffisances, qui font un obstacle à l'application effective de la disposition sur le développement local, font dire à un observateur que le Fonds de développement local « promeut le droit au développement si elle est effectivement payée aux collectivités. Elle vise à instaurer une forme de justice sociale au profit des communautés directement impactées par les opérations minières »[1052].

Par ailleurs, il convient de mentionner que des mesures lacunaires existent également quant à l'obligation de l'État de respecter des droits culturels des peuples autochtones. Nous avions mentionné

[1051] Vale Columbia Center, *supra* note 1047 à la p. 37.

[1052] Pakoun, *supra* note 1040 à la p. 68. Voir aussi Soumah, *Mines en Guinée*, *supra* note 250 aux pp. 45-6.

qu'au regard du droit au développement, les États ont l'obligation de prendre des mesures pour protéger le patrimoine culturel. La protection se fait par l'adoption des principes, des mesures et des textes de loi qui préservent ce patrimoine culturel. Autrement dit, pour protéger le patrimoine culturel, l'État devait « assurer l'identification, la protection, la conservation, la mise en valeur et la transmission aux générations futures du patrimoine culturel et naturel »[1053]. La Guinée est signataire des conventions sur la protection culturelle autochtone, ce qui lui impose l'obligation de protéger le patrimoine culturel et d'intégrer ces dispositions dans ses textes de loi. Ni la constitution et encore moins le code minier ne fait clairement mention de cette obligation de l'État. Il est mentionné de façon laconique dans la constitution que le peuple de Guinée « a droit à la préservation de son patrimoine, de sa culture et de son environnement »[1054] et que « l'État assure la promotion des cultures et des langues du peuple de Guinée »[1055]. De plus, les mesures de protection des terres permettent de protéger les sites culturels. À cet égard, l'État a l'obligation d'identifier et de démarquer des sites religieux, culturels et sacrés en prenant des mesures de sécurisation des terres autochtones. Étant donné qu'aucun mécanisme n'est mis en place pour reconnaitre les terres traditionnelles autochtones et les délimiter, nous pouvons affirmer que les lieux culturels ne sont pas à leurs tours protégés. L'État a failli à ce niveau à son obligation de donner effet au droit au développement des peuples autochtones.

En résumé, retenons que le code minier guinéen n'est pas conforme aux obligations de l'État dans la mise en œuvre du droit au développement des peuples autochtones. Entre les mesures de consultation qui se résument à une simple information publique dans le contexte des EIES et la consultation qui intervient seulement qu'en matière de réinstallation des peuples autochtones à la suite de l'aliénation de leurs terres, il y a peu de place pour prendre en compte l'avis des peuples autochtones dans la mise en valeur de leur territoire. Pourtant c'est la consultation et le CPLE qui permettent aux Autochtones de faire des choix qui répondent à leurs besoins. À titre d'exemple, grâce à la consultation et au CPLE, les peuples autochtones peuvent définir un projet de développement économique

---

[1053] Convention concernant la protection du patrimoine mondial culturel et naturel, *supra* note 103, art. 4. Voir aussi la Convention pour la sauvegarde du patrimoine culturel immatériel, *supra* note 102, art. 11.

[1054] Constitution de la République de Guinée, *supra* note 91, art. 21.3.

[1055] *Ibid*, art. 1

qui aide à soutenir les infrastructures socioculturelles. Le choix d'un projet économique se penche sur les types de projets qui aident au soutien à la langue, à la culture, viable en matière de protection de l'environnement et qui respecte le droit à l'autodétermination des peuples autochtones. La non-prise en compte du droit à la consultation et au CPLE des peuples autochtones dans le régime minier guinéen porte donc atteinte au droit au développement de ces derniers. De plus, la consultation ne respecte pas le processus décisionnel interne des peuples autochtones, car les institutions traditionnelles autochtones sont marginalisées par l'État. Aux insuffisances citées, s'ajoute l'absence de mécanismes protégeant le droit aux terres et aux ressources des peuples autochtones dont la reconnaissance du système de propriété coutumière des peuples autochtones, la limitation des moyens matériels, humains et financiers de l'État pour superviser les entreprises dans l'application de la législation environnementale. Enfin, l'État guinéen ne prévoit pas de disposition pour un partage équitable des bénéfices issus de l'exploitation minière. À ces insuffisances, il convient d'ajouter l'absence de suivi de l'État dans la mise en œuvre par les minières des obligations quant à la promotion du contenu local et l'emploi. À titre d'exemple, il manque dans le régime minier guinéen des dispositions sur les stratégies de promotion du contenu local afin de maximiser les capacités locales dans la chaine d'approvisionnement. La collaboration de l'État avec les minières pour la mise en place du contenu local est aussi lacunaire. L'autre insuffisance est l'absence de mécanisme de suivi dans le code minier, du respect de l'obligation des sociétés minières pour l'application du contenu local en ce sens que l'État guinéen ne prévoit aucune entité qui doit approuver, faire le suivi et contrôler l'application du plan de développement local relativement à l'emploi. Ces insuffisances sont contraires aux obligations de l'État de mettre en œuvre, de promouvoir et de contrôler l'application du droit au développement des peuples autochtones. Enfin, quant à l'obligation de l'État en matière de réalisation d'infrastructures, il doit fournir les infrastructures nécessaires aux opérations minières selon l'article 121 du code minier : « La réalisation des infrastructures nécessaires à l'activité minière se fait par l'État ou dans le cadre d'un Partenariat Public-Privé (PPP). Dans tous les cas, l'État agira soit directement soit par l'intermédiaire de toute entité qu'il détient ou qu'il contrôle »[1056]. Cela ne respecte pas le droit au développement. L'inaction du

[1056] *Code minier*, *supra* note 765, art. 121.

gouvernement constitue également une violation du droit au développement. De plus, il n'y a pas d'exigence eu égard à l'adéquation culturelle de ces infrastructures.

Dans le chapitre suivant, nous analyserons le régime minier guinéen au regard des obligations des sociétés extractives dans la mise en œuvre du droit au développement des peuples autochtones. Là encore, nous constaterons que le code minier est loin de respecter les prescriptions imposées aux minières quant à l'opérationnalisation du droit au développement.

CHAPITRE III

L'analyse de la législation minière guinéenne au regard des obligations des minières dans la mise en œuvre du droit au développement des peuples autochtones

L'étude du régime minier guinéen à la lumière des obligations qui incombent aux entreprises minières dans l'application du droit au développement des peuples autochtones révèle une prise en compte insuffisante de la composante économique et une violation manifeste de la composante socioculturelle du droit au développement.

SECTION 1. LA PRISE EN COMPTE DES MESURES CONCERNANT LA COMPOSANTE ÉCONOMIQUE DU DROIT AU DÉVELOPPEMENT DES PEUPLES AUTOCHTONES

Les obligations des minières eu égard à l'emploi, à la formation et la protection du milieu nous semblent être rencontrées dans le cadre du régime minier guinéen.

1.1. Les obligations en matière d'emploi et à la formation rencontrée

Malgré les insuffisances des dispositions du code minier en matière de protection des droits fonciers des peuples autochtones, de partage des bénéfices issus de l'exploitation minière, de la tenue d'une consultation, il comporte néanmoins des mesures qui protègent l'emploi et la formation.

En effet, les mesures portant sur l'emploi sont prévues par l'article 152 du code minier qui met en avant l'obligation de respecter les normes du travail, tandis que l'article 37 traite de l'obligation d'inclure un plan de promotion des travailleurs nationaux dans le dossier de demande de concession minière. L'article 108 exige quant à lui l'emploi en priorité des travailleurs qualifiés guinéens pour les détenteurs de titre minier. Enfin, l'article 130 fait référence à l'insertion d'un plan de formation des populations locales dans la convention de développement local.

Les autres dispositions se rapportant aux obligations en matière d'emploi des minières se lisent comme suit :

37.3. 4.4 :

> « La demande d'une concession minière doit être accompagnée d'un dossier dont le détail figure dans la réglementation minière et comprenant impérativement chacun des éléments suivants :
>
> Un plan d'appui aux entreprises guinéennes pour la création et/ou le renforcement des capacités des PME/PMI ou des entreprises appartenant ou contrôlés par des Guinéens pour la fourniture de biens et services nécessaires à leurs activités et un plan de promotion de l'emploi des Guinéens dont le minimum devra être conforme aux quotas fixés dans le présent Code. »

108 :

> « [...] le titulaire du titre minier devra employer en priorité des cadres guinéens ayant les compétences requises. En conséquence, le titulaire d'un permis d'exploitation ou d'une concession minière pour l'exploitation industrielle de substances minières doit, pendant la phase de développement, présenter au ministère en charge de la formation professionnelle et à l'administration minière un plan de formation des cadres guinéens pour leur permettre d'acquérir les compétences exigées par le management de l'entreprise afin d'occuper des postes d'encadrement dans les cinq premières années à compter de la date du démarrage de la production commerciale. »
>
> « Les modalités de sélection sont annoncées par voie de presse.

Le titulaire d'un titre minier ou de carrière ainsi que les entreprises travaillant pour leur compte son tenus d'employer, en priorité, des résidents de la communauté locale ou des communautés avoisinantes et dans tous les cas, exclusivement des Guinéens pour tous les emplois ne nécessitant pas de qualification.

130.3 précise quant à lui, que :

> « La convention [minière que le titulaire de permis d'exploitation signe avec la communauté locale] doit inclure, entre autres, les dispositions relatives à la formation des populations locales et plus généralement des Guinéens, les mesures à prendre pour la protection de l'environnement et la santé des populations, et les processus pour le développement de projets à vocation sociale. Les principes de transparence et de consultation seront appliqués à la gestion du Fonds de Développement local ainsi qu'à toute convention de

développement de la Communauté locale qui sera publiée et rendue accessible à la population concernée. »

Ces dispositions appellent à trois remarques : (1) un plan pour la promotion du contenu local, à savoir l'emploi, la formation et le soutien à l'entrepreneuriat local, doit être attaché à la demande de concession minière. (2) L'entreprise minière doit embaucher en priorité les Guinéens et membres de la communauté locale pour les emplois non qualifiés. Pour les emplois qualifiés, à compétence égale, la priorité est accordée aux Guinéens. Un système de quota est également établi. Toutefois, il n'y a pas d'exigence d'employer en priorité les membres de la communauté locale qui abrite le projet minier ou les communautés riveraines pour les emplois qualifiés. (3) L'article 130 est pour l'heure sans effet, faute de texte réglementaire d'application de la convention de développement local (comme cela est expliqué dans la section précédente).

Cela dit, en pratique, le problème de l'emploi, au-delà des insuffisances du cadre légal, tourne autour des éléments suivants :

La faiblesse de l'offre d'emploi par rapport à la demande, l'insuffisance du bassin d'emploi dans la communauté autochtone, la gestion du processus de recrutement par les sociétés minières et « la répartition des emplois disponibles entre les différentes collectivités autochtones affectées par l'exploitation minière[1057]. »

D'abord, s'agissant de l'insuffisance de l'offre d'emploi, il convient de noter que le secteur minier crée peu d'emplois par rapport aux attentes des communautés locales autochtones et des chiffres d'affaires des minières. Celles-ci sont d'ailleurs plus tentées par la capitalisation du profit. À propos, l'ABA (association du barreau américain) fait remarquer que :

> « Le secteur minier est particulièrement stratégique en Guinée : il représente aujourd'hui près d'un quart des recettes du gouvernement et il génère entre 60 et 80 % des recettes d'exportation. Le secteur minier exige d'énormes investissements d'argent, mais par rapport aux autres secteurs, il y a très peu d'emplois qui sont créés[1058]. »

[1057] Pakoun, *supra* note 1040 à la p. 40. Voir aussi Bangoura, *supra* note 125 à la p. 236. L'auteure affirme qu'il faut tenir compte de la compétence locale disponible, car, « bien souvent les compagnies minières considèrent que les travailleurs locaux n'ont pas les compétences requises ». Parlant aussi des limites de la priorité accordée aux entreprises locales «la Guinée ne peut imposer des normes contraignantes aux investisseurs miniers, tout simplement, parce que les fournisseurs locaux n'ont bien souvent pas la capacité pour répondre aux exigences des compagnies internationales. »

[1058] ABA, promouvoir le développement axé sur les droits humains, *supra* note 741 à la p. 139.

Ensuite, nous constatons le problème de l'employabilité des communautés autochtones. Bien que les emplois non qualifiés, non spécialisés, techniques (gardiennage, cuisinier, chauffeur, etc.) soient réservés en priorité aux Guinéens conformément au code minier, il est difficile de recruter de la main-d'œuvre dans les communautés locales. L'ABA souligne que « les miniers exigent des compétences spécialisées et sont soumis à des normes élevées. Aujourd'hui, la Guinée recèle peu de cette main-d'œuvre qualifiée susceptible de satisfaire les emplois techniques des entreprises minières »[1059].

Enfin, à ces deux difficultés, s'ajoute le processus de recrutement des travailleurs qui doit être transparent dans le code minier. Pour y remédier, l'ABA propose à titre d'exemple ce qui suit :

> « L'application d'un plan de communication du projet industriel à l'échelle locale destinée à informer les populations de l'agenda du projet, du nombre et type d'emplois proposés, des modalités d'embauche, des principaux marchés de biens et services envisagés dans le cadre du développement du projet industriel ; de la création des bureaux d'informations et de recrutement dans plusieurs points de la zone du projet accessibles à toutes les communautés affectées ; la constitution de deux bases de données une des travailleurs disponibles et de leur niveau de compétence et une des entreprises locales et de leur domaine de compétence[1060]. »

Par ailleurs, à part les problèmes liés à l'employabilité, il manque dans le régime minier guinéen des dispositions sur les stratégies de promotion du contenu local afin de maximiser les capacités locales dans la chaine d'approvisionnement. Il manque aussi une collaboration de l'État avec les minières pour la mise en place du contenu local. L'autre insuffisance est l'absence de tout mécanisme de suivi dans le code minier, du respect de l'obligation des sociétés minières pour l'application du contenu local en ce sens que l'État guinéen ne prévoit aucune entité qui doit approuver, faire le suivi et contrôler l'application du plan de développement local relativement à

[1059] *Ibid* à la p. 139. Voir aussi Moussa Kourouma, promouvoir un environnement de développement des micros et petites entreprises guinéennes favorables à la création d'emplois décents, Genève (Suisse), Bureau international du Travail, SEED Document de travail n°54, Série Cadre stratégique favorable à l'emploi dans les petites entreprises, 2003 à la p. 13. D'après cet auteur : « La non-adéquation entre l'offre et la demande d'emploi est un autre problème du marché du travail en Guinée. [...] Le profil de demandeurs potentiels correspond peu ou pas aux besoins des entreprises. En pratique, l'accès au travail et à l'information y afférente est beaucoup plus déterminé aujourd'hui par les relations personnelles, familiales ou ethniques qu'à travers les structures publiques et les compétences. En d'autres termes, les demandeurs d'emploi, surtout les jeunes, sont amenés à compter beaucoup plus sur les aspects subjectifs que sur leurs aptitudes techniques et professionnelles. »

[1060] ABA, promouvoir le développement axé sur les droits humains, *supra* note 741 aux pp. 135–47.

l'emploi. La deuxième obligation des minières en matière de mise en œuvre de la composante économique du droit au développement des peuples autochtones prise en compte dans le code minier est la protection du milieu.

1.2. Des obligations quant à la protection du milieu prises en compte

Tout comme l'emploi et la formation, des dispositions sont prévues dans le régime minier guinéen assurant une certaine protection du milieu. Les normes en matière de protection de l'environnement se retrouvent dans le code minier, le code de l'environnement et ses règlements de mise en œuvre.

En vérité, la protection de l'environnement est la partie centrale du code minier. On peut, en effet, remarquer que de nombreux articles sont consacrés à l'environnement et traitent de l'obligation de sauvegarder l'environnement par la minière, ce qui comprend la santé et l'hygiène[1061]. Pour commencer, le chapitre VII du code minier est consacré à la protection de l'environnement et de la santé. L'article 37 précise que la demande de concession minière inclut un plan de développement et d'exploitation de la mine qui prévoit des études d'impact environnemental et social, un plan de suivi environnemental et social ainsi qu'un plan de développement sanitaire de base. De plus, la société minière doit prendre des mesures pour prévoir et prévenir les dangers de l'activité minière sur la santé et l'environnement[1062]. Elle est tenue à cet égard de produire des Études d'impact environnemental et social (EIES) du projet, d'élaborer et de suivre un plan de gestion environnemental et social[1063]. Dans le cadre de l'attribution d'un permis de recherche, le gouvernement doit s'assurer que la société possède des capacités techniques et financières suffisantes pour procéder à une évaluation technique et environnementale du projet[1064].

Ensuite, l'article 131 du code minier traite du plan de fermeture de la mine et l'article 142 fait référence à l'obligation d'effectuer des études d'impacts environnementaux et sociaux respectueuses de la législation nationale et des normes internationales en matière de

---

[1061] *Code minier*, *supra* note 765, arts 22, 30, 69, 70, 131, 142.
[1062] Code de l'environnement, *supra* note 942, art. 41.
[1063] *Code minier*, *supra* note 765, arts 22, 30, 37, 69, 70. *Code de l'environnement*, *supra* note 942, art. 82.
[1064] Code minier, *supra* note 765, art. 22.

protection de l'environnement. De plus, l'article 142 du code minier insiste sur la nécessité de protéger l'environnement et la santé qui passe par l'utilisation des meilleures techniques pour la protection de l'environnement et des produits les moins nocifs et les moins polluants. L'article 144, quant à lui, porte sur la fermeture et la restauration des sites miniers ainsi que de l'ouverture et l'alimentation d'un compte fiduciaire pour la réhabilitation de l'environnement[1065]. Ces mesures servent à gérer la restauration et la fermeture du site d'exploitation et la remise en l'état du site.

Enfin, de manière générale, la minière doit s'efforcer de réduire les risques de l'exploitation minière sur l'environnement et à les gérer[1066].

Par ailleurs, l'obligation de protection de l'environnement s'accompagne de l'obligation de respect des normes d'hygiène, de santé et de sécurité des travailleurs dans les mines par les minières[1067]. Malgré la consécration de la protection de l'environnement dans le régime minier guinéen, il y a une insuffisance manifeste dans l'application des normes environnementales par l'État. Dans la section suivante, nous analyserons les obligations des entreprises minières au regard de l'obligation des minières dans la mise en œuvre de la composante socioculturelle du droit au développement des peuples autochtones.

[1065] *Code minier, supra* note 765, arts 64, 144. *Code de l'environnement, supra* note 942, art. 20. Article 144 du code minier : Fermeture et réhabilitation des sites d'exploitations.
Tout titulaire d'un Titre d'exploitation minière ou d'une Autorisation d'exploitation de carrières est tenu d'ouvrir et d'alimenter, en concordance avec son Plan de Gestion environnementale et sociale, un compte fiduciaire de réhabilitation de l'environnement afin de garantir la réhabilitation et la fermeture de son site d'exploitation.
ARTICLE 20 du code de l'environnement : En application de l'article 121 de l'ordonnance n°076/PRG du 21 mars 1986 portant code minier de la République de Guinée, le plan de remise en état à des fins agricoles ou de reboisement incombant au titulaire d'un titre minier de carrière doit être préalablement et conjointement approuvé par le ministre chargé des Mines et l'autorité ministérielle chargée de l'Environnement. L'exécution d'office prévue à l'alinéa 2 de l'article 121 du code minier est réalisée à l'initiative du Service Environnement institué à l'article 13 du présent code, en collaboration avec la Direction générale des Mines et de la Géologie et tout autre service administratif concerné.

[1066] *Code minier, supra* note 765, art. 143.

[1067] *Ibid*, art. 145.

Section 2. Le code minier guinéen : une atteinte manifeste à la composante socioculturelle du droit au développement des peuples autochtones

La législation minière guinéenne ne prévoit pas de mesures suffisantes pour la réalisation des infrastructures culturellement adaptées et la protection du patrimoine culturel par les sociétés extractives. Nous verrons que des mesures insuffisantes concernant la mise en œuvre des infrastructures économiques et sociales culturellement adaptées existent dans le régime minier guinéen (2.1.) et que des dispositions lacunaires quant au respect des droits culturels ont été intégrées dans le code minier (2.2.).

2.1. Des mesures insuffisantes concernant la mise sur pied d'infrastructures socioculturelles adéquates

Il convient de rappeler qu'il y a un manque d'infrastructures de base en Guinée tel qu'on peut le remarquer dans ce rapport du PNUD.

> « [...] l'un des principaux obstacles au développement de l'économie de la Guinée est l'insuffisance et la mauvaise qualité des infrastructures, qu'il s'agisse des réseaux de transport, de la fourniture d'électricité ou de l'accès aux technologies de l'information et des communications. En fait, la Guinée manque d'infrastructures de presque toutes les catégories »[1068].

Ce manque d'infrastructures est encore plus criant dans les zones minières et dans les territoires riverains. Lors d'un cadre de concertation entre les communautés autochtones Baga et les entreprises minières opérant à Kamsar, les représentants de la Société civile et le porte-parole des communautés rapportent ceci :

> « Les communautés riveraines des zones minières sont souvent confrontées aux difficultés d'accès aux infrastructures sanitaires, au manque d'eau potable, d'électricité, de routes, de ponts ainsi que le manque d'emplois et la dégradation de l'environnement, mais aussi et surtout le manque des terrains de football pour les jeunes et des marchés pour les femmes [...] Les communautés de Kamsar sont exposées aux effets de l'exploitation minière de la CBG qui affecte la santé

[1068] Guinée : Poverty Reduction Strategy Paper (article sur la stratégie de réduction de la pauvreté), Rapport pays du FMI No°13/191, 2013, Fonds monétaire international, juillet 2013. Voir aussi, Nations Unies, Commission économique pour l'Afrique, « Profil de Pays 2015 : Guinée » à la p. 1, en ligne (PDF) : *Commission économique pour l'Afrique :* https://www.uneca.org/sites/default/files/images/ORIA/CP/guinea.pdf. Selon ce rapport : « En dépit de son énorme potentiel en ressources agricoles, minières et énergétiques, la Guinée reste confrontée à des défis majeurs en ce qui concerne l'accès aux services sociaux de base. Le pays affiche l'une des incidences de pauvreté les plus élevées au monde, avec un niveau de 55,7 %1 en 2012 contre 53,0 en 2007 ».

des populations. Partout c'est la pollution et les populations n'ont pas souvent accès à l'hôpital ANAIM de Kamsar. Beaucoup de secteurs ne reçoivent pas d'eau potable. Les caniveaux sont bouchés et cela provoque des inondations ».

Les auteurs poursuivent en affirmant que dans l'un des districts de la localité de Kamsar, savoir Madina Borboff :

« Il n'y a pas de passage à niveau pour traverser les rails. Cela est un risque pour les femmes et les enfants. Aussi, il y a deux carrières qui ne sont remblayées par la CBG où les moustiques se reproduisent et transmettent le paludisme à nos populations. Nous demandons à la CBG de faire face à ces problèmes qui constituent une réelle préoccupation pour [les communautés]. »

Ils dénoncent également :

« Le tarissement de certains cours d'eau, la destruction de l'environnement, l'inhalation des poussières »[1069].

[1069] Amadou Camara Kamsar, « Ce que réclament les communautés aux sociétés minières », *Guineenews* (juillet 2016), en ligne : http://guineenews.org/kamsar-ce-que-reclament-les-communautes-aux-societes-minieres/. Il convient de préciser que la commune rurale de Kamsar est habitée par les communautés autochtones Bagas et qu'au moins trois compagnies minières dont la Compagnie des Bauxites de Guinée (CBG), la société Guinea Alumina Corporation (GAC) et la compagnie de bauxite de Dian-Dian (COBAD) y sont présentent et exploitent la bauxite. Le cadre de concertation entre les communautés autochtones et les entreprises minières opérant à Kamsar a été organisé par l'ONG Search For Common Ground dans le cadre du projet « Promouvoir la protection équitable des droits fonciers en Sierra Leone, au Libéria et en Guinée » qui est financé par Département d'État américain. Voir aussi Mamadou Guèye Fria, « La population exposée à une pollution aux poudres d'alumine », *Guineenews* (août 2018), en ligne : https://www.guineenews.org/fria-la-population-exposee-a-une-pollution-aux-poudres-dalumine/. Voir aussi Aly Badara Camara, « Boffa : Les pécheurs artisanaux accusent les bateaux minéraliers », *Guineenews (novembre 2021), en ligne :* Boffa : Les pécheurs artisanaux accusent les bateaux minéraliers Guinéenews© (guineenews.org). L'auteur mentionne que : « Les activités minières constituent un des leviers de l'économie du pays en particulier, dans les localités où elles sont exercées comme à Boffa par exemple. Malgré l'apport économique des mines, leur exploitation irresponsable peut entrainer la dégradation de l'écosystème. À Boffa, cette activité minière impacte négativement la vie des pêcheurs se travaillant au niveau des différents débarcadères, à savoir Koukoudé, Bongolon, Tougnifilidi, Göret, Sakama, Boncoïn, Marara et Boffa centre. Ils sont souvent victimes du déversement des débris des métaux et des rochers sur la mer de Tougnifilidi par une société sous-traitante CHEC de la société minière SPIC. À cela s'ajoute le mauvais stationnement sur la mer par des bateaux minéraliers dans les zones de travail des pêcheurs. Cette situation provoque parfois la perte des filets de ses pêcheurs. » Voir également Aly Badara Camara, « Pollution des rivières par les activités de Chalco à Boffa : plusieurs villages privés d'eau potable », *Guineenews* (octobre 2021), en ligne : Pollution des rivières par les activités de Chalco à Boffa : plusieurs villages privés d'eau potable Guinéenews© (guineenews.org). L'auteur mentionne que : « La préfecture de Boffa est devenue l'un des pôles d'attraction pour les compagnies minières et pour les jeunes en quête d'emploi. L'implantation de ces entreprises minières est considérée, a priori, comme une aubaine de développement infrastructurel pour les localités qui les abritent. Toutefois, il arrive parfois que ce développement local et l'exploitation de ces mines s'accompagnent par une intense activité de ces compagnies minières qui porte des atteintes graves à l'écosystème. Tel est le cas par exemple de Chalco dont les activités sont jugées "polluantes" par certains à

L'analyse de ces propos met en évidence les impacts de l'exploitation minière en Guinée sur les communautés locales autochtones ainsi que la faible contribution du secteur minier dans la réalisation des infrastructures socioculturelles.

En fait, la réalisation des infrastructures communautaires est prévue dans l'article 37.3 du code minier libellé de la manière suivante :

> « La demande d'une concession minière doit être accompagnée d'un dossier dont le détail figure dans la réglementation minière et comprenant impérativement chacun des éléments suivants :
>
> Un plan pour le développement communautaire annexé à la Convention de développement local qui couvre, entre autres, les aspects formation, infrastructures médicales, sociales, scolaires, routières, de fourniture d'eau, d'électricité ; la signature de cette convention de développement interviendra à l'obtention du titre[1070]. »

Il convient de noter que c'est une partie du fonds de développement local (FODEL) qui doit servir à la mise en place des infrastructures. Or, nous avons mentionné ci-haut que ce montant est dérisoire pour soutenir une telle réalisation d'autant qu'il sert également à appuyer « les activités génératrices d'emplois, de revenus et d'autres activités de développement » de la communauté locale (article 1 du *Décret D/2017/285/PRG/SGG portant modalités de constitution et de gestion du Fonds de Développement local (FODEL).* À ce sujet, nous pensons que les entreprises minières devraient s'engager elles-mêmes à mettre en place des infrastructures conformes aux attentes des communautés locales, et ce, indépendamment du FODEL (qui s'apparente plutôt à un partage monétaire des bénéfices issus de l'exploitation minière). Elles ont les moyens techniques, matériels et financiers pour soutenir la construction de telles infrastructures socioculturelles. De plus, cette implication directe de la société minière pourrait éviter des cas de conflits potentiels dans la répartition du FODEL.

---

cause du déversement des boues rouges dans des cours d'eau utilisés par plusieurs districts riverains pour leur approvisionnement quotidien. » Voir aussi Abdulai Darimani, « Contribution de la responsabeprises minières auilité sociale des entr développement des communautés locales au Ghana » dans Bonnie Campbell et Myriam Laforce, dir., *la responsabilité sociale des entreprises dans le secteur minier : réponse ou obstacle aux enjeux de légitimité et de développement en Afrique ?* Québec, Presses de l'Université du Québec, 2016 91 à la p. 95. D'après cet auteur : « les communautés [autochtones] se trouvent souvent dans une situation de marginalisation sur le plan d'accès aux infrastructures sociales et économiques, telle que les soins de santé, et l'éducation de qualité, l'eau potable, les infrastructures routières, l'énergie ».

[1070] *Code minier*, *supra* note 765, art. 37.3.

Par ailleurs, les entreprises qui décident volontairement de s'impliquer dans la réalisation des infrastructures ne consultent généralement pas les communautés autochtones pour comprendre leur priorité[1071]. Ce constat est fait par l'Association du Barreau américain qui, en parlant de la réalisation des infrastructures et de la fourniture des services par les minières, fait remarquer que :

> « Souvent, les communautés locales ont été frustrées que l'électricité ou l'eau courante dont bénéficient les sociétés ne soit pas étendue aux communautés locales, dont les activités économiques locales pourraient bénéficier grandement d'une source constante d'énergie électrique et d'eau courante. »

> « Dans de nombreux cas, une société a offert un service à la place du gouvernement, qui n'est pas viable et qui a conduit à une mauvaise qualité et un manque d'acceptation locale du service rendu. Les entreprises ou les gouvernements choisissent souvent quels projets à faire, plutôt que de laisser ce choix aux communautés ou d'aligner des projets avec les priorités de développement local et régional. Une telle démarche s'est souvent avéré la source des conflits[1072]. »

Nous pensons que le droit au développement qui repose sur la liberté de choix n'est pas respecté à cet égard.

Quant à l'obligation de l'État en matière de réalisation d'infrastructures, il doit fournir les infrastructures nécessaires aux opérations minières selon l'article 121 du code minier :

> « La réalisation des infrastructures nécessaires à l'activité minière se fait par l'État ou dans le cadre d'un Partenariat Public-Privé (PPP). Dans tous les cas, l'État agira soit directement soit par l'intermédiaire de toute entité qu'il détient ou qu'il contrôle[1073]. »

Dans la section suivante, nous verrons comment le code minier tient compte des obligations des minières en matière de protection du patrimoine culturel.

2.2. Des mesures lacunaires quant à la protection du patrimoine culturel autochtone

L'obligation des sociétés minières pour la protection du patrimoine culturel n'apparait pas dans le code minier guinéen.

En effet, il faut se rappeler, tel qu'expliqué dans le titre 2, que dans le contexte de l'exploitation minière, ce sont les textes se rapportant à

1071 ABA, promouvoir le développement axé sur les droits humains, *supra* note 1036 à la p. 144.

1072 *Ibid.*

1073 *Code minier*, *supra* note 765, art. 121.

l'environnement qui protègent généralement le patrimoine culturel. Les sociétés minières doivent évaluer et identifier les impacts de leurs activités sur le plan culturel au moment de la réalisation des études d'impact environnementaux et sociaux. Nous remarquons qu'une lecture du régime minier à la lumière des obligations des minières quant à la protection de la culture, relève d'une insuffisance notoire en la matière.

D'abord, la protection de l'environnement dans le code minier n'inclut pas expressément celle du patrimoine culturel, car l'article 142 ne parle que « d'étude environnementale et sociale »[1074]. La seule disposition du code minier guinéen qui fait référence au patrimoine culturel est l'article 111. Il est précisé de façon laconique dans cet article que sans le consentement du propriétaire, aucun permis d'exploration ou d'exploitation ne sera délivré pour les zones protégées ou interdites, dont « les édifices religieux, lieux de sépulture et lieux considérés comme sacrés »[1075]. L'article est ainsi libellé :

> « Aucun travail de prospection, de recherche ou d'exploitation de substances minières ou de carrière ne peut être ouvert, sans autorisation, à la surface et dans un rayon de cent (100) mètres autour des propriétés closes de murs ou d'un dispositif équivalent, villages, groupes d'habitations, puits, édifices religieux, lieux de sépulture et lieux considérés comme sacrés, sans le consentement du propriétaire. »[1076]

Or, nous avons vu qu'en application du principe de développement durable les minières avaient la responsabilité d'évaluer les répercussions de leurs activités sur le plan culturel à travers les études

---

[1074] Il convient de préciser ici qu'on pourrait faire une interprétation large de « social ». À titre d'exemple les composantes du développement durable incluent l'aspect environnemental, économique et social. On peut affirmer que le social comprend le culturel par extension. L'inclusion du volet culturel n'est toutefois pas automatique en pratique. Car le développement durable pose un problème opérationnel. C'est pourquoi la prise en compte de l'aspect culturel dans les EIES doit être clairement précisée par la législation minière ou environnementale pour son application effective. Voir à propos Toumao Kiri, « Pourquoi un dialogue sur la RSE dans l'industrie extractive en général et l'industrie minière en particulier » dans Institut de la Francophonie pour le développement durable, *Liaison Énergie-Francophonie*, no 99, 2015, 9 à la p. 12. D'après cet auteur : « Le processus d'adoption du concept de développement durable et de ses outils de mise en œuvre a montré toute sa complexité opérationnelle. En témoignent les négociations sur les ODD et notamment le manque d'outils pour assurer toutes les dimensions de ce concept et au minimum celles économique, sociale, environnementale et culturelle. ». C'est pourquoi le concept de développement durable ne suffit pas lui seul à l'application des composantes économiques, sociales, environnementales et culturelles. Il y a une nécessité d'adopter des normes plus spécifiques, dont l'ISO, par exemple, portant Lignes directrices du développement durable dont nous avons fait mention dans le Titre 2 de l'ouvrage.

[1075] *Code minier*, *supra* note 765, art. 111.

[1076] *Ibid*, art. 111.3.

d'impacts environnementaux et sociaux. Nous avons aussi remarqué que le patrimoine culturel est plus vaste que le patrimoine matériel, lequel limite la protection aux endroits physiques. Le terme de propriétaire tel que reconnu dans le droit commun désigne la possession par un particulier d'un bien[1077]. Il s'agit donc d'une propriété individuelle qui est différente de la propriété collective qu'on remarque chez les peuples autochtones, tel que précisé dans le chapitre précédent. À cela, il convient d'ajouter que le patrimoine culturel incluait également le patrimoine immatériel, ce qui comprend, par exemple, des chants, de la danse, des langues, les récits oraux, les mythes, l'histoire, le mode de vie, les rites culturels et la spiritualité lesquels, chez les peuples autochtones, sont souvent liés à la terre qu'ils occupent ancestralement.

Au regard de ces développements, nous remarquons que l'obligation de la minière de protéger le patrimoine culturel n'apparait pas de façon explicite dans le code minier guinéen. En effet, il est seulement interdit de détruire les lieux de culte et les lieux sacrés sans le consentement du propriétaire. C'est donc une loi prohibitive et non une obligation positive. En l'absence d'obligation de prendre des mesures positives pour protéger le patrimoine culturel, la minière peut donc aller de l'avant avec le projet si elle obtient le consentement du propriétaire. On pourrait interpréter l'article 111 du code minier, que la minière n'a pas d'obligation de contribuer au développement culturel de la communauté. Elle doit simplement s'assurer ne pas détruire le patrimoine culturel sans l'accord du propriétaire. Il s'agit là de protection individuelle du patrimoine donc de droit individuel et non d'un droit collectif. On peut en déduire qu'il n'y a aucune responsabilité de la minière à cet égard de sauvegarder le patrimoine culturel autochtone.

Pourtant, la communauté doit être consultée pour toute stratégie de sauvegarde du patrimoine culturel autochtone[1078]. Il ne s'agit pas seulement de demander le consentement du propriétaire, au sens du code minier, avant de détruire un site culturel ou le préserver. Dans le contexte d'un développement minier, la société doit, en vertu de ses obligations qui découlent du développement durable, inclure l'aspect culturel dans ses plans environnementaux avant même le début des travaux de recherche. La consultation permet dès lors à la

---

1077 Loi L/004/AN/1983 du 16 février 1983 portant Code civil de la République de Guinée, art. 820.

1078 Convention pour la sauvegarde du patrimoine culturel immatériel, *supra* note 102, arts 11, 15, 17.

communauté autochtone d'expliquer et de justifier l'importance du site culturel.

Ceci étant, force est de convenir que pour s'acquitter de son obligation de mise en œuvre du droit au développement, la société minière ne doit pas seulement s'abstenir de détruire un site culturel, elle doit contribuer à l'épanouissement culturel de la communauté autochtone. Cela passe par la promotion et la valorisation du patrimoine culturel en prenant aussi des initiatives pour préserver la culture autochtone. L'exemple de Rio Tinto qui a commandé une étude sur l'histoire de la ville de Beyla auprès du célèbre historien guinéen, Djibril Tamsir Niane est intéressant dans la mesure où cette étude a permis de documenter l'histoire précoloniale et coloniale de cette ville, de répertorier la liste des patrimoines culturels, des lieux de culte, d'expliquer l'origine de chaque rite culturel, l'importance des lieux de culte ou sacrés, de connaître les us et coutumes locaux de cette communauté ainsi que les tabous et interdits. La tradition orale qui se transmettait entre générations a été consignée dans un document écrit pour enseignement auprès des jeunes.

Somme toute, les entreprises minières ne doivent pas seulement respecter ou ne pas enfreindre la loi, elles doivent aussi collaborer avec l'État pour favoriser la jouissance du droit au développement. Elles doivent ainsi élaborer des conventions de gestion commune du patrimoine avec les communautés autochtones, pour mieux tenir compte du droit au développement de ces derniers[1079]. Ces obligations sont absentes dans le régime minier dans cet État.

En ce sens, nous remarquons que les dispositions du code minier guinéen sont largement insuffisantes et ne permettent pas d'intégrer les obligations des minières pour la protection du patrimoine culturel. À titre de rappel, ces obligations exigent que la société minière « identifiera et protègera le patrimoine culturel en veillant à l'application des pratiques reconnues au plan international consistant à protéger le patrimoine culturel, à l'étudier sur le terrain et à l'étayer par des documents »[1080]. Pour ce faire, la minière « consultera les Communautés affectées afin d'identifier le patrimoine culturel important et incorporera, dans son processus de prise de décisions, les points de vue des Communautés affectées au sujet de ce patrimoine culturel »[1081].

[1079] Voir à propos le Titre 2 du livre.

[1080] Normes de performance de la Société Financière internationale (SFI) et ses Notes d'orientation (janvier 2012), *supra* note 690.

[1081] *Ibid.*

En conclusion, pour mieux assurer le droit au développement des peuples autochtones, le régime minier guinéen devrait inclure l'obligation pour les minières d'établir un plan de protection du patrimoine culturel en consultant ces derniers. Cette mesure de sauvegarde pourrait passer par l'identification des sites culturels et sacrés et leur répertoire pas seulement, mais aussi le répertoire du patrimoine culturel immatériel et l'instauration d'un fonds de protection du patrimoine culturel.

Ceci étant, les obligations des entreprises minières se rapportent aussi à la signature des ententes sur la répartition des avantages et profits générés par la mine. Celles-ci contribuent à l'amélioration des conditions de vie des communautés autochtones.

SECTION 3. L'ANALYSE DE QUELQUES MODÈLES DE CONVENTIONS DE DÉVELOPPEMENT LOCAL EN GUINÉE À LA LUMIÈRE DU DROIT AU DÉVELOPPEMENT DES PEUPLES AUTOCHTONES

Dans le code minier guinéen, nous remarquons que les ententes de répartition des bénéfices issus de l'exploitation minière que doivent signer les sociétés minières et les communautés autochtones ne respectent pas le droit au développement. Afin de s'assurer que les peuples autochtones bénéficient de la mise en valeur de leur territoire, nous avons précisé que les entreprises minières doivent conclure des conventions de développement local.

L'étude de quelques accords portant sur le développement communautaire en Guinée révèle que ces contrats ne permettent pas une répartition juste et équitable des bénéfices, conditions inhérentes au droit au développement. Ces conventions de développement local pourraient être améliorées en partant de l'exemple des ERA, qui sont des modèles apparentés qu'on retrouve au Canada et en Australie.

3.1. Les conventions de développement communautaire en Guinée : un modèle similaire à une entente de répartition des bénéfices issus de l'exploitation minière

L'analyse de quelques conventions de développement communautaire signées entre les sociétés minières et les communautés autochtones en Guinée mettent en lumière l'absence de prise en compte du droit au développement des peuples autochtones.

Après nos demandes insistantes auprès de certaines sociétés minières telles que la SAG, la CBG, Rusal et la CBK[1082] pour les documents sur leurs stratégies communautaires, les relations communautaires ou les contenus locaux, nous n'avons pas eu de réponse. Rusal nous a fait savoir, par exemple, qu'elle n'est pas soumise aux obligations du nouveau code minier qui instaure l'obligation de développement communautaire. Nous n'avons eu aucune explication de la part de la SAG et de la CBG sur l'existence ou pas d'un plan de développement communautaire puisque ces deux minières n'ont même pas donné suite à une seule demande. D'après nos recherches auprès du ministère de l'Administration du territoire et de la décentralisation et des sociétés minières elles-mêmes, il existe à ce jour (12 avril 2021) deux conventions de développement communautaire signées entre une société minière et une communauté locale en Guinée. Selon un entretien accordé par un acteur évoluant dans le secteur minier, la réticence des minières à communiquer des informations sur leurs stratégies communautaires s'explique par les facteurs suivants[1083]. À son avis, les sociétés minières ne veulent pas de dettes sociales envers la collectivité locale en s'engageant dans une entente de développement communautaire. De plus, les minières qui se sont installées en 2010 disent, à titre d'exemple, qu'elles ne veulent pas se soumettre au code minier de 2011. Chaque minière avance qu'elle ne reconnait que le code minier de l'année de signature de sa convention minière avec l'État.

Les sociétés refusent donc de s'adapter aux nouvelles dispositions du code minier pourtant plus équitables, mais aussi plus avantageuses pour les communautés locales en matière de protection de l'environnement. Étant donné que la plupart des minières sont en activité avant 2010, qu'adviendra-t-il si elles décident de ne pas appliquer les dispositions du nouveau code minier sur le développement communautaire ?

[1082] Il s'agit de la Société AngloGold Ashanti de Guinée (SAG), de la Compagnie des Bauxites de Guinée (CBG), de la compagnie des Bauxites de Kindia (CBK), de la Société Rusal et de Rio Tinto. Il convient de préciser que ces compagnies ont été particulièrement ciblées parce qu'elles sont implantées dans des zones autochtones. Nous avons aussi contacté le ministère de l'Administration du territoire et de la décentralisation qui est censé répertorier toutes les conventions de développement local signées en Guinée. En fait, c'est le ministère en charge de la négociation et de la signature des conventions de développement local entre la minière et la communauté locale.

[1083] Communication personnelle avec un responsable de la Société guinéenne de gestion du patrimoine minier le 21 mars 2018 qui préfère garder l'anonymat. Toutefois, cette information mérite d'être validée. Il n'existe aucune étude empirique qui permette de comprendre le refus des minières de signer des ententes de développement communautaire.

Quoiqu'insuffisantes, ces dispositions constituent une avancée en matière de respect des droits humains par rapport aux anciens régimes miniers. La réponse à cette question importante nous amène à nous intéresser aux effets du droit transitoire.

Par droit transitoire, on entend :

> « L'ensemble des règles gouvernant l'application de la loi dans le temps qui déterminent le domaine respectif de la loi ancienne et de la loi nouvelle et comme les règles qui rendent applicable, pour une période intérimaire, un régime particulier forgé pour la circonstance[1084]. »

Autrement dit, il s'agit, de façon plus concrète, de l'application dans le temps des règles de droit. Cette application soulève des questions liées à la notion de rétroactivité et d'application immédiate de la loi, « celle de survie de règle ancienne »[1085], ainsi que la notion de droit acquis. Pour savoir si les dispositions du nouveau code minier se rapportant à l'obligation du développement communautaire devraient s'appliquer aux anciennes conventions minières ou sociétés minières, nous nous intéresserons aux principes généraux qui le gouvernent et aux exceptions qu'il admet.

En droit et plus précisément en droit civil, le principe est la non-rétroactivité de la loi. On dit communément que la loi dispose pour l'avenir. Il en de même en droit international. Cependant, le principe de non-rétroactivité est assorti d'exceptions[1086].

D'abord, le législateur a le pouvoir pour des raisons d'intérêt général, de « modifier rétroactivement les règles que l'administration fiscale et le juge de l'impôt ont pour mission d'appliquer »[1087]. Lorsque l'intérêt général l'exige donc, en matière fiscale, le législateur peut ordonner l'application rétroactive d'une loi.

Ensuite, le principe de « l'application immédiate de la loi pénale plus douce » est reconnu en droit interne. Autrement dit, en droit criminel ou en matière répressive, « on y trouve l'interdiction de faire rétroagir la loi pénale plus sévère et l'obligation d'appliquer rétroactivement une loi plus douce »[1088]. Ce principe est fondé sur le fait que la nouvelle loi pénale qui crée des situations plus favorables

---

[1084] Guillaume Drago, Didier Le Prado, Bertrand Seiller et Philippe Théry, *repenser le droit transitoire*, Paris, Dalloz, 2010 à la p. 76.

[1085] *Ibid* à la p. 9.

[1086] Paul Tavernier, recherches sur l'application dans le temps des actes et des règles en droit international public (Problèmes de droit intemporel ou de droit transitoire), Paris, Librairie générale de droit et de jurisprudence, 1970 aux pp. 278-89. Voir aussi, Drago, *supra* note 1086 à la p.43.

[1087] Drago, *supra* note 1086 à la p.33.

[1088] Drago, *supra* note 1086 à la p. 53.

devrait s'appliquer aux situations passées. Les justifications de l'application de la loi pénale plus douce reposent sur le respect et la protection de la dignité humaine et des droits fondamentaux de la personne. Le deuxième objectif de l'application rétroactive de la loi est la recherche de l'équilibre dans la société. En fait, l'objet des mesures transitoires est lié à la nécessité d'adopter des « mesures adéquates qui sont celles qui permettent de rétablir l'équilibre »[1089]. Dans le contexte du développement communautaire, il serait question de rechercher l'équilibre entre utilisation rationnelle des ressources naturelles et exploitation minière. Autrement dit, les processus d'exploitation économique « et les résultats qui en découlent doivent être partagés équitablement »[1090]. À ce titre, la durabilité implique l'orientation « par une compagnie minière d'une stratégie particulière pour le DD »[1091]. Parmi celles-ci figure l'amélioration des conditions de vie de la population.

En ce qui concerne les moyens de mise en œuvre des mesures transitoires, il convient de noter que la réforme pourrait intervenir par voie réglementaire, notamment par décret du Président de la République, pour des motifs de sécurité juridique. L'autorisation de faire rétroagir une loi par un pouvoir réglementaire n'est pas une chose nouvelle en droit administratif. C'est d'ailleurs la voie la plus utilisée. En fait, traditionnellement l'exécutif jouit d'un pouvoir discrétionnaire « pour arrêter les conditions d'entrée en vigueur et de mise en œuvre des normes nouvelles qu'il adopte et avec la forte présomption que les mesures nouvelles sont meilleures que celles qu'elles remplacent ou modifient […] »[1092] Cet encadrement par l'adoption d'un acte administratif unilatéral est une des meilleures options possibles, car il commande que l'on tienne compte des circonstances de temps, de lieux et de personnes de telle sorte que les dispositions générales législatives et constitutionnelles ne peuvent pas toujours bien y pourvoir.

À notre avis, le champ d'application dans le temps du nouveau code minier en Guinée, adopté en 2011 et amendé en 2013 en matière d'obligation de développement communautaire devrait tenir compte des situations favorables aux peuples autochtones. Pour ce faire, l'État guinéen devrait discuter avec les sociétés minières entrées en activités avant 2011. Autrement, il sera difficile d'appliquer le nouveau code

[1089] *Ibid* à la p. 64.
[1090] Darimani, *supra* note 1071 à la p. 102.
[1091] *Ibid* à la p. 103.
[1092] Drago, *supra* note 1086 à la p. 65.

minier aux anciennes sociétés minières en l'état actuel du droit guinéen. Une relecture des conventions et contrats miniers s'avère donc nécessaire.

Tenant d'ailleurs compte de cette lacune du code minier guinéen en matière d'obligation de développement communautaire, la Coalition pour l'exploitation des ressources naturelles au bénéfice du citoyen « Publiez ce que vous payez-Guinée », dans son rapport sur le suivi des obligations légales des sociétés minières en vertu du régime minier guinéen, affirme que :

> « Le nouveau Code minier ne s'applique pas ou s'applique très partiellement à la plupart des grands projets d'exploitation minière en activité [...] Le constat est alarmant en matière de dégradations de l'environnement, car les atteintes ne sont pas sanctionnées ainsi qu'un problème général d'information des collectivités locales riveraines des projets miniers. Dans ses recommandations, le rapport « demande au gouvernement de reprendre les négociations avec les titulaires d'anciens titres miniers pour aligner leurs obligations sur le code minier actuel » en matière de contribution au développement communautaire. Les auteurs recommandent également à l'Assemblée nationale de refuser « toute prolongation de conventions minières arrivant à expiration, qui ne soient pas strictement alignées sur l'actuel code minier. »[1093]

Il faut remarquer que la stratégie de prolongation des conventions minières est une autre astuce utilisée par les sociétés minières pour se soustraire de leurs obligations au titre de la mise en œuvre du droit au développement des communautés autochtones. Certaines minières installées en Guinée avant l'adoption du nouveau code minier 2011 et dont les projets ont commencé avant procèdent à la négociation pour la prolongation de leurs concessions minières qui arrivent à échéance. L'Assemblée nationale autorise cette prolongation sans pour autant exiger des minières la conclusion d'un avenant à leur convention de base qui tient compte des dispositions du nouveau code minier en matière de développement communautaire. Selon l'ONG :

> « Pire, des avenants et des prolongations de concessions minières ont été négociés et ratifiés par l'Assemblée nationale, prolongeant ainsi pour des périodes de longues durées les conventions de base antérieures, sans pour autant reprendre l'ensemble des dispositions du nouveau code minier. C'est le cas notamment de la SAG et la compagnie Rusal pour les gisements de Kindia et de

1093 Alpha Assia Baldé, « Guinée : la coalition "Publiez ce que vous payez" publie un rapport accablant sur le non-respect du code minier », *Guinée matin* (13 novembre 2018), en ligne : https://guineematin.com/2018/11/13/guinee-la-coalition-publiez-ce-que-vous-payez-publie-un-rapport-accablant-sur-le-non-respect-du-code-minier/.

Dian-Dian qui ont bénéficié d'un renouvellement de leurs concessions minières pour 25 années[1094].

Par ailleurs, en échange du refus de contracter des engagements auprès de la communauté locale en termes de développement, les sociétés ont pour stratégie la création de fondations dites humanitaires à l'instar d'organismes caritatifs[1095]. L'action de ces fondations se limite très souvent à l'organisation d'activités récréatives dans la communauté autochtone, tel que des matchs de football, à la donation de matériels scolaires ou sanitaires, à la donation de matériaux de construction pour des infrastructures communautaires ou à la réalisation de quelques infrastructures telles que les forages, les abattoirs, les hangars de marché, etc.[1096] Les avantages de créer ces fondations est que les minières n'ont aucune contrainte pour réaliser des projets de développement communautaire et qu'elles se justifient par la réalisation de quelques actions de développement à travers ces fondations. Elles en tirent aussi un avantage fiscal.

Par contre, les sociétés cotées en bourse essaient de respecter les standards internationaux, dont la promotion du contenu local, et les normes de durabilité[1097]. La raison est la suivante. Les sociétés cotées en bourses, comme Rio Tinto, sont généralement affiliées au Conseil

---

[1094] Alhassane Bah, « Respect des obligations légales : ce rapport qui accable les sociétés minières… », *Guineenews* (15 décembre 2018), en ligne : https://www.guineenews.org/respect-des-obligations-legales-ce-rapport-qui-accable-les-societes-minieres/. Voir aussi Élie Ougna, « Rusal a au moins six mois pour relancer Friguia », *Kaloumpresse* (12 juin 2016), en ligne : http://kaloumpresse.com/2016/06/12/rusal-a-desormais-six-mois-pour-relancer-friguia/.

[1095] Il existe présentement 12 fondations minières en Guinée. À titre d'exemple, le Consortium SMB Winning (Société minière de Boké) a créé sa Fondation dénommée « Fondation SMB-Winning Consortium ». En ligne : http://smb-guinee.com/fondation/. Le rôle de la fondation est, selon la SMB Winning « d'explorer de nouvelles voies aux côtés d'acteurs associatifs et institutionnels. Créer de nouvelles alliances avec les acteurs engagés et appuyer les initiatives citoyennes, c'est être plus proche du terrain, plus efficace et plus généreux. » Il n'y a pas d'engagement chiffré des sociétés en matière de développement communautaire.

[1096] Voir, à titre d'exemple, la Fondation Rusal/Guinée qui offre des matériaux de construction à deux mosquées dans la capitale Conakry., « La fondation Rusal/Guinée offre des matériaux de construction aux mosquées de Soumanbossia et CBK *», Conakrylive.info* (juin 2017), en ligne : http : //www.conakrylive.info/fichiers/blog16.php?code=calb7059&langue=fr& type=rub38>. Voir aussi le rapport de l'ITIE qui parle de contributions sociales volontaires. Moore Stephens, *supra* note 1052 aux pp. 159-70.

[1097] Les entreprises minières cotées en bourse sont celles qui sont affiliées au CIMM. Les sociétés minières membres de CIMM opérant en Guinée sont : Anglogold Ashanti, Bhp Billiton, Newmont, Rio Tinto. Voir à propos, PNUD, *Responsabilité sociétale des entreprises (RSE) dans le secteur minier en Guinée. État des lieux et perspectives*, *supra* note 939 à la p. 54.

international des mines et métaux (CIMM). De par cette affiliation, elles prennent l'engagement de publier un rapport annuel (« *Global Reporting Initiative* ») sur le respect des mesures de développement durable dans les activités de l'entreprise. À cela s'ajoute l'évaluation par un auditeur indépendant des performances en matière de développement durable tous les trois ans. Après un audit de ces éléments par l'organisme d'affiliation qu'est le Conseil international des mines et métaux (CIMM) tel que rappelé ci-haut, si le résultat est négatif, la valeur des actions de la compagnie diminue. Autrement dit, quand il y a une évaluation négative à la suite des revendications des communautés autochtones quant à l'amélioration de leurs conditions de vie et une meilleure contribution de la minière au développement local, les actions en bourses des sociétés vont chuter[1098]. L'application des dispositions sur le contenu local dépend plus des intérêts de l'entreprise cotée en bourses qu'aux exigences du code minier guinéen.

Par ailleurs, les sociétés russes et chinoises, quant à elles, ne respectent généralement aucun engagement et ne prennent presque aucune initiative pour contribuer au développement local, selon l'explication d'un responsable de la SOGUIPAMI[1099].

Ceci dit, nous analyserons la convention de financement de Kabata et la politique de contenu local du projet Simandou de Rio Tinto. Ce sont des exemples de convention de développement communautaire qui font partie du régime minier guinéen. L'analyse de ces conventions nous permettra de voir les insuffisances du régime minier guinéen par rapport au droit au développement des peuples autochtones.

3.1.1. La convention de financement du projet de KABATA

Le document que nous avons obtenu de la part du ministère de l'Administration du territoire et de la décentralisation, en charge du développement local est celui sur le *Protocole d'entente : Initiative conjointe d'appui au développement des collectivités rurales de la Préfecture de Boké potentiellement affectées par le projet de raffinerie*

1098 Tel fut le cas de la Société Vale où les actions ont considérablement chuté à la suite des revendications sociales suivies des violences à Zogota. Ce fut aussi le cas à la SAG où les populations déplacées de Kitinian ont provoqué une diminution des valeurs de la société, selon une communication personnelle en date du 21 août 2017 avec le conseiller juridique de la SAG, Moussa Magassouba.

1099 Communication personnelle d'un acteur du secteur minier en date du 22 août 2017 à Conakry.

d'alumine de Kabata et sa convention de financement[1100]. Loin d'une convention de développement local, la convention s'inscrit dans le cadre du suivi pour le financement et de l'exécution du projet de Kabata. La convention prévoit un fonds « destiné à permettre aux bénéficiaires de financer des actions de développement prioritaires en étroite collaboration » avec l'État et la société minière. Les communautés locales bénéficiaires sont ainsi les collectivités rurales de Boké, les communautés affectées du projet Kabata. On voit à cet égard qu'il y a une extension de l'application des bénéfices aux communautés autochtones riveraines, et non seulement celles qui sont affectées directement par le projet Kabata[1101]. À ce titre, la convention poursuit, entre autres, les objectifs suivants :

— Renforcer l'autonomie des communautés locales sur les plans social et économique.
— Renforcer les capacités de gestion des communautés rurales dans le domaine de la gestion des ressources côtières et marines.
— Contribuer à la mise en place d'un programme stratégique portant sur le développement durable et le développement local, préfectoral et régional et soutenir ce programme.

[1100] Protocole d'entente : Initiative conjointe d'appui au développement des collectivités rurales de la Préfecture de Boké potentiellement affectées par le projet de raffinerie d'alumine de Kabata entre : ministères de l'Administration du territoire et de la décentralisation (MATD), Cellule nationale de coordination du programme d'appui aux collectivités villageoises (PACV) et Rio Tinto Alcan inc. Et Alcoa inc. Partenaire du projet de raffinerie de Kabata, septembre 2013. Il y a aussi la Convention de financement du protocole d'entente entre la cellule de coordination du PACV et le projet Kabata relative à l'Initiative conjointe d'appui au développement des collectivités locales potentiellement affectées par le projet de raffinerie d'alumine Kabata dans la Préfecture de Boké entre Alcoa inc. et Rio Tinto Alcan inc. Partenaires du projet de raffinerie d'alumine Kabata et le ministère de l'Administration du territoire et de la décentralisation (MATD, la Cellule nationale de coordination du programme d'appui aux collectivités villageoises [PACV], datées de juin 2013 et signées en septembre 2013.

Il convient de préciser ici que les activités de transformation d'une mine ont aussi des impacts importants sur la communauté locale. L'usine de Kabata se situe dans un site différent de la zone d'extraction de la Bauxite à Boké. La construction de l'usine implique à ce sujet l'emploi des travailleurs locaux, la formation de la main-d'œuvre, les atteintes aux droits fonciers des communautés locales, la destruction de l'environnement, la perturbation du mode de vie, la construction des infrastructures, etc. En tenant compte de ces enjeux, un tel projet nécessite la réalisation des études d'impacts environnementaux et sociaux. C'est en ce sens que nous avons choisi d'étudier cette convention de financement.

[1101] Convention de financement du protocole d'entente entre la cellule de coordination du PACV et le projet Kabata relative à l'Initiative conjointe d'appui au développement des collectivités locales potentiellement affectées par le projet de raffinerie d'alumine Kabata dans la Préfecture de Boké entre Alcoa inc. et Rio Tinto Alcan inc. Partenaires du projet de raffinerie d'alumine Kabata et le ministère de l'Administration du territoire et de la décentralisation (MATD, la Cellule nationale de coordination du programme d'appui aux collectivités villageoises (PACV), datée de juin 2013 et signées en septembre 2013, art 1.

— Promouvoir les programmes écosystémiques de base et protéger la biodiversité des zones côtières et marines à proximité du projet.
— Outiller les collectivités locales sur les techniques d'élaboration des plans de développement local, la conception et la mise en œuvre des microprojets axés sur les infrastructures et les services sociaux, donner la formation sur le suivi de ces microprojets.
— Collaborer avec la communauté locale pour faire avancer les études d'impacts, environnementaux, sociaux et sanitaires du projet.

La convention comprend les composantes essentielles suivantes :
— Le cofinancement par la minière et le PACV des microprojets ou les activités de soutiens proposés par la communauté locale.
— La participation en tant qu'observateur, à la sélection des fournisseurs de matériel ou de services en lien avec les microprojets qui seront financés au titre du protocole d'entente.
— Le soutien au processus de passation des marchés.
— La collaboration avec le PACV pour l'exécution des projets dans le cadre de l'entente.
— Le suivi et l'évaluation des projets.

Quant au PACV (programme d'appui aux collectivités villageoises), qui est rattaché au ministère de la décentralisation, en tant que « maitre d'ouvrage », il supervise la mise en œuvre générale des microprojets et programmes financés dans le cadre de l'entente.

L'entente cherche donc à renforcer les capacités des communautés locales dans l'élaboration des microprojets et programmes de développement local, la gestion du développement local, le contrôle financier de l'utilisation des fonds destinés aux projets sélectionnés. Reste que le projet met l'accent sur l'entrepreneuriat local, à savoir le renforcement des capacités des communautés rurales dans la conception des microprojets de développement et la gestion financière. On ne fait pas référence, par exemple, à l'emploi, à la formation professionnelle, ni à la protection de la culture, encore moins au partage des profits issus de l'exploitation de la raffinerie. Par contre, on retrouve dans les exigences relatives aux microprojets des communautés locales, « l'approbation d'un plan de gestion santé-sécurité et environnement pour chacun des microprojets »[1102]. Autrement dit, les microprojets élaborés par la communauté locale pour être validés, devraient inclure un programme de protection de l'environnement incluant le volet gestion santé-sécurité.

3.1.2. La politique de contenu local du projet Simandou de Rio Tinto

La politique de contenu local de Rio Tinto fait partie de la stratégie de développement communautaire de l'entreprise. La politique du contenu local permet la création de richesses locale, le soutien aux entreprises locales, l'emploi et la formation[1103]. L'objectif de la politique de contenu local de Rio Tinto « est de créer des avantages durables pour l'économie guinéenne à travers l'emploi de Guinéens et l'achat de biens et de services locaux »[1104]. Cela permettra « de développer une base d'approvisionnement local »[1105]. À cet égard, la politique de contenu local s'inscrit dans le contexte du soutien au développement de relations d'affaires. Il permet à ce titre

---

[1102] Convention de financement du protocole d'entente entre la cellule de coordination du PACV et le projet Kabata relative à l'Initiative conjointe d'appui au développement des collectivités locales potentiellement affectées par le projet de raffinerie d'alumine Kabata dans la Préfecture de Boké entre Alcoa inc. et Rio Tinto Alcan inc. Partenaires du projet de raffinerie d'alumine Kabata et le ministère de l'Administration du territoire et de la décentralisation (MATD, la Cellule nationale de coordination du programme d'appui aux collectivités villageoises (PACV), datées de juin 2013 et signées en septembre 2013, point 6.2.

[1103] Le « contenu local », est l'une des dimensions de la RSE qui relève d'enjeux associés au développement socio-économique local. Il s'agit d'une thématique relativement nouvelle dans le secteur minier, en tout cas, tel qu'elle est désormais formalisée. Le contenu local désigne, selon comme la Conférence des Nations Unies sur le commerce et le développement (CNUCED) : *« Le Contenu local est le développement du tissu industriel local et des compétences locales en les faisant participer aux activités industrielles dans les secteurs des mines. Ce sont les retombées directes dans l'économie nationale attendues de ces activités, en plus du paiement des taxes, et des revenus ou royalties perçus par les États hôtes. Pour les entreprises, c'est la maximisation de leur recours aux ressources humaines et entrepreneuriales locales dans la mise en œuvre de leurs projets industriels et dans leurs activités courantes ». (CNUCED, 2015)* ».

[1104] Rio Tinto, « *Politique du Contenu local du projet intégré minier et d'infrastructures de Simandou* », 24 novembre 2015. Le projet a été élaboré en collaboration avec CHINALCO, IFC (international Finance Corporation), La SOGUIPAMI et la Banque africaine de développement, à la p. 24. Rio Tinto définit le contenu local comme étant « L'utilisation de la main-d'œuvre, des biens et des services provenant de Guinée et inclut le transfert de compétences et/ou de technologies des partenaires internationaux à destination de fournisseurs locaux, dans le but d'améliorer leur faculté à fournir des biens et des services au Projet ».

[1105] *Ibid* à la p. 31. Le projet a été élaboré en collaboration avec CHINALCO, IFC (international Finance Corporation), La SOGUIPAMI et la Banque africaine de développement.

de favoriser une plus large participation des fournisseurs locaux, contractants et la main-d'œuvre aux activités du projet et tirer bénéfice au fil du temps[1106].

Le contenu de la politique locale est donc un engagement de la société dans le cadre du soutien à l'économie locale et à l'emploi. L'utilisation des services et matières premières locales ou produits fabriqués en Guinée y figure également, à condition qu'ils soient compétitifs et de bonnes qualités. Les objectifs de la politique de contenu local sont dès lors de :

— Chercher des opportunités pour collaborer avec les petits et moyens fournisseurs locaux, chercher à créer de nouveaux emplois et de nouvelles activités, et fournir une assistance aux régions locales.
— Faire une étude pour comprendre les obstacles au développement du contenu local et de trouver des solutions.
— Embaucher en priorité les Guinéens pour les emplois non qualifiés et accorder la priorité d'emploi aux Guinéens pour les emplois qualifiés à compétence et expérience égales.
— Mettre en place un programme de formation et de promotion pour les employés guinéens pour favoriser leur promotion à des postes de responsabilités au sein de la minière.
— Respecter la législation relative à la santé publique[1107].

Dans la politique de contenu local, il est mentionné que l'État s'engage à soutenir le contenu local par un certain nombre de mesures de facilitation. Ce sont :

— La « mise en œuvre d'un Régime de Remboursement et d'Exonération de TVA (taxe sur la valeur ajoutée).
— La facilitation de l'activité des entreprises.
— La facilitation de l'accès au financement.
— Le processus de Référencement de Fournisseur.
— Le programme de soutien des PME.
— L'environnement juridique et réglementaire stable.
— La formation technique et professionnelle.
— L'infrastructure physique »[1108].

Toutefois cette politique du contenu local qui aurait dû être exécutée à l'étape 2 du projet Simandou[1109], n'a pas pu être appliquée,

---

[1106] *Ibid* à la p. 10.
[1107] Rio Tinto, « Politique du Contenu local », *supra* note 1106 à la p. 25.
[1108] *Ibid* aux pp. 34-5.

puisque Rio Tinto a gelé le projet Simandou à cause de la faiblesse des cours qui rendait le taux de rentabilité interne très bas[1110] en juillet 2016. Ce gel montre que le domaine minier est « très volatile ». On se demande dès lors comment assurer la stabilité des avantages pour les communautés ?

Nous remarquons que la convention de financement de Kabata et la politique de contenu local du projet Simandou de Rio Tinto comportent des insuffisances quant aux obligations des minières dans la mise en œuvre du droit au développement des peuples autochtones. L'analyse de ces accords nous a donc permis de mettre en lumière les insuffisances du régime minier guinéen par rapport au droit au développement des peuples autochtones. Plusieurs composantes du droit au développement ne sont pas prises en compte dans ces accords. Le type de clause contenue dans ces ententes se limite à la formation et au soutien à l'entrepreneuriat local, l'octroi de contrats aux entreprises locales, la prise en compte de la protection de l'environnement, de la santé et de la sécurité dans les projets de développement communautaire[1111]. Par rapport au droit au développement des peuples autochtones, les minières doivent prévoir des dispositions sur l'emploi et de la formation locale, la protection de l'environnement, la réalisation des infrastructures socioculturelles adaptées, des mesures pour la participation des Autochtones aux profits et avantages tirés de la mine, etc. Les conventions de développement local sont donc incompatibles avec les conditions du droit au développement. Face à cette absence d'engagement des minières pour le développement local, une étude du PNUD mentionne que :

[1109] *Ibid* aux pp. 17,43. Concernant la feuille de route pour le développement du Contenu local, le document précise qu'« un plan de mise en œuvre détaillé pour la politique sera élaboré après l'achèvement de l'Étude de Faisabilité bancable et la Sélection du Consortium (Étape 2)». Les étapes séquentielles de développement du projet Simandou sont : « Ratification de la Convention BOT et de la Convention de base de Simandou, Étude de faisabilité bancaire et processus de sélection de consortiums, Plan de Financement et Négociation des Conditions, Décision d'investir dans les Infrastructures, Construction, Test et mise en service de l'Infrastructure du Projet, Opérations et accélération de la production pendant la durée de vie de la mine et Fermeture de la Mine. ».

[1110] *Le Monde Afrique*, « *Guinée : comment s'est effondré le rêve de Simandou* » (25 juillet 2016), en ligne : www.lemonde.fr/afrique/article/2016/07/25/etude-de-cas-l-annonce-du-gel-du-projet-minier-simandou-en-guinee_4974293_3212.html. Voir aussi : http://fr.allafrica.com/view/group/main/main/id/00044523.html. Il faut noter que des négociations sont actuellement en cours entre le gouvernement guinéen et Rio Tinto pour définir les conditions de relance du projet.

[1111] Il faut toutefois préciser que des dispositions sur l'emploi et la formation sont prévues dans la politique de contenu local de Rio Tinto.

« Très peu d'entreprises opérant en Guinée (au moins leurs filiales guinéennes) se sont dotées de politiques ou stratégies susceptibles de promouvoir la RSE ou le développement durable dans l'ensemble de leurs opérations. Nombre d'entreprises, craignant les attentes démesurées des populations et ne voulant pas se substituer à l'État, ont tendance à se mettre en retrait des problématiques de RSE[1112]. »

Ceci étant, si on veut aller plus loin pour mieux respecter le droit au développement, il y a des modèles d'entente apparentés aux conventions de développement local qui existent au Canada et en Australie, savoir les ERA, tel que vu dans la partie 2 du projet. Les ERA contiennent des mesures pour la participation des communautés autochtones aux avantages et bénéfices tirés de la mine, la priorité accordée aux entreprises locales, les incitatifs pour l'emploi et la formation locale, la réalisation des infrastructures adaptées sur le plan culturel, etc.

En effet, les ERA sont une forme de convention de développement communautaire mise à la disposition des minières pour mettre en œuvre le droit au développement. Le modèle singulier des ERA, tel que vu dans le titre 2 de cet ouvrage, est en partie importé en Guinée. Nous pensons que les conventions de développement local se rapprochent du modèle canadien et australien des ERA en raison des mesures qu'elles contiennent concernant la formation, la promotion de l'entrepreneuriat local et la protection de l'environnement. Cependant, ces types de conventions de développement communautaire se distinguent des ERA parce qu'ils ne contiennent pas des mesures se rapportant à l'emploi et la formation locale, à la construction des infrastructures socioculturelles adaptées, au partage des profits générés par l'exploitation minière. En partant de l'exemple des ERA, il y a davantage de moyens d'intégrer d'autres aspects de la composante économique et socioculturelle du droit au développement des peuples autochtones dans les conventions de développement communautaire en Guinée.

Notre hypothèse étant que le régime minier guinéen ne respecte pas le droit au développement des peuples autochtones en raison des mesures insuffisantes protégeant la vie politique, économique et socioculturelle des peuples autochtones, nous pensons que les ERA peuvent montrer la marche à suivre pour améliorer les conventions de développement local afin de mieux appliquer le droit au développement des communautés autochtones (dans ses composantes

---

[1112] PNUD, Responsabilité sociétale des entreprises (RSE) dans le secteur minier en Guinée. État des lieux et perspectives, *supra* note 939 à la p. 13.

économiques et socioculturelles). Les dispositions qui peuvent s'appliquer aux conventions minières en Guinée se rapportent à l'emploi, à la formation professionnelle, au soutien à l'entrepreneuriat autochtone, au partage des bénéfices générés par la minière, à la protection de l'environnement, à la réalisation des infrastructures socioculturelles, etc.

En revanche, les ERA ne constituent pas un bon modèle en ce qui concerne les composantes politiques du droit au développement.

En somme, les ERA peuvent servir comme modèle ou contre-modèle pour les conventions de développement communautaire en Guinée. Ainsi, en partant de l'exemple des ERA, il y a donc davantage de moyens d'améliorer d'autres aspects du droit au développement des peuples autochtones dans les conventions de développement communautaire en Guinée.

CONCLUSION DE LA PARTIE 3

L'analyse du régime minier guinéen à l'égard des obligations des États et des sociétés minières dans l'application du droit au développement des peuples autochtones révèle deux niveaux d'insuffisances.

Premièrement, les dispositions qui ne sont pas prévues dans le régime légal et institutionnel minier, notamment la consultation respectant les structures traditionnelles des communautés autochtones, la protection du patrimoine culturel et la protection des droits à la terre.

Deuxièmement, les dispositions qui existent, mais qui sont insuffisamment appliquées faute de contrôle et de suivi, de structure adéquate pour leur mise en œuvre (emploi et protection de l'environnement). Le code minier ne prévoit pas, en matière d'emploi, de quotas réservés pour les membres de la communauté autochtone qui abritent le projet minier ou qui sont affectés par le projet. À cela, s'ajoutent les dispositions qui existent, mais qui sont lacunaires en raison des modalités d'institutionnalisation. À titre d'exemple, les communautés locales ne sont pas associées de façon adéquate à l'élaboration d'une convention de développement local ni à la gestion participative du processus y relatif. Le montant prévu dans le cadre du partage des bénéfices est également insignifiant.

En fait, l'État lui-même reconnait comme obstacle au droit au développement « le manque de suivis et de contrôles des projets et sociétés ; la faiblesse des capacités techniques et opérationnelles des ressources humaines, et structures décentralisées et déconcentrées »[1113]. Ainsi « avec le renforcement du cadre juridique et de la capacité de l'administration publique », les potentialités minières de la Guinée encore sous-exploitée pourraient être la clé pour son développement[1114]. En raison des insuffisances citées ci-haut, nous

[1113] « Plan national de Développement », *supra* note 1050 à la p. 26.

[1114] *Ibid* à la p. 77.

confirmons donc notre hypothèse de départ que le régime minier guinéen n'est pas conforme au droit au développement des peuples autochtones.

CONCLUSION GÉNÉRALE

Le contraste des richesses minières de la Guinée et les conditions de vie des populations autochtones ont suscité notre intérêt à étudier le régime juridique de l'exploitation minière de ce pays. Loin de contribuer au développement socio-économique et culturel des communautés locales autochtones, la mine n'a apporté souvent que des problèmes liés à la perte de terres agricoles, l'assèchement des cours d'eau, la destruction des cultures vivrières, la dégradation de l'environnement, l'empiètement sur les terrains de chasse, de pâturage, la destruction du patrimoine culturel et l'aggravation de la pauvreté, etc. Ce constat alarmant dans les zones minières autochtones en Guinée nous conduit inéluctablement à une question : le code minier guinéen est-il compatible avec les conditions du droit au développement des peuples autochtones ?

Notre projet poursuivait trois objectifs :

1. Identifier les composantes du droit au développement des peuples autochtones.

2. Mettre en évidence les obligations des États et des compagnies minières qui découlent de ce droit.

3. Analyser la conformité du régime minier guinéen au regard de ce droit.

L'atteinte de ces objectifs devait nous permettre de démontrer l'hypothèse suivant laquelle le cadre juridique guinéen de l'exploitation minière ne respecte pas les normes régionales et internationales en matière de droit au développement des peuples autochtones. Le code minier porte atteinte au droit au développement des peuples autochtones du fait qu'il contient des mesures insuffisantes protégeant la vie politique, culturelle et économique propre aux peuples autochtones de la Guinée. Pour répondre à cette hypothèse, nous sommes partis des questions de recherche suivantes :

1. Quelles sont les principales composantes du droit au développement des peuples autochtones ?

2. En vertu du droit au développement, quelles sont les obligations qui incombent à l'État et aux entreprises minières ?

3. Dans quelle mesure le régime juridique guinéen applicable à l'exploitation minière respecte-t-il le droit des peuples autochtones au développement ?

Pour répondre à ces questions de recherche, il convient de présenter les trois grandes dimensions au droit au développement des peuples autochtones. La première concerne la composante politique qui se rapporte au respect des structures et des ordres juridiques autochtones. Elle comprend d'une part, l'autodétermination et l'autonomie et d'autre part, la consultation, la participation, le consentement préalable, libre et éclairé. Nous avons compris que le seuil de consultation est très élevé et vise à rechercher le CPLE afin de permettre aux peuples autochtones de choisir quel type de développement ils souhaitent pour leur territoire. L'autodétermination et l'autonomie (une de ses modalités) imposent de laisser aux peuples autochtones, la pleine latitude quant au choix de leur statut politique et la priorisation de leurs besoins a et des réponses à y donner. La composante économique du droit au développement des peuples autochtones se rapporte à la protection de leur mode de subsistance traditionnelle et leur participation à l'économie de marché. Cela inclut concrètement le droit aux terres et aux ressources qui permettent d'assurer la survie même des peuples autochtones en tant que peuples distincts. La protection du milieu ; l'emploi de qualité, la formation adéquate, diversifiée et culturellement adaptée en temps moyen d'intégration à l'économie de marché ; les mesures de paiement pour l'utilisation des ressources que constitue le partage des bénéfices complètent ce volet économique du droit au développement. La dernière composante du droit au développement est un aspect socioculturel qui vise à assurer la protection du mode de vie distinctif des peuples autochtones. Le droit de se développer culturellement correspond au droit pour les peuples autochtones de contrôler et de protéger leur patrimoine culturel, la liberté de déterminer eux-mêmes des valeurs matérielles et immatérielles communes de leur culture qui englobent entre autres la langue, la spiritualité, les religions, les rituels, les cérémonies. Nous avons compris que le contrôle en matière d'éducation est un moyen de protéger l'ensemble de ces expressions culturelles des peuples autochtones. La composante sociale, quant à elle, concerne la mise en place d'infrastructures et des services sociaux de base conformes à la culture autochtone permettant à ces derniers de jouir des avantages du progrès en matière de santé. Cela contribue également à l'amélioration de leurs conditions de vie. Ce qu'il faut surtout retenir des composantes du droit au développement des peuples autochtones est qu'elles sont interdépendantes, indivisibles et connexes dans la mesure où la violation d'une composante a des répercussions sur l'exercice des autres composantes. Plus particulièrement, la capacité de prendre des décisions et de prioriser soute l'exercice du droit au développement. En fait, derrière l'idée de développement, il y a l'idée du bien-être. Le droit au développement vise ainsi à assurer le bien-être des peuples autochtones selon leurs propres choix, leurs propres stratégies, leurs propres besoins et leurs propres priorités. Il se mesure donc à la capacité de la communauté de prendre des décisions qui vont respecter ses priorités et ses besoins.

Dans la continuité de notre analyse, nous avons remarqué que les composantes sont divisées en différentes conditions pour que le droit au développement des peuples autochtones soit respecté. À cet égard, voici comment se partagent les obligations des États et des entreprises minières dans la mise en œuvre du droit au développement. Les États ont quatre niveaux d'obligation en vertu du droit international dans la mise en œuvre des droits humains. Il s'agit de l'obligation de protection, de promotion, de non-violation (respect) et de mise en œuvre des droits humains. En partant de ces types d'obligations, l'État doit prévoir des mesures de participation, de consultation et de CPLE des peuples autochtones dans le respect de leur droit à l'autonomie. Les consultations doivent être menées de bonne foi. Ensuite, l'État a le devoir de sécuriser le droit aux terres et aux ressources des peuples autochtones à travers l'octroi du titre de propriété sur les terres ancestrales, la reconnaissance du système de gestion traditionnelle des terres autochtones conformes à leurs coutumes. L'identification et la délimitation des terres autochtones par l'État constituent une protection supplémentaire des droits fonciers autochtones. Il doit aussi, pour mieux protéger le milieu, s'assurer du respect des principes de développement durable par les entreprises minières en commandant des EIES ou en supervisant ces études. L'État doit également surveiller les entreprises minières pour le respect des normes environnementales. À cela s'ajoute l'obligation pour l'État de prévoir dans son droit interne des dispositions pour le partage des bénéfices et avantages issus de l'exploitation minière entre les compagnies minières et les communautés autochtones, l'emploi et la formation ainsi que la réalisation des infrastructures socioculturelles adaptées. La dernière obligation qui s'impose à l'État au titre de l'opérationnalisation du droit au développement est la protection du patrimoine culturel autochtone. Les obligations des entreprises minières quant à elles reposent sur le principe de non-violation les droits humains, de respecter et de collaborer avec l'État dans l'application des droits humains. Cela implique de consulter les peuples autochtones dans le respect de leurs ordres juridiques ; de réaliser des EIES, d'accorder des emplois prioritaires, de favoriser la formation adéquate et culturellement adaptée, de mettre en place des infrastructures socioculturelles qui répondent à leurs besoins et de protéger le patrimoine culturel. Enfin les peuples autochtones ont droit aux fruits de la croissance économique et de la richesse générée par l'exploitation économique des terres autochtones. Des accords de partage des bénéfices issus de la mine doivent ainsi être signés entre les compagnies minières et les communautés autochtones.

À la lumière de ce partage des responsabilités entre l'État et les sociétés minières, nous avons conclu que le code minier guinéen ne respectait pas les conditions juridiques du droit au développement des peuples autochtones pour des raisons suivantes. D'abord, le code minier ne prévoit aucune obligation de l'État et des compagnies minières de consulter les peuples autochtones face à l'exploitation de leur territoire. La consultation se résume à la diffusion de la simple information publique sur le projet dans le cadre de l'évaluation environnementale et à la réinstallation des communautés autochtones après leur expulsion à la suite à l'implantation d'une mine. De plus, les structures de gouvernance traditionnelles autochtones qui existent en marge du droit étatique ne sont pas reconnues par l'État guinéen. Aucune mesure n'est prévue dans le régime minier guinéen pour protéger le droit aux terres et aux ressources des peuples autochtones. Cette lacune expose constamment les populations autochtones au déplacement forcé puisque leur système coutumier foncier n'est pas reconnu ni protégé par l'État. Les dispositions pour l'identification et la délimitation des terres communales autochtones ne sont pas prévues. Pour garantir l'exercice des droits aux terres des peuples autochtones, nous pensons que l'État guinéen devrait mettre en place des mécanismes, des institutions judiciaires nationales ou des procédures en consultation avec ces derniers, en vue de l'identification « des terres […] la cartographie des territoires, la délimitation des terres et l'attribution de titres de propriété […] la reconnaissance des droits coutumiers ou les droits de propriété dont jouissent les peuples autochtones sur leurs terres et leurs ressources »[1115] (para. 8 et 11 et 12). Les autres insuffisances dans la législation minière se rapportent à l'absence de l'obligation de l'État de protéger le patrimoine culturel autochtone et l'existence d'un fonds de développement local insuffisant. Nous pensons que le montant prévu par le code minier (0,5 à 1 %) doit être bonifié pour les compagnies minières dans leur ensemble pour la prise en compte du droit au développement des peuples autochtones dans le régime minier guinéen. Nous avons compris que le rôle de l'État dans la mise en œuvre du droit au développement concerne aussi le suivi de l'application des dispositions environnementales par les sociétés minières. Il ne suffit pas de prévoir simplement des normes, il faut veiller à leur promotion et leur application. Le manque de moyens matériels, financiers et humains de l'État est un obstacle de taille à la supervision de l'application des normes environnementales par les entreprises minières.

Les obligations des entreprises minières sont prises en compte dans le code minier guinéen en raison de la protection partielle du patrimoine culturel et de l'absence de mesures pour la réalisation des infrastructures socioculturelles adaptées. Le respect des normes environnementales par les entreprises minières est prévu même si dans la pratique, leur application pose problème. En outre, nous avons constaté que les conventions de développement local étaient incompatibles avec le droit au développement. En ce sens que nous avons remarqué que les ERA peuvent aider à améliorer ces conventions de développement communautaire afin qu'elles tiennent mieux compte des exigences du droit au développement dans ses volets économiques et socioculturels, même si nous convenons avec leurs critiques qu'elles sont loin d'être elles-mêmes parfaites.

En définitive, le régime minier guinéen contient des mesures insuffisantes protégeant la vie politique, économique et culturelle des peuples autochtones. Cela confirme notre hypothèse de départ. Toutefois, au-delà des éléments analysés se rapportant à notre hypothèse de départ, ce présent projet, nous en convenons, présente un certain nombre de limites. D'abord, d'un point de vue conceptuel, nous avons tenté de cerner le concept de droit au développement des peuples autochtones et d'identifier ses composantes juridiques. Néanmoins, il demeure qu'il s'agit là d'un concept difficilement mesurable. Les obligations quant à sa mise en œuvre ne sont pas

[1115] Rapport IPPA, *supra* note 272 aux paras 8, 11, 12.

précises. Il est difficile de définir et de mettre en pratique les droits qui découlent du droit au développement des peuples autochtones. Il y a aussi le problème de l'autonomie du droit au développement par rapport au droit à l'autodétermination qui est un droit très vaste et vu comme le point de départ des autres droits des peuples autochtones. Le grand défi du droit au développement est donc son opérationnalisation autonome.

Ensuite, dans le contexte africain, il faut tenir compte des enjeux de gouvernance, qui posent un autre défi à l'application du droit au développement des peuples autochtones. La mise en œuvre de ce droit nécessite une bonne gouvernance. Des solutions d'ordre politique sont donc nécessaires pour permettre aux peuples autochtones de bénéficier pleinement de la valorisation des ressources naturelles. Bien que ne faisant pas l'objet de cette étude, il est important de le rappeler brièvement, la mauvaise gouvernance, la corruption, le manque de transparence dans l'industrie minière, la faiblesse de la capacité institutionnelle des acteurs locaux, la prépondérance présidentielle dans le système institutionnel guinéen empêchent la réalisation effective du peu de dispositions prévues pour le développement communautaire par le régime minier[1116]. À ce sujet, « les responsables politiques [...] doivent porter une attention particulière aux relations entre les politiques, les législations et les institutions »[1117]. Selon le Centre africain pour la transformation économique (ACET), qui traite ici de l'indice du développement humain du PNUD en 2013 :

> « Aucun pays d'Afrique de l'Ouest n'a atteint les classements “élevé” ou “très élevé” du développement humain. Seuls le Ghana et le Cap-Vert ont obtenu un indice de développement humain moyen. Les treize autres pays de la CEDEAO étaient classés dans la catégorie inférieure du développement humain. »
>
> « Cette situation déplorable est due en partie à l'incapacité des pays de l'Afrique de l'Ouest, notamment les pays riches en ressources, à tirer des bénéfices présents et futurs en termes de développement durable pour l'ensemble de la population grâce aux revenus de leurs ressources minérales, pétrolières et gazières. L'absence de bonne gouvernance dans la gestion des revenus provenant des mines, du pétrole et du gaz serait la principale raison de non-exploitation de ces revenus pour favoriser la transformation économique et le développement durable. »[1118]

[1116] African Center for economic transformation, *supra* note 541 aux pp. 3-4. Voir aussi Thiam Mohamed Jacob, « Guinée : les mines un leurre pour le développement », *Guineenews* (15 août 2015), en ligne :
http://guineenews.org/guinee-les-mines-un-leurre-pour-le-developpement/.
[1117] *Ibid* à la p. 263.
[1118] *Ibid* à la p. 1.

La Guinée est l'un des plus grands pays miniers de la CEDEAO. Pour favoriser une meilleure prise en compte du droit au développement des peuples autochtones dans le contexte de l'exploitation minière, il faut des propositions d'ordre politique renforcées par des structures juridiques solides. Parmi les options politiques, il s'agirait de mettre en place une législation, un cadre réglementaire et des institutions démocratiques fortes appropriées. Ce processus passe essentiellement par la révision des lois, des politiques et des réglementations du secteur minier conformément au droit international et régional. Il faut aussi s'assurer de leur application effective par des institutions « compétentes dotées de moyens financiers suffisants »[1119]. L'État guinéen les qualifie de défis majeurs, institutionnels et politiques du développement[1120]. À ce titre, il estime qu'« avec le renforcement du cadre juridique et de la capacité de l'administration publique »[1121], les potentialités minières de la Guinée encore sous-exploitée pourraient être la clé pour son développement. Leur valorisation permettra la réalisation des « mégas projets avec pour avantages, la construction des infrastructures de grandes capacités, l'accroissement des investissements dans le pays, la création d'emplois, le transfert des technologies pour aboutir à une croissance soutenue »[1122]. De plus, les règles d'éthique des dirigeants et la primauté du droit sont des éléments à améliorer. L'État doit soutenir la transparence dans les industries extractives (ITIE). Cela implique une séparation entre les institutions chargées d'élaborer la réglementation minière, celles chargées de les appliquer et celles chargées de son contrôle[1123]. Enfin, il convient d'ajouter que d'autres dispositions liées à la gouvernance doivent être mises en place pour améliorer le droit au développement des peuples autochtones en Guinée. « La faible qualité de la gouvernance »[1124] empêche de profiter du plein potentiel du secteur minier guinéen.

1119 *Ibid* à la p. 4.
1120 « Plan national de Développement », *supra* note 1041 à la p. 74.
1121 *Ibid.*
1122 *Ibid* à la p. 77.
1123 African Center for economic transformation, *supra* note 541 à la p. 3. « Les responsabilités de la réglementation et de la gestion des ressources naturelles doivent être clairement définies et respectées. Les institutions chargées de la réglementation et de la gestion du secteur doivent être protégées contre les pressions et les influences superflues ; leurs opérations doivent être surveillées régulièrement par les institutions de contrôle pertinentes. Celles-ci comprennent, sans être toutefois limitées au parlement, le contrôleur général et l'agence nationale de lutte contre la corruption. Les consultations et la surveillance de la part des organisations de la société civile devraient également être encouragées ».
1124 « Plan national de Développement », *supra* note 1041 à la p. 71-5.

À part les questions de gouvernance, il faut se poser la question sur la validité de toutes les conditions énumérées. D'emblée, il s'agit d'une analyse documentaire. C'est pourquoi notre étude se limite au cadre légal et conventionnel et exclut une recherche empirique qui nous aurait permis de documenter et de constater, par nos propres observations, l'impact des activités minières sur les collectivités autochtones en Guinée. En clair, la liberté de choix en matière de développement n'est pas un concept facile à appréhender. Une liberté de choix doit se faire dans des conditions institutionnelles et structurelles bien établies. Or, les peuples autochtones ne sont pas sur le même pied d'égalité que l'État et les sociétés minières. Ce qui nous amène à nous demander si les conditions du choix sont équilibrées et réellement libres.

Ce projet de recherche nous indique sans aucune ambigüité que le droit au développement est un droit complet et équilibré. Ses trois composantes sont interdépendantes. Ce droit constitue un exemple concret d'intégration des systèmes de droits humains, environnementaux et culturels des peuples autochtones. Au lieu de penser et de réfléchir à la place des peuples autochtones, les gouvernements et les sociétés minières doivent leur laisser le choix de leur mode de vie et la liberté de tracer leur propre voie vers le développement souhaité.

BIBLIOGRAPHIE

Doctrine

Articles :

Acuña, Roger Merino, « The politics of extractive governance: Indigenous peoples and socio-environmental conflicts » (2015) 2 1 *The Extractive Industries and Society*, 85.

Admiraal, Ryan, Ana Rita Sequeira, Mark P. McHenry, David Doepel, « Maximizing the impact of mining investment in water infrastructure for local communities » (2017) 4 2 *The Extractive industries and Society* 240.

Africa Monde, « Vives violences à Siguiri : les malheurs du métal jaune persistent dans le village de Kintinian », décembre 2015, en ligne : http://africamonde.com/magr1.php?langue=fr&type=rub17&code=calb2619.

Alberts, R., « Complexities with extractive industries regulation on the African continent » (2017) 4 2 *Extractive Industries and Society*, 267.

Alberta, R., J.A. Wessels, A. Morrison-Saundersc, M.P. McHenryd, A. Rita Sequeirac, H. Mteghae, D. Doepel, « Complexities with extractive industries regulation on the African continent: What has 'best practice' legislation delivered in South Africa? » (2017) 4 *the Extractive Industries and Society* 267.

Altman, Jon, « Indigenous Rights, Mining Corporations, and the Australian State » dans S. Sawyer, E.T. Gomez, dir., *The Politics of Resource Extraction: Indigenous Peoples, Multinational Corporations, and the State Basingstoke*, UK: Palgrave Macmillan, 2012, 46.

Anaya, James, « Indigenous People's Participatory Rights in Relation to Decisions About Natural Resource Extraction : The More Fundamental Issue of What Rights Indigenous Peoples Have in Lands and Resources » (2005) 22 1 *Arizona Journal ofInternational and Comparative Law* 7.

Anaya, S James « The evolution of the concept of indigenous peoples and its contemporary dimensions » dans Solomon Dersso, dir., Perspectives *on the rights of minorities and indigenous peoples in Africa*, Pretoria, Pretoria University Law Press, 2010, 23.

Anaya, S. James. « Le droit des peuples autochtones à l'autodétermination après l'adoption de la Déclaration » dans Claire Charters, Rodolfo Stavenhagen, dir., *la déclaration des droits des peuples autochtones : Genèse, enjeux et perspectives de mise en œuvre*, Groupe international de travail sur les peuples autochtones, Paris, 2009,186.

Arnaud, André-Jean, « De la postmodernité » dans Jacques Chevallier, dir., *entre modernité et mondialisation, cinq leçons d'histoire de la philosophie du droit et de l'État*, Paris, Librairie générale de droit et de jurisprudence, 1998 40, 147.

Baderin, Mashood A. « The African Commission on Human and Peoples'Rights and the Implementation of Economic, Social and Cultural Rights in Africa » dans MashoodBaderin and Mc Corquodale (dir.), Economic, Social and Cultural Rights in Action, Oxford University Press, New York, 2007, 139.

Bah Alhassane, « Respect des obligations légales : ce rapport qui accable les sociétés minières... », 15 décembre 2018, *Guineenews.org*, en ligne : https://www.guineenews.org/respect-des-obligations-legales-ce-rapport-qui-accable-les-societes-minieres/.

Baldé Alpha Assia, Guinée : la coalition « Publiez ce que vous payez » publie un rapport accablant sur le non-respect du code minier, 13 novembre 2018, Guineematin, en ligne : https://guineematin.com/2018/11/13/guinee-la-coalition-publiez-ce-que-vous-payez-publie-un-rapport-accablant-sur-le-non-respect-du-code-minier/.

Barker, Tanuja, « Indigenous employment outcomes in the Australian mining industry » dans Ciaran O'Faircheallaigh and Saleem Ali, dir., *Earth Matters, Indigenous peoples, The Extractive Industries and Corporate Social Responsibility,* Greenleaf publishing, 2008.

Barry, Ibrahima Kindi, « Tueries de Zogota : 6 ans après, MDT n'oublie pas, 12 septembre 2018 », LeDjely.com, en ligne : http://www.ledjely.com/tueries-de-zogota-6-ans-apres-mdt-noublie-pas/.

Belvèze, Henri, « Lignes directrices pour l'application du principe de précaution » dans *le principe de précaution, significations et conséquences*, Éditions de l'Université de Bruxelles, Bruxelles, 2000, 39.

Berthelot, Yves, « Développement » 2010 3 316 *Revues Projet* 4.

Blin-Franchomme, Marie-Pierre, « Le commerce équitable, un autre exemple de droit post-moderne » dans Geneviève Parent, dir., *Production et consommation durables : de la gouvernance au consommateur-citoyen*, Actes du colloque international tenu à Québec en septembre 2008, Cowansville, Yvon Blais, 2008, 167.

Bojosi, Kealeboga N., « The African Commission Working Group of Experts on the Rights of Indigenous Communities /Populations: Some reflections on its work so far » dans Solomon Dersso, dir., *Perspectives on the rights of minorities and indigenous peoples in Africa*, Pretoria, Pretoria University Law Press, 2010, 95.

Bradshaw, Ben, and Caitlin McElry, « Company, community agreements in the mining sector » dans Celine Louch et Tessa Hebb, dir., *Socially responsible investment in the 21st century : does it make a difference for society?* (2014) 7 Bingley, Emerald Group Publishing Limited 173.

Burger, Julian, « The UN Declaration on the rights of indigenous peoples: from advocacy to implementation » dans Stephen Allen et Alexandra Xantakhi, dir., *Reflections on the UN Declaration on the rights of indigenous peoples*, Oxford, OUP, 2011, 51.

Camara, Aly Badara « Boffa : accusée d'avoir détruit les têtes de source, Alufer lance la construction de 4 forages à Kolisokho » 6 juin 2018, Guinéenews, en ligne : https://www.guineenews.org/boffa-accusee-davoir-detruit-les-tetes-de-source-alufer-lance-la-construction-de-4-forages-a-kolisokho/.

Camara, Aly Badara, « *Avis de tempête sur les miniers de Boffa : les jeunes désœuvrés battent le pavé pour réclamer plus d'emplois* », 25 juin 2018, en ligne : https : //www.guineenews.org/avis-de-tempete-sur-les-miniers-de-boffa-les-jeunes désœuvrés-battent-le-pave pour-réclamer plus d'emplois/.

Camara, Amadou, « Kamsar : ce que réclament les communautés aux sociétés minières », juillet 2016, *Guineenews,* en ligne : http://guineenews.org/kamsar-ce-que-reclament-les-communautes-aux-societes-minieres/.

Camara, Amara Moro, « *Mémorandum des sages de la Guinée forestière sur les tueries de Zogota »,* 14 août 2012, en ligne : www.Guineenews.Org.

Charters, Claire, « La légitimité de la Déclaration sur les droits des peuples autochtones » dans Claire Charters et Rodolfo Stavenhagen, dir., *la déclaration des droits des peuples autochtones : Genèse, enjeux et perspectives de mise en œuvre*, Groupe international de travail sur les peuples autochtones, Paris, 2009.

Colliard, Claude Albert, « L'adoption par l'assemblée générale de la Déclaration sur le droit au développement (4 décembre 1986) » 1987 33 AFDI 614.

Commission économique pour l'Afrique, *Profil de Pays 2015 : Guinée*, en ligne.

Conseil général de l'ICMM, principes fondamentaux : les 10 principes fondamentaux en matière de développement durable, en ligne : http://earthmind.org/files/redlac10/2Gb-ICMM-Les-10-principes.pdf.

Conseil International des Mines et Métaux, *Guide de bonnes pratiques : Les peuples autochtones et l'exploitation minière*, 2010, en ligne : www.icmm.com/francais.

Coumans, Catherine, « Realizing solidarity: Indigenous peoples and NGOs in the contested terrains of mining and corporate accountability » dans C. O'Faircheallaigh et S. H. Ali, dir., *Earth Matters. Indigenous Peoples, the Extractive Industries and Corporate Social Responsibility*, Sheffield, Greenleaf Publishing Limited, 2008, 43.

Cuzacq, Nicolas, « Le respect des droits fondamentaux par les sociétés transnationales, de l'ombre à la lumière » dans François Guy Trébulle et Odile Uzan, dir., *Responsabilité sociale des entreprises : regards croisés droit et gestion*, Paris, Économica, 2011, 191.

Darbon, Dominique, « Décoloniser le droit de la décolonisation : les malentendus de la modernité dans la construction institutionnelle des Afriques » dans Centre international de la common law en français, *Études offertes à Jacques Vanderlinden, étudier et enseigner le droit : hier, aujourd'hui et demain*, Bruylant, Yvon Blais, 2006, 207.

Dennis, Michael et David Stewart, « Justiciability of Economic, Social and Cultural Rights: Should Therebean International Complaints Mechanism to Adjudicate the Rights to Food, Water, Housing, and Health? » (2004) 98 AJIL 462.

Diallo, Amadou Kendessa, « interview de Dr Kaké Makanera Alhassane », Guineenews, le 10 août 2018, en ligne : https://www.guineenews.org/dr-makanera-a-boke-lexploitation-miniere-na-entraine-que-la-pauvrete-la-delinquance-la-drogue-et-la-prostitution/.

DIALLO, Mamadou *« Violences dans la région de Boké : La sous-préfecture de Sangarédi emboite les pas », Afriquevision.info, 2017,* en ligne : http://www.afriquevision.info/violences-dans-la-region-de-boke-la-sous-prefecture-de-sangaredi-emboite-les-pas/.

Ecojustice, *pour que le Québec ait meilleure mine : Réforme en profondeur de la Loi sur les mines du Québec*, en ligne : http://www.quebecmeilleuremine.org/sites/default/files/RapportEcojustice&Coalition.pdf.

Eide, Asbjorn, « The Indigenous Peoples, The Working Group on Indigenous Populations and the Adoption of the UN Declaration on the Rights of Indigenous Peoples » dans Claire Charters et Rodolfo Stavenhagen, dir., *Making the Declaration Work: TheUnited Nations Declaration on the Rights of Indigenous Peoples*, Copenhague, IWGIA, 2009, 32.

Errico, Stefania, « The World Bank and Indigenous Peoples: the Operational Policy on Indigenous Peoples (O.P.4.10.) Between Indigenous People's Rights to Traditional Lands and to Free, Prior, and Informed Consent » (2006) 13 *International Journal on Minority and Group* 367.

Étienne Roy, « Pourquoi, en Afrique, "le droit" refuse-t-il toujours le pluralisme que le communautarisme induit ? » dans Geneviève Motard, Emmanuelle Piccoli et Christoph Eberhard, dir., *Pluralismes juridiques et interculturalités, Anthropologie et sociétés*, vol 2, n° 40, 2016, 25.

Farget, Doris et Marie-Pier Fullum-Lavery, « La place réservée à l'avis des peuples autochtones dans le cadre du processus de prise de décision concernant le Plan Nord ou l'exploitation du Nord québécois : perspective juridique interne et internationale » (2014) 59 3 *Revue de droit de McGill* 595.

François, Alain, « Le concept de développement : la fin d'un mythe » 2003 66 *L'Information géographique* 323.

Fredericks, Carla F., « Operationalizing Free, Prior and Informed Consent » (2017) 80 2 *Albany Law Review* 429.

Genasci, Matthew et Sarah Pray, « Extarcting Accountability: The Implications of the Resource Curse for CSR Theory and Practice » (2014) 11 *Yale Human Rights and Development Journal*.

Gendron, Corinne et Jean-Pierre Revéret, « Le développement durable » (2000) Serie F 37 1 9 *Économies et Sociétés* 111.

Gendron, Corinne, SilvesterIvanaj et John Mcintyre, « Introduction. Corporate Social Responsibility and Attitudes TowardsRegulation of Multinational Companies » (2013) 8 2 *Revue de l'organisation responsable* 3.

Gilbert, Jérémie et Valerie Couillard, « Les droits fonciers dans le droit international : enjeux historiques et contemporains » dans Forest Peoples Programme, *les droits fonciers et les peuples de forêts d'Afrique : perspectives historiques, juridiques et anthropologiques*, Forest People programme, 2009.

Groupe de la Banque Mondiale, Le nouveau Cadre environnemental et social de la Banque, mondiale, Fiche d'information, 2016, en ligne : http://pubdocs.worldbank.org/en/410361470749928626/safeguards-fact-sheet-2016-French2.pdf.

Guèye, Mamadou, « Fria : la population exposée à une pollution aux poudres d'alumine », Guineenews, août 2018, en ligne : https://www.guineenews.org/fria-la-population-exposee-a-une-pollution-aux-poudres-dalumine/.

Guinée : Une ONG porte plainte contre Vale pour complicité supposée dans les tueries de Zogota, *Business & Human Rights Resource centre*, 12 septembre 2018, en ligne : https://www.business-humanrights.org/en/node/176998.

Guinée : Poverty Reduction Strategy Paper (Article sur la stratégie de réduction de la pauvreté), Rapport pays du FMI n° 13/191, 2013, Fonds monétaire international, juillet 2013.

Halley, Paule et Pierre-Olivier Desmarchais, « Le développement durable, ses principes et leur intégration en droit canadien » (2012) 24 *Journal of Environmental Law and Practice*, Carswell, 67.

Harvey, Bruce, « Social development will not deliver social licence to operate for the extractive sector » (2014) 1 1 *The Extractive Industries and Society* 7.

Heinan Goba, « *Zogota : deux ans après le massacre, aucune responsabilité située !* », *GuineeActu. Info*, 5 août 2014, en ligne : http://guineeactu.info/actualite-informations/actualite-informations-generale/4678-zogota-deux-ans-apres-le-massacre-aucune-responsabilite-situee-.html.

Human Rights Watch, « *Quels bénéfices en tirons-nous ?» : Impact de l'exploitation de la bauxite sur les droits humains en Guinée*, Human Rights Watch, 2018.

Jean-Claude Fritz, Myriam Fritz-Legendre, « Les mutations de la question indigène de "l'indigène" à "l'autochtone" : mise en perspective historique » dans Jean Claude Fritz, dir., *la nouvelle question indigène, peuples autochtones et ordre mondial*, Paris, L'Harmattan, 2005, 37.

Kellough, Gail, « From Colonialism to Economic Imperialism: The Experience of the Canadian Indian » dans Harp, J., E Hofley, J., dir., *Structural Inequality in Canada*, Scarborough: prentice Hall, 1980.

Kiri, Toumao, « Pourquoi un dialogue sur la RSE dans l'industrie extractive en général et l'industrie minière en particulier » (2015) 99 Instituts de la Francophonie pour le développement durable, *Liaison Énergie-Francophonie* 9.

Kiri, Toumao, « Pourquoi un dialogue sur la RSE dans l'industrie extractive en général et l'industrie minière en particulier » dans Institut de la Francophonie pour le développement durable, *Liaison Énergie-Francophonie*, n°99, 2015, 9.

Knotsch, Cathleen., Peter Siebenmorgen et Ben Bradshaw, « Les "Ententes sur les répercussions et les avantages" et le bien-être des communautés : des occasions ratées ? » (2010) 40 3 *Recherches amérindiennes au Québec* 59.

Konde, Kéfing, Camille KuyuMwissa et Étienne Le Roy, « Demandes de justice et accès au droit en guinée » (2002) 2 51-52 *Droit et Société* 383.

Laforce, Myriam, Ugo Lapointe et Véronique Lebuis, « Mining Sector Regulation in Québec and Canada: Is a Redefinition of Asymmetrical Relations Possible ? » (2009) 84 Studies in Political Economy 47.

Langford, Malcolm et Bret Thiele, « Introduction: The Road to a Remedy » dans John Squires, Malcolm Langford et Bret Thiele, dir., *The Road to A Remedy : Current Issues in the Litigation of Economic, Social and Cultural Rights*, Sydney, Australia UNSW Press, 2005, 1.

Latouche, Serge, « Contribution à l'histoire du concept de développement » dans Catherine Coquery-Vidrovitch, Daniel Hemery et Jean Piel, dir., *pour une histoire du développement, États, sociétés, développement*, Paris, L'Harmattan, 2007.

Le Monde Afrique, « *Guinée : comment s'est effondré le rêve de Simandou* », 25 juillet 2016, en ligne : www.lemonde.fr/afrique/article/2016/07/25/etude-de-cas-l-annonce-du-gel-du-projet-minier-simandou-en-guinee_4974293_3212.html.

Lebuis, Véronique et Geneviève King-Ruel, « Le consentement libre, préalable et informé : une norme internationale en émergence pour la protection des populations locales autochtones » dans Robert Lanari et Martin Hébert, dir., *Les*

Inuits, les Premières Nations et le développement minier, Recherches amérindiennes au Québec (2010) 3 40 85.

Léger, Jean Marc, « Les bonnes pratiques internationales dans le monde de la gestion environnementale et sociale et l'expérience canadienne » (2015) 99 Instituts de la Francophonie pour le développement durable, *Liaison Énergie-Francophonie* 48.

Lowe, Nichola and Brian J. Morton, « Developing Standards : The Role of Community Benefits Agreements in Enhancing Job Quality, Community Development » (2008) 39 2 *Journal of the Community Development Society* 23.

MacLeod, Sorcha, « The United Nations, Human Rights and Transnational Corporations : Challenging the International Legal Order » dans Nina Boeger, Rachel Murray et Charlotte Villiers, dir., *Perspectives on CorporateSocial Responsibility*, Cheltenham, Edward Elgar, 2008.

Malcolm Langford et Bret Thiele, « Introduction: The Road to a Remedy » dans John Squires, Malcolm Langford et Bret Thiele, dir., *The Road to A Remedy : Current Issues in the Litigation of Economic, Social and Cultural Rights,* Sydney, Australia UNSW Press, 2005, 1.

Manirakiza, Pacifique, « La protection des droits de l'homme à l'ère de l'industrie extractive en Afrique » (2016) 49 2 *Criminalité environnementale* 116.

Martin Scheinin, « Economic and Social Rights as Legal Rigths », dans A. Eide, C. Krause et A. Rosas (dir.), Economic, Social and Cultural Rights : A textbook, 2e ed., Dordrecht/Boston, M. Nijhoff Publishers, 2001, 29.

Mbaye, Keba, « Le droit au développement est-il un droit de l'homme ? » dans Centre des droits de l'homme, *Droits de l'homme et droit au développement*, Louvain, Bruxelles-Bruylant, 1989, 31.

Mbonda, Ernest-Marie, « La pluralité des sources normatives de l'État de droit : l'idée d'une "herméneutique diatopique" » dans Chaire Unesco de l'Université catholique de Lyon, les enjeux de l'interculturalité dans le cadre de la mondialisation, *Études interculturelles* 2008 1.

McHenry, M.P, DG. Doepel, K.C. Urama, « Making extractive industries-led growth inclusive : An introduction » (2017) 4 2 *The Extractive industries and Society* 235.

Michael, Dennis et David Stewart, « Justiciability of Economic, Social and Cultural Rights: Should Therebean International Complaints Mechanism to Adjudicate the Rights to Food, Water, Housing, and Health ? » (2004) 98 AJIL 462.

Moses, Ted, « The right of self-determination and its significance to the survival of indigenous people » dans PekkaAikio, Martin Scheinin, dir., *operationalizing the right of indigenous peoples to self-determination, Institute for human rights*, Abo Akademi University, 2000, 155.

Muthuri, Judy N., Wendy Chapple et Jeremy Moon, « An integrated Approach to implementing "Community Participation" in Corporate Community Involvement: Lessons from Magadi Soda Company in Kenya» (2009) 85 *Journal of Business Ethics* 431.

Ndiaye, Sambou et Louis Favreau, *Le combat écologique et social des communautés en Afrique de l'Ouest*, Chaire de recherche en développement des collectivités, 2006.

O'Faircheallaigh, Ciaran, Corporate-Aboriginal Agreements on Mineral Development: The Wider Implications of Contractual Arrangements, Paper

delivered to the Rethinking Extractive Industries Conference, York University, Toronto, 5 7 March 2009.
Organisation internationale du travail, « Travail décent », en ligne : http://www.oit.org/global/topics/decent-work/lang-fr/index.htm.
Orianne, Paul, « De la juridicité des droits économiques et sociaux reconnus dans Les Déclarations internationales » 1974 1 2 *Annales de droit.*
Otis, Ghislain et Aurélie Laurent, « Le défi des revendications foncières autochtones : la Cour européenne des droits de l'homme sur la voie de la décolonisation de la propriété ? » (2012) 89 *Revues trimestrielles des droits de l'homme* 43.
Otis, Ghislain, « La place des cultures juridiques et des langues dans les accords d'autonomie gouvernementale au Canada » (2009) 54 R.D. McGill 238.
Owen, John R. et Deanna Kemp, « Mining and community relations: Mapping the internal dimensions of practice » (2014) 1 *The Extractive Industries and Society* 12.
Papillon, Martin, et Thierry Rodon, Proponent-Indigenous agreements and the implementation of the right to free, prior, and informed consent in Canada (2017) 62 *Environmental Impact Assessment Review* 216.
Pelloux, Robert « Vrais ou faux droits de l'homme : problèmes de définition et de classification » (1981) 1 *Revue de droit public et de la science politique en France et à l'étranger* 1-1981, Librairie générale de droit et de jurisprudence.
Poirot, Jacques, « Du concept d'infrastructure aux services infrastructurels » dans Jean Brot et Hubert Gérardin, dir., *Emploi, Infrastructure et développement*, Paris, L'Harmattan 2001, 19.
Rinaldi, Karine, « Le droit des populations autochtones et tribales à la propriété dans le système interaméricain de protection des droits de l'homme » dans Ludovic Hennebel et Hélène Trigroudja, dir., *le particularisme interaméricain des droits de l'homme* (en l'honneur du 40ème anniversaire de la Convention américaine des droits de l'homme), Paris, Pedone, 2009, 215.
Rio Tinto, *Pourquoi le patrimoine culturel importe-t-il ? Guide pratique pour intégrer la gestion du patrimoine culturel dans le travail auprès des communautés chez Rio Tinto*, en ligne : http://www.riotinto.com/documents/Why_cultural_heritage_matters_French.pdf.
Robitaille, David, « Pour une théorie de la justiciabilité substantielle et processuelle des droits économiques et sociaux » dans Pierre Bosset et Lucie Lamarche, dir., *Droit de cité pour les droits économiques, sociaux et culturels : la Charte québécoise en chantier*, Cowansville (QC), Yvon Blais, 49.
Roman, Diane, « La justiciabilité des droits sociaux ou les enjeux de l'édification d'un État de droit social » (2012) *Revue des droits de l'homme 1.*
Ross-Tremblay, Pierrot, Geneviève Motard et Sylvie Vincent, « *Accès à la terre et gestion des ressources : perspectives du droit innu et du droit étatique québécois* dans État et cultures juridiques autochtones : un droit en quête de légitimité, Rapport d'intégration : comment se manifeste le pluralisme juridique », Legitimus, Sudbury, 2015.
Roy, Étienne, « Pourquoi, en Afrique, "le droit" refuse-t-il toujours le pluralisme que le communautarisme induit ? » dans Geneviève Motard, Emmanuelle Piccoli et Christoph Eberhard, dir., *Pluralismes juridiques et interculturalités, Anthropologie et sociétés*, vol 2, n° 40, 2016, 25.

Sako, Mohamed Moro, « La SAG face à de nouvelles revendications des communautés riveraines », 20 novembre 2016, Guinéenews, en ligne : http://guineenews.org/siguiri-la-sag-face-a-de-nouvellesrevendications-communautaires/.

Sarro, Ramon, « Entre migrations et autochtonie : les récits d'origine Baga » dans Gerard Gaillard, dir., Migrations anciennes et peuplement actuel des Côtes guinéennes, *Cahier Lillois (d'économie et de sociologie)*, 2000.

Sarro, Ramon, « Entre migrations et autochtonie : les récits d'origine Baga » dans Gerard Gaillard, dir., Migrations anciennes et peuplement actuel des Côtes guinéennes, *Cahier Lillois (d'économie et de sociologie)*, 2000, 413.

Scheinin, Martin, « Economic and Social Rights as Legal Rigths », dans A. Eide, C. Krause et A. Rosas, dir., Economic, Social and Cultural Rights : A textbook, 2e ed., Dordrecht/Boston, M. Nijhoff Publishers, 2001, 29.

Sharma, Deepankar et Priya Bhatnagar, « Corporate Social Responsibility of Mining Industries » (2015) 57 *International Journal of Law and Management* 367.

Sophie, Thériault, « Réflexions sur la notion polysémique de "subsistance" comme "moyen juridique" dans le contexte de la sécurité alimentaire : l'éclairage des perspectives autochtones » dans Geneviève Parent et François Collart-Dutilleul, dir., *De la souveraineté à la sécurité alimentaire : objectifs, stratégies et moyens juridiques*, Cowansville, Yvon Blais, 2013, 99.

Sosa, Irene and Karyn Keenan, Impact Benefit Agreements between aboriginal communities and mining companies : their use in Canada, en ligne : http//metisportals.ca/MetisRights/wp/wp-admin/images/Impact%20Benefit%20Agreements%20-%20Mining.pdf.

Sow, Sory, « *Exploration minière et développement durable en Guinée : impacts du cadre réglementaire* », Colloque du Secrétariat international francophone pour l'évaluation environnementale (SIFÉE), Lomé, SIFÉE, 2013.

Sylla, Youssouf Boundou, « Émeutes de Boké Guinée : Radioscopie d'une politique minière empreinte de corruption », 9 mai 2017, *Kebou Guinée*, en ligne : http://kebouguinee.com/dossier-emeutes-de-boke-guinee-radioscopie-dune-politique-miniere-empreinte-de-corruption/.

Szablowski, David, « Operationalizing Free, Prior, and Informed Consent in the Extractive Industry Sector ? Examining the Challenges of a Negotiated Model of Justice » (2010) 30 1 *Canadian Journal of Development Studies* 111.

Tchotourian, Ivan, Valérie Deshaye et Romy Mac Farlane-Drouin, « Entreprises et responsabilité sociale : évolution ou révolution du droit canadien des affaires ? » (2016) *Les Cahiers de droit*, 57, 4, 635.

The global compact, *L'entreprise citoyenne dans l'économie mondiale : le Pacte mondial des* Nations Unies, en ligne : https : //www.unido.org/sites/default/files/2010-11/GC_Brochure_French_0.PDF/.

Theriault, Sophie, « Justice environnementale et peuples autochtones : les possibilités et les limites de la jurisprudence de la cour interaméricaine des droits de l'homme » (2015) HS 1 *Revue québécoise de droit international* 129.

Theriault, Sophie, « Repenser les fondements du régime minier québécois au regard de l'obligation de la Couronne de consulter et d'accommoder les peuples autochtones » (2010) 6 2 *Revue internationale de droit et de politique de développement durable de McGill* 217.

Thiam, Mohamed Jacob, « Guinée : les mines un leurre pour le développement », Guinéenews, 15 août 2015, en ligne : http://guineenews.org/guinee-les-mines-un-leurre-pour-le-developpement/.

Thomas, Frédéric, « Les ressources minières et le développement de l'Afrique : défis et perspectives » (2013) 20 *Alternatives sud* 137.

Thorberry, Patrick, « Self-determination and Indigenous Peoples : Objections and Responses » dans PekkaAikio, Martin Scheinin, dir., *Operationalizing the Right of Indigenous Peoples to Self-Determination,* Institute for Human Rights, Abo Akademi University, 2000, 39.

Tigroudja, Hélène, « Exploitation des ressources naturelles et droits fonciers des peuples autochtones » dans Mihaela Ailincai et Sabine Lavorel, *Exploitation des ressources naturelles et protections des droits de l'homme*, Paris, Pedone, 2013, 71.

Trudeau, Hélène, « Du droit International au droit interne : l'Émergence du principe de précaution en droit de l'Environnement » (2003) 28 *Queen's Law Journal* 455.

Van Genugten, Willem, et Camilo Perez-Bustillo, « The emerging international architecture of indigenous rights: the interaction between global, regional and national dimensions » (2004) 11 *International Journal on Minority and Group Rights* 379.

Vanderlinden, Jacques, « À la rencontre de quelques conceptions du pluralisme juridique » (2005) 7 *Revue de Common Law en français* 303.

Vanderlinden, Jacques, « *Quo vaditis Iura Africana ?* » (1997) 8 Jahrbuch fur afrikanischesRecht 173.

Wanvik, Tarje I, « Governance transformed into Corporate Social Responsibility (CSR) : New governance innovations in the Canadian oil sands » (2016) 3 *The Extractive Industries and Society* 517.

Weigard, Jarle, « Is There a Special Justification for Indigenous Rights ? » dans Henry Minde, dir., *Indigenous people : Self-determination, Knowledge, Indigeneity*, Netherlands, EEburon Delft, 2008, 174.

Young, Katherine, « The minimum core of economic and social rights : a concept in search of content » 2008 Yale J. Int'l Law, 2008 113.

MONOGRAPHIES

Abraham-Frois, Gilbert et al., *Dictionnaire d'économie : Analyses, Auteurs, Institutions, Politiques économiques*, 2e éd, Paris, Sirey, 2002.

African Center for economic transformation (acet), *Les aspects de la bonne gouvernance dans les enjeux et les opportunités qu'offre le secteur minier, pétrolier et gazier en regard du développement durable en Afrique de l'Ouest*, 2013

African Center for economic transformation (acet), *Les aspects de la bonne gouvernance dans les enjeux et les opportunités qu'offre le secteur minier, pétrolier et gazier en regard du développement durable en Afrique de l'Ouest*, Addis Abeba, 2013.

Allen, Stephen and Alexandra Xanthaki, dir., *Reflections on the UN Declaration on the Rights of Indigenous Peoples*, Oxford and Portland, Oregon, Hart, 2011.

American Bar Association, Rule of Law Initiative, Mines & Communautés, *promouvoir le développement axé sur les droits humains dans le contexte de l'exploitation minière industrielle en Guinée : un guide pratique à l'intention des organisations de la société civile et des autorités locales, Conakry,* 2015.

Anaya, James, *Indigenous Peoples in International Law*, 2e éd., Oxford, Oxford University Press, 2004.

Arbour, Jean Maurice et Geneviève Parent, *Droit international public*, 6e édition, Cowansville, Yvon Blais, 2012.

Arbour, Jean-Maurice, Sophie Lavallée et Helène Trudeau, *Droit international de l'environnement*, Cowansville, Yvon Blais, 2012.

Arcin, André, *L'histoire de la Guinée française, Rivière du Sud-Fouta Djalo-Region du sud du Soudan,* Paris, Librairie maritime et colonial, 1911.

Assidon, Elsa, *Les théories économiques du développement,* Paris, Éditions La Découverte, 2002.

Assidon, Elsa, *Les théories économiques du développement,* Paris, Éditions La Découverte, 2002.

Association minière du Québec, *Chantier sur l'acceptabilité sociale : Mémoire présenté au ministère de l'Énergie et des Ressources naturelles*, juin 2015.

Bah, El Theirno Mamoudou, *Histoire du Fouta-Djalon, des origines au XXe siècle*, Société africaine d'Édition et de Communication, Conakry, L'Harmattan Guinée, 1998.

Bangoura, Haida, *Le droit minier en Guinée au regard des meilleures pratiques internationale,* thèse de doctorat en droit public, Université Paris 5, 2013 [non publiée].

Banque Mondiale. *Guinea : strengthening public expenditure management for poverty reduction and growth public expenditure review*, rapport no°27347-GUI, Washington, D.C., Banque Mondiale, 10 juin 2004.

Beaudet, Pierre, Jessica Schafer et Paul Haslam, *Introduction au développement international, approches et enjeux*, Ottawa, Les presses de l'Université d'Ottawa, 2008.

Belém, Gisèle, *quelle gouvernance pour la mise en œuvre du développement durable ? L'expérience de l'industrie minière du Mali*, thèse de doctorat en sciences de l'environnement, Université du Québec à Montréal, 2009 [non publiée].

Bellier, Irène, dir., *Terres, territoires, ressources : politiques, pratiques et droits des peuples autochtones*, Paris, L'Harmattan, 2014.

Belot, Hélène, *Les peuples autochtones et la question foncière : analyse du degré de protection offerte par le droit à l'égard de leurs terres ancestrales,* mémoire de master en droit, Université Catholique de Louvain, 2015.

Benabidès, Pierre, *Plan de gestion environnementale et sociale : Obligations et performance pour un développement durable*, essai présenté au Centre universitaire de formation en environnement en vue de l'obtention du grade de maitre en environnement, Université de Sherbrooke, 2011 [non publié].

Benoît-Rohmer, Florence et Constance Grewe, *les droits sociaux ou la démolition de quelques poncifs,* Strasbourg, Presses universitaires de Strasbourg, 2003.

Berete, Mohamed, *Droit administratif avec référence aux institutions guinéennes,* recueil de cours, Faculté de droit, Université de Sonfonia, Conakry, 2017.

Bettati, Mario, *Le Droit international de l'environnement*, Paris, Odile Jacob, 2012.

Bezbakh, Pierre et Sophie Gherardi, *Dictionnaire de l'économie*, Paris, Larousse, 2008.

Bruno, Alain et Elleboode, Christian, *Dictionnaire d'économie et de sciences sociales*, Paris Ellipses, 2010.

Butter, Paula, *Colonial Extractions, Race and Canadian Mining in Comtemporary Africa*, Toronto, University of Toronto Press, 2015.

Camara, Sonah Mady, *Ethnologie de Guinée*, Institut supérieur de formation à distance, recueil de cours, Conakry, 2008.

Campbell, Bonnie et Myriam Laforce, *La responsabilité sociale des entreprises dans le secteur minier, réponse aux enjeux de légitimité et de développement en Afrique*, Québec, presse de l'Université du Québec, 2016.

Campbell, Bonnie, *Les enjeux de la bauxite : La Guinée face aux multinationales de l'aluminium*, Montréal-Genève, presse de l'Université de Montréal-Institut universitaire de hautes études internationales de Genève, 1983.

Campbell, Bonnie, *Ressources minières en Afrique : Quelle réglementation pour le développement*, Québec, Presses de l'Université du Québec, 2010.

Carbonnier, Jean, Sociologie *juridique*, Paris, PUF, 1994.

CECIDE (Centre de Commerce International pour le Développement), MDT (les mêmes droits pour tous), *« Réinstallation involontaire pour l'extension d'une mine d'or à Kintinian : Rapport d'étude de terrain à Kintinian en Guinée »*, janvier 2017.

CECIDE (Centre du Commerce international pour le développement), Global Rights, *Mémorandum : Effets des opérations de la Société minière de Dinguiraye/Crew Gold sur la jouissance des droits sociaux économiques des communautés de Léro et de Siguirini*, 2010.

Chartier, Anne Marie, *Essai critique sur le concept de développement*, Presses universitaires de Grenoble, 1996.
Christakis, Théodore, *le droit à l'autodétermination en dehors des situations de colonisation*, Paris, la documentation française, 1999.
Conde, Alassane, *La décentralisation en Guinée : une opération réussie*, Paris, L'Harmattan, 2003.
Cornu, Gérard, Vocabulaire juridique, Paris, PUF, 2018.
Côté-Demers, Mattieu, avec la collaboration de Mathieu Champagne, Karine Casault et Fatoumata Kaba, *Processus de dialogue avec les communautés : Le cas de la mine Renard*, Montréal, Transtaïga services-conseils et C Bleue, 2018.
Couveinhes-Matsumoto, Delphine, *les droits des peuples autochtones et l'exploitation des ressources naturelles*, Paris, L'Harmattan, 2016.
Dahl, Jens et Geneviève Rose, dir., *Développement et droit coutumier*, Paris, L'Harmattan, 2012.
Dashwood, Hevina S. *The Rise of Global Corporate Social Responsibility. Mining and the Spread of Global Norms*, Cambridge, Cambridge University Press, 2012.
Dashwood, Hevina S. *The Rise of Global Social Responsibility: Mining and the Spread of Global Norms*, Cambridge, Cambridge University Press, 2014.
De Decker, Henry, Nation *et développement communautaire en Guinée et au Sénégal,* Paris, Mouton, 1967.
De Lestrange, Monique, *Les Coniagui et les Bassaris (Guinée française)*, Monographies ethnologiques africaines, Paris, L'Harmattan, 2006.
De Lestrange, Monique, *Les Coniagui et les Bassaris (Guinée française)*, Monographies ethnologiques africaines, Paris, L'Harmattan, 2006.
Déroche, Fréderic, *Les peuples autochtones et leur relation originale à la terre*, Paris, L'Harmattan, 2008.
Devey MaluMalu, Muriel, *La Guinée*, Paris, Karthala, 2009.
Diallo, Mahamdou Chérif, AhmédouTall et Lanceï Traoré*, les enjeux de la gouvernance minière en Guinée*, Conakry, Coopération Guinée-Allemagne, 2011.
Diop, Moustapha, Julien M. Kodom, Kader Sidibé, Sidiki Kourouma et Saliou Cherif Diallo, *Connaissances, outils et capacités pour la sécurisation foncière des populations affectées par le barrage de Fomi*, Global Water Initiative Afrique de l'Ouest, mars 2015.
Diop, Moustapha, *Réformes foncières et gestion des ressources naturelles en Guinée : enjeux de patrimonialité et de propriété dans le Timbi au Fouta Djalon,* Paris, Karthala, 2007.
Drago, Guillaume, Didier Le Prado, Bertrand Seiller, Philippe Théry, *repenser le droit transitoire*, Paris, Dalloz, 2010.
Dufour, Françoise, *De l'idéologie coloniale à celle du développement*, Paris, L'Harmattan, 2010.
Dupuy, Pierre-Marie, et Jorge E. Vinuales, *Introduction au droit international de l'environnement*, Bruylant, Bruxelles, 2015.
Dutilleul, François Collart, dir., et Jean-Philippe Bugnicourt, *Dictionnaire juridique de la sécurité alimentaire dans le monde*, Bruxelles, Larcier, 2013.
Farget, Doris, *Le droit au respect des modes de vie minoritaires et autochtones dans les contentieux internationaux des droits humains*, Montréal, Thémis, 2012.
Frédéric, Thomas, *Investir, Guinée 2019 : Un potentiel (enfin) exploité, les enjeux miniers en Guinée,* Jeune Afrique Media Group, 21 janvier 2018.

Gaba, Laurent, *L'état de droit, la démocratie et le développement économique en Afrique subsaharienne*, Paris, L'Harmattan, 2000.

Gagné, Natacha et Marie Salaün, *Visages de la souveraineté en Océanie*, Paris, L'Harmattan, 2010.

Gilbert, Jeremie, Indigenous People's Land Rights under Law : from Victims to Actors, New-York, Ardsley, Transnational Publishers, 2006.

Gonidec, Pierre François, *L'État africain, Évolution-Fédéralisme-Centralisation et Décentralisation*, Tome VIII, Paris, Librairie générale de droit et de jurisprudence, 1985.

Groupe de la Banque africaine de développement, *Système de Sauvegardes intégré de la Banque africaine de développement, Déclaration de politique et sauvegardes opérationnelles*, Vol 1, n⁰ 1, 2013.

Groupe international de Travail pour les Peuples Autochtones (GITPA), *Peuples autochtones d'Afrique et Objectifs du millénaire pour le développement*, Paris, L'Harmattan, 2007.

Guignier, Armelle, *Le rôle des peuples autochtones et des communautés locales dans le développement durable : figurants ou acteurs ? Le droit international de l'environnement, entre respect des droits de l'homme et nécessité du développement*, Paris, PULIM, 2004.

Guinchard, Serge, et Thierry Debard, *Lexique des termes juridiques*, 25e éd. 2017-2018, Paris, Dalloz, 2017.

Guinée : Poverty Reduction Strategy Paper (Article sur la stratégie de réduction de la pauvreté), *Rapport pays du FMI N° 13/191, 2013*, Fonds monétaire international, juillet 2013.

Halley, Paule, *L'environnement, notre patrimoine commun et son État gardien : Aspects juridiques nationaux et internationaux*, Cowansville, Yvon Blais, 2012.

Hochet, Peter, *Guinée : Sécurisation foncière des terres agricoles pour les populations affectées par le barrage de Fomi, Analyse des connaissances, des outils et des capacités*, Version finale après validations locale et nationale, globaux Water Initiative Afrique de l'Ouest, mars 2015.

Human Rights Watch, *Quels bénéfices en tirons-nous ?» : Impact de l'exploitation de la bauxite sur les droits humains en Guinée*, Human Rights Watch, 2018.

Iankova, Katia, Azizul Hassan and Rachel L'Abbé, *Indigenous People and Economic Development: An International Perspective*, London, Routledge, 2016.

ISO (Organisation internationale de normalisation), *Lignes directrices relatives en matière de responsabilité sociétale,* Genève, 2010.

Kaba, Fatoumata, *Proposition d'un modèle de dévolution des pouvoirs en Guinée au départ du modèle canadien d'autonomie gouvernementale des peuples autochtones,* thèse de maitrise en droit, Université de Moncton, 2010 [publiée].

Kaba, Sekou, *L'Aménagement linguistique en Afrique au lendemain des indépendances : l'expérience de la Guinée (Rétrospective et perspectives)*, thèse de doctorat en linguistique, Université Laval, 2011 [non publiée].

Kante, Solomana, *Poèmes et lois de Kourounkanfouga en 1236*. Traduit du N'ko par la commission Hadoc, composée de M. Moussa Keita, M. Richard Toé, M. Adama K Traoré.

Kourouma, Lansana, *Évaluation des impacts environnementaux du projet d'exploitation des gisements de bauxite de N'Dangara et de BoundouWaadé en*

Guinée, Québec (Canada), Institut del'énergie et de l'environnement de la Francophonie (IEPF), Fiche technique MOGED, 2007.

Kourouma, Moussa, *Promouvoir un environnement de développement des micros et petites entreprises guinéennes favorables à la création d'emplois décents*, Genève (Suisse), Bureauinternational du Travail, SEED Document de travail n° 54, Série Cadre stratégique favorable à l'emploi dans les petites entreprises, 2003.

Laforce, Myriam, Bonnie Campbell et Bruno Sarrasin, *Pouvoir et régulation dans le secteur minier : leçons à partir de l'expérience canadienne,* Québec, Les presses de l'Université du Québec, 2012.

Laher, Ridwan, KorirSing'Oei, dir., *Indigenous Peoples in Africa : Contestations, Empowerment and Groups Rights*, Braamfontein, Africa Institute of South Africa, 2017.

Lallement, Charlotte, *Accaparement des terres en Afrique subsaharienne : une opportunité manquée de développement : La stratégie « gagnante gagnant » sous le prisme du contrôle étatique*, mémoire de maîtrise en science politique, Université de Montréal, 2017.

Lamarche, Lucie, *Perspectives occidentales du droit international des droits économiques de la personne*, Bruxelles, Bruylant, 1995.

Latouche, Serge, *faut-il refuser le développement ? Essai sur l'antiéconomique du tiers-monde*, Paris, Presses universitaires de France, 1986.

MacDonald, Roderick A. et Veronique Fortin, dir., *Dimensions of indigenouseconomicautonomy*, Montreal, Themis, 2014.

Malu Malu, Muriel Devey, *La Guinée,* Paris, Karthala, 2009.

Ministère de l'Énergie et de l'Hydraulique, République de Guinée, *Projet eau et assainissement en milieu urbain en Guinée, Cadre de gestion environnementale et sociale*, Rapport final 2017, World Bank Reports.

Ministère de l'Environnement, des Eaux et Forêts, *Guide général de réalisation des études d'impact environnemental et social,* Bureau guinéen d'Études et d'Évaluation Environnementale, Conakry, 2013.

Moore Stephens, *République de Guinée : Initiative pour la transparence dans les industries extractives ITIE Guinée, Rapport ITIE 2016*, juin 2018.

Morel, Olivier, *La responsabilité des entreprises en matière de droits de l'homme*, Thèse de doctorat en droit public, Université de Strasbourg, 2018.

Nations Unies, Affaires économiques et sociales, *Module de formation sur les questions des peuples autochtones, Manuel du facilitateur*, New-York, Nations Unies, 2011.

Nations Unies, *Lignes directrices sur les questions relatives aux peuples autochtones,* New-York, Nations Unies, 2009.

Nations Unies, Principes directeurs relatifs aux entreprises et aux droits de l'homme. Mise en œuvre du cadre de référence « protéger, respecter et réparer » des Nations Unies, 2011, en ligne : http://www.ohchr.org/Documents/Publications/GuidingPrinciplesBusinessHR_FR.pdf.

Niane, Djibril Tamsir, *Soundjata ou l'épopée mandingue*, Paris, Présence africaine, 1960.

O'Faircheallaigh, Ciaran, et Saleem Ali *Indigenous Peoples, The Extractive Industries and Corporate Social Responsibility*, Sheffield, Greenleaf Publishing, 2008.

Organisation de Coopération et de Développement Économiques (OCDE), *Principes directeurs pour les entreprises multinationales* (2011), en ligne : www.oecd.org/fr/daf/inv/mne/.

Organisation des Nations Unies, *La réalisation du droit au développement : Consultation mondiale sur la jouissance effective du droit au développement en tant que droit de l'homme*, Nations Unies, New-York, 1991.

Organisation internationale de la Francophonie, Georges Lanmafankpotin, Pierre André, Karim Samoura, Louis Côté, René Beaudet et Michel Bernier, la participation publique dans l'évaluation environnementale en Afrique francophone, *Institut de la Francophonie pour le développement durable*, Québec, 2013.

Organisation internationale du travail, *Les droits des peuples autochtones et tribaux dans la pratique. Un guide sur la Convention No. 169 de l'OIT*, Genève, OIT, 2009.

Otis, Ghislain, dir., *Méthodologie du pluralisme juridique*, Paris, Karthala, 2012.

Pakoun, Lacina, CECIDE, « Au cœur des conflits miniers en République de Guinée, Étude diagnostique des conflits dans les zones d'impact des mines industrielles », Rapport d'étude, PNUD et Chambre des Mines de Guinée, Conakry, 2015.

Parent, Geneviève, dir., *Production et consommation durables : de la gouvernance au consommateur-citoyen*, Actes du colloque international tenu à Québec en septembre 2008, Cowansville, Yvon Blais, 2008.

Perroux, François, *L'économie du XXe siècle*, Paris, PUF, 1960.

Peter Hochet, *Guinée : Sécurisation foncière des terres agricoles pour les populations affectées par le barrage de Fomi, Analyse des connaissances, des outils et des capacités*, Version finale après validations locale et nationale, globaux Water Initiative Afrique de l'Ouest, mars 2015.

Petitbon, Frédéric, Alain Aubert et Christophe Claisse, *Renouvelez le modèle social de l'entreprise : du business model au modèle social d'entreprise,* Paris, Dunod, 2013.

Programme des Nations Unies pour le Développement, *La Responsabilité sociétale des entreprises (RSE) dans le secteur minier en Guinée. État des lieux et perspectives. Étude de base,* Programme des Nations Unies pour le Développement (PNUD), 2016.

Prosper, NobiraboMusafiri. *Droit foncier des peuples autochtones et le droit international : cas des peuples de la forêt « Pygmées » de la RD Congo*, Berne, Stämpfli, 2007.

République de Guinée, ministère du Plan et de la Coopération Internationale, *« Plan National de Développement économique et social 2016-2020 », vol 1,* Conakry, février 2017.

Rio Tinto, « *Politique du Contenu local du projet intégré minier et d'infrastructures de Simandou* », 24 novembre 2015

Rist, Gilbert, *Le développement : histoire d'une croyance occidentale*, 4e éd, Paris, Presses de la Fondation nationale des sciences politiques, 2013.

Robitaille, David, *Normativité, interprétation et justification des droits économiques et sociaux : les cas québécois et sud-africain*, Bruxelles, Bruylant, 2011.

Rodon, Thierry, en partenariat avec l'État, *les expériences de cogestion des Autochtones du Canada*, Québec, Les presses de l'Université Laval, 2003.

Rodriguez-Pinero, Luis, *Indigenous People, Postcolonialisme, and International Law,* Oxford, Oxford University Press, 2005.
Rouland, Norbert, Stéphane Pierre-Cap et Jacques, Poumarède, *Droit des minorités et des peuples autochtones*, Paris, PUF, 1996.
Roux, Dominic, *Le principe du droit au travail : juridicité, signification et normativité*, Montréal, Wilson & Lafleur, 2005.
Safali, Deogratias, *Étude des retombées économiques d'une mine : Cas de Voisey's Bay et du Nunatsiavut,* mémoire de maîtrise en affaires publiques, Université Laval, 2016 [non publiée].
Saint-Fleur, love, *L'exercice du droit des peuples à disposer d'eux-mêmes par les peuples autochtones : les principaux instruments juridiques internationaux et l'examen de la pratique canadienne*, mémoire de maîtrise en droit, Université du Québec à Montréal, 2006 [non publiée].
Schulte-Tenckoff, Isabelle, la *question des peuples autochtones*, Bruxelles, Bruylant, 1997.
Société financière internationale, *Normes de performance en matière de durabilité environnementale et sociale*, Washington, IFC, 2011.
Soumah, Ibrahima, *Avenir de l'Industrie minière en Guinée*, Paris, L'Harmattan, 2007.
Soumah, Ibrahima, *Lesmines de Guinée : comment cela fonctionne,* Paris, L'Harmattan, 2010.
Stephens Moore, *République de Guinée : Initiative pour la transparence dans les industries extractives ITIE Guinée, Rapport ITIE 2016*, juin 2018.
Tavernier, Paul, *recherches sur l'application dans le temps des actes et des règles en droit international public (Problèmes de droit intemporel ou de droit transitoire)*, Paris, Librairie générale de droit et de jurisprudence, 1970.
Tchotourian, Ivan, *Devoir de prudence et diligence des administrateurs et RSE*, Montréal, Yvon Blais, 2014.
Tchotourian, Ivan, *Entreprises et responsabilité sociale : la gouvernance en question*, Québec, Presses de l'Université Laval, 2019.
Thériault, Sophie, *La terre nourricière des Inuit : Le défi de la sécurité alimentaire au Nunavik et en Alaska*, Thèse de doctorat en droit, Université Laval, 2009 [non publiée].
They, Marine, *le contrôle des communautés autochtones sur leurs terres et ressources naturelles traditionnelles,* Paris, Pedone, 2013.
Tobin, Brendan, *Indigenous peoples, Customary Law and Human Rights: Why Living Law Matters*, London and New-York, Routledge, 2014.
Toure, Kemoko*Mémoires provisoire : 1. Mes années passées à la tête de la Compagnie des Bauxites de Guinée-CBG*, Les Éditions continentales, Union européenne, 2016.
Turp, Daniel, *Le droit de choisir : Essais sur le droit du Québec à disposer de lui-même*, Montréal, Thémis, 2001.
Union Africaine, *Les ressources minérales et le développement de l'Afrique,* Rapport du Groupe d'études international sur les régimes miniers de l'Afrique, Addis-Abeba, Union Africaine, 2011.
Union africaine, *Vision du régime minier de l'Afrique,* Addis Abeba, Union africaine, 2009.
Uribe Vargas, Diego, « *La troisième génération des droits de l'homme* » 1984359 recueillent des cours.

Vale Columbia Center on Sustainable International Investment, Société AngloGold Ashanti de Guinée (SAG), *Fonds et Accords de Développement communautaire en Guinée suivant le nouveau Code minier*, Columbia University, 2013.

Van Lang, Agath, Geneviève Gondouin et Véronique Inserguet-Brisset, *Dictionnaire de droit administratif,* 4e édition, Paris, Armand Colin, 2005.

Vanderlinden, Jacques, *les systèmes juridiques africains,* Paris, PUF, 1983.

Vasak, Karel, *les dimensions internationales des droits de l'homme, Manuel destiné à l'enseignement des droits de l'homme dans les universités*, UNESCO, Paris, 1978.

Vasak, Karel, *Vers une protection efficace des droits économiques et sociaux ?* Bruxelles, Bruylant, 1973.

Vézina, Christine, *Les pratiques communautaires de lutte au VIH et le droit à la santé : une exploration de l'effectivité internormative du droit*, thèse de doctorat en droit, Université de Montréal, 2013 [non publiée].

RAPPORTS INTERNATIONAUX

Documents des Nations Unies

Cobo, Martinez, Étude de la discrimination à l'encontre des populations autochtones, E/CN.4/Sub.2/1986/7, Add 4, New-York, Nations Unies.

Conseil des droits de l'homme, *Étude sur les enseignements tirés et les défis à relever pour faire du droit des peuples autochtones à l'éducation une réalité, Rapport du Mécanisme d'experts sur les droits des peuples autochtones*, Doc off AG NU, 2009, Doc NU A/HRC/12/33.

Conseil des droits de l'homme, *Rôle des langues et de la culture dans la promotion et la protection des droits et de l'identité des peuples autochtones,* Doc off AG NU, 2012, Doc NU A/HRC/21/53.

Erica-Irène Daes, Commission des droits de l'homme, prévention de la discrimination et protection des peuples autochtones, Souveraineté permanente des peuples autochtones sur les ressources naturelles, rapport final de la rapporteuse spéciale, 2004.

Nations Unies, Instance permanente sur les questions autochtones, Rapport sur les travaux de la dix-septième session (16-27 avril 2018), Conseil économique et social, Documents officiels, Supplément n° 23, *E/C.19/2018/11 (*2018).

Questions de fond au regard de la mise en œuvre du pacte international relatif aux droits économiques, sociaux et culturels, Doc off CES, 1998, Doc NU E/C.12/1998/24.

Rapport de suivi sur les peuples autochtones et le droit de participer à la prise de décisions, l'accent étant mis sur les industries extractives, Doc off AG NU, 21ᵉsess., Doc NU A/HRC/21/55 (2012).

Rapport du Rapporteur spécial sur les droits des peuples autochtones, M. James Anaya. *Industries extractives et peuples autochtones*, Doc off AG NU, 24ᵉsess., Doc NU A/HRC/24/41 (2013).

Rapport du Représentant spécial du Secrétaire général chargé de la question des droits de l'homme et des sociétés transnationales et autres entreprises, John Ruggie. *Principes directeurs relatifs aux entreprises et aux droits de l'homme : mise en œuvre du cadre de référence « protéger, respecter et réparer » des Nations Unies,* Doc off AG NU, 17ᵉsess., Doc NU A/HRC/17/31 (2011).

Rapport sur les travaux de l'Atelier international sur le consentement préalable, libre et éclairé et les peuples autochtones, Doc off CES NU, Doc NU E/C.19/2005/3 (2005).

Report of Special Rapporteur on the rights of indigenous peoples: Extractive industries operating within or near indigenous territories, James Anaya, Doc off AG NU, 18ᵉsess., Doc NU A/HRC/18/35, (2011).

Documents de l'Union africaine

Rapport du groupe de travail de la commission africaine sur les populations/communautés autochtones : visite de recherche et d'information au Kenya 1-19 mars 2012, Commission africaine de droits de l'homme et des peuples (CADHP). International Work Group for IndigenousAffairs.

Résolution sur une Approche de la Gouvernance des Ressources naturelles basée sur les Droits de l'Homme, no 224, adoptée lors de la 51ème Session ordinaire de la Commission africaine des droits de l'homme et des peuples en 2012.

Union Africaine, *Rapport du groupe de travail de la commission africaine sur les populations/communautés autochtones, Visite de recherche et d'information au Kenya*, 1-19 mars 2010, Union africaine.

Union Africaine, *Rapport du groupe de travail et d'experts de la commission africaine des droits de l'homme et des peuples sur les populations/communautés autochtones,* présenté en vertu de la « Résolution sur les droits des populations/communautés autochtones en Afrique » adoptée par la Commission Africaine des Droits de l'Homme et des Peuples lors de sa 28ème session ordinaire, IWGIA, 2005.

LÉGISLATIONS

Communauté économique des États de l'Afrique de l'Ouest, *Directive C/DIR 3/05/09 en date du 27 mai 2009 portant sur l'harmonisation des principes directeurs et des politiques dans le secteur minier,* en ligne : http://www.jo.gouv.sn/spip.php?article8182.

Convention relative aux populations aborigènes et tribales (Convention no 107), 26 juin 1957, 328 R.T.N.U. 247.

Convention concernant la protection du patrimoine mondial culturel et naturel, adoptée par la Conférence générale à sa dix-septième session Paris, 16 novembre 1972, en ligne : https://whc.unesco.org/archive/convention-fr.pdf.

Convention d'Espoo sur l'évaluation de l'impact écologique dans un contexte transfrontalier pour certaines activités qui risquent d'avoir des effets préjudiciables sur l'environnement d'autres États, 25 février 1991, 1989 R.T.N.U. 309 (entrée en vigueur : 10 septembre 1997)

Convention de Bamako sur l'Interdiction d'importer en Afrique des déchets dangereux et sur le Contrôle des Mouvements transfrontaliers et la Gestion des déchets dangereux produits en Afrique, 29 janvier 1991, en ligne : http://www.peaceau.org/uploads/convention-de-bamako-fr.pdf.

Convention pour la sauvegarde du patrimoine culturel immatériel, en ligne : http://ocpm.qc.ca/sites/ocpm.qc.ca/files/pdf/PD04/3j.pdf.

Convention relative aux peuples indigènes et tribaux, 1989(Convention no 169), 27 juin 1989, Bulletin officiel, Bureau international du Travail, Vol. LXXII (1989), Série A, n°2, p.63-74.

Convention sur la diversité biologique, *Akwé : Kon, Lignes directrices facultatives pour la conduite d'études sur les impacts culturels, environnementaux et sociaux des projets d'aménagement ou des aménagements susceptibles d'avoir un impact sur des sites sacrés et sur des terres ou des eaux occupées ou utilisées traditionnellement par des communautés autochtones et locales,* Secrétariat de la Convention sur la diversité biologique, en ligne : https://www.cbd.int/doc/publications/akwe-brochure-fr.pdf.

Déclaration de Rio sur l'environnement et le développement, principes de gestion des forêts, Sommet planète terre conférence des Nations Unies sur l'environnement et le développement, Rio de Janeiro, brésil, 3-14 juin 1992, en ligne : http://www.un.org/french/events/rio92/rio-fp.htm.

Déclaration de Rome sur la sécurité alimentaire mondiale, Sommet mondial de l'alimentation, 13 et 17 novembre 1996, Rome, Italie, en ligne : http://www.un.org/french/events/rio92/rio-fp.htm.

Déclaration des Nations Unies sur les droits des peuples autochtones, A/RES/61/295, annexes de la résolution adoptée par l'Assemblée générale, 13 septembre 2007.

Déclaration du millénaire de l'Organisation des Nations Unies, A/55/L.2, 2000, en ligne : http://www.un.org/french/millenaire/ares552f.htm.

Déclaration et Programme D'action de Vienne, adopté par la conférence mondiale sur les droits de l'homme le 25 juin 1993, en ligne : https://www.ohchr.org/Documents/Events/OHCHR20/VDPA_booklet_fr.pdf.

Déclaration sur le droit au développement, adoptée par l'Assemblée générale dans sa résolution 41/128 du 4 décembre 1986, Haut-commissariat des Nations Unies aux droits de l'homme en ligne : http://www2.ohchr.org/french/law/developpement.htm.

Déclaration de Johannesburg sur le développement durable, 2002, en ligne : http://bd.stp.gov.ml/padelia/pdf/johannesburg.pdf.

Directives environnementales, sanitaires et sécuritaires de la Banque Mondiale (BM), en ligne : www.ifc.org/ehsguidelines.

Directives et Principes sur les Droits économiques, sociaux, et culturels dans la Charte Africaine des Droits de l'Homme et des Peuples, adoptés le 24 octobre 2011.

Forum intergouvernemental sur l'exploitation minière, les minéraux, les métaux et le développement durable (IGF), Exploitation minière et développement durable, Cadre directif (2013), en ligne : www.igfmining.org.

Norme internationale pour l'exploitation minière responsable, IRMA, projet 1.0, 2014, en ligne : www.responsiblemining.net/irma-standard.

Organisation des Nations Unies, *Déclaration de Copenhague pour le développement social* et *Programme d'action du sommet mondial pour le développement social de 1995*, Sommet mondial pour le développement social, Copenhague, 6-12 mars 1995, (A/CONF.166/9).

Pacte international relatif aux droits civils et politiques, 16 décembre 1966, 999, R.T.N.U. 171.

Pacte international relatif aux droits économiques, sociaux et culturels, 16 décembre 1966, 999 R.T.N.U.3.

Pacte mondial des Unies, en ligne : www.unglobalcompact.org/languages/french.

Politiques opérationnelles (PO) de la Banque Mondiale (BM), en ligne : www.go.worldbank.org/TR22ER4GD0.

Principes de l'Équateur, 2013, en ligne : www.equator-principles.com.

Principes volontaires pour la sécurité et les droits humains, Agence de la démocratie, des droits de l'homme et du travail, 2001, en ligne : www.state.gov/j/drl.

Protocole de Cartagena sur la prévention des risques biotechnologiques relatif à la convention sur la diversité biologique, 2000, en ligne : https://www.cbd.int/doc/legal/cartagena-protocol-fr.pdf.

Protocole de Nagoya sur l'accès aux ressources génétiques et le partage juste et équitable des avantages découlant de leur utilisation relatif à la Convention sur la diversité biologique, en ligne : https://www.cbd.int/abs/doc/protocol/nagoya-protocol-fr.pdf.

Rio Tinto, *Législation, normes et cadre administratif*, en ligne : http://www.riotinto.com/documents/P_An01C_CadreLegal_FR.pdf.

Système de sauvegardes intégré (SSI) de la Banque africaine de Développement (BAD) (septembre 2013), en ligne : www.afdb.org/fr.

UEMOA, Code minier communautaire, Règlement n° 18/2003/CM/UEMOA du 23 décembre 2003.

UNESCO, *Déclaration de Mexico sur les politiques culturelles*, *Conférence mondiale sur les politiques culturelles*, Mexico City, 26 juillet 6 août 1982, en ligne : https://fr.unesco.org/.

TEXTES DE LOIS
ET RÈGLEMENTS GUINÉENS

Code civil

Loi L/004/AN/1983 du 16 février 1983 portant Code civil.

Code de l'environnement

Ordonnance no 045/PRG/87 du 28 mai 1987, portant code de l'environnement, modifié par l'ordonnance de 1989 Code sur la protection et la mise en valeur de l'environnement.

Ordonnance no 97 /001 du 10 janvier 1997 portant institutionnalisation des études d'impact environnemental.

Décret D/199/PRG/SGG/89 du 8 novembre 1989 codifiant les études d'impact sur l'environnement.

Décret D/2000/397 /PRN /ME/LCD du 20 octobre 2000 portant sur la procédure administrative d'évaluation et d'examen des impacts sur l'environnement.

Décret D/2014/014/PRG/SGG du 17 janvier 2014 portant adoption d'une directive de réalisation d'une étude d'impact environnemental et social des opérations minières.

Arrêté n° 990 /MRNE /SGG du 31 mars 1990, réglementant les contenus, méthodologie et procédure d'ÉIE.

Arrêté conjoint n° 93 /8993 /SGG du 11 octobre 1993 fixant la nomenclature technique des installations classées pour la protection de l'environnement.

Arrêté no 03182/MEEFDD/CAB/SGG/010 du 31 mars 2013 portant création du Comité technique d'analyse environnementale.

Arrêté no 5311 /MDEEF /CAB/SGG du 29 septembre 2011 portant organisation, mode de fonctionnement et de gestion du BGEEE.

Arrêté no 2012 /9004 /MEDEF /CAB/SGG du 21 août 2012 portant création, attributions, composition et fonctionnement des Comités préfectoraux de suivi des plans de gestion environnementale et sociale.

Arrêté A/2013/474 /MEEF /CAB du 11 mars 2013 portant adoption du Guide général d'évaluation environnementale.

Plan national d'Action pour l'Environnement, 1994.

Politique nationale de l'Environnement, août 2011.

Code des collectivités locales

Décret D/2017/193/PRG/SGG portant sur la Promulgation de la Loi organique L/2017/039/AN du 24 février 2017.

Code du travail

Loi L/2014/072/CNT du 10 janvier 2014, portant Code du travail.
Ordonnance N° O/003/88/PRG /SGG du 28 janvier 1988 promulguant Code du travail.

Code foncier et domanial

Loi L/99/013/AN portant Code foncier et domanial en République de Guinée, 1999.
Ordonnance N° O/92/019 du 30 mars 1992 promulguant le Code foncier et domanial.
Décret D/2001/037/PRG/SGG 2001 déclarant la politique foncière en milieu rural.

Code minier

Arrêté conjoint AC/2019/089/MMG/MATD/SGG portant mise en place, attributions et fonctionnement du Comité conjoint MMG-MATD de supervision et de contrôle du Fonds de Développement économique local (FODEL).
Arrêté conjoint A/2018/7932/MMG/MATD/SGG portant modalités d'utilisation, de gestion et de contrôle du Fonds de Développement économique local (FODEL).
Code minier du 9 septembre 2011 (adopté par le CNT), partiellement amendé par la Loi L/2013/053/CNT du 8 avril 2013, portant amendements de certaines dispositions de la Loi L/2011/006/CNT du 9 septembre 2011 portant Code minier de la République de Guinée du 8 avril 2013.
Décret D/2014/014/PRG/SGG de 2014 portant adoption d'une directive de réalisation d'une étude d'impact environnemental et social des opérations minières.
Décret D/2017/285/PRG/SGG portant modalités de constitution et de gestion du Fonds de Développement local (FODEL).
Décret D/2015/016/PRG/SGG modifiant certaines dispositions du Décret D /2011 /218 /PRG /SGG du 11 août 2011 portant création d'une société de patrimoine du secteur minier et abrogeant le Décret D /2012 /093/PRG/SGG du 10 août 2012 portant mesures transitoires de gestion de la société guinéenne du patrimoine minier (SOGUIPAMI).
Convention de financement du protocole d'entente entre la cellule de coordination du PACV et le projet Kabata relative à l'*Initiative conjointe d'appui au développement des collectivités locales potentiellement affectées par le projet de raffinerie d'alumine Kabata dans la Préfecture de Boké entre* Alcoa inc. et Rio Tinto Alcan inc. Partenaires du projet de raffinerie d'alumine Kabata et le ministère de l'Administration du territoire et de la décentralisation (MATD, la Cellule nationale de coordination du programme d'appui aux collectivités villageoises [PACV], datée de juin 2013 et signée en septembre 2013.
*Protocole d'entente : Initiative conjointe d'appui au développement des collectivités rurales de la Préfecture de Boké potentiellement affectées par le projet de raffinerie d'alumine de Kabata*entre : ministère de l'Administration du territoire et de la décentralisation [MATD], Cellule nationale de coordination du programme d'appui aux collectivités villageoises [PACV] et Rio Tinto Alcan inc. et Alcoa inc. Partenaire du projet de raffinerie de Kabata, septembre 2013.

JURISPRUDENCE

328/06 *Front de libération de l'État du Cabinda c/République d'Angola*

Affaire no 197/195, Kitok c la Suède, adoptée le 27 juillet 1998, CCPR/33/D/197/1985.

Affaire relative à des usines de pâte à papier sur le fleuve Uruguay [Argentine c. Uruguay], CIJ, 2010.

African Commission on Human and People's Rights v. Republic of Kenya: Application no. 006/2012, Judgment, 26 May 2017.

Behn *c.*Moulton Contracting Ltd, 2013 CSC 26 [2013] 2 R.C.S. 227.

Bernard Ominayak, Chef de la bande du lac Lubicon c. Canada, Rapport du Comité des droits de l'homme, 45 UN GAOR Supp. [No. 43], UN Doc.A/45/40, Vol.2 [1990], 1.

Case of the Kichwa Indigenous People of Sarayaku (*Ecuador*) (2012), Inter-Am Ct HR (Sér C) no° 245.

Case of the Saramaka People (*Suriname*) (2007), [(Preliminary Objections, Merits, Reparations, and Costs)] Inter-Am Ct HR (Sér C) n° 172.

Case of the Saramaka People [*Suriname*] [2007], Inter-Am Ct HR [Sér C] n° 172.

Chevron Corp. c. *Yaiguaje*, 2015 CSC 42.

Choc c. Hudbay Minerals Inc., 2013 ONSC 1414.

Comité des droits de l'homme, le droit des minorités [Art.27], Observation générale no 23, 08/04/1994.

Committee on the Elimination of Racial Discrimination (CERD), General Recommendation No 23 on Indigenous Peoples (18 August 1997).

Cour internationale de justice, Recueil des arrêts, *Avis consultatifs et ordonnances, Affaire relative avec des usines de pâte à papier sur le fleuve Uruguay [argentine c. Uruguay]*, arrêt du 20 avril 2010.

Mahuika et consorts c. Nouvelle-Zélande, constatation adoptée le 27 octobre 2000, soixante-dixième session.

Nations Unies, Recueil des sentences arbitrales, *Affaire de la délimitation de la frontière maritime entre la Guinée et la Guinée-Bissau*, Sentence du 14 février 1985, Volume XIX.

Sandra Lovelace c. Canada, Communication No. 24/1977 : Canada 30/07/81, UN Doc. CCPR/C/13/D/24/1977.

The Mayagna (Sumo) AwasTingni Community v. Nicaragua, Judgment of August 31, 2001, Inter-Am. Ct. H.R. [Ser. C) No. 79 [2001].

Union Africaine, *Affaire Commission africaine des droits de l'homme et des peuples c. République du Kenya, Requête n⁰ 006/2012, Ordonnance portant mesures provisoires* et Cour africaine des droits de l'homme et des peuples.

TABLE DES MATIÈRES

Structures éditoriales du groupe L'Harmattan

L'Harmattan Italie
Via degli Artisti, 15
10124 Torino
harmattan.italia@gmail.com

L'Harmattan Hongrie
Kossuth l. u. 14-16.
1053 Budapest
harmattan@harmattan.hu

L'Harmattan Sénégal
10 VDN en face Mermoz
BP 45034 Dakar-Fann
senharmattan@gmail.com

L'Harmattan Cameroun
TSINGA/FECAFOOT
BP 11486 Yaoundé
inkoukam@gmail.com

L'Harmattan Burkina Faso
Achille Somé – tengnule@hotmail.fr

L'Harmattan Guinée
Almamya, rue KA 028 OKB Agency
BP 3470 Conakry
harmattanguinee@yahoo.fr

L'Harmattan RDC
185, avenue Nyangwe
Commune de Lingwala – Kinshasa
matangilamusadila@yahoo.fr

L'Harmattan Congo
219, avenue Nelson Mandela
BP 2874 Brazzaville
harmattan.congo@yahoo.fr

L'Harmattan Mali
ACI 2000 - Immeuble Mgr Jean Marie Cisse
Bureau 10
BP 145 Bamako-Mali
mali@harmattan.fr

L'Harmattan Togo
Djidjole – Lomé
Maison Amela
face EPP BATOME
ddamela@aol.com

L'Harmattan Côte d'Ivoire
Résidence Karl – Cité des Arts
Abidjan-Cocody
03 BP 1588 Abidjan
espace_harmattan.ci@hotmail.fr

Nos librairies en France

Librairie internationale
16, rue des Écoles
75005 Paris
librairie.internationale@harmattan.fr
01 40 46 79 11
www.librairieharmattan.com

Librairie des savoirs
21, rue des Écoles
75005 Paris
librairie.sh@harmattan.fr
01 46 34 13 71
www.librairieharmattansh.com

Librairie Le Lucernaire
53, rue Notre-Dame-des-Champs
75006 Paris
librairie@lucernaire.fr
01 42 22 67 13

www.ingramcontent.com/pod-product-compliance
Lightning Source LLC
LaVergne TN
LVHW021154061026
849535LV00002B/459
9782140269226